BRUCE SPRINGSTEEN CHRONOLOGY

布魯斯·史普林斯汀 搖滾大事紀

CHAPTER 1 >>> 成長

1949
SEPTEMBER 23
布魯斯·史普林斯汀
於紐澤西州蒙茅斯醫學中心出生

1956
SEPTEMBER
貓王首次登上電視節目
「艾德·蘇利文秀」

1955
進入聖蘿撒教會學校就讀
NOVEMBER
越戰開始

1965
加入樂團「卡斯提亞」
> 三年後解散

1967
進入海洋縣大學就讀
> 一年後退學

1964
➤ 進入菲力荷地方高中就讀
➤ 成立人生第一支樂團「商人」
FEBRUARY
披頭四首次登上電視節目
「艾德·蘇利文秀」

1969
➤ 成立樂團「孩子」
> 正式命名為「煉鋼廠」
之後演進為「布魯斯·史普林斯汀樂團」
➤ 父母與小妹前往加州展開新生活
JULY
人類首次登陸月球
AUGUST
史上最大音樂盛會
「胡士托音樂藝術節」
於紐約外郊舉行

1972
MAY
與傳奇製作人約翰·漢蒙會面
加入哥倫比亞唱片
OCTOBER
成立「東街樂團」

1973
JANUARY
發行第一張專輯
《來自阿斯伯里帕克的問候》
> 全美累積銷量：700萬張
NOVEMBER
發行第二張專輯
《狂野、純真與東街舞曲》
> 全美累積銷量：300萬張

1974
APRIL
樂評人強·蘭多在《真報》發表文章：
「我看到搖滾樂的未來，
它的名字叫布魯斯·史普林斯汀。」

1975
APRIL
越戰結束

CHAPTER 2 >>> 生來奔跑

1975
AUGUST
發行第三張專輯《生來奔跑》
> 全美累積銷量：600萬張
OCTOBER
首次登上《時代》雜誌與《新聞週刊》封面
NOVEMBER
首次海外公演
於英國倫敦漢默史密斯音樂廳

1978
MARCH
與佩蒂·史密斯合作歌曲〈因為夜〉
> 全美累積銷量：100萬張
JUNE
發行第四張專輯《城市邊緣的暗處》
> 全美累積銷量：300萬張

1980
OCTOBER
發行第五張專輯《河》
> 全美累積銷量：500萬張

1981
APRIL
首次於東德舉辦演唱會
AUGUST
於洛杉磯參與「美國越戰退伍軍人協會音樂會」

1982
SEPTEMBER
發行第六張專輯《內布拉斯加》
> 全美累積銷量：100萬張

1983
在強·蘭多的建議下
會見邁爾斯醫師
開啟長達三十多年的心理治療

CHAPTER 3 <<< 活見證

2000
全球唱片業因盜版及經濟因素逐漸衰退

2001
SEPTEMBER
九一一恐怖攻擊

2002
JULY
發行第十二張專輯《躍升》
> 全美累積銷量：200萬張
> 3座葛萊美獎——
最佳搖滾專輯、搖滾歌曲、搖滾男歌手

1998
April
父親於睡夢中去世

1999
FEBRUARY
非洲移民阿瑪多·蒂阿羅遭警官槍殺身亡
➤ 4座全美音樂獎——
最佳搖滾歌曲、搖滾男歌手、年度歌曲、影視媒體作品歌曲
MARCH
➤ 「東街樂團」回歸
➤ 入主「搖滾名人堂」

1994
JANUARY
小兒子山姆·萊恩·史普林斯汀出生
FEBRUARY
為電影《費城》創作主題曲〈費城街道〉
➤ 奧斯卡最佳原創歌曲 + 金球獎最佳原創歌曲

1995
FEBRUARY
發行《精選集》
> 全美累積銷量：400萬張
NOVEMBER
發行第十一張專輯《湯姆·喬德之魂》
> 全美累積銷量：50萬張
★ 葛萊美獎——最佳當代民謠專輯

1991
JUNE
與派蒂·史凱法結婚
DECEMBER
二女兒潔西卡·芮·史普林斯汀出生

1992
MARCH
同時發行第九張專輯《真實碰觸》
> 全美累積銷量：100萬張
與第十張專輯《幸運小鎮》
> 全美累積銷量：100萬張
APRIL
四名警官過度使用武力被判無罪
導致長達一週的「洛杉磯暴動」

1989
OCTOBER
解散「東街樂團」

1990
JULY
大兒子伊凡·詹姆斯·史普林斯汀出生

1987
OCTOBER
發行第八張專輯《愛的隧道》
> 全美累積銷量：300萬張
★ 葛萊美獎——最佳搖涼單人演唱

1988
JULY
重返東德舉辦演唱會
吸引16萬觀眾
SEPTEMBER
雷根總統在競選演說中予以讚揚

1984
JUNE
發行第七張專輯《生在美國》
> 全美累積銷量：1500萬張
➤ 4座全美音樂獎——
最受歡迎流行／搖滾——
專輯、單曲、男藝人、音樂錄影帶
葛萊美獎——最佳搖滾男歌手

1985
MAY
與第一任妻子茱莉安·菲利浦斯結婚
> 三年後離婚
JUNE
首次於露天體育場公演，愛爾蘭斯蘭堡

2004
《滾石》雜誌評為
「史上最偉大藝術家No.23」

2005
APRIL
發行第十三張專輯《魔鬼與塵土》
> 全美累積銷量：50萬張
★ 葛萊美獎——最佳搖滾單人演唱
AUGUST
卡崔娜颶風重襲擊紐奧良

2006
APRIL
➤ 發行第十四張專輯《我們終會得勝》
> 全美累積銷量：50萬張
★ 葛萊美獎——最佳傳統民謠專輯
➤ 平撫卡崔娜颶風災害
於「紐奧良爵士與傳承音樂節」演出

2007
SEPTEMBER
發行第十五張專輯《魔術》
> 全美累積銷量：100萬張
★ 2座葛萊美獎——
最佳搖滾歌曲、搖滾單人演唱

2008
APRIL
好友暨「東街樂團」風琴手
丹尼·費德里奇因癌症病逝
DECEMBER
為電影《力挽狂瀾》
創作同名主題曲
★ 金球獎最佳原創歌曲

2009
JANUARY
發行第十六張專輯《築夢》
> 全美累積銷量：50萬張
★ 葛萊美獎——最佳搖滾單人演唱
FEBRUARY
於美式足球「超級盃」中場演出
DECEMBER
榮獲「甘迺迪中心榮譽獎」

2011
JUNE
好友暨「東街樂團」薩克斯風手
克拉倫斯·克萊門斯去世

2016
SEPTEMBER
出版個人自傳《生來奔跑》
同步發行
自傳專輯《Chapter and verse》

2012
MARCH
發行第十七張專輯《破壞球》
> 全美累積銷量：50萬張

2014
JANUARY
發行第十八張專輯《遠大的夢》
> 全美累積銷量：50萬張

TO BE CONTINUED ...

2016
NOVEMBER
歐巴馬頒發「總統自由勳章」
DECEMBER
發行個人自傳《生來奔跑》有聲書

2017
OCTOBER
於百老匯舉行「史普林斯汀在百老匯」個人秀
累計達236場演出

2018
MAY
榮獲「東尼特別獎」

★ 專輯封面圖由索尼音樂提供

史普林斯汀的音樂創作 **312首歌** ➤

⚡重要的10個單詞
NIGHT
DOWN
BABY
MAN
GIRL
LIGHT
DAY
LOVE
TOWN
DREAM

⚡重要的5個女孩
MARY
JANEY
KITTY
ROSIE
SANDY

⚡重要的5部車
CADILLAC
FORD
MERCEDES
BUICK
CHEVY

⚡最常演出的10首歌
生來奔跑
雷霆路
應許之地
惡土
第十大道酷事
黑暗中跳舞
生在美國
羅薩莉塔
躍升
飢渴的心

God have mercy
on the man
Who doubts
what he's sure of

-Brilliant Disguise

Between our dreams
and actions
Lies this world

-Dead Man Walkin'

Talk about
a dream
Try to
make it real

-Badlands

The road is dark and it's a thin thin line
But I want you to know
I'll walk it for you any time

-Tougher Than the Rest

All my life
I fought this fight
The fight that
no man can
ever win   -The Promise

Everything dies, baby, that's a fact
But maybe everything that dies someday comes back
-Atlantic City

It's a town full of losers
I'm pulling out of here to win

-Thunder Road

You end up like a dog that's been beat too much
Until you spend half your life just covering up
-Born in the USA

Every fool's got a reason to feeling sorry for himself
and turning his heart to stone
-Better Days

Someday we'll look back
on this and it will all seem funny   -Rosalita

You've got to learn to live with what you can't rise above

-Tunnel of Love

Like a river that don't know where it's flowing
I took a wrong turn and I just kept going
-Hungry Heart

We learned more from a three-minute record
Baby, than we ever learned in school
-No Surrender

When they said "Sit down"
I stood up

-Growin' Up

You can't start a fire without a spark

-Dancing in the Dark

Because the night belongs to lovers
Because the night belongs to us
-Because the Night

Is a dream a lie when
it don't come true
Or is it something worse?
-The River

All my life I fought this fight
The fight that no man can ever win
-The Promise

生來奔跑
BORN TO RUN
BRUCE
SPRINGSTEEN

「藍領搖滾教父」布魯斯‧史普林斯汀 的生命故事

布魯斯‧史普林斯汀／著　　洪世民／譯

文學森林書系 LF0095

生來奔跑 Born to Run

作　　者：布魯斯・史普林斯汀
譯　　者：洪世民
視覺構成：Jackie Seow
封面照片：Frank Stefanko
美術設計：黃思維、李杰軒

責任編輯：詹修蘋
行銷企劃：劉容娟、王琦柔
版權負責：陳柏昌
副總編輯：梁心愉

出　　版：新經典圖文傳播有限公司
發 行 人：葉美瑤
10045 臺北市中正區重慶南路一段57號11樓之4
電話：886-2-2331-1830　傳真：886-2-2331-1831
讀者服務信箱：thinkingdomtw@gmail.com
粉絲專頁：http://www.facebook.com/thinkingdom

總 經 銷：高寶書版集團
11493 臺北市內湖區洲子街88號3樓
電話：886-2-2799-2788　傳真：886-2-2799-0909
海外總經銷：時報文化出版企業股份有限公司
地址：桃園市龜山區萬壽路二段351號
電話：02-2306-6842　傳真 02-2304-9301

初版一刷：2018年7月30日
定價：新台幣580元
版權所有，不得轉載、複製、翻印 違者必究

國家圖書館出版品預行編目(CIP)資料

生來奔跑 / 布魯斯・史普林斯汀（Bruce Springsteen）著；
洪世民譯 -- 初版 -- 臺北市：新經典圖文傳播 2018.07
472 面；16×22公分.-- （文學森林書系；YY0195）
譯自：Born to run
ISBN 978-986-96414-5-6（平裝）

785.28　　　　　　　107011637

獻給派蒂、伊凡、潔西和山姆

Contents
目 錄

Chapter 2　生來奔跑

Chapter 3   **活見證**

前言

　　我來自一個鋪著木棧道的小鎮。這個鎮上，幾乎每樣東西都具有教人難辨真偽的詐騙色彩，我也不例外。二十歲時，我沒有成為開賽車的叛逆少年，反而成為阿斯伯里帕克街上的吉他手，在一群為真理效勞而存在的人之中占有一席之地：藝人，很普通的藝人。但我手上握有四張王牌：年輕、近十年在酒吧扎實的表演資歷、一群理解我演出方式的同鄉樂手，以及一個人生故事。

　　這本書既是那個故事的延續，也探究其起源。我一直深信，所有發生在我身上的事情，形塑了那個故事和我的表演與作品。在路上遇到歌迷，他們總問我：「你是怎麼辦到的？」在本書裡，我會盡可能回答這個問題，以及更重要的：為什麼。

搖滾樂救生包

　　DNA、天賦、學習技藝、發展美學，以及對名譽、愛、崇拜、關注、女人、性的赤裸裸欲望，噢，不勝枚舉。如果你想在一天結束時把這些**全部**帶走，搖滾世界裡猛烈的火焰也不會停止燃燒。

　　當你要和八萬（或八十）個不停尖叫的搖滾樂歌迷面對面時，這些都派得上用場，因為他們在等你變魔術，等你憑空從帽子裡變出超凡脫俗之物。以往，這只是宣傳歌曲的口號，但現在，信眾聚集於此，你非變出來不可。

　　於是，我要在此為無法預期、永遠不可盡信的「我們」展現存在的證

明，這就是我即將要變的魔術。而就像所有精湛的魔術一樣，一切從場景布
置開始……

Chapter1

成 長

Growin' Up

在那裡，我感受過最多的安全感、充分的放縱、
令人畏懼排斥卻又難以忘懷的無界限的愛。那摧毀了我，也造就了我。

我的街道

　　十歲時，我就對藍道夫街高低起伏、日漸崩壞的人行道上每一處裂縫、根基和窟窿瞭若指掌。這是我的街道。每一個路過這條街的午後，我像是越過阿爾卑斯山的羅馬名將、受困山地苦戰的美國大兵、穿越內華達山崎嶇小徑的牛仔英雄。每當跌倒肚子著地，看著身旁泥土與混凝土交界處冒出火山般的小蟻丘，我的意識就開始緩慢地爬向無垠，爬向一條街外林肯街和藍道夫街口彼得‧麥德莫的家。

　　在這些街道上，我曾坐嬰兒車經過、學走路、跟祖父學單車；打了生平頭幾次架，頭幾次逃離戰場；體會過深刻且充滿慰藉的真摯友誼，感受最早的情慾騷動；在冷氣還不普及的夜晚，看著家家戶戶的陽台擠滿想找人聊天躲避炎炎夏日的鄰居。

　　也是在這裡，我在戰況激烈的「洗溝球」錦標賽中，將上百顆粉色彈力球扔到人行道邊緣；攀上一堆堆髒雪，被夜間鏟雪車高高拋起；從這個街角走到另一個，堪稱紐澤西的艾德蒙‧希拉里[1]。我和妹妹常去街角的教堂，像觀賞雜耍演出一般站在大門外窺視，見證教堂裡永不止息的受洗人潮、婚禮和葬禮。我跟隨英俊瀟灑、衣衫襤褸但風度翩翩的祖父，看他步履蹣跚地繞過街角，將麻痺的手臂舉在胸口，做他重度中風之後的「運動」──他再也沒有復原。

　　我家前院，陽台的正前方，矗立著鎮上最高大的樹，一棵高聳的銅紅山

---

1 Edmund Hillary，紐西蘭登山家和探險家，最早成功登上聖母峰的人。

毛櫸，將我家完全籠罩在其勢力範圍內。只要一道打得夠準的閃電，我們就會當場斃命，像蝸牛被上帝的小指壓碎。每個雷聲與閃電將臥室映成鈷藍色的夜晚，我一邊看著枝葉隨風在白色閃光裡劇烈搖晃，一邊躺著為它——我外頭的巨樹朋友——擔憂。天氣晴朗時，它的樹根是我士兵的堡壘、我的馬廄、我的第二個家。我還是街區裡第一個爬上樹頂的人。在那裡，我可以逃離樹下的種種。我在樹枝間一流連就是數小時，聽友伴們被枝葉遮蔽的聲音從底下人行道傳來，看他們試圖循著我的足跡往上爬。緩慢的夏天晚上，我和三五好友——黃昏的騎兵部隊——坐在它靜止的臂膀下，等待晚上冰淇淋小販的鈴聲，度過就寢前的時間，直到祖母呼喚我回去，這是漫長一天最後的聲音。我踏上我家前陽台，窗子在夏日暮光中閃閃發亮，我推開沉重的木門，讓它在背後關上。接下來一個多小時，我和坐在椅子上的祖父就著煤爐，看著眼前那台黑白小電視發出的光線照亮房間，將它的幽靈投映在牆壁和天花板上。之後，我恍恍惚惚進入夢鄉，在我一生所知最美好也最悲傷的聖殿，我祖父母的房子裡。

我和小我一歲的妹妹維吉妮亞、父親道格拉斯、母親艾黛兒、祖父弗瑞德、祖母艾莉絲，以及小狗沙鐸同住於此。我們可說是住在天主教會的心臟地帶，牧師寓所、女修道院、聖羅撒教堂和教會學校都在同一片草地，美式足球投擲得到的範圍內。

上帝也許高高在上，但在這裡，祂卻被人包圍——說得更精確一些，是被瘋子困住。我們家族有五棟屋子，排成 L 型，在街角與紅磚牆的教會毗鄰。我們是四戶守舊派愛爾蘭人的家庭——陪伴我長大的麥克尼可拉斯家、歐哈根家、福瑞爾家，以及對街孤零零的義大利人前哨——來自義大利索倫托，經布魯克林和愛麗絲島到此的索倫蒂諾家和澤瑞里家，他們也為我的成長過程增添色彩。我的外祖母艾德琳娜·羅莎·澤瑞里、年紀最大的阿姨朵拉、朵拉的先生華倫（當然是愛爾蘭人）以及他們的女兒瑪格麗特，全都住在對街。表姊瑪格麗特和表哥法蘭克是吉魯巴舞的冠軍，在真人秀《玩咖日

記》（*Jersey shore*）中贏過大大小小的競賽和獎品。

　　雖然不到敵視的地步，但兩邊的家族很少越過馬路往來。

　　我和祖父母同住的房子歸曾祖母「娜娜」‧麥克尼可拉斯所有，她還健在，精神飽滿地住在同一條街上。聽說鎮上的第一次禮拜和第一場葬禮都在我家客廳舉行。我們生活在姑姑維吉妮亞徘徊不去的注視之下──她五歲就離開人世，騎三輪車經過街角加油站時被貨車撞死。她的畫像彷彿具有生命，不僅為客廳平添鬼魅的氣息，每一次家庭聚會時她不幸的命運也老被提起。

　　那是一幅深色調的畫像，畫中的小女孩穿著老派的白色亞麻洋裝，看似善良的眼神在看盡世事百態後，現在傳達著：「當心！這世界危險又無情，會害你摔出三輪車，跌入黑暗未知的死境。只有這些卑微、受騙、不幸的靈魂會想念你。」她的母親，也就是我的祖母，清楚聽到這個響亮的訊息。女兒過世後，她在床上足足躺了兩年。養病期間，她將缺乏照顧、身患佝僂病的兒子──我父親──送到鎮郊和其他親戚住。

　　時光飛逝。父親十六歲離開學校，到卡拉古森地毯工廠當清潔工。工廠位於鎮上俗稱「德克薩斯」的區域，橫跨中心街道兩側，廠裡滿是發出鏗鏘聲響的織布機和其他震耳欲聾的機具。十八歲時，父親應徵參戰，搭乘瑪麗皇后號豪華郵輪出了紐約市。他在二次大戰中擔任卡車司機，見識了他這輩子所認知的小小世界，然後回家。他打撞球賺錢，技術高竿；遇見我母親，陷入愛河，答應她結婚後會去找正式工作（犯規！）。於是父親和他的表兄弟大衛‧「迪姆」‧卡許恩到艾迪森福特汽車工廠的生產線做工，接著，我出生了。

　　對祖母而言，我是她獨生子的長子，也是自她女兒過世後，家裡的第一個新生兒。我的出生讓她重拾人生目標。她將我據為己有，占有欲強得超乎想像，把保護我不受各種侵擾當成使命。不幸的是，她對我全心全意的盲目奉獻引發父親的反感，連帶讓家中氣氛低迷，所有人都受影響。

下雨的日子，空氣中的水分讓整個鎮上瀰漫咖啡園的香氣，那是從小鎮東緣的雀巢咖啡工廠飄過來的。我不喜歡咖啡，但喜歡那種氣味，令人心曠神怡，也讓全鎮因為相同的感官經驗而融為一體。不錯的企業，就像隆隆聲不絕於耳的地毯工廠，提供就業機會，展示小鎮的生命力。你聽得出來、聞得出來，人們在鎮上努力謀生、承受痛苦、享受小小的樂趣、打棒球、死去、做愛、生小孩、在春天的夜晚喝到爛醉，並竭盡所能地抵抗那些意圖摧毀我們，摧毀家庭、家人和小鎮的魔鬼。

在這裡，我們住在教堂尖頂的影子裡，神聖與塵世的接壤之處，事事受到上帝出於憐憫而不惜扭曲的庇佑——在這個令人心跳停止、褲頭鬆落、種族暴動、排擠怪人、撼動靈魂、製造愛也製造恐懼的紐澤西菲力荷鎮。

故事從這裡開始。

我的家

　　每週四晚上是垃圾夜。我們全家動員，準備上路，坐上祖父四〇年代的小轎車，等待上級吩咐，去挖掘鎮上每一座滿出人行道的垃圾堆。首先前往布林克霍夫大道，鎮上最富有的一區，有最值錢的垃圾。我們為你的收音機而來，任何一種收音機，不論狀況好壞。我們會將它們從你的垃圾堆裡搜出來，丟進後車廂，載回「庫房」——祖父家裡一處小角落，用木板隔出一個二公尺見方、沒有暖氣的隔間。在那裡，不分寒暑，都有魔法發生。在那個堆滿電線和燈管的「房間」，我總會刻意坐在祖父旁邊，看他裝線、焊接、更換壞燈管，我們一起等待同一個時刻：沙沙的呼吸聲、悅耳的靜電蜂鳴、夕陽餘暉般的溫暖電光，將全部湧回那台從滅絕中救回來的收音機骨骸。

　　祖父的工作台上，真有「復活」這件事。真空的寂靜中止，被感覺遙遠、不時劈啪作響的聲音填滿：星期天的佈道聲、喋喋不休的商品推銷、大型爵士樂團演出、早期搖滾樂和廣播劇。這些外界的聲音拚命傳送進來，降臨小鎮，深入藍道夫街 80 號這個與外隔絕的封閉宇宙。收音機死而復生後，會在每年夏天市郊農田舉辦的「移工營」中販售，每台五美元。「收音機人」要來了——一群主要是南方黑人的季節工人都這麼稱呼祖父。每到蒙茅斯這個農業縣的收成季，他們就會搭巴士過來。母親開車載因中風失去行動能力的祖父，沿著田間的泥土路到三〇年代塵暴現象持續侵襲的地區，在黑人的米老鼠帳篷裡做生意。我去過一次。幽暗中，我被神情嚴肅的黝黑臉孔包圍，嚇得魂飛魄散。菲力荷鎮上的種族關係從不緊張，十年後將演變成暴動和槍擊，不過現在，這裡只有安穩得令人不自在的寂靜。我是「收音機人」

的小孫子，在家人努力維持生計的工作場所裡受他保護。

　　我家可說是貧窮，雖然我從沒想過這件事。因為我們有衣服穿、有東西吃、有床鋪睡。我的一些白人和黑人朋友情況更糟。我父母有工作，母親是法務秘書，父親在福特汽車上班。我們的房子老了，很快就會顯得破舊。客廳的煤油爐是唯一能讓整間屋子暖和起來的東西。樓上是臥室。冬天早晨醒來時，可以看到自己白色的呼氣。我童年最早的記憶便是煤油的氣味，以及祖父為爐子添煤油的畫面。家裡煮食全靠廚房的煤爐。小時候我會拿水槍射爐灶表面的熱鐵，看蒸氣往上竄，還會把煤灰搬到後門外，堆成一座小丘，每天爬上去玩。我們有一個小冰箱，也是鎮上頭幾戶有電視的人家。我出生前，祖父經營史普林斯汀兄弟電器行。所以電視機問世時，自然先出現在我家。母親告訴我，當時街坊鄰居會順路來家裡見證這個新的奇蹟，看米爾頓・伯利（Milton Berle）、凱特・史密斯（Kate Smith）和音樂節目《你的金曲遊行》（Your Hit Parade），以及布魯諾・山瑪提諾（Bruno Sammartino）與霍斯達克斯・卡洪（Haystacks Calhoun）的摔角對決。我六歲時就會背凱特・史密斯的名曲〈當月亮爬上山頭〉（When the Moon Comes Over the Mountain）的歌詞，一字不漏。

　　因出生順序和環境使然，在這棟屋子裡，我集君主、國王和救世主的身份於一身。我是長孫，祖母對我依戀甚深，把我當成死去的姑姑維吉妮亞的替身，寵溺毫無界限。這對一個小男孩而言是太多的自由，而我照單全收。五、六歲時我常熬夜到凌晨三點，再睡到下午三點；看電視看到收播，一個人盯著收播畫面；想吃什麼就吃什麼，想要什麼時候吃就什麼時候吃。父母對我來說就像疏遠的親戚。母親，由於自身狀況混亂，且希望家中和平，把我完全交給祖母管教。我就像個膽怯的小暴君，不久後便覺得規則是給世上其他人遵守的，至少父親回家前是如此。他會繃著臉在廚房頤指氣使，但他的王位會在他母親的堅持下，被自己的長子罷黜。這個家庭的崩壞，加上我

年幼時的作威作福，令我羞愧又困窘。我明白外面的世界是按照不同方式運作，也因為自己的作為被鄰里孩子取笑到無地自容。但我喜歡特權，即使知道那是不對的。

　　進入學齡、必須遵守生活作息後，我心中燃起熊熊怒火，幾乎延燒整個求學時代。母親知道我們之間有很大部分需要修補，於是，值得讚揚地，她試著索回教養的權力。她帶我搬出祖母的房子，搬到學院街 39½ 號一間狹長的小房子，與人合租。那裡沒有熱水，有四個小房間，距離祖父母家四條街。母親試著建立一些合理的界限，但太遲了，即使四條街彷彿有一百萬公里遠，每當我憤怒、失落地咆哮時，就會跑回去和祖父母住。那裡才是我真正的家，他們才是我的親生父母。我不能，也不會離開。

　　但那間屋子現在只剩一個房間有機能可言：客廳，其他地方都因廢棄不用而日漸頹圮。就連那間冷颼颼的浴室，唯一可以上廁所的地方，浴缸也無法使用。祖父母陷入衛生不佳且欠缺照顧的狀態，這令我震驚而反感。我還記得祖母剛清洗過卻仍髒兮兮的內衣吊掛在後院的繩子上，看得我驚惶又尷尬。然而，正是這種不論生理或心理都極不恰當的親密，讓祖父母家如此令我迷惘，又不得不著迷。我深愛他們，也愛那間屋子。祖母睡破舊的彈簧沙發，我裹好被子睡她旁邊，祖父則睡客廳另一側的小行軍床。就這樣。一直都這樣，我恣肆無忌的童年。這就是我想要的家的感覺：安全、被愛。

　　那個破敗不堪的地方，以及祖父母所展現的令人難受又催眠的力量始終沒有離開我。如今我常在夢裡回去，一次又一次。我好想回去，在那裡，我感受過最多的安全感、充分的放縱、令人畏懼排斥卻又難以忘懷的無界限的愛。那摧毀了我，也造就了我。摧毀我，因為我終其一生都很難替自己確立界限，建立正常的人際關係；造就我，因為那促使我一輩子追尋屬於自己的「獨一」空間，賦予我生猛的飢渴，讓我在音樂裡死心塌地。憑著回憶和渴望的餘燼，我努力重建我的安全聖殿，不顧一切，至死方休。

為了祖母的愛，我拋棄了父母、妹妹和大部分的世界。然後一切又突然改變：祖父母病了，全家人再次搬去一起住，南街 68 號，與人合租。不久後，我的小妹潘美即將出生，祖父將過世，而祖母將被腫瘤占據。我的家、我的後院、我的樹、我的泥土、我的聖殿將被徵收，土地被轉賣，變成聖羅撒教堂的停車場。

教會

　　在那條環狀道路上，我們騎單車環繞教堂和牧師寓所，再沿著女修道院後面褪色的藍色石板車道奔馳。石板路隆起的邊緣讓單車把手震動不停，在我們手裡創造微弱的脈搏般節奏，砰、砰、砰、砰，實實在在，然後我們原路折返。我們來回穿梭聖羅撒大院區，度過令人昏昏欲睡的午後，不時有修女探出窗罵，要我們趕快回家。一路上還要閃避在教會地下室和我家客廳間遊蕩的流浪貓。現在幾乎無所事事的祖父常在後院耐心招攬那些野貓到他身邊。那些貓不和其他人打交道，但祖父設法親近、撫弄牠們，有時代價甚高。一天晚上，他進屋時一隻手臂鮮血淋漓：被一隻還沒準備好受人關愛的小貓抓出一道三十公分長的傷痕。

　　貓咪會跟著我們慢慢晃去學校、回家、望彌撒、又回到學校，在我家和教堂之間來來去去。我們的生活和教會密不可分。最初，牧師和修女會親切地凝視嬰兒車中的你，笑容可掬，莫名和藹。但學齡一到，我就被帶進聚會的黑暗會堂，裡面有香爐、釘死在十字架上的男人、必須折磨自己背熟的教義、每週五拜苦路[2]活動（學校作業！），還有穿黑袍的男男女女、裝了簾子的告解室、推拉式小窗、牧師陰鬱的臉，我必須在那裡當眾列舉童年過失。我花了很多時間才構思出一連串容易被人接受、自己也能講得滔滔不絕的罪——必須壞得合理，又不能太壞（最壞的還在後頭！）。畢竟我才小學二年級，能犯多少罪？最後，聖羅撒從週一到週日的神聖清算使我疲憊不堪，

2　Stations of the Cross，天主教重現耶穌被釘上十字架的過程，共有十四站。

好想逃出去。但能逃去哪裡？休想離開！我住在這裡！我們全都住在這裡，我的部族都在這裡。我們擱淺在這座偏僻的荒島，被綁在同一艘船上。教義老師帶我上了這艘永遠無法靠岸的船，它航行過一道又一道閘門，在神聖的混亂中漂流，死亡和最後審判日只是分走一些乘客罷了。

於是，我建立起我的另一個世界，一個充滿反抗的童年世界，一個發自內心消極拒絕的世界，對「體制」的防禦。我拒絕接受這個不肯按照祖母和我的眼光來認識我、肯定我的世界，我是迷途的孩子王，每天被迫離開他的臥室帝國——祖母的家——流放在外。對那些笨蛋來說，我只是又一個被寵壞的小孩，不願遵從人人終須遵從的規則，那個名為一神論，實則視情況而定的**事情本該如此**的王國。問題是，我從不知道，也不在乎「事情本該如此」。我來自**我喜歡怎樣就怎樣**的異境，那位於同一條街上。今天到此為止，**回家吧！**

不管我多麼想要、多麼努力嘗試，「事情本來就是這樣」王國始終拒我於千里之外。我很想融入，但我已經用祖父母賦予我的無拘無束打造了自己的世界，讓我成為非蓄意的反叛者、被拋棄的怪人、格格不入的小白臉。我疏遠人們，也被人們疏遠，在社會無容身之地。那時我才七歲。

我身邊的男同學大多是好人，但也有粗魯無禮、欺善怕惡、極不友善的人。所有志氣高昂的搖滾明星都經歷過這種霸凌。儘管內心沸騰、備受屈辱，我仍在操場外默默承受「倚著鐵絲網，看著世界在你旁邊旋轉，容不下你、拒絕你」的孤獨。孤獨，是即將燃起的火焰不可或缺的燃料。不久後，這些將全部燒起來，世界將天翻地覆。但不是現在。

反觀女孩，她們詫異地發現同學中有個怕羞、善良、愛作夢的人，然後步上祖母的後塵，開始照顧我。我坐擁一個小小的後宮，她們幫我綁鞋帶、拉夾克拉鍊，讓我沐浴在無微不至的呵護中。所有義大利寵兒都深諳此道。於是，被男孩排擠成為我多愁善感的標記，一張夢寐以求的王牌，讓怪胎少年因禍得福。當然，幾年後，當性慾抬頭，我將失去崇高的地位，變成溫和

柔弱的輸家。

　　牧師和修女是擁有強大權威與性神祕的一種生物。他們與血肉之軀為鄰，同時也是通往來世的橋樑，對我們的日常生活有著毋庸置疑的影響力。不論現世或來世，他們都是我既害怕又渴望進入的黑暗且喜樂的世界在鄰里街坊的守門人。那是你隨時可能失去一切的世界，一個充滿未知的極樂——復活、永恆、地獄的不滅烈焰、刺激且帶有性意味的酷刑、聖母無染原罪和種種奇蹟——的世界，一個人會變成神、神會變成魔鬼的世界。我知道那是真的，因為我在家就見過神變成魔鬼。我親眼目睹撒旦那張想要掌控一切的臉孔——非撒旦莫屬，我可憐的父親三更半夜在酒精助威的憤怒下，幾乎要把房子拆了，嚇得我們屁滾尿流。我認為父親會這樣苦苦掙扎——暴力威脅、情緒混亂、**不再**愛人——都是黑暗的終極力量降臨所致。

　　五〇年代，聖羅撒的修女相當粗暴。我曾因某項過失而從八年級降級到一年級，被塞進一年級的座位深切反省一個下午——我很樂意休息一下。牆上映著某人的袖釦反射的陽光，我迷迷糊糊地注視那道光，跟著它爬過窗戶、攀上天花板，接著聽到修女對著第一排中央一個粗壯的小執法官說：「讓我們的訪客看看，在這個班上我們怎麼懲罰不專心的人。」那個低年級學生面無表情地向我走來，迅雷不及掩耳地全力刮了我一個耳光，掌摑聲響徹教室。我不敢相信剛才發生的事，渾身顫抖、滿臉通紅、無地自容。

　　教會學校生涯結束之前，我的指關節被敲打過、脖子被領帶拉扯到幾乎窒息、頭部受過重擊，被關進漆黑的廁所、塞入垃圾桶，並且告知那就是我的歸屬。五〇年代的天主教學校裡，這些都是家常便飯。話雖如此，那仍在我嘴裡留下噁心的味道，讓我一輩子疏遠我的宗教。

　　就學的時光，即使身體完好如初，天主教仍會滲入你的骨髓。我曾擔任祭壇侍童，凌晨四點在神聖的黑暗中起床，匆匆跑過冰冷的街道，進入教堂祭衣室披上黑色長袍，在上帝的私有土地、平民勿入的聖羅撒教堂祭壇進行儀式。我一邊吸著香爐散發的氣味，一邊在一群虔誠篤信的親人、修女和早

起罪人的面前，協助性情乖戾的八十歲蒙席[3]。事實證明我笨拙至極，不知該站在哪裡，也不學好拉丁文，氣得蒙席在早晨六點的彌撒中抓起我的長袍，在祭壇上把我拖走，嚇得眾人倒抽一口氣。當天下午在操場，我五年級的老師，早上目睹我窘狀的查爾斯‧瑪麗修女，遞給我一枚神聖的小勳章。這是我永生難忘的仁慈。在聖羅撒求學的那些年，我受夠了天主教為我的身心帶來的緊張。八年級畢業那天，我轉身就走，徹底了結，告訴自己「絕對沒有下次」。我終於自由了，很長一段時間，我都這麼相信著。但隨著年歲漸長，我的思考、反應和行為卻開始出現某些固定模式，我茫然又懊惱地瞭解到：一日天主教徒，終身天主教徒。所以我不再自欺欺人。我不常參加宗教活動，但我知道在某個地方——內心深處——我仍是這團隊的一份子。

　　也是在這個世界，我找到音樂的源頭。天主教信仰中，存在著能同時反映我的想像與內在的詩歌、危險和黑暗。我發現一塊結合絕頂刺眼的美、奇異荒誕的故事、難以想像的懲罰和無限報償的土地。那是一個既光榮又可悲的地方。如果不想被形塑，就必須適應。這一生，它都與我並肩同行，就像一場醒著的夢。因此，步入青少年時期後，我試著理解，接受挑戰，明白這個世界裡，有些人**終究**留不住，但我仍能贏得一個王國的愛。我將自己從家人、朋友、鄰居辛苦餬口的人生吸收到的一切寫出來，轉化成我能處理、理解，甚至從中找出信念的東西。聽起來很可笑，但我確實和耶穌建立了「私交」。祂仍是我的父親之一。雖然一如我的親生父親，我不再相信祂的神力，但我深深相信祂的愛與救世之能。說真的，這樣就夠了。

　　在我看來，我們偷嚐禁果，亞當、夏娃、光榮的反叛者耶穌和撒旦，都是造物主計畫的一部分，為的是將我們造成男人和女人，賜予我們珍貴的禮物：泥、土、汗、血、性、罪、善、自由、囚禁、愛、懼、生與死……我們的人性，和我們的世界。

---

3 Monsignor，對教會有傑出貢獻，受教宗頒授榮譽稱號的神職人員。

　　教堂鐘響。我的家人湧出屋子，匆忙上街。有人結婚、過世、出生。我們在教堂最前頭的走道排隊，等候，我和妹妹拾起掉落的花瓣和撒落的米粒，用紙袋包好，改天再來拋給素昧平生的人。母親非常投入，滿面容光。新娘新郎一退場，管風琴奏樂，教堂的木門開啟，我聽到母親嘆息：「噢，那禮服……好美的禮服……」捧花扔出，預言了未來。新娘和她的英雄搭著黑色長禮車揚長而去，就是那台你初至人世時把你放下來的車，而另一台已經在街角等候，等著未來某一天帶著眼淚，載你一段短短的路程，沿著斯羅克莫頓街直抵鎮郊的聖羅撒墓園。春天的星期日，我和妹妹在那裡玩耍，拜訪骨骸、棺材和土丘，在墓碑間快樂嬉戲。教堂裡，婚禮已經結束，我牽起妹妹的手。才九、十歲的我們，已經看過好多場婚禮。不論米粒或花、來或去、天堂或地獄，在藍道夫和麥克林街口，這些都只是每天的例行公事。

04

義大利人

核子般的能量不斷從朵拉・柯比、艾達・烏爾貝里斯和艾黛兒・史普林斯汀的小口和嬌小身軀裡爆發出來。母親和她的兩個姊妹，在尖叫、大笑、痛哭和舞蹈中已度過加起來兩百六十年以上的人生，從未停歇。她們馬克思五兄弟[4]般的高伏特瘋狂，不時瀕臨失控的歇斯底里狀態。但不知為何，這不只讓她們長生不死，還在人生中大獲全勝。這三位傾心於愛爾蘭人的女子，全都活得比她們的先生久，熬過戰爭、悲劇和貧困，至今仍不屈不撓、未嘗敗績、樂觀到極點。她們是最強大的，三個迷你版拳王阿里，隨時準備出擊。

在澤西海岸地區，義大利人和愛爾蘭人經常相遇而結合。東岸的史普林雷克鎮在當地稱為「愛爾蘭里維耶拉」。每逢夏天週日，都可以看到白皮膚和長雀斑的人們在維多利亞式的房子外面，迎著泛白沫的浪花暢飲啤酒，臉曬得跟龍蝦一樣紅。從這裡往北幾公里，就是紐澤西的長堤，曾是黑幫老大安東尼・「小貓」・羅素（Anthony "Little Pussy" Russo）——我太太派蒂・史凱法（Patti Scialfa）在英國迪爾鎮的鄰居——的家鄉，也是中澤西暴民的集散地。長堤的海灘上淨是橄欖色肌膚的美女、大腹便便的先生。我義大利裔同胞們濃厚的「澤西腔」不時穿過雪茄煙霧飄送而來。影集《黑道家族》（Sopranos）的試鏡實在無需捨近求遠。

大家叫我的曾祖父「荷蘭人」，所以我理應是某些迷途荷蘭人的後代，他們從新阿姆斯特丹流浪至此，不知此處是何處。我們承襲了「史普林斯汀」

---

4 Marx Brothers，由五名親兄弟組成的美國喜劇演員團隊，一起演出舞台劇、電視及電影。

這個源自荷蘭的姓氏。然而，顯而易見地，這裡是愛爾蘭和義大利血統交融之處，在墨西哥人和非裔美國人收割蒙茅斯縣的作物之前，在田裡幹活並管理馬場的卻是義大利人和愛爾蘭人。為什麼？我問母親，她們最後為何都跟愛爾蘭人在一起，她說：「義大利男人太跋扈。我們真是受夠了，不想要男人一天到晚對我們頤指氣使。」他們當然不會。若真有頤指氣使這回事，也是澤瑞里家的女人，只是表面看不出來罷了。艾達阿姨告訴我：「父親想要三個兒子，結果生了三個女兒，所以就把我們當男生養，非常嚴厲。」這或許可以當作理由。

　　小時候，我常去朵拉阿姨家吃晚飯，回家時總是精疲力盡、耳朵嗡嗡作響。因為那裡有好多比晚餐更有趣的事，簡直在玩命：肚子被餵到撐、高唱尖叫到耳聾、跳舞跳到累癱。現在，即使她們全都厚著臉皮邁入九十歲大關，情況依舊如此。那是從哪裡來的？她們取之不盡用之不竭的活力和樂觀究竟源自何方？是從星體汲取了什麼樣的力量，源源不絕送入她們嬌小的義大利身軀？又是由誰啟動的？

　　他叫安東尼・亞歷山大・安德魯・澤瑞里。十九、二十世紀之交，他從義大利南部那不勒斯附近的小鎮維克艾庫塞來到美國。年僅十二歲的他在舊金山落腳，一路往東，從市立學院畢業後，在紐約市西 42 街 303 號執業當律師。他是我的外祖父，在海軍服役三年、娶過三任妻子、因侵占罪（據說是替另一個親戚頂罪）在新新監獄關了三年，最後來到紐澤西英吉利小鎮一座翠綠優美的山丘。他原本有一點錢。我有數張母親和家人三〇年代在羅德島新港市拍的照片，全都穿著一身白。外祖父在獄中破產，所以外祖母過得不大好，回布魯克林後不知去向，拋棄了當時還是青少年的我母親與兩位姊妹，放她們在農舍自力更生。

　　對小時候的我來說，那棟不大的農舍是山丘上的別墅，充滿財富和文化的城堡。外祖父收集油畫，很不錯的油畫，也收集宗教藝術品、長袍和骨董家具，客廳裡有一架鋼琴。他四處旅行，看起來飽經世故且有點放蕩。一頭

灰髮，一雙褐色的義大利大眼睛底下有著很深的黑眼圈，身材矮小但聲如洪鐘，令人敬畏。他常坐在書房王座般的椅子上，猶如古代的義大利王子，他的第三任妻子菲菲則坐在房間另一頭編織，穿緊身衣，妝和香水濃得足以令人昏厥。每當我們過去拜訪，她都會在我臉頰種下又紅又大的吻，暖呼呼的。緊接著，王座那頭會傳來無止盡的「布」、自己添增且加重音的「ㄌ」、綿延低沉的「ㄨ」、以及蜻蜓點水般的「斯」：「布——魯——斯——來這裡！」我知道接下來會發生什麼事，他會拿著一張一元美鈔。我每個星期天都會拿到這一美元，但必須自己去拿，還要應付他另一隻手的「死亡之捏」。當你伸手拿一美元時，他會用另一隻手抓住你，以拇指和食指的第一指關節捏你的臉頰。先是超級用力、令人淚眼汪汪地夾，接著慢慢向上擰，再突然反向扭，猛力往下轉圈（讓我不由得尖叫）。然後鬆開，迅速有力的一揪，放手，再來一回。最後以手指輕拍我臉頰做結束，伴隨一陣活力充沛的大笑：「布——魯——斯——**感覺如何啊**？」一美元到手。

週日晚餐，他會舉辦聚會、大聲喧嘩、發號施令、高聲討論當天發生的事情。那是一場秀。或許有人覺得他囂張蠻橫，但對我來說，這個嬌小的義大利男子是個**巨人**！某些特質讓他看起來雄壯威武、位高權重，不像我大半輩子熟識的其他消極又具侵略性、恍恍惚惚、不知所措的男性族人。他天生具有那不勒斯原力！當他碰上麻煩怎麼辦？真實世界充滿麻煩，如果你想要或渴望什麼，最好未雨綢繆，做好準備堅持自己的權益，不要放手，因為「他們」不會免費送給你。你必須承擔風險，付出該付的代價。他對人生的愛、強烈的存在感、對日常生活的投入，以及對家人的統轄，讓他成為我生命中獨一無二的男性典範。他既令人興奮又令人害怕、戲劇化、把自己當神話、自吹自擂，就像個搖滾巨星！不然，離開那棟山丘上的房子、來到路邊的人行道時，我家就是**女人統治世界**！她們允許男人抱持自以為掌控一切的錯覺，然而就連最膚淺的對話也在告訴你，男人遠遠不如她們。愛爾蘭男人需要**母親**！而山丘上的安東尼需要的是菲菲，一個

辣媽！兩者天差地遠。

　　安東尼和第一任妻子艾德琳娜·羅莎奉父母之命結婚，二十多歲就分開了。艾德琳娜在荳蔻年華被從義大利索倫托送來美國，當舊大陸的新娘。她在美國住了八十多年，從沒說過一句英語。走進她房間，就像走進昔日的義大利：聖珠、香氣、宗教物品、被褥、昏暗的陽光，反映出另一個時空。她，我相信，一定很不幸地對安東尼的其他戀人扮演著「聖母」的角色。

　　離婚讓她受創甚深，始終沒有再婚，也幾乎沒有再跟外面的世界往來。她和安東尼從來沒有長時間待在同一間房裡，葬禮不會、婚禮不會、家庭聚會也不會。每週日做完禮拜，我去找朵拉阿姨時，艾德琳娜就包著髮網、披著長巾在家裡，散發著異國香氣，烹煮美味的義大利料理。她會笑盈盈地迎接我，抱一抱、親一親，喃喃吐露義大利語的祝福。然後，某一天，在山上，菲菲過世了。

　　離婚六十年後，安東尼和艾德琳娜破鏡重圓。六十年！他們一起在山上的「別墅」住了十年，直到安東尼去世。外祖父死後，夏天時，我會從科爾茨內克騎單車到英吉利小鎮探望她。她通常一個人在那兒。我們會坐在廚房，用零碎的英語和義大利語聊天，她說她願意回來跟那個老男人住，只是為了保住她孩子的遺產。或許吧。她活到一百零一歲安詳辭世，臨終前頭腦還很清楚。她一生見證了汽車和飛機的發明，以及人類步上月球。

　　之後二十五年，安東尼和艾德琳娜山上的房子始終保持「假死」的狀態。我五十歲上去走走時，它仍跟我八歲時一模一樣。對母親和她的姊妹來說，那是聖地。後來，表哥法蘭克（吉魯巴舞冠軍，教會我頭幾個吉他和弦）和他兒子小法蘭克（跟我一起在錄音室樂團〔Sessions Band〕中演出）舉家遷入，讓那棟屋子再次充滿孩子和義大利料理。

　　至於「死亡之捏」則已經傳承給阿姨朵拉，她開發出自己的版本：奪命鎖頭功。這個身高不到一六〇、高齡九十歲的義大利嬌娃可以把你的脖子扯

成永久性扭傷，或狠踹蘭迪·「狂野男子」·沙瓦吉[5]的屁股，如果他蠢到向她屈身求吻的話。雖然我不必再害怕外祖父的「死亡之捏」，但許多夜裡，八點半左右，安東尼依然存在。當屋裡燈火熄滅、簾幕拉起，我仍聽得到那拖得長長的「布——魯——斯——」。

　　工作、信仰、家庭，這是母親和阿姨們傳承給我的義大利信條。她們實踐、相信，即使對這些信條失望透頂，仍深信不疑。她們不斷灌輸我（從不強硬），她們確信那就是我們在人生、愛與吞噬了先生、孩子、家人、朋友的真空之間所擁有的全部。這種刻苦精神，靈魂裡蘊藏的一股力量，包含恐懼與奮不顧身的喜悅，全都將自然而然地進入我的作品中。我們義大利人會一路挺進，直到再也無法前行；屹立不搖，直到骨頭支撐不住；緊握不放，直到肌肉疲勞不堪；搖擺、大叫、大笑，直到再也無力負荷，直到生命盡頭。這就是澤瑞里三姊妹的信仰，承襲她們父親嚴厲的教誨和上帝的恩典，我們天天為此滿懷感激。

5　Randy "Macho Man" Savage，美國著名職業摔角選手及播報員。

愛爾蘭人

　　我的家族成員包含在家族聚會上大叫大笑的姑姑；六年級離校回家，再也沒離開過的堂表兄弟姊妹；喜歡拔掉身上和頭上的毛髮，留下一片片光禿的男人——全都住在這半條街的範圍內。下大雷雨時，祖母會抓起我的手，帶我穿過教堂去珍姑姑的家。女人的集會和黑魔法於焉展開。眾人低聲祈禱，珍姑姑一邊將小瓶子裡的聖水灑向大家。天空每劃過一道閃電，家裡安靜的歇斯底里就升高一級，直到彷彿上帝要親自把我們轟出這個小角落。她們說著被閃電擊中致死的民間傳說，其中有人說到車子有橡膠輪胎接地，因此雷電大作、風雨交加時，最安全的地方就是車裡。從那之後，只要一聽到雷聲，我就鬼吼鬼叫，要爸媽帶我去車裡待著，直到暴風雨平息。後來我開始將車子寫入音樂，寫了一輩子。小時候，這些都是神祕、尷尬卻稀鬆平常的事情。就是這樣。他們就是我愛的人。

　　我們家族備受折磨，太多煩憂與困難進入我這群來自「綠寶石島」親人的血液。曾曾祖母安·蓋瑞提在一八五二年十四歲時，帶著兩個年僅十二歲和十歲的妹妹離開愛爾蘭，那是馬鈴薯饑荒蹂躪愛爾蘭五年後的事。後來她在菲力荷安頓下來。不知道從何時開始，有一種嚴重的精神疾病在我住菲力荷的家人之間傳播，看似隨機挑選了某個堂兄弟、某個姑姑、某個兒子、某個祖母，以及，不幸地，我父親。

　　我在我的歌曲裡一直對父親不盡公平，把他看成忽略子女、盛氣凌人的父母典型。那就像《伊甸之東》[6]，將我們的關係重新排列組合，將我的童年經驗「普世化」。我們的故事複雜得多，複雜的不是事情的細節，而是事發

Growin'
Up

之「因」。

我的父親

對孩子來說，菲力荷的酒吧是謎樣的堡壘，充斥著平庸的魔術、難以預料的事物和暴力的可能。一晚，我和妹妹在斯羅克莫頓街等紅燈時，看到兩個男人在酒吧外的人行道上互毆，打得你死我活。襯衫被扯破，群眾圍觀、叫囂，其中一個男人跨坐在另一人的胸口，拉著他的頭髮，死命朝他臉上連揮數記重拳。底下的男人躺在地上，滿嘴是血，拚命防衛。母親說：「不要看。」綠燈亮起，我們的車繼續前行。

在我的家鄉，你一穿過酒吧的門，便進入全是男人的神祕國度。我媽很少去酒吧叫我爸回家，而在那些罕見的夜晚，我們會開車慢慢穿過小鎮，停在一扇亮著燈的門前。她會指著那扇門說：「進去叫你爸出來。」進入我爸的公共庇護地，我既興奮又害怕。我媽賦予我做這件事的權利——阻止我爸繼續待在他的聖地。我推開門，閃避正步出酒吧、比我高大許多的男人們。我頂多只到他們的腰際。所以每次進入酒吧，我都覺得自己是攀爬險惡豌豆莖的傑克，最後抵達熟悉但可怕的巨人地盤。酒吧裡，左側牆邊是一排坐滿幽會男女、酒吧情侶和夫妻檔酒客的小隔間；右側有一排凳子，充滿柵欄般寬闊的勞工的背、隆隆雷聲般的咕噥、叮叮噹噹的玻璃杯、令人心神不寧的成人笑聲，以及極少數的女人。我站在那裡，吸著啤酒、烈酒、藍調和鬍後水混合的氣味，因為酒吧外（我家裡）的世界沒有一樣東西聞起來像這樣。Schlitz 啤酒和 Pabst 藍帶啤酒稱霸此地，酒保以手上的壺嘴，熟練地將金色液體倒入傾斜的玻璃杯中，然後砰的一聲，杯子放上木頭吧台。我站在那裡，猶如一個小小的提醒，讓許多男人想起他們花了好些時間試圖忘記的事

---

6 *East of Eden*，作家約翰‧史坦貝克（John Ernst Steinbeck）一九五二年出版的小説，據稱取
　材於史坦貝克祖父的真人實事。

物——工作、責任、家庭、成年生活的幸福與重擔。現在回想起來，那裡混雜了兩種人，比較多是只想在一週尾聲釋放情緒壓力的平凡男子，其他則是被更難以抗拒的事物打動、不知該把底線畫在哪裡的人。

　　最後，有人注意到他們之間冒出了一個小小的攪局者，一臉困惑地帶我去找我爸。從底下往上望，我依序看到吧台的凳子、黑鞋子、白襪子、工作褲、臀部和結實有力的腿、皮帶，最後才是臉。在酒精的作用下稍稍變了顏色和形狀的臉，穿過層層煙霧往下盯著我看，聽我說出那句不朽名言：「媽媽要你回家。」爸不會介紹我給朋友認識，不會拍拍我的頭，不會吐露溫柔語調，不會弄亂我的頭髮，只有：「到外面去，我馬上出去。」於是我循著麵包屑回到酒吧門口，進入涼爽的晚風中，我的城鎮裡，不知為何，它彷彿對我熱烈歡迎又深具敵意。回到路邊後，我跳進車後座，告知我媽：「他馬上出來。」

　　我不是我爸最愛的鎮民。小時候我覺得男人就是這樣：冷淡、沉默寡言、忙著在成人世界隨波逐流。還是孩子時，你不會質疑父母的選擇，你會接受。父母宛如天神的地位，賦予他們正當性。如果他們不跟你說話，表示你不值得他們付出時間；你未獲得深情和關愛，表示你努力不夠；你遭到忽視，表示你不存在。如果你想改變他們的言行，控制自己的言行是你唯一能做的。也許你必須更堅韌、更頑強、更矯健、更聰明、在某些方面更出色，誰知道呢？某天晚上，父親突然在客廳為我上拳擊課。我受寵若驚，興奮於得到他的關注，渴望學習。過程頗為順利，但接著他甩了我幾巴掌，有點大力。很痛。我雖然沒有受傷，但某條線被逾越了，我知道他在傳達某個訊息。我們已經落入父子關係的黑暗地底。我感覺到他在說：你是個入侵者、陌生人、家裡的敵人，令他大失所望。我心碎，倒地不起。他嫌惡地走開。

　　我爸看著我的時候，沒有看到他想要的樣子，這是我的錯。我在家附近最好的朋友是巴比・鄧肯。他每週六晚上都會和父親騎車去沃爾運動場看改裝車賽。五點整，不管我們正在做什麼大事，他都會喊停，回到和我家相隔

兩戶的屋子。六點整,一吃完晚餐,他就連蹦帶跳下了他家門前的台階,襯衫熨得筆挺、抹上髮油,他爸爸跟在後頭。兩人坐上福特車,動身前往沃爾運動場,那個輪胎聲尖銳刺耳、汽油味濃重撲鼻的天堂。眾多家庭俯身觀看當地瘋子開著在車庫組裝的美國鋼鐵,精神錯亂咻咻咻地兜圈子,或者在場中央互相撞得稀巴爛,無愧於每週一次的撞車大賽。參賽者只需要一頂美式足球頭盔、安全帶和任何你願意讓它失事撞毀的東西。沃爾運動場上煙霧瀰漫、橡膠燃燒、充滿愛的環形車道,是家人們為了同樣的目的一道前來、世事按照上帝旨進行的地方。而我,始終被父親的愛**和**改裝車的天堂排拒在外。

我爸想找我共度時光的心情,不幸地總在每晚「神聖六罐」的儀式後出現——漆黑的廚房裡,一罐接著一罐啤酒。只有這時他才會想到我,劇情永遠如出一轍:起初總是假裝充滿父愛地關心我,不一會兒,重頭戲上場,顯露出對他兒子——屋裡除了他之外唯一的男人——的敵意和露骨的憤怒。很令人遺憾,他愛我,卻容不下我。他覺得我在跟他競爭我媽的愛。雖然確實如此。同時,他也在我身上看到太多**他**真實的自我。我爸的體格像頭牛,總是穿著工作服,很壯,令人生畏。終其一生,他多次擊退死亡的威脅;在他內心,暴怒的背後,他溫和、膽小、羞怯,有著莫名的不安全感。這些都是我顯現在外的特質,而他非常厭惡看到這些特質反映在他兒子身上。這是「柔弱」,而他憎恨「柔弱」。當然,他也是被教養成「柔弱」的一個寵兒,跟我一樣。

父親晚年的某天晚上,當時他已經身體欠佳,他在餐桌上告訴我他在學校打架被硬拖出來的事——祖母去把他拖回家。回想起當時蒙受的恥辱,他卻熱淚盈眶地說:「我打贏了,我打贏了。」至今他仍不明白,為何祖母不肯讓他冒險。他是她唯一的孩子。思緒紊亂的祖母並不明白,她無節制的愛,一直在摧毀她養育的男孩。我告訴父親我懂,因為我們某些個性形成的時期是由同一個女人撫養,而我也受過跟他相同的恥辱。可惜的是,在我們

父子關係宛如暴風雨的那段歲月，這些心情沒有被揭開，造成了難以磨滅的痛苦和誤解。

一九六二年，小妹潘美出生。那時我十二歲，母親三十六歲。在那個年代，這算是高齡產婦，非比尋常。我媽是個奇蹟。母親懷孕後期，我和大妹維吉妮亞會坐在客廳，雙手放在她的肚子上，等待即將到來的小妹的胎動。整間屋子洋溢著新生命到來的興奮，全家人聚在一起。我媽住院時，爸爸挺身照顧我們：弄焦早餐，幫我們換裝上學（讓我穿我媽的上衣，惹得維吉妮亞大笑）。屋裡亮了起來。孩子確實能帶來恩典、耐心、超脫、第二次機會和重生，喚醒原本就在你心底和家中的愛，他們是賜予你再一次良機的神祇。我和父親共度的青少年歲月雖不美好，但始終縈繞著小妹潘美的光，那是我們家愛的明證。我為她深深著迷，對她充滿感謝。我幫她換尿布、哄她入睡，她一哭我就急忙跑去將她抱在懷裡，就這樣建立持續至今的手足之情。

這時，重病的祖母睡在我隔壁臥室。一天晚上，當時三歲的潘美離開父母房間，爬上祖母的床，在祖母身邊睡了一整夜——她幼小生命中唯一一次。那晚，祖母過世了。隔天早上，母親去探查祖母的狀況，她已一動也不動。那天我從學校回家時，我的世界崩潰了。淚水，不夠；悲痛，不夠。我想死，我要跟她一起走。就算已是青少年，我仍無法想像沒有她的生活。那是黑洞，世界末日；一切都失去意義，人生枯竭。我的存在變得空白。世界是假的，是它自己的影子。唯一能拯救我的只有小妹，以及我新燃起的對音樂的興趣。

祖母過世後，一切都變了。父親向來平靜的絕望進展成被害妄想。我有個俄羅斯朋友，爸爸認為他是「間諜」；我們家與波多黎各人的聚落相隔一條街，爸爸認為媽媽一定有外遇。某天我放學回家，看到他在餐廳痛哭流涕，他說需要找人聊聊，但找不到人說話。四十五歲了，一個朋友也沒有。由於他的不安全感，家裡除了我，從來沒有別的男人來過。那天他對我推心置腹，嚇到我了，讓我很不自在，感覺很奇妙——他袒露自己，狼狽又混

亂——但那是我青少年時期最美好的一天。他需要一個「男性」友人,而我
是鎮上唯一的獵物。我盡可能安慰他,那時我才十六歲,而我們都有點力不
從心。我告訴他,我確定他搞錯了,媽媽對他的愛和奉獻完整無缺;事實也
是如此。但他已經脫離現實,聽不進去。那晚我不得已告訴母親,我們必須
第一次面對這個事實:父親真的病了。

　　之後,我家發生的一些怪事使情況更加複雜。一個週六晚上,我剛上樓
就寢沒幾秒,就有人朝我家前門開槍,子彈穿透玻璃,留下完整的彈孔。警
察在我家車道進進出出,而我爸說他上班時捲入勞工糾紛。這類種種事情加
深我們的被害妄想,讓家裡充滿可怕不安的氛圍。

　　大妹維吉妮亞十七歲懷孕,而且到六個月時才被發現!她高三輟學,在
家接受家教,嫁給她的男友,孩子的爹米基·薛夫。來自萊克伍德的米基當
時是個目中無人、穿皮衣、騎公牛、愛打架的小混混,最後卻成為無所不能
的優秀男人。六〇年代晚期,他將牛仔競技巡迴賽從紐澤西帶到德州。(很
多人不知道,紐澤西是美國連續舉辦最久的牛仔競技會「牛仔鎮」的發祥
地。當你來到紐澤西南部,這裡的牛仔比你想像得多。)木已成舟,我堅貞
不渝的妹妹搬到南邊的萊克伍德,生下漂亮的兒子,開始過著和父母一樣的
勞工階級生活。

　　過去從沒燒過水、洗過碗、掃過地的維吉妮亞,成了最剛強的人,集氣
魄、智慧、幽默和美貌於一身。幾個月後,她的人生徹底改變。她成為硬底
子的愛爾蘭職業婦女。米基在建築工地工作,經歷七〇年代末期建築業在紐
澤西中部戛然而止的衰退,去了飯碗,轉而在當地高中擔任校警。我妹則在
賣場上班。他們把兩個小帥哥和一個漂亮女兒拉拔長大,現在孫子成群。青
春年華就獨立的她,承續了母親三姊妹身上擁有的力量,儼然成為「澤西魂」
的典範。我寫了〈河〉(The River)這首歌,向她和我的妹夫致敬。

母親

　　天剛亮，聽到上樓的腳步聲，我醒了。腳步聲正走向我臥室外的小平台。門咯咯響，旋轉，吱吱聲，水龍頭打開，水流過房間和浴室隔牆內的水管聲。轉動，寂靜，喀喳，塑膠碰到瓷器的聲音，母親正把化妝盒放到洗臉槽上。時間繼續走，最後是她在鏡子前整理衣服的窸窣聲。這些是在南街 68 號裡，迎接我每一個青少年早晨的聲音，也是母親準備出門工作，準備向外面的世界展現自己的聲音。她尊敬世界，確信自己在那裡有責任要完成。而對一個孩子來說，這些是神祕、規律、令人心安的聲音。

　　我的臥室最初在二樓，位於房子後半部，廚房上方。當我躺在床上，懶洋洋地向右轉時，透過窗戶可以清楚看到父親在零下十度的早晨來到院子，鑽進我家其中一台破車底下，躺在結冰的地上咒罵、碎唸，然後車子或許就會發動，砰砰砰地運轉。我的房間沒有暖氣，但地板上有個可以開關的小鐵柵，底下是廚房爐灶的煤氣噴嘴，位於面向東方的牆上。正如物理教我們的，熱氣往上升，萬歲！住在南街的前幾年，這四支噴嘴是我唯一的溫暖和救贖，陪我熬過紐澤西許多寒冬。接著，一個聲音在呼喚。先是兩個二分音符，然後增強、拉長為全音符，透過鐵柵大喊：「布魯斯，起床！」我會毫無音律地懇求：「打開爐子。」十分鐘後，隨著早餐在廚房瓦斯爐上烹煮的香味傳來，我這座冰庫的邊緣也融化了一點。我爬下床，進入每個冰冷而不受歡迎的早晨。然而，當祖母在隔壁房間、小妹的陪伴下過世後，情況改變了。十六歲時，我將被作夢也想不到的黑色憂鬱籠罩，同時，我也將繼承祖母的房間──有暖氣！──以及母親準備出門工作的清晨交響曲。

我必須趕快起床，如果不起床，母親會用一杯冷水潑我，這是她從拖我爸下床去工作的經驗中琢磨出的手法。接著我和大妹維吉妮亞會坐在餐桌旁吃吐司、蛋、麥片，我會多撒一些糖，吃完就趕緊出門。母親給我們一個吻，我和妹妹便往學校出發，拖著書包；母親的高跟鞋則輕快地往反方向喀噠喀噠，到鎮上去。

　　母親工作總是風雨無阻，從不生病、不情緒低落、不怨聲載道。工作對她而言似乎不是負擔，而是活力和樂趣的來源。她沿著主街走，穿過冠軍律師公司的玻璃門，走過長長的走道抵達最後頭、緊鄰法瑞爾先生的辦公桌。我媽是法務秘書，法瑞爾先生是她的上司，事務所老闆。她是頭號秘書！

　　小時候我很喜歡去母親的公司。我會一個人旋轉過門，接待員以笑臉迎接我，打電話給我媽，允許我通過。秘書們的香水、清爽的白上衣、颯颯作響的裙襬和長襪會從小隔間出來迎接我，我抬頭挺胸、佯裝無辜地站在那裡接受擁抱和親吻。行經這片愉快與滿足的密集之網，我在香氣濃郁的恍惚中前往母親的辦公桌。在那裡，我會先受到公司選美皇后菲麗的歡迎，這是見到母親前的最後一站。風情萬種的菲麗總令我害羞得說不出話，直到母親前來搭救。我會和母親共度幾分鐘，開心地看她展現打字技巧，滴答、滴答、滴答，按鍵觸及邊界，敲響打字機堅決的鈴聲，滑動、撞擊，她的手指持續飛舞著打出公司至關重要的信件。接著她會示範複寫紙使用入門以及如何除掉多餘墨漬的速成課，令我心醉神迷。這太重要了！「冠軍律師」的業務——堪稱小鎮命脈的業務——為我暫時停擺！

　　偶爾我會見到「老大」本人。母親和我會晃進法瑞爾先生木板隔間的辦公室，他會嚴肅地撥亂我的頭髮，講幾句親切的話，再用讓我深感榮幸的方式打發我離開。有些日子，下午五點左右，我會在下班時間去找母親，而我們會是最後離開的人。當房裡空蕩、日光燈熄滅、小隔間無人駐留、傍晚的陽光穿過玻璃門反射在入口通道的地板上，彷彿建築物本身也放下白天為小鎮服務的工作，靜靜地休息了。母親的高跟鞋在走道上發出回音，我們離

開，步上街道。她如雕像般優雅地邁開大步，令人肅然起敬。我很驕傲，她也驕傲。這是個美妙的世界，美妙的感覺。在這個奉行一戶一犬的小鎮，我們是體面且負責任的鎮民，盡一己之力完成該做的事。我們在這裡占有一席之地，足以在天亮時睜開雙眼，在安穩美好的人生中呼吸。

真誠、從一而終、專業、仁慈、有愛心、守禮貌、深思熟慮、以自己為傲；重視家人、敬愛家人、相信且忠於家庭；敬業、樂於工作、對人生永不洩氣，這些都是母親教會我的，我也努力實踐。除此之外，她也是我的守護者，在父親被病魔控制的夜晚，介入父親與我的衝突。她好言相勸、吼叫、懇求、命令他停止暴怒，而同樣地，我也會保護她。一次，三更半夜，父親又在酒館喝到醉茫茫才回來，我聽到他們在廚房激烈爭吵。我躺在床上，擔心母親，也擔心自己。那時我頂多九、十歲，但我毅然決然離開房間，帶著球棒下樓。他倆在廚房，父親背對我，母親和他只相隔幾公分，而他正聲嘶力竭地咆哮。我大吼，要他停止，然後砰的一聲，球棒正中他寬闊的背部。微弱的一擊，世界鴉雀無聲。父親回頭，滿臉通紅，那一刻彷彿沒有盡頭，然後他大笑起來，爭執結束。這成了他最愛提起的往事，他也常跟我說：「別讓任何人傷害你媽。」

二十三歲，還是年輕女孩的母親當新手媽媽並不順利，因為她讓出太多掌控權給我祖母。但是到了我六、七歲時，沒有我媽，就等於什麼都沒有，沒有家庭、沒有安定、沒有生活。雖然她治癒不了我爸，離不開他，但其他事情她一手包辦。母親是個謎，生在相對富裕的家庭，對美好人生習以為常，卻嫁給近乎貧困和奴役的生活。兩位阿姨都曾告訴我，母親年輕時的綽號叫「女王」，因為她完全被寵壞了，連手指都沒抬起來過。等一下，我們講的是同一個女人嗎？若真如此，我從未見過那樣的她。父親的家人把她當成傭人使喚：爸坐在餐桌抽菸，祖父母叫我媽去買東西、為爐子添煤油、載他們或其他親戚去他們要去的地方——她全都照辦不誤。她全心伺候夫家，就連祖母癌末難熬的最後幾個月，也只讓母親為她洗澡。她母代父職，在

無數個父親因憂鬱而下不了床的早上帶回養家活口的食糧。她就這樣度過一生，一輩子。永無止境。永遠有再一次心痛和做不完的事情。困頓時她怎麼做？感謝她擁有的愛和家庭，溫柔地對待孩子並更努力工作。她在進行什麼樣的苦修？她從中獲得什麼？她的家庭？贖罪？經歷離婚、被拋棄和監獄生活，她仍深愛我父親。或許明白這點就夠了：那個男人絕對不會離開她，也離不開她。只是代價未免太高。

在我們家，沒有約會、上餐廳、去鎮上消磨夜晚這檔事。父親不僅沒有意願，也沒有金錢和健康去經營常態性的已婚社交生活。我二十多歲才第一次看到餐廳裡是什麼模樣，在那之前，當地小館子任何一個高中女店員都能讓我害怕。父母之間深厚的愛與吸引力，以及性格上極大的分歧，對我始終是個謎。母親愛讀羅曼史小說，醉心於電台最新的當紅歌曲；父親則極端到向我解釋，電台情歌都是政府的陰謀，目的是讓你結婚並繳稅。母親和她的姊妹對人性完全信任，是會開心地跟掃把對話的社交動物；父親則是閃避大多數人類的厭世者。在酒館裡，我常看他一人在吧台盡頭獨飲。而他相信這個世界淨是連一塊錢都要騙到手的壞蛋：「沒一個好東西，就算有好東西又怎樣？」

母親對我關愛備至。我在父親身上得不到的愛，她試著加倍補償，或許，她也在試著尋找她在我爸身上得不到的愛。我知道她一直在背後支持我，當我因種種輕微違法被送交警察局時，都是她帶我回家。她看過我無數場棒球比賽，包括我搞砸的時候，以及我被雷打到、搖身變成攻守俱佳的選手、名字上報的那一季。她買給我第一把電吉他、鼓勵我玩音樂，對我初期的創作讚不絕口。她是我的母親，正因為有她，我的世界才能爆發開來。

大霹靂（你聽說那孩子了嗎？）

一開始，地球一片黑暗。除了耶誕節、你的生日，其他淨是漆黑無邊的權力真空。沒什麼可以期待或回顧，沒有未來，沒有歷史。暑假來臨前，孩子們只能做這些。

然後，光亮乍現，宇宙誕生十億顆新太陽。眩目刺眼的一刻，帶來希望、性、節奏、興奮、可能性，形成觀看、感覺、思考的新方式，看待身體、髮型、衣著、行動和生活的新方式。有了歡樂的需求和挑戰，有了方法離開這個死而復生的世界——這個小鎮墓穴，以及所有埋在身邊、我摯愛又害怕的人們。

路障被擊倒！自由的歌已開唱！解放的鐘聲響起！英雄降臨！舊秩序被推翻！老師、家長、那些自以為了解如何——**用唯一一種方法**——打造人生、影響事物、讓你長大成人的傻瓜，都遭到挑戰。**一顆人類原子彈已將世界一分為二！**

我居住的世界一小部分也碰上這個不可逆的時刻。一九五六年，某個平凡的星期天晚上，某個地方，世俗的變化起了作用：**這場革命被電視轉播！**當著所有監護人的面，如果他們知道那即將釋放力量，一定會要國家祕密警察**把那鬼東西關掉**，或者**趕快簽下來！**事實上，五〇年代的美國，大眾喜好的裁決者，電視節目主持人艾德・蘇利文（Ed Sullivan）原本不打算讓那個來自南方、性墮落的鄉下人玷汙美國人的意識和舞台。當精靈被放出瓶子，上了全國聯播的節目，**一切結束了！國家要垮了！**我們這些底層、無權力、邊緣化的**孩子！**——會想要**更多**：更多人生、更多愛、更多性、更多信仰、更

Growin'
Up

多希望、更多行動、更多真理、更多權力、更多「耶穌，到底層來，跟我說話，教我盲目的眼怎麼去**看**。」**現實世界的宗教**！最重要的是，我們想要**更多搖滾樂**！

那些裝模作樣的把戲、差勁的馬戲表演、毫無活力的歌手、不用心（但通常非常有趣）卻被誤認為娛樂的狗屎東西，都將現出真面目。

最後，收視率和錢說話了。艾德聽命行事（事實上，貓王第一次上節目是查爾斯‧勞頓〔Charles Laughton〕代班，因為艾德在路上遇到車禍趕不過去），走到舞台中央，邊咳邊說：「各位先生女士，歡迎艾維斯‧普里斯萊。」那一晚，七千萬美國人蒙受了這場撼動臀部的大地震。膽小畏懼的國民受到電視台攝影師的保護，他們被告知只能拍攝「那個孩子」的腰部以上，不能有猥褻鏡頭！不要拍到晃動、磨蹭、高興而猛突的褲襠。但這些都不重要了，因為一切都在他的眼睛、那張週末夜晚高歌的酒神戴奧尼修斯般的臉、跳著舞的眉毛和搖擺的樂隊中顯現。暴動接踵而至。女人、女孩和許多男性，為**攝影機拒絕展露、等同怯懦地證實並允諾的東西**尖叫不已。那是**另一個世界**——腰部以下，心臟以上——之前受到嚴厲否認但**真實存在**的世界！我們每個人都身在其中，大家一起，**每一個人。必須阻止他！**

當然，最後他被阻止了。但在那之前，錢已經賺到，祕密也已經從他的雙唇和臀部洩露：這些，你們所知道的「一切」，都如紙造的建築般脆弱。你們這群吮著電視便餐、目光呆滯的人，全住在**母體**裡；若想看清**真實**的世界，上帝和撒旦在塵世的輝煌王國，或想品嘗真實人生，你只需要讓真正的自己鼓起勇氣，觀看並聆聽那些如靜電干擾般的深夜 DJ 播放的沒人留意的「種族唱片」[7]，以及尖細的 AM 電台宣言。這些電台裡全是詩人、天才、搖滾歌手、藍調樂手、傳道者、哲學家，從你的靈魂深處跟**你**說話。他們的聲音唱著：「聽啊，聽這個世界在告訴你什麼，因為它正需要你的愛、你的怒、

---

7 Race Record，一九二○至四○年代以非裔美國人為主要族群的 78 轉黑膠唱片。

你的美、你的性、你的活力、你的反叛……它需要你才能再造它自己。為了重生成更好、更具神性、更美妙的世界，它需要我們。」

　　這是黑白交融的新世界，自由之境，美國社會兩大文化族群在彼此的存在中找到共同點、愉悅和喜樂。在這個新世界裡，他們擁有共同的語言，並且**接納**彼此。

　　這是由「人類」創造並協助傳播的新世界，一個「男孩」、一個無名之輩、一個全國之恥、一個笑柄、一個噱頭、一個小丑、一個魔術師、一個吉他手、一個先知、一個空想家？不，空想家比比皆是，不稀奇。這個男人並不只是**見證**這個世界的到來，而是他本身**就是**這個到來的新世界。少了他，白人的美國啊，就不會用現在的方式注視、行動和思考了。

　　他是文化變遷的先驅、新型態的人、新型態的現代人，模糊了種族與性別的界線，享受**樂趣！樂趣！真正的樂趣**。讚美生命、推倒圍牆、改變內心、敞開心胸的幸福，更自由、更無拘無束的存在。**樂趣啊**，日常美國的先生女士們，它正等著你；而你猜怎麼著？這根本是你**與生俱來的權利**。

　　只憑一個人就做到這件事，一個尋找新事物的「人」。他決意讓它成真。貓王偉大的愛的行動撼動整個國家，也早早呼應即將展開的民權運動。他是憑藉自身「渴望」去實現目標的新美國人，也是熱愛黑人音樂文化的歌手兼吉他手，看出其藝術性、優勢和力量，想要與之親近。他從軍報效國家。他拍了一些爛電影和幾部佳作，虛擲了天分，又找回來，成功東山再起。然後，跟隨純正的美國潮流，英年早逝，且死得離奇。他不是「激進份子」，不是約翰・布朗[8]、馬丁・路德・金恩（Martin Luther King Jr.）、麥爾坎・X[9]。他是表演的人、提供娛樂的人、充滿想像的人、不可思議的**贏家**、難堪的失敗者、現代行動與思想的源泉。這是即將改變這個國家外型和未來的思

---

8 John Brown，美國廢奴主義者，一八五九年率領群眾武裝起義，最後被逮捕並處決。

9 Malcolm X，美國黑人伊斯蘭教教士與人權運動者，曾任穆斯林組織「伊斯蘭民族」（Nation of Islam）的領導人，被視為史上最具影響力的非裔美國人之一。

想，時機已至的思想——催促我們趕快決定，要麼參加國家衰亡的葬禮，要麼一邊催生美國故事的下一階段一邊跳舞。

我不知道他對不同種族的確切看法為何，也不知道他是否深思過自己的言行舉止所散發的輻射效應，但我確實知道他做了這些事：活出受內心驅動而前行的人生，提出心中的真理，引出我們潛在的可能性。有多少人能夠這麼說，說自己為了一件事投入畢生心力？即使被譏為全國笑柄，他仍展現出一個夢想：這個國家能變成什麼樣子，而且很快就會成真。在狂踢、尖叫、私刑、焚燒、轟炸、拯救、說教、奮戰、行軍、祈禱、歌唱、恨與愛之中，一路前行。

那晚，幾分鐘的表演結束，揹著吉他的男人消失在陣陣尖叫聲中，我坐在電視機前，呆若木雞，心頭著火。為什麼我同樣有兩隻手、兩條腿、兩隻眼睛，卻面目可憎？我左思右想，我缺了什麼？**吉他！**他敲打它、倚著它、與它共舞、對它大叫、撫摸它、把它放在臀上搖擺，甚至偶爾彈奏它！那把吉它好比萬能鑰匙、石中劍、護身符、正義的權杖，是青少年世界裡最誘人的樂器，也是我的疏離和悲傷的**解答**，以及活著的理由。我可以試著用它來跟其他身陷同樣境況的可憐靈魂交流，而且鎮上的西部汽車商店就有賣！

隔天，我說服我媽帶我去南街的戴爾音樂。我們沒什麼錢，只能用租的。我帶著吉他回家，打開琴盒，聞它的木頭香（至今仍是世上最芬芳、最帶有希望的味道之一）、感受它的魔法、感應隱藏的力量。我抱它在懷裡，撥它的弦，用牙齒咬著真實的龜甲色彈片，品嚐它，之後還上了幾週音樂課。然後，不去了！**太難學了！**戴爾音樂的老闆麥克・戴爾本身也是吉他手，他完全不知道該怎麼把貓王做的事情教給一個鬼吼鬼叫、只想唱幼兒版藍調的小孩。雖然他能操作這些神奇的器械，但對它們真正的力量一無所知。他就像五〇年代其他美國人一樣腳踏實地，專注於琴弦和琴譜，花好幾個小時練習無聊至極的技巧。**我想要搖滾！我需要搖滾！現在就要！**我至今仍不會讀樂譜，而當時才七歲的我，連吉他寬大的琴頸都握不住。受挫又困

窘，我立刻跟母親說這樣不行，不能白白浪費她賺的辛苦錢。

　　歸還吉他的那個上午，天氣晴朗，我在後院六、七個鄰居孩子面前，進行生平第一次演出，也是好一段時間中的最後一次。我抱著吉他，搖它、對它大叫、把它敲得砰砰響、亂唱一通，我什麼都做了，就是沒有**彈奏**它，逗得大家哈哈大笑，樂不可支。我爛透了，這是一齣歡樂但超級愚蠢的默劇。當天下午，難過但如釋重負的我，帶著吉他回戴爾音樂。這件事就此畫下休止符，但只是暫時，暫時不在後院表演給那些孩子看——因為我嗅到血腥味了。

聽收音機的日子

　　我媽愛聽音樂，特別是排行榜 Top 40 的歌。車上和早晨的廚房裡，收音機一定開著。自貓王演出後，我妹和我每天拖拖拉拉地起床、下樓，迎接今日金曲——從冰箱上的小收音機傾瀉而出。慢慢地，某些歌曲吸引我的注意。起初是奧林匹克樂團（Olympics）的〈西部電影〉（Western Movies）、貿易船合唱團（Coasters）的〈瓊斯來了〉（Along Came Jones）——極佳的敘事逗趣唱片，兩個團體盡情揮灑搖滾樂的喜劇性，聽起來唱得很開心。我每次去餐館，都要拿我媽的一角硬幣投自動點唱機，反覆聽謝比・伍利（Sheb Wooley）的〈紫色食人怪〉（The Purple People Eater）（「紫色食人怪先生，您在哪裡高就？」「我專吃紫人，感覺很不錯。」），最後把點唱機都用壞了。一個夏夜，我熬了一整晚，把我的日本小電晶體收音機塞到枕頭下，數他們播了幾次隆尼・多尼根（Lonnie Donegan）的〈你的口香糖沒味道了嗎〔在床柱過夜〕？〉（Does Your Chewing Gum Lose Its Flavor (On the Bedpost Overnight)?）。

　　最後引起我興趣的是那些聽起來既快樂又悲傷的歌：漂流者樂團（The Drifters）的〈魔幻時刻〉（This Magic Moment）、〈星期六晚上看電影〉（Saturday Night at the Movies）、〈上屋頂〉（Up on the Roof）——喚起日常生活中所有愉悅和心碎的唱片。這類音樂洋溢著深切的渴望、偶爾超脫凡俗的靈魂、聽天由命，以及希望，對某個女孩、某個時刻、某個地方、某個夜晚的希望——一切就此發生變化、生命對你表露真相、你也跟著袒露自己的那一夜。期盼世上存在某個真誠的地方，某個屬於我們自己的地方，電影、鬧區、住宅區、屋頂上、木棧道下、太陽照不到的、視線以外的、超越或躲開成人世界嚴屬

凝視的地方。成人世界充滿虛偽、欺騙、苛刻，是人被奴役、傷害、連累、毆打、受挫的地方，人死去的地方——主啊，謝謝祢，現在我不需要它了，我要進入流行音樂的世界，浪漫、隱喻的世界。沒錯，那裡有悲劇（〈青春天使〉〔Teen Angel〕！），但也有不朽、永恆的青春、三百六十五天的假期，而且沒有大人（「星期六晚上，剛拿到薪水。我把錢亂花，不想存起來。」）[10]。那是青少年的性愛天堂。學校？永久關閉。在那裡，就連偉大的悲劇歌手洛伊‧奧比森（Roy Orbison），儘管必須一邊唱一邊提防四伏的悲劇命運[11]，卻也坐擁「美女」和位於「藍色港灣」的家[12]。

　　母親透過她的精神、愛與情感傳授我一股熱情去面對生命的錯綜複雜，教我緊抓住歡樂和美好時光，以及度過艱難困頓的堅忍。有哪首歌比山姆‧庫克（Sam Cooke）的〈美好時光〉（Good Times）更能撫慰人又更悲傷？他的歌聲洋溢著對自知之明的厭倦與各種世界運作的方式：「習慣成自然，讓美好時光流轉……我們要待在這裡撫慰靈魂……如果那需要一整晚……」慢慢地，五〇年代晚期和六〇年代初期的音樂滲入我的骨髓。

　　那些日子，如果你沒什麼錢，唯一的家庭娛樂就是「兜風」。汽油很便宜，每公升一塊錢，所以每天晚上祖父母、我媽、我妹和我會開車巡行大街小巷，前往鎮外，這是我們的一大樂事和儀式。暖和的夜晚，車窗敞開，車子隆隆駛過主街，再往小鎮西南隅開到 33 號公路邊緣，照計畫停在澤西冰凍冰淇淋攤前。我們跳下車，奔向冰淇淋攤滑動的櫥窗前，選擇要吃的口味，就兩種，香草和巧克力。我都不喜歡，但我喜歡甜筒。老闆會為我保留破掉

10　貓王歌曲〈狂歡吧！〉（Rip It Up）的歌詞：「Well, it's Saturday night and I just got paid. Fool about my money, don't try to save.」

11　奧比森的一生帶有悲劇的意味：六〇年代初期走紅後，面臨事業十數年停滯不前，八〇年代晚期準備東山再起，卻在一九八八年末心臟病發逝世。第一任妻子和兩個兒子都死於意外。

12　指奧比森的走紅單曲〈噢，美麗女人〉（Oh, Pretty Woman）及〈藍色港灣〉（Blue Bayou）。

的甜筒，全部賣我們五分錢，或者免費塞一個給我。我和我妹會安靜但興奮地坐在車蓋上，澤西的濕氣幾乎掩蓋所有聲音，只聽得到附近樹林蟋蟀的叫聲。黃色的戶外燈好比霓虹的火焰，吸引上百隻夏天的蟲子飛舞盤旋。我們看著牠們在冰淇淋攤粉刷過的外牆嗡嗡奔忙，然後開車離開，望著水泥磚建築的屋頂上那搖晃不穩的巨大冰淇淋甜筒招牌，慢慢消失在車子後照鏡裡。穿過鄉間小路，我們來到小鎮最北，在這裡，小鎮的無線電塔劃破蒙茅斯紀念館附近農田的天際，三盞紅色的燈沿著電塔灰色的鋼架亮起。每當收音機傳出五〇年代晚期 Doo-wop[13] 彷彿來自宇宙的聲音，母親就會向我解釋，長草叢中，矗立著一個高大的黑色巨人，隱匿在漆黑的夜色中。那些上升的燈是他夾克上閃亮的紅色「鈕釦」。我們總在行經那些「鈕釦」之後結束行程。隨著眼皮漸重，我們踏上歸途，我發誓我有看到那黑色巨人的輪廓。

　　一九五九、六〇、六一、六二、六三……充滿悅耳動聽的美國流行音樂。甘迺迪總統遇刺這場暴風雨前的寧靜，安靜的美國，失戀的哀怨透過電波飄送。週末夜晚，有時我們會一路兜風到海邊，去阿斯伯里帕克娛樂和狂歡，或去馬納斯寬比較安靜的海灘，我們會面對港灣把車停下。除了餐桌，馬納斯寬渠道是父親在世上最愛的地方。他可以獨坐在車裡，眺望點點歸帆好幾個鐘頭。我和妹妹會去卡森街角店吃熱狗，在海灘上用浴巾圍住身體換睡衣，母親則在一旁「站崗」。回家的路上再去海岸汽車電影院[14] 連看兩部片，看到睡著，回菲力荷時被老爸扛上床。長大一些後，我們會沿著幽暗的馬納斯寬防波堤一塊接著一塊石頭走。防波堤向東延伸，消失在黑夜的海中。我們一路走到堤道盡頭，眺望大西洋一望無際的黑，藉著遠方夜釣漁船

13 一種音樂類型，一九四〇年代發源於紐約、費城等美東大城的非裔美國人社區，一九五〇及六〇年代蔚為主流。特色為多人和聲，節拍和歌詞簡單，影響六〇年代的靈魂樂、流行樂和搖滾樂。
14 Drive-In，一種露天戲院。類似停車場的大空間，客人各自開車入場，坐在車上看大銀幕播放電影，流行於北美和東歐。

的閃爍燈火，我才知道那裡是海平線。我們聆聽海浪規律地拍打遠在身後的岸，任海水舔舐岩石，撲上沾了沙的腳。你可以聽到摩斯密碼從浩瀚墨黑的海面傳來訊息，當星星在頭頂燃燒夜空，你能感覺到某個不列顛的什麼正往這裡來。

第二聲雷

　　眾神自海上歸來，正好趕上。待在家的日子太難熬。我滿臉青春痘，而那個昔日的渾蛋、如今成為我心中民族英雄的艾德・蘇利文，又幫了我一次。開場吧！「各位先生女士，歡迎來自英國的 —— 披頭四（The Beatles）！」「披頭四」這個詞，艾德說得比世上任何人都好聽。他會乾淨地結束「The」、迅速發出並強調「Beat」，然後在「les」結束。這猛然一聲，在我心中湧起一萬瓦特高壓的期待，渾身打顫。我坐在那裡，心跳加速，等著首次目睹我的新救星的真面目，等著聽那第一段救贖的音符躍出他們手中 Rickenbacker、Hofner 和 Gibson 牌的吉他。披頭四、披頭四、披頭四、披頭四、披頭四、披頭四，「慶幸自己活著，不是罪」[15] 的真言，搖滾樂史上最糟也最光榮的樂團名稱。一九六四年，英語中沒有比這更神奇的詞彙了。（噢，也許有：「是的，你可以摸我那裡。」）

　　披頭四。我第一次豎起耳朵聽他們唱歌是和母親開車去南街的時候，強力放送著〈我想牽你的手〉（I Want to Hold Your Hand）的車上收音機在我眼前更加閃耀起來。那聽起來為何如此不同？為何如此悅耳？我為什麼這麼興奮？母親載我回家，但我一下車就跑去主街的保齡球館，平常下課我會先去那裡打發時間，趴在撞球檯上喝可樂、吃瑞氏花生醬巧克力零食，但這天我砰的一聲把自己關進電話亭，打電話給女朋友珍・席曼。「你聽過披頭四的歌嗎？」

---

15 作者一九七七年歌曲〈惡土〉（Badlands）的歌詞：「It ain't no sin to be glad you're alive.」

「有啊，他們很酷。」

我的下一站是鎮中心的紐布里平價商店。進門後右轉，你會來到只占一個小角落的唱片區（那個年代我家附近沒有唱片行），放著幾個擺單曲唱片的架子，一張賣四十九分錢。對我來說這裡沒有真正的專輯，只有一些曼托瓦尼[16]的唱片和中間路線的聲樂家，或許還有一些爵士。我從沒仔細看過那些唱片，那是給「成人」聽的，而青少年的世界是純45轉的：一小張圓形唱片，中間有個五角錢大小的洞，必須裝上塑膠接合器才能聽。你家裡的唱機有三種轉速，每分鐘78、45和33轉，這就是所謂的45轉。我在店裡找到的第一樣東西叫《披頭四和東尼·薛瑞丹及特別來賓》（*The Beatles with Tony Sheridan and Guests*），是個騙人的玩意兒。某個我沒聽過的歌手演唱〈我的邦妮〉（My Bonnie），而披頭四幫他伴奏。我買了，也聽了。那並不出色，卻是我能弄到最好的東西。

我每天都去店裡，直到見到**它**。**那張**專輯封面是史上最棒的（與《重回61號公路》[17]並列）。封套上只寫著「**遇見披頭四**」。遇見披頭四，這正是我想做的。那四張半朦朧的臉孔是搖滾樂的拉什莫爾山[18]，以及他們的**髮型**。**髮型**，什麼意思？那令人訝異、震驚，透過收音機你看不到他們的樣子，時至今日，實在很難解釋他們**髮型**引發的效應。如果換成你留那種髮型，免不了要挨一頓揍、被羞辱、拒絕、排擠。近年，只有七〇年代的龐克革命允許小鎮的孩子透過外型，宣告自己的「與眾不同」和叛逆。一九六四年，菲力荷的人們仍觀念保守、心胸狹窄，不乏願意用實際行動來排斥你的時尚選擇的人。我無視那些羞辱，盡可能避免肢體衝突，堅持做我非做不可的事。我們是少數民族，全高中也許只有兩三個，但我們即將變得重要且強勢，然後又

---

16 Annunzio Paolo Mantovani，義大利裔英國籍輕音樂大師。
17 *Highway 61 Revisited*，巴布·狄倫（Bob Dylan）一九六五年的專輯。
18 美國拉什莫爾山國家紀念公園，山頭有華盛頓、傑佛遜、林肯、羅斯福四位美國總統的雕像。

將失去意義，不過那是以後的事。此時此刻，任何特立獨行都可能引發正面衝突。在家裡，那意味著父親跟我之間不愉快的火焰將得到更多燃料。他的第一個反應是大笑。那的確很好笑，但很快地就沒那麼好笑了，他生氣了。最後，他猛然拋出火爆的問題：「布魯斯，你在搞同性戀啊？」他不是在開玩笑。他必須試著接受我的不一樣，但萬事起頭難。

　　我在學校則暢行無阻，只有在回家的路上真正打過一次架。我受夠了那些玩笑，於是在鄰居家的車道擺出架勢，挑戰一個我自認一定打得贏的孩子。我們馬上被一小群愛看熱鬧的人圍住。開打之前，先各自亮出底牌，他告訴我他會空手道。我心想：「鬼扯。一九六六年的紐澤西，誰知道空手道是什麼？**鬼才知道啦！**」我揮了幾記重拳，他用純熟的空手道劈中我的喉結，呃，我吐了，講不出話。比賽結束，又一場**空前大勝利**──回家的路上，我們結伴同行。

　　那年夏天，時間過得很慢。每週三晚上，我都在房裡坐得直挺挺，仔細聽每週排行榜前二十名，如果披頭四沒有穩坐所有電台王座，我會抓狂。當電影《我愛紅娘》主題曲〈你好，多莉〉（Hello Dolly）蟬聯好幾週冠軍，我徹底抓狂。我對人稱「書包嘴」、史上最偉大的音樂家路易・阿姆斯壯（Louis Armstrong）沒有不敬之意，但那時我才十四歲，且住在另一個星球。我只為披頭四的每一張唱片而活，去書報攤搜遍每一本雜誌，尋找沒看過的披頭四照片，然後幻想、幻想、幻想照片上的人是我。我的義大利捲髮神奇地變直，臉上青春痘全消，身體擠進亮銀色的尼赫魯西裝，腳上穿著古巴跟的靴了，抬頭挺胸，神氣活現。不用多久，我就恍然大悟：我不是想**遇見**披頭四，我是想**成為**披頭四。

　　由於父親拒付暴漲的房租，我們搬到南街 68 號，那裡有熱水！為了獲得熱水，我們必須搬到辛克萊加油站旁邊，再次與人合租。我們沒租下的另一

半房子，住著一個猶太家庭。我父母雖然沒有種族歧視，也不排斥猶太人，但還是告誡我和妹妹：**他們不信耶穌！**然而，當我見到新鄰居兩個漂亮的女兒，神學問題立刻被拋到腦後，她們有惹火的身材、圓潤的雙唇、光滑黝黑的肌膚和沉甸甸的乳房——我立刻開始幻想：溫暖的夜晚，在前陽台上，她們露出夏季熱褲底下古銅色的腿，與我激辯有關耶穌的問題。老實說，我願意立刻拋棄我們兩千年來的救世主，換取一個吻，或用食指撩一下她們咖啡色的足踝。可惜，我很靦腆，她們很貞潔，仍受耶和華和父母的牢牢掌控。一天晚上，我真的提到耶穌，彷彿我說了髒話一般，她們立即以甜美的手掌搗住玫瑰色的唇，滿臉羞紅咯咯傻笑。在南街 68 號，我度過許多躁動不安的青少年之夜。

　　我有黑人朋友，不過很少到彼此家玩。街上情勢緩和，成年白人和黑人友好但疏遠，孩子倒是常玩在一塊兒。孩子間很容易出現種族偏見，互相侮辱、爭執，最後要麼不了了之、要麼道歉了事、要麼靠拳頭解決，全視事情的嚴重性和那個下午的心情而定，然後大事化小事，大家繼續玩在一起。我遇過歧視黑人的孩子，都是在家裡學的，而且接觸中上階級之前，我從沒遇過不跟黑人小孩玩的孩子。在社會底層，彼此住得近，外野也需要有人守備，我們常混在一起。五〇年代的種族主義如此理所當然，如果某天下午某個「家世比較好」的同學家裡不讓某個黑人朋友玩某種遊戲，那就這樣吧！沒人會舉旗抗議。隔天，平常不分種族的狐群狗黨又會玩在一起，昨天的事沒有人放在心上。

　　我和黑人兄弟檔理查・布萊克威爾與大衛・布萊克威爾為友。大衛身材瘦長，跟我同年，我們常一起騎車、打球，共度許多時光。我們會打架比誰強悍，他會出兩記右拳打中我的嘴，比試結束，我們繼續玩。他哥哥理查大我們幾歲，身材高大，是我見過最酷的人之一。他發展出自己的步法，那真的是藝術：一腳往前踏，慢慢拖動另一腳，髖關節微彎，一隻手肘彎曲，手腕翹起，彷彿在抽嘴上的菸。他從不匆忙，總像爵士樂手般大步穿越菲力

荷的街道，面無表情，眼皮半垂，說話既長且慢。他會花一點時間跟我們相處，而我們會像得到「酷教教宗」賜福一般，如沐春風地離開。

後來，菲力荷高中的種族歧視演變成暴力。如果你走錯洗手間，會招來一頓關燈毒打。一天下午，我進入一樓廁所，走到一個黑人旁邊的坑。我開口說話，他卻只看著牆壁說：「我不能跟你講話。」我是白人，他是黑人，界線劃得清清楚楚，就連鄰居朋友也不例外。直到一切結束之前，雙方不會交流，這將持續好一陣子。接著鎮上發生暴動，南街一個紅綠燈前，兩台車爆出激烈口角，一把槍朝著載滿黑人小孩的車子射擊。我家這個街角的三明治店也在進行示威，因為有個年邁的黑人被趕出店，跌倒受傷。我站在陽台，僅隔兩棟房屋，看著店主揮著切肉刀衝進黑人群眾。刀子被奪走，所幸無人傷亡。有人被追到我家隔壁門廊，從窗戶撞進去。時代在變，而且是往艱難的方向去。

愛表演的人（舞王）

　　我很早就開始培養表演技巧。經過澤瑞里血統的調教，我天生就很會表演。所以，為了在學會吉他之前吸引聚光燈，**我跳舞！**多少算是啦。重點是，我願意承擔被半數鄰居（男性那一半）嘲笑的風險，因為我發現另一半人覺得，除了那種會把骨頭磨碎的慢歌，願意和她們一起跳舞的男人，還是很迷人的。

　　每兩個月，聖羅撒教堂會在週五晚上開放地下室的自助餐廳，為教會賀爾蒙分泌旺盛的青少年舉辦一場受到嚴密管控的天主教青年組織（CYO）舞會。在舞池裡，我已經搶得先機。打從恰比・卻克（Chubby Checker）以〈扭扭舞〉（The Twist）一曲登上金曲排行榜，每逢家族聚會，我都會被拉上客廳地毯跟母親一起扭。（母親甚至帶我們去大西洋城鋼鐵碼頭看恰比「現場」唱對嘴。然後，同一個陽光燦爛的午後，我們穿過木棧道，撞見歌手安妮塔・布萊恩〔Anita Bryant〕。）我也常去 YMCA 週五晚上的食堂，出南街家門，走五十步就到了。那是天主教修女下令絕對不能去的禁地，如果風聲走漏，你去和那群基督教徒為伍，參加他們星期五晚上撒旦般的儀式，星期一一早，你就會在幸災樂禍的八年級全班面前被嚴刑拷打一番。

　　就是在那裡，幽暗看台的高處，我嘗到我的初吻（瑪麗亞・艾斯皮諾沙！）、第一次在舞池裡「硬起來」（不知道對方芳名，也可能只是一把濕拖把）、體驗到體育館籃球場的氣氛：燈光暗得誘人，彷彿鋪著油膩硬木地板的仙境。在我揹著天藍色 Epiphone 牌吉他與我的第一個樂團「卡斯提亞」（The Castiles）站上同樣的木板地之前，我願意跟任何邀請我的人一起跳舞。

然而，嚴重缺乏自信的我，往往要等到最後幾首歌，情急之下才能鼓起勇氣越過男女陣營間的無人地帶，提出跳舞的邀請。運氣不錯的晚上，我一整晚都可以和陌生人共舞——來自小鎮另一邊、聖羅撒的競爭對手「中等學校」（哇塞，公立的！）的陌生人。那些穿著窄裙、臉畫煙燻妝的少女是誰？她們沒有被聖羅撒的綠色背心裙束縛，不像敝校女生，剛萌芽的成年期都被制服扼殺了。這裡的女孩，臉上微微映著燈光，散發香氣，圍成幾個安靜的小圈子，一看到男生穿越舞池來挑舞伴，就爆出陣陣輕柔的傻笑。我是完完全全的外人。我不大認識那些搞小團體的男生，而且只有寥寥幾個其他天主教學校的八年級生膽敢參加基督教青年會的社交聚會。一個不信教的朋友引誘我去 YMCA，放學後偶爾去那個散發霉味的地下室投投籃、打打撞球。但當我那令人忸怩的鷹勾鼻嗅到那間食堂的氣味（混雜著殘留的籃球汗水和舞池性慾的氣味），就再也無法回頭了。

在那裡，我第一次當眾跳舞，與某件羊毛裙近距離接觸後，一瘸一拐地走那五十步回家，鼠蹊部脹得難受。管理人坐在看台上，拿著手電筒，跳慢舞時如果哪處看起來有點火辣而緊繃，就拿燈照你。他們能做的只有這樣。他們已經試圖阻止性飢渴數千年之久，而就這個目的而言，手電筒完全沒用。夜晚結束前，「保羅和寶拉」（Paul and Paula）的〈嘿！寶拉〉（Hey Paula）還在體育館簡單的音響系統播放，男男女女沒入舞池，只為了感覺與某個身體——誰的身體都無所謂——密切接觸。在那些違抗死亡的擁抱裡，蘊含著未來的希望。

我到母校參加 CYO 的舞會時，已經具備初階的舞技。而那些可憐蟲，我大部分的天主教男教友，還不知道**女孩愛跳舞**！愛到願意跟任何一位會幾個舞步的怪胎進舞池。那個怪胎就是**我**！我會各式各樣的旋轉，以及當時各種舞蹈的浮誇版，猴舞、扭扭舞、泳舞、街舞、小馬舞、馬鈴薯泥舞——我全部融會貫通成自己的大雜燴，這足以讓我跟鎮上最美的女人共舞。同學嚇到了，他們原以為我只是坐在教室後頭的窮酸小子。「嘿，小史普林，你在

哪裡學的啊？」拜託，這可是我勤加練習的成果。不只跟母親練、在 YMCA 練，也對著釘在臥室門後的全身鏡苦練。早在我將掃帚柄當吉他彈奏之前，我和那面鏡子已經在汗流浹背的瘋狂中共度好幾個小時，跟著當時的最新歌曲搖擺。我有一台 45 轉的小手提音響，它幫了我大忙，而我會一直搖擺、扭臀到 T 恤濕透，那汗濕的程度直到許多年後，在一個洞穴般的會堂、兩萬名尖叫的搖滾樂迷面前亢奮高歌〈穿藍洋裝的惡魔〉（Devil with Blue Dress On）時才棋逢對手。

　　於是，星期五到來。我要穿進我最緊的煙管直筒牛仔褲、領尖有鈕釦的紅襯衫，搭配紅襪子和黑尖頭皮鞋。在這之前，我已經偷了母親的髮夾，將瀏海往下夾緊，壓著睡覺，這樣醒來時瀏海就能和布萊恩‧瓊斯（Brian Jones）的一樣直。我會整理儀容，坐在母親在街角藥局花十美元買的強光照明燈下試著「戰痘」，處理臉上最凶猛的青春痘。剩下的我會擠半條 Clearasil 軟膏抹上去，然後步出臥室，下樓，出前門，上街。告訴我舞池在哪裡。

11

工人的藍調

　　父母沒錢讓我再回去學吉他，只剩一途：找工作。一個夏天午後，母親帶我去朵拉阿姨那裡作一小時工資五角的「刈草男孩」。姨丈華倫傳授我一些訣竅，示範怎麼操作刈草機、怎麼修剪樹籬（別太短、別太長），於是我獲聘了。我馬上去「西部汽車」，鎮中心那家專賣汽車零件和廉價吉他的店家，在汽化器、空氣清淨器和協助散熱的風扇皮帶中，掛著四把木吉他，從發不出聲音的到勉強可以彈的都有。在我眼中它們就像伸手可以觸及的天堂，呃，只有一把可以啦！我看著那把造型奇特的褐色吉他，標價寫著「十八美元」。十八美元？我手裡從沒拿過這麼多錢，這遠比我拿過的多。

　　不久後，我發現在朵拉阿姨那裡工作存的錢，被「生活開銷」耗去大半，需要增加工作量。阿姨家對面住著一個美麗的白髮婆婆，拉德太太。她想要粉刷房子，並給屋頂塗柏油。祖父在電器行生意急轉直下後，曾改當粉刷工，我也在家裡刷過好幾次牆壁。那有多難？我徵召死黨麥克‧派特森加入，兩人聯手，一定很快就能完成。拉德太太買了油漆，告訴我們她想要一絲不苟的黑色百葉窗和白色房子。如果她不滿意粉刷的成果，我們就要重刷一次。某個星期，我有一天不能上工。麥克說沒問題，他搞得定。但當我回去時，一整面牆被漆成黃色！「麥克，你刷子有洗乾淨嗎？」「我以為有啊！」重刷。終於完成，看起來還不錯，我們接著上屋頂去。我對在屋頂上鋪柏油一無所知，所以交給麥克帶頭。那時是紐澤西的盛夏，濕度百分之九十，氣溫三十五度。我們在正午的烈陽下工作，柏油既燙又黏、宛如著火，簡直是活地獄。

　　大功告成後，我帶著二十美元直接去鎮上。店員從櫥窗中拿出我不起眼的褐色夢想，剪掉標籤。它是我的了。我偷偷摸摸地帶它回家，不想讓鄰居知道我虛榮且不切實際的雄心壯志。我帶它進臥室，關上門，彷彿它是某種性愛工具（它是！）。我坐下，把它抱在腿上，腦中一片混亂。吉他弦粗得跟電話線一樣，我完全不知道該從何下手，只能從製造噪音開始，憑著聽覺，隨機應變。如果不小心彈出像音樂的聲音，就試著記下來，再彈一次。我專注於低音弦，試著按出「嗓、嗓」的聲音，彈出節奏。痛死人了。我柔軟、粉紅色的指尖還沒準備好對付這些縶上木箱子、假裝是樂器的鋼絲。我站起來，走到臥室門後的鏡子前，把吉他甩到身後，站在那裡看著。接下來的兩週，在我的手指投降之前，我摸索出一整套表演——用一把未調音的吉他，彈出不成調的旋律。我說服自己，我已經有所進展，接著命運和家人就介入了。某個星期天，母親帶我和維吉妮亞去拜訪艾達阿姨。她兒子法蘭克是一流的手風琴手，每次我們去，他都會應觀眾要求重擊他的「箱子」，搖擺地彈奏〈西班牙女郎〉（Lady of Spain）或其他手風琴界的國歌。（某年耶誕我心血來潮，真的拿起手風琴試試，自此確保了東街樂團〔E Street Band〕風琴[19]兼手風琴手丹尼·費德里奇〔Dan Federici〕的專業地位。因為彈手風琴比登天還難。）

　　那個星期天，法蘭克沒有抱著他的糖果馬車手風琴，反而帶了一把吉他進客廳。他唱了幾首當時的鄉村民謠金曲，那時民謠熱潮正澎湃洶湧。《主唱讓你當》（Hootenanny）是黃金檔的電視節目，而法蘭克已經學會吉他，彈得很不錯。那天他坐在客廳地板上，手拿吉他，身穿白T恤、黑襪子、黑棉褲和白球鞋（這是我當年親眼看到最酷的事情，一回家馬上模仿那樣的穿著）。他彈得比我好多了。他帶我進去他房間，示範如何幫吉他調音，教我讀一本美國民謠選集中的和弦指法圖，送我那本書，還送我回家。回

---

19 Organ，類似鋼琴的鍵盤樂器。

家後，我盡我所能地為我的吉他調音，頓時了解，我必須從頭學起。過去所有不成調的「旋律」，現在證實全是垃圾。我打開書，翻到〈綠袖子〉（Greensleeves），看到 Em 的開放和弦（只需用兩根手指！）便馬上練習。這是個開始，真正的開始。接下來幾個月，我學會大部分的大小和弦；努力學習多首民謠歌曲；把目前為止的成果表演給母親看，得到她的鼓勵；結合 C、F、G 和弦，彈唱披頭四的〈又扭又叫〉（Twist and Shout），這是我的第一首搖滾歌曲。就此，我向「刈草男孩」和我這輩子唯一做過真正的工作告別。「盡情搖擺吧，寶貝！」[20]

---

20 披頭四〈又扭又叫〉的歌詞：「Well, shake it up. Baby!」

樂團之所在

　　五個月後，我已經完全戰勝我從「西部汽車」弄來的特賣品。我的手指變得強壯，長繭，指尖硬得跟穿山甲的殼一樣。我準備更上層樓。我要彈電吉他。我跟母親說明，要加入樂團、賺錢、有點成就，我需要一把電吉他。再一次，電吉他的價錢超出我們能力所及，這一次，十八美元也買不到。我房裡有一張劣質的撞球檯，前一年耶誕節買的，當時我打算追隨父親的腳步成為撞球高手。我在 YMCA 地下室的社交夜上打得很不錯，但始終沒有厲害到可以挑戰父親。不過，這倒是拐女朋友進我房間的好藉口。把她們哄上床後，我偶爾會爬起來打幾球，讓待在樓下廚房裡的父親開心。但現在那股熱情消失了，耶誕又將來臨。我跟母親達成協議：如果我賣掉球檯，她會設法幫我補足差額，買下我在中央街卡雅佐樂器行櫥窗裡看上的電吉他。售價六十九美元，附一個小音箱。那是店裡最便宜的一把，但總是個開始。

　　我的撞球檯以三十五美元賣出，一個男人把它綁在車頂，駛出車道。於是，那個融雪泥濘的耶誕夜，我和母親佇立在「卡雅佐」的櫥窗外，凝視著一把印著雲開日出圖案、單拾音器的 Kent 牌吉他，日本製。看起來好漂亮、好不可思議，而且我們買得起。我有三十五美元，母親也有三十五美元——跟信貸公司借的。她跟父親每季都會去借錢，然後剛好及時還清貸款，又繼續借。六十九美元是我一生中最大的一筆支出，而母親再次為了我變得拮据。我們進入店裡，卡雅佐先生把吉他從櫥窗中拿出來，塞進一個人造皮的硬紙盒裡。我們開車載著我的第一把電吉他回家。我在客廳給它插電，六吋的迷你擴音器發出「轟」的一聲，聽起來很可怕，超乎我的認知。音箱有一

個控制裝置，能調整音量的旋鈕，大概只有麵包盒般的大小，但我進場比賽了。

我的電吉他固然便宜，但比起之前彈的那把爛貨，它堪稱凱迪拉克跑車。弦纏得很平整，相當貼近指板，最輕微的按壓就能發出聲音。我學得很快，沒多久就約在一個朋友家開即席演奏會。我認識一個鼓手，唐尼·鮑威爾。我們趁他爸媽外出時，在他家客廳聚會，製造如鬼哭神號的噪音。會玩一點音樂是一回事，「一起」表演又是另一回事，一個完全未知的領域。

那段期間，每一個有理想抱負的吉他手都夢想駕馭比爾·多格特（Bill Doggett）的〈酒吧鄉村曲〉（Honky Tonk）這首歌。那簡單得令人難以置信，理論上連最無能的白痴都能掌握，而且是張暢銷唱片！〈酒吧鄉村曲〉是一首只需要兩條弦的藍調協奏曲，廉價脫衣舞孃般騷浪的音樂律動，但至今仍是一張很酷的唱片。鼓手唐尼教我這首歌，我倆如吉他殺手般亂彈一通。早在白線條樂團（White Stripes）出道數十年前，我們兩個就已經玩透藍調了。差別只在於，我們的表演爛死了！唱歌？憑什麼？沒人有麥克風，也沒人有歌喉。我們的彈奏連修車廠的敲敲打打都不如，但我們就這樣持續喧鬧一整晚，到他爸媽回家為止。

我們自稱「商人」（The Merchants）。幾個鄰居孩子加入，我們做了幾場更生氣勃勃、更費勁兒的排練，然後一天結束，曲終人散，我回到自己房間。然而，有個鄰居小孩真的會彈吉他，上過好幾年吉他課。他父親是個成功的商人，所以他擁有一把 Gibson 吉他——真正的樂器——和一個真正的音箱。他會看譜。我找他搭訕，徵召他加入改頭換面的「商人」，現在改名為「惡棍」（The Rogues）（菲力荷版的，不要跟後來的海岸版搞混了。海岸地區的惡棍樂團可是由真正會演奏、能唱歌的樂手組成）。忽然，我們的演奏聽起來比較像音樂了。我的音箱是個笑話，所以他讓我使用他音箱的音軌。我們甚至找了一個貝斯手——好啦，只是某個有貝斯的人，更重要的是，他也有音箱。他加入我們的小型樂團，不會演奏，但是個體面且英俊的義大利

孩子。多年後，在國道9號南方一間名叫「IB俱樂部」古里古怪的偏遠小酒館，他名副其實地救了我一命。我們插上電、半正式地排練，懷著一個強烈的念頭：必須有人唱歌。

表演時間

　　一九六四年的紐澤西小鎮上，沒有人唱歌。有樂隊幫忙伴奏的演唱團體，也有單純演奏樂器、沒有主唱的樂團，他們將投機者樂團（Ventures）視為引路明燈；但沒有「自給自足」、同時演奏又唱歌的樂團。這是披頭四進軍美國時順便帶來的革命之一。自己寫歌、自己唱、自己演奏。在這之前，典型地方樂團的精選曲目包含肯特士樂團（The Chantays）的〈管路〉（Pipeline）；聖托和強尼二人組（Santo and Johnny）的〈夢遊〉（Sleep Walk）；〈阿帕契〉（Apache）、〈超出極限〉（Out of Limits）、〈滲透〉（Penetration）、〈鬧鬼的城堡〉（Haunted Castle）——全是純樂器演奏的曲子。六〇年代初期的高中舞會上，薛維爾樂團（The Chevelles）之類的頂尖地方樂團會演出一整晚，沒有麥克風、沒對全場的瘋狂舞者說半句話。薛維爾樂團是我們當地盛事的樂器之王（在國道9號以北則受到維多利亞人樂團〔Victorians〕的挑戰）。他們是真正的樂師，麥克·戴爾音樂學校的老師，擁有好樂器和相襯的西裝。

　　一天，我們的年輕樂團聽說菲力荷的駝鹿俱樂部在星期天下午有專門為青少年舉辦的活動。入場費三角五分，所有樂團可以免費表演給大約七十五名當地人看。這活動由一對奇特的夫妻檔，賓果·鮑勃夫婦串場。雖然他們兩人作風浮誇、怪誕，但這幾個月來，「駝鹿」是樂團初受試煉的好地方——除了有次鮑勃太太的沙鈴被偷，賓果大發雷霆，把我們全部鎖在俱樂部裡，直到小偷乖乖交出沙鈴為止。在場幾乎全是純樂器的樂團圍成一圈，被關了好幾個小時。

　　焦慮得像超級盃比賽前一般，我和團員們把裝備放上爸媽的車，開到駝鹿俱樂部做準備。因為是最新的團體，所以最後一個演出。我們慢慢奏出

旋律，膽戰心驚，冷汗直流，但表演得還不錯。接著，我們釋出祕密武器：我，**演唱**〈又扭又叫〉。我盡情嘶吼，獻出我年輕生命的搖屁股秀——我這麼以為啦。現場有一支包著網罩的大型麥克風，連接俱樂部裡為數甚少的擴音器，當作音響。我躲在大麥克風後面，吼到頭都要爆炸了：「啊啊啊，啊啊啊，啊啊啊，啊啊啊……盡情搖擺，寶貝，就是現在……」很尷尬的表演，但我感覺良好。有些孩子甚至告訴我們，我們聽起來很「棒」。我原以為其他人比我們好，畢竟他們有更好的樂器、更豐富的經驗；但是，他們沒有人唱歌。

當場我們就被邀請在高中舞會上為薛維爾樂團開場。你就讀的學校邀請你去演出，這是小鎮上所能發生最棒的事；但也要承擔很高的風險。演出當晚，我們去「戴爾」多租一台內建回聲效果的 Gretsch 牌音箱！這個神奇的回音功能，幾乎能讓你的演出聽起來就像你最愛的唱片一樣，還增添了專業感。我們前往菲力荷地方高中的體育館，準備要吹走「薛維爾」的樂譜，讓他們和他們昂貴的音樂課哭著爬回麥克·戴爾音樂學校。我們是「新浪潮」，沒有相襯的西裝、沒上過音樂學校，只有藍調的吶喊和搖滾樂。

麻煩立刻襲來。我們的主吉他手忘了帶吉他背帶，不得不整場演出將一邊膝蓋擱在音箱上架著吉他，這一點也不酷。此外，不幸地，我們的貝斯手仍然一個音都不會彈，只是站在那裡，膝蓋壓在他的音箱上（就是讓他入團的那個音箱），一整晚都沒彈貝斯（也一樣沒有背帶）。我對著高中公共擴音系統的麥克風大吼大叫，這夢魘般的噪音不知從體育館的哪根屋樑傾瀉而出。更糟的是，租到內建回聲效果的音箱讓我們太興奮，主吉他手和我都將樂器接到租來的音箱上，並把回音開到最強，這使得播放出來的聲音變成只有顫音和回音的一坨爛泥。彷彿泡水樂器做成的起司球，從某個惡龍出沒的海底嘔出，如屎一般散落。我們的新「音效」讓表演變得亂七八糟。（在高中體育館裡開全音效。年輕人，千萬別嘗試！）隨著演出進行，你完全看得出來，這實在太丟人了。我站在那裡，低著頭，紅著臉，知道我們的表演聽

起來很可怕，但完全不知該怎麼辦。觀眾擠在我們面前，滿懷期待，因為我們自吹自擂了一整個禮拜。而這會兒他們的表情是：「什麼鬼？」然後薛維爾樂團抽著菸登場。他們很專業，演奏真正的音樂，即使如常的陳腐乏味，但他們知道如何在群眾面前控制自己的樂器和演奏。我們站在一旁觀看，心生謙卑，一些死忠朋友安慰我們，說我們「沒那麼糟」。

我們從頭來過，只是這一次是我一個人從頭。演出後不久，我被我的好友，就是**我**帶進樂團的那個人告知，我被罷免了。因為我的電吉他「太便宜」，音不準。接著他還不必要地補充說，他曾在紐約看過同樣的「垃圾」賣三十美元。噢，好傷人。那天我陪母親下班回家的路上，告訴她我被踢出樂團，但不忍心告訴她為什麼。她為那個「垃圾」付出所有，而我會物盡其用。

在我房間

那天晚上我回到家，抽出滾石合唱團（The Rolling Stones）的第二張專輯播放，並自己習得基思・理查（Keith Richards）在〈一切都結束了〉（It's All Over Now）裡簡單但動聽的吉他獨奏。那花了我一整晚，午夜時分，我已經模仿得很不錯。去他媽的，我要當主吉他手！接下來好幾個月（好幾年！）我努力練習，一有時間就拿起吉他，扭轉、折磨它的弦直到斷掉，或直到我抱著它倒在床上睡著為止。週末，我去當地的 CYO、YMCA、高中舞會。我不跳舞了，而是默不作聲，一臉神祕，兩臂交叉，站在演出樂團的主吉他手前面，注視他手指的一舉一動。舞會後，其他人出去玩，去「費德里奇」吃披薩或試著騙女孩上床時，我趕回家中躲進房間，努力回想，試著彈奏我看到的一切，一練就是一整晚。吉他不插電，以免吵到家人。

不久後，我開始感受到樂器和練習的成果帶給我的力量，我擁有這個祕密：我有能做的事，有自己擅長的事。晚上，我和腦中在搖滾樂界發光發熱的夢想一起入睡。其中一個夢是這樣的：滾石合唱團在阿斯伯里帕克會議廳

舉行公演，但主唱米克‧傑格（Mick Jagger）生病了。他們非演出不可，要找人代班，但誰可以頂替米克呢？突然，一名少年英雄從觀眾席站了起來，是個當地的孩子，他可以「主唱」：有歌喉、有長相、有搖擺、沒有青春痘，而且吉他彈得超棒。演出成功，基思笑容燦爛，滾石合唱團也不那麼急著要米克下病床了。夢的結尾如何呢？每次都一樣，觀眾為此瘋狂。

卡斯提亞樂團

　　一天下午，我坐在南街家中時，傳來敲門聲。門外是當地吉他手兼歌手喬治·西斯（George Theiss），他聽我妹說我會彈吉他。我曾在「駝鹿」附近見過他。他告訴我有人要組團，在找主吉他手。雖然我還不大敢自稱主吉他手，但我已經勤練好一陣子，也創作了一些非常基本的旋律。我們穿過城鎮來到中央街，進入一間半狹長的小屋子，十五公尺外，地毯工廠裡金屬和金屬的戰爭聲響溢出敞開的窗戶，進入德克薩斯街區。在那裡，我將俐落地揹上吉他，加入生平第一支真正的樂團。

　　在那裡，我認識了泰克斯·溫雅德（Tex Vinyard）和瑪麗安·溫雅德（Marion Vinyard）。他們是喬治的朋友，決定犧牲家裡不到一坪，他們稱為「餐廳」的地方給當地的青少年噪音製造者。那是個頗隨興的地方，黑人和白人大致以地毯工廠為界，但常一起在街上鬼混，而泰克斯和瑪麗安的小公寓似乎是某種鄰里青少年俱樂部的中心。他們三十多歲，膝下無子，接納「流浪兒」：那些家庭關係疏遠，或純粹想離家去一個沒那麼多限制、有更多溫情的地方的孩子。泰克斯是個情緒化、一頭紅髮往後梳、淫蕩、愛講黃色笑話的工廠工人。跟我爸一樣，外人很少看到他不穿制服或卡其色工作服，上衣口袋總是夾著東西。但同時他也很大方、慈愛、善良，是我見過最不吝給予的成年人之一。

　　泰克斯和瑪麗安似乎擱淺在青少年與成年期之間，所以他們為自己打造一個家，充當起介於這兩個時期之間的孩子們的代理父母。他們既非你的家長，也非同儕。當我們鬼吼鬼叫，用爆裂的吉他聲和震耳的鼓聲攻擊小屋子

的牆壁——五公分厚的輕隔間後面就是鄰居（真有耐心啊！）。他們約法三章，說明什麼可以通融，什麼不行。放學後馬上練團，下午三點半開始，六點結束。泰克斯成為我們這群不合時宜的青少年搖滾樂手的經理，瑪麗安則是舍監兼裁縫師。這裡也有一小群青少女（有吉他的地方就有她們），還有打情罵俏、聆賞音樂，泰克斯熱情的性暗示，緊接著瑪麗安的「泰克斯，不要鬧！」，也有一些接吻、牽手。其他的不多，至少沒有在屋裡。長得像艾維斯又像保羅・麥卡尼（Paul McCartney）的喬治（既像貓王，**也**像披頭四成員。上天真不公平！）是我們常駐的花花公子，相當吃得開。其他人手腳慢，只能撿剩下的。不過，這裡的重心仍是音樂。

　　這支樂團的成員有喬治、我、鼓手巴特・海恩斯（Bart Haynes）、貝斯手法蘭克・馬奇歐提（Frank Marziotti），以及一組輪流搖鈴鼓的「跟班」。當時很少當地人有資格擔任主唱，因為必須有節奏感，還要會唱歌。我們都是偶爾軟弱且聲音虛弱的白人小男孩。然而，嘿，滾石合唱團並未因此受阻，而他們正是我們的終極目標，我們的夢想藍圖。我們需要有自己的米克，那個站到台前的人。最初，我們找了我們所認識首屈一指的硬漢，讓他站在那個位置。但他一個音符也不會唱，而且很不自在，我們只好不斷減輕他的負擔，最後只剩下依安・威肯（Ian Whitcomb）不停喘氣、色迷迷的〈你讓我興奮〉（Your Turn Me On）的呼吸段落。這個人玩樂團卻只在呼吸！這樣行不通，我們是抽籤決定要誰去告訴他這個壞消息，並挨一頓毒打。嘿，這就是有經理的好處！我們派出泰克斯。結果是「主唱」如釋重負，平靜地離開。之後，我們找了我們所能找到最帥氣的人，學校裡髮型最酷的男生。他在台上看起來很棒，鈴鼓也搖得很好，但是，哎呀，他也不會唱歌。喬治是我們之中歌喉最好的，嗓音動聽，也有群眾魅力，主唱勝任愉快。我被視為麥克風的劇毒，聲音常被泰克斯取笑。多年後，在我的唱片賣了好幾百萬張後，我回去拜訪泰克斯，他仍以嘲笑我為樂：「你還是不會唱歌，喬治才是唱歌的人。」

　　泰克斯是我碰到的第一個代理父親角色的長者。他以他獨特而古怪的方

式表現愛，更重要的是，他懂得接納。他會珍視、鼓勵你的天分，接受你本來的樣子，並投入時間、體力、金錢和黑色凱迪拉克、運輸設備，只為幫你圓夢。我們曾比肩站在卡雅佐樂器行的櫥窗外，看著一支新的 Shure 牌麥克風流口水。「卡雅佐」位於小鈴理髮店隔壁，從溫雅德家過馬路再走六公尺就到了。晚上，我們坐在泰克斯的小門廊，「卡雅佐」的櫥窗裡閃耀著珍珠白的爵士鼓、金屬光澤的電吉他和瓦數足以把全鎮的屎尿垃圾從昏沉的死寂中吵醒的音箱。泰克斯會坐在那裡，沉默不語，讓香菸悶燃著，最後大喊道：「幹，等我星期五領到薪水，就能把那寶貝帶回家了。」他說到做到。然後他會像個驕傲的父親，看著他的「兒子們」像一群小公雞對著那支閃亮亮的新麥克風啼叫，說：「該死。那支新 Shure，這才叫聲音嘛！」

　　全美各地都有像泰克斯和瑪麗安這樣的人，他們是搖滾樂真正的無名英雄，在自家和生活中騰出空間放裝備、買吉他、提供地下室或車庫讓樂團練習，在青少年和成年人這兩個好鬥的世界之間找到可以互相理解的地帶。他們支持並參與孩子的生活。沒有這些人，那些地下室、車庫、駝鹿俱樂部、海外作戰退伍軍人協會的會堂就會空空蕩蕩；那些骨瘦如柴、不適應環境卻懷抱夢想的人，就沒有地方學習如何搖身變成搖滾偶像。

我們的第一場公演

　　「卡斯提亞」這個團名源自喬治·西斯使用的洗髮精品牌，相當切合時代，保留了五○年代 Doo-wop 節奏藍調的遺風，也很適合帶領我們抵達藍調搖滾神殿。我們的歌單混雜流行樂、節奏藍調、吉他演奏曲，甚至還有葛倫·米勒（Glenn Miller）〈心情〉（In the Mood）的一個版本，那是貝斯手法蘭克教我們的，讓我們得以建立多樣化的曲目。我們甚至不時穿插一兩首自創曲。

　　我們的第一場公演在 33 號公路上的角落客棧拖車公園舉行，就在海岸汽車電影院的東邊。那是一場給居民參加的夏日午後野炊聯誼會。我們在一個小車庫前簷下的陰涼處就位，面前約有五十名觀眾。我們的裝備非常簡單，

巴特的鼓、幾個音箱和一支連接吉他音箱的麥克風。開場表演的是一組當地鄉村團體，主唱是一個年約六、七歲的小女孩，她站在凳子上，對著一支大型無線電廣播麥克風唱珮西‧克萊恩（Patsy Cline）的歌。他們的表演很出色，頗具競爭力。但當我們開始製造噪音時，他們氣炸了，因為群眾回應了，人們開始跳舞。這是好兆頭。我們的主唱在〈你讓我興奮〉這首歌精湛的喘息，我和喬治默默興奮起來，而隨著拖車營區陷入淳樸卻熱情的瘋狂，我們以——你猜對了——〈又扭又叫〉做結束。那是一次莫大的成功，讓我們相信自己可以玩音樂，可以演出，還有——我們的主唱必須馬上走人。至今我仍記得當時有多高興，我們打動人群，帶來活力，一個多小時的歡樂時光。我們創造了粗陋、初步、在地，但有力量的魔法。

〈被浪擊落〉

我們的貝斯手法蘭克‧馬奇歐提是本地鄉村音樂場合的老手。他還不到三十歲，但已經有義大利婚禮歌手圓滾滾的外型了。他民族風的面孔上，一頭波浪黑髮向後梳，看起來比較像是剛從我爸工作的生產線下工的工人，而非一個血氣方剛、靈魂叛逆的年輕搖滾樂團貝斯手。就我們的形象而言，他不大協調，但他是我們之中唯一且真正的樂手。他指導我許多鄉村音樂的吉他技巧，也彈著一手你聽過最流暢悅耳的貝斯。唯一的問題是，每次公演，我們都會聽到同樣的問題：「你爸為什麼會在團裡？」我們無所謂，但他愈來愈介意，所以他優雅地退場，由金髮的柯特‧弗路爾（Curt Fluhr）——布萊恩‧瓊斯的髮型、Vox 牌音箱、Hofner 牌小提琴貝斯等等——接替。

巴特‧海恩斯，我們常惹麻煩的鼓手，鏈子也無法拴住他。他自稱精神失常，「我真他媽的笨」是他的名言。他節奏感極佳，但有一個怪癖——沒辦法打〈被浪擊落〉（Wipe Out）的鼓點。一九六五年，演奏衝浪樂團（Surfaris）的這首歌是所有有志鼓手的衡量標準。這首歌中以筒鼓打出的簡單切分節奏，被視為技藝精湛的終極指標。現在重聽這首歌，你可能很容易發現，歌

曲雖然棒，卻有點過時的感覺。然而，重點是，晚上的某個時刻，如果鼓手不想抱著受創的心靈回家，就會表演〈被浪擊落〉；但巴特不行。不論怎麼做、多麼努力嘗試，他的手腕就是不肯輕輕敲出那很基本的節奏。巴特‧海恩斯的血液和骨髓裡流著很多不錯的鼓點，偏偏沒有〈被浪擊落〉。隨著夜幕低垂，嘻嘻作笑的叫喊聲從觀眾後頭、那些較勁意味濃厚的鼓手處傳來：「演奏〈被浪擊落〉啊！」起初我們充耳不聞，但巴特忍不住，小聲連罵幾個「他媽的」。然後，「快點啊，快點演奏啊！」糟糕，他被激到了，說：「來吧，演奏那首爛曲子。」我們只好照作。那個偉大的切分音時刻終將來臨，而他會失敗，一而再、再而三。他的鼓棒在手裡劈啪響，不知為何如此簡單的節奏會讓他混亂，直到一支鼓棒落地，他的臉變得跟消防車一樣紅，表演也戛然而止。「媽的！」

　　巴特不久後就永遠丟掉鼓棒，加入海軍陸戰隊。一天，接近傍晚，他匆忙跑來，臉上掛著傻笑，告訴我們他要去越南。他笑著說，他連越南在哪裡都不知道。搭船離開的前幾天，他穿著全套藍色軍服，來到瑪麗安和泰克斯的餐廳，最後一次坐在鼓前，最後一次演奏〈被浪擊落〉。他在越南廣治省陣亡，死於迫擊砲，是第一個在越戰喪命的菲力荷士兵。

　　接替巴特‧海恩斯的維尼‧「史基寶」‧曼尼耶洛（Vinnie "Skeebots" Manniello），是個節奏感強、受爵士樂影響的鼓手。還很年輕，但已和「寶太太」結婚、有一個小孩的他，為我們樂團的專業性貢獻良多。此後，YMCA、CYO、高中、溜冰場、滑輪溜冰場、退伍軍人協會的會堂、樂團競賽、駝鹿俱樂部、超市開幕、軍官俱樂部、汽車電影院、精神病院、海灘俱樂部和任何容得下五人樂團，且想要以低廉的價格舉辦不錯的當地餘興節目的地方，都有我們的足跡。

往東

　　菲力荷位於兩個不見容於社會的青少年集團的中心點。「啦啦幫」的地

盤往東一路延伸到海岸地區,「油膏黨」的勢力範圍則沿著國道9號往南。菲力荷地方高中舞會的舞池是幫派環伺的無主地帶,啦啦幫在一個角落,油膏黨在另一角,黑人小孩也自成一區。除了要阻止或開啟火拚時集團高層會交流,其他時間人人待在各自的小世界。啦啦幫跳流行樂、Top 40、海灘音樂,油膏黨接管 Doo-wop 樂曲的舞池,黑人小孩則跳節奏藍調和靈魂樂。唯一能緩和舞池緊張氣氛的是摩城音樂。當它響起,所有人會一起跳,直到最後一拍結束,薄弱的手足情誼也到此為止,大家偷偷潛回各自的聯合國指定體育館地板區。

啦啦幫熱愛運動、穿印度薄棉、跳啦啦隊、準備大上學,是社會階級稍高的青少年族群,在校友返校聚會上稱王封后,也在大部分的當地高中作威作福。我相信他們至今仍是這副德行,只是換成「預校生」或其他名字罷了。你不在圈內,就在圈外,而我在很外面。啦啦幫地盤的核爆點在澤西海岸的錫布萊特、米德爾敦、拉姆森地區。那些地方有錢,而且絕對不會讓你忘記這件事。炎熱的八月午後,當我們往東到他們的海灘演出,立刻被提醒自己出身貧賤。要到達海灘,必須蜿蜒穿過拉姆森區的豪宅——那是澤西中部最享譽盛名的高級地段。藏身翠綠圍牆和鐵門後的高齡樹木與宮殿般的莊園,讓你明白「只可遠觀不可褻玩」。當你來到錫布萊特,濱海地區是一整排伺候富人的私人海灘俱樂部。一排小屋和停車場阻隔了通往大西洋的去路,就算那歸上帝所有。海就位於眼前某處,但除非你溜進唯一的公共海灘,不然就必須付錢——很多錢——才能把腳趾弄濕。不過,這群新潮青少年週末需要趁父母在海灘酒吧沉醉於馬丁尼時,找些煽動性的娛樂來遠離他們。所以,東邊遇上西邊,隨著名氣逐漸攀升,我們也從荒原入境來幹這件苦差事。

首先我們必須把裝備搬上沙地,那裡已經備有一條延長線為音箱通電。悶熱的八月中旬,我們全副武裝:黑色牛仔褲、跟披頭四一樣的黑靴子、在英吉利小鎮拍賣會買的黑色假蛇皮背心、白禮服襯衫、長髮(當時仍屬罕

見），以及非常白的「內地」皮膚，我們可不是海灘男孩。觀眾的回應永遠如出一轍：父母覺得好玩又無聊；女孩眉來眼去，充滿好奇；男孩抱持敵意。

隨著嬌小玲瓏的古銅色比基尼身軀在我們面前站成一排，抱怨聲接著傳來，她們身後的平頭運動男孩在發牢騷。我們只能這麼做——開始表演，表演到讓他們喜歡、聽見，以及最重要的，開始**跳舞**！你要讓女孩跳起來！一旦女孩跳起舞來，大家都會開心，而忽然間，你不再是從「油膏村」的幫派空降於此、具威脅性的外星人，你只是「玩樂團的」。我們知道該做什麼，而且通常會在美好的氣氛下結束，人們會跟我們談話，好奇我們的打扮、從哪裡來（陰暗的內地），但偶爾也會被挑起紛爭。這類場合受到嚴密管控，一定有年長的救生員或管理人負責掩護。停車場是你要特別留心的地方，因為當你竭力把裝備搬上車時，你會聽到：「你說什麼？你說我怎樣？」當然，你什麼也沒說，只是有人設局想跟你來場友好的格鬥而已。該回家了。

往南

菲力荷南部是截然不同的挑戰。油膏黨是次文化的青少年，身穿皮夾克和鯊魚皮絨西裝、迷戀透明尼龍襪、會用義大利鞋踹你、梳著高油頭髮型、精心打扮、早上花在準備上學的時間比我的珍姑姑還長、會無緣無故跟你打起架來、義大利裔，他們活在自己小小的塵世宇宙中，根本懶得理你。我有很多要好的朋友都是「油膏黨」（因大量使用美髮產品且擁有細緻、油膩的義大利肌膚而得名）。只要對你沒有不滿，他們其實比啦啦幫容易打交道和理解。這些孩子注定過著和他們父母一樣，還算不錯但必須努力工作的生活。如果他們能順利度過荷爾蒙狂亂轟擊的這幾年，不受傷也不害別人受傷的話，他們將繼承父業，當農人、主婦、生小孩。如果他們能在這短短的時間裡躲掉牢獄之災，多數會長大成為美國社會的骨幹——修車、工廠勞動、種植作物和打仗。

沿著國道 9 號南下會抵達菲力伍地產，那是我們這些人生平第一次見到

的分割土地。菲力伍地產的特別之處不僅在於它是「破天荒」的計畫社區，也在於其居民是成吉思汗的後裔：蒙古人。從俄羅斯大草原來此是條漫漫長路，但多虧了亞歷珊卓拉・托爾斯泰（Alexandra Tolstoy），《戰爭與和平》（War and Peace）作者列夫・托爾斯泰（Leo Tolstoy）之女，他們於戰後的四〇年代晚期到來。亞歷珊卓拉創辦一個基金會，協助他們脫離蘇維埃的掌控，因此，這些曾遭史達林迫害的激烈反共人士得以在蒙茅斯安居。這裡是紐澤西，也是西伯利亞。總之，他們逃出史達林的牢籠，最後落腳在國道9號上。他們的孩子成了我菲力荷高中的同學。

這群蒙古後裔是體格魁梧的亞洲人，全都加入油膏黨。想像那些你見過最高大的亞洲人穿著中長皮衣、禮服襯衫和長褲、尖頭皮鞋，梳著烏溜溜的高油頭髮型，為他們超過一百八的身高再加個三、五公分。這些人的曾曾曾曾祖父曾馳騁沙場、征服世界，而他們的紐澤西後裔如果被逼上梁山，也會重演歷史。

油膏黨的整體外型是剽竊學校黑人族群的，他們既跟黑人稱兄道弟，又有根深柢固的歧視。他們骨子裡想要追求「上城」風格：清新素樸的西裝，粉紅色、萊姆綠和嬰兒藍的高領襯衫，改短的長褲——打扮精準，不容破壞。**別碰我的頭髮。碰我頭髮，就等著被揍。**神經過敏的一幫人。油膏黨的帶頭大哥，在此稱作「湯尼」，早在電影《教父》（The Godfather）上映前，就是他們的教父了。他會頂著一頭你見過最完美無瑕、黑炭般的高油頭髮型，披著無懈可擊的中長黑背心，穿過學校川堂，還擁有彷彿從每一個啦啦隊員的春夢中走出來的性感男神臉龐，風采宛如國王，而他確實是地方幫派的首領。

校外，你會在青少年俱樂部看到湯尼，他常揮舞著一支銀頭手杖（偶爾拿來打人）。他會閒晃進來，像小鎮的凱撒，鏡子般晶亮的鞋子幾乎沒有碰觸地面，一群跟班安靜地圍著他。不論他走到哪裡，人們都會讓出路來。

我們往南，進入國道9號沿線油膏黨的地盤，繼續經營我們的事業。國

道9號上有一整排夜總會和披薩店，會在週末舉辦迎合青少年族群喜好的活動。首先是萊克伍德附近的「貝殼麵披薩」。那只是一間公路旁的小披薩店，不過店主決定在週五和週六晚上多拚點現金：擺好桌椅、雇一支樂團，在披薩櫃前舉辦小型舞會。這地方由一群油膏黨女孩統轄，她們有蓬鬆的頭髮、白色口紅、白皮膚、厚重的眼影，穿皮靴、緊身裙、運動型內衣——不妨把她們想成女子團體「香格里拉」（The Shangri-Las）或「羅尼特組合」（The Ronettes）與艾美‧懷絲（Amy Winehouse）的合體。這群女孩中最有權力的是一位名叫凱西的女孩。你進去，擺好樂器，開始演奏。沒有人動——沒半個人。這將是令人惶惶不安的一小時，每隻眼睛都盯著凱西。然後，當你表演到對的歌曲，她會站起來，恍恍惚惚，慢慢拖著一個女友到樂團前面。不一會兒，舞池就擠滿人，夜晚正式開始。這個場景一再上演。她喜歡我們，我們則找出她愛聽的音樂，賣力演出，成為官方認證的「凱西的團」。那很棒，只要她沒有**太**喜歡你。她太喜歡你，事情就會變得非常危險。雖然在我的印象中，「貝殼麵披薩」舉辦的多是女孩之夜，但絕對有男生在附近觀望。一有超越友誼的耳語、流言或徵兆，都對你的人身不利。在國道9號沿線，你誰都不想招惹。

　　最後，我們一路來到IB俱樂部。這是南區大型表演的場地，油膏黨的人間天堂。最好的團體、真正熱門的Doo-wop節目都在這裡演出。尼基‧艾迪歐（Nicky Addeo）是當地的Doo-wop之神，能夠發出讓內褲濕透、撒旦背脊發涼的假音。他有真才實學，是「IB」的老派群眾之王。他唱凱迪拉克樂團（The Cadillacs）的〈葛洛麗〉（Gloria）時，就是油膏黨做禮拜的時候。舞池擠得水洩不通，只聽得到鯊魚皮絨勃起摩擦廉價尼龍長筒襪的簌簌聲。直到「英倫入侵」多年後的一九六六年，Doo-wop仍是一票搖滾樂迷的首選。〈請問芳名〉（What's Your Name）和五緞子合唱團（Five Satins）的〈夜闌人靜時〉（In the Still of the Night）我都唱過很多、很多次。六〇年代在國道9號沿線，能唱幾首Doo-wop歌曲是生存之必需。

Growin'
Up

對卡斯提亞而言，這是場重大的演出。舞池擠滿人，而我們將滿足他們的所有期待。祕密武器包括 Doo-wop、靈魂樂和摩城音樂，能讓皮衣裡的心跳暫停一拍的音樂。Doo-wop 散發黑暗與血淋淋的浪漫，靈魂樂反映真實生活的勇氣，摩城音樂蘊藏那一點點通往上層社會的可能性，這些充分反映了這個族群的生活。除了 Top 40，滾石合唱團和其他六〇年代同道的波希米亞精神，並不切合這些孩子的人生。那誰負擔得起啊？你要奮鬥、掙扎、工作、保護自己的東西，還要忠於工作夥伴、血統、家庭、地盤、油膏黨的兄弟姊妹以及你的國家。當其他一切崩垮的時候，只有這些能支持你活下去——當那些狗屎被下一波流行趨勢沖走、你馬子懷孕、你爸坐牢或失業，你必須去工作的時候。當命運來敲門，心碎的 Doo-wop 歌手明白懊悔和愛的代價，艱辛度日的靈魂歌手明白「我只拿我要的，我是拚命三郎，耶！」[21]，而摩城的男女歌手，明白自己必須玩一點白人與富人的遊戲。你必須做些深思熟慮且不致出賣靈魂的妥協，讓自己稍微爬高一點，直到屬於你的時刻來臨，換你制定規則。這就是國道 9 號沿線的信條，而你最好了解一下，否則週六晚上，不只你的演出會以難堪收場，身體也可能受傷。

算帳

這個平凡的週六夜晚，我們獲得 IB 俱樂部的邀請，期許能有一場精彩演出。雖然現在我們穿得像英國節奏藍調團體（我們投票打敗泰克斯，捨棄原本的制服），但我們已和觀眾建立融洽的關係，頗受當地人歡迎。只要不去碰他們的女孩，就天下太平。我們樂團現在來到第三位主唱，我在此稱他「班尼」。他長得不算好看、比我們年長幾歲、高中肄業，但是會唱歌。他在鎮上閒蕩，獨居在我家附近，帶有一點長者的酷勁和精明，這些事情環環相

21「山姆和大衛」（Sam and Dave）〈我只拿我要的〉（I Take What I Want）的歌詞：「I take what I want, I'm a bad go-getter, yeah.」

扣，最後他就在我們樂團裡搖沙鈴了。

俱樂部爆滿，可能有六百人，放眼望去全是皮衣、精心梳理的髮型、高油頭，以及足以讓你家附近的修車廠繼續營運好幾年的「油膏」。站在舞台上，我看到紅海一分為二，湯尼帶著他的跟班走進來。這是他們慣有的進場儀式，其實很有趣：慢慢穿過前門，場內的步調和溫度驟然一變。這時夜晚已正式開始，而擾亂公共秩序是許多「IB」常客的嗜好，郝威爾鎮的警察巡查 IB 俱樂部看有沒有人打架是家常便飯，希望沒有紛爭，人人快快樂樂出門、平平安安回家。

無來由地，在樂團休息時間，話語慢慢傳上舞台：如果班尼不下台，去向湯尼的人馬自首，他們等會兒就會上台砸爛台上的每件東西和每個人。什麼？發生什麼事了？

在紐澤西的米德爾敦，有兩個自然的物理現象：重力丘和顫慄丘。從菲力荷開車出來停在重力丘的山麓上，是幾乎所有人都會歷經的成長儀式，因為「地勢」？地球神奇的磁性？紐澤西的巫毒？總之，只要一停好車，它就會不可思議地慢慢往後滑上山丘。我好幾次深夜約會時，坐在我六〇年代的雪佛蘭跑車上，用這個柏油路的小把戲擄獲女孩的芳心。

顫慄丘則單純是路上一個劇烈且不當的隆起，只要結合足夠的車速，就能讓車子騰空飛起，將你和乘客拋向夜空，當一下「空中飛人」。危險的是，一過顫慄丘，前面馬上有一座低矮的舊鐵橋。「顫慄」會縮短車頂和橋樑之間的距離。如果車飛得太高，你就真的會有個難忘的夜晚了。

謠傳是說有一天晚上，班尼開車載三個人上了顫慄丘，其中一人是湯尼朋友的妹妹。他們可能撞到了橋，乘客受重傷，開車的班尼卻幾乎安然無恙——直到那位哥哥請求教父主持正義，而正義即將實現，在那晚接下來幾分鐘內搞定。班尼說要去自首，但我不認為他是真心的，而且無論如何，不能讓他飛蛾撲火。我透過一個老團員認識湯尼，這或許能讓我免去一頓毒打，但其他種種——樂團、設備、所有一切——都會完蛋。只剩一計可行。

任何有自尊心的國道 9 號居民都會引以為恥的最後緩兵之計：報警。馬上報警！那就是俱樂部的經理代替我們做的事。警方護送班尼步下舞台、離開俱樂部，穿過眾人惡狠狠的瞪視和皮衣，上了警車，永遠離開我們的人生。他再也沒有為卡斯提亞演繹一個音符，他的沙鈴永遠退休。

演出

　　卡斯提亞現在磨練得相當不錯了。我們經常在各種不同場合為各類觀眾演出。消防員大會、萬寶路精神病院（沒錯，那裡的病人精神抖擻地唱著動物合唱團〔The Animals〕的〈我們要離開這裡〉〔We Gotta Get Out of This Place〕）。一天晚上，我們深入啦啦幫的地盤，在錫布萊特的「衝浪與海」海灘俱樂部演出。我們為一支專門翻唱 Top 40 的知名樂團開場。這種樂團還不少。他們沒有自己的暢銷曲，但技藝精湛，不僅打破地域的藩籬，更能靠演出其他藝人的歌曲巡迴公演。這個地方擠滿陰沉、曬黑的臉孔，斜紋棉褲和印度薄棉裙。我們出場，開始演奏新編的迷幻藍調，然後我突然覺得濕濕的。我們被吐口水了，名副其實的吐口水──那時吐口水還沒有成為龐克的榮耀象徵。是少數幾個人幹的。但幾個人就夠了。我們表演完便悻然離開。一年後，同一批人卻在舒茲伯利的青少年俱樂部為我們喝采，他們的女友也被我們迷倒。那個俱樂部的表演主要在迎合啦啦幫群眾的口味，但也是海岸地區最好的表演。後來我們凱旋回到「衝浪與海」演出多次（那晚不算），領了一百美元的酬勞，然後回到內地，我們底層鎮民的懷抱。

　　雖然我有一群在海邊遇到的啦啦幫好友，但在啦啦幫和油膏黨之間，我想我跟家鄉的高油頭兄弟比較合得來。他們會迅速直白地維持正義，不會像東邊那些穿印度棉裙、喝啤酒的遠親對你逞威風。這就是階級。十六年後，一九八三年，當我搬到拉姆森時，仍感覺得到久遠以前被吐口水的陰影。三十三歲的我，仍要先吸一大口氣，才能走進新家的門。

　　我們繼續向前邁進，參加比賽，偶爾在婚禮上表演，並且首次為全場黑

人聽眾演出，那是三靈表演劇上唯一的白人節目。三靈表演劇在馬塔萬基波
溜冰場舉行，由一個黑人青年創立。他喜歡我們的表演，邀請我們演出。同
時，我們也幫刺激者合唱團（The Exciters）開場和伴奏。「刺激者」是六〇年代
初期一流的美聲團體，以〈告訴他〉（Tell Him）一曲大受歡迎，是我們接觸到
第一組真正的發片歌手。那晚有 DJ 播放唱片，也有現場演奏（我們）。我們
在舞池上擺好裝備，與「刺激者」在溜冰場的更衣室碰面。這幾位美豔女歌
手在我們面前脫個精光，穿進她們曲線撩人的金色禮服，（青少年心臟病發
作和搖滾樂的天堂！）然後上台。先對嘴表演她們的歌曲，接著步下舞池，
現場演唱同樣的曲目，由卡斯提亞伴奏。我們演出滿滿的靈魂樂，不僅體面
地贏得原本對白人嬉皮男孩抱持懷疑的黑人觀眾的心，也毫不難堪地為「刺
激者」伴奏。當天下午，他們的歌手兼隊長賀伯‧魯尼（Herb Rooney）幫我們
排練。我看著他指導一群本是「音盲」的青少年漸入佳境，最終能為他的團
體伴奏。那晚回家時，我們的履歷又多了一筆做得不錯的工作、學到不少東
西、娛樂了一群嚴厲的觀眾，而且沒有搞砸。

　　我的 Kent 牌吉他早已退位，讓給天藍色、結實的 Epiphone——真正的
樂器。Epiphone 是 Gibson 的副牌，製造的吉他品質良好，而且價格比世界
級的 Gibson 來得低。我的吉他是主題樂團（The Motifs）的主吉他手雷‧齊雄
（Ray Cichon）用過的。主題樂團是我們的地方傳奇，也是我見過第一支真正的
搖滾樂團。

主題樂團

　　華特‧齊雄（Walter Cichon）和雷‧齊雄是紐澤西郝威爾鎮出身的兩兄弟。
雷很高，總是弓著身子，不是在彈奏高高綁在胸口的吉他，就是從齒縫對你
噴出下大雨般的口水。他一頭短髮往後梳，做油膏黨的打扮。當他埋首於
吉他時，會有一撮頭髮因髮油支撐不住而鬆開，如瀑布般落在耳畔，就像
傑瑞‧李‧路易斯（Jerry Lee Lewis）開始彈鋼琴的樣子。雷是個高大不凡的存

在，矗立於舞台中央，他顯然不大自在，就像彪形大漢對自己的身材覺得拘束那般，永遠沒有足夠的空間，一定會碰到或撞倒東西。他本人溫和憨厚，上台卻變成激情狂暴的吉他手，屢屢以劇烈、變化多端讓觀眾瞠目結舌。

雷教會我很多事。我們曾在地方高中舞會上見過主題樂團，他們戲劇性、帶有強大音樂能量且狂野的舞台表現震懾全場。他們曾在舞池給薛維爾樂團迎頭痛擊，讓「薛維爾」看起來老派至極而表演不下去。主題樂團不是高中生菜鳥，他們是創造音樂的男人。當雷第一次應泰克斯之邀走進溫雅德的家中，我們不敢相信自己的眼睛，就算吉米‧罕醉克斯（Jimi Hendrix）來訪也不會引起更大的騷動。「大雷」親自光臨這個小地方，讓我們簡陋的餐廳練習區蓬蓽生輝，還和我們這些年輕的有志者分享我們不配得到的絕佳吉他知識。雷精通吉姆‧麥卡提（Jim McCarty）為米奇‧萊德（Mitch Ryder）的底特律車輪樂團（Detroit Wheels）金曲所演奏的所有重複樂句，一個一個音符示範給你看。雷的手很大，可以毫不費力地在吉他指板上移動，按出我不可能按出的指法。他會親自彈奏，彈珠大小的指關節凸起，從他的 Ampeg 牌音箱衝出來的樂音讓我熱情迸發。而當雷不在我們本地的奧林帕斯山，讓那些自以為會彈一兩段熱門樂句的三腳貓不敢造次時，他是鞋子銷售員！我去店裡找過他一次，那不大協調的畫面——大雷‧齊雄，這一帶的吉他之神，弓著身子將龐大的身軀擠向小小的擱腳凳，讓某個老婆婆試穿六號鞋的畫面——令我不忍卒睹。那天，他一邊取出鞋盒，一邊一如往常親切客氣地笑著問我，什麼時候要去泰克斯那裡？他會過去上一點吉他課。

雷至今仍是我心目中最偉大的吉他英雄之一，不僅因為音樂造詣，也因為他就在這裡，一個有形體、可接觸的當地偶像，真正有生命的男人，而且願意花時間把所知傳授給一群前途不見得看好的孩子。他不是遠在天邊的吉他天才，而是毫不掩飾所有小怪癖、小缺點的鄰居。他讓你明白，透過一些協助、即時輔導和適量的努力，你也有可能卓然出眾。

華特‧齊雄則是截然不同的故事。他是我見過頭髮最長的男人（或野

獸），也是我親近過第一位真正的搖滾明星。他是純種搖滾動物，源源不斷地散發出搖滾的態度、性魅力、強硬、生猛的感官經驗，把初次和他接觸的我們嚇得毛骨悚然。華特**不是**平常能碰到的人，他難得一見，擁有一雙「內雙」的眼和橄欖色皮膚，堪稱馬龍·白蘭度（Marlon Brando）的完美瑕疵版。他像迷途的亞洲君王，擔任主題樂團的主唱。當他站在麥克風前，喃喃吐出主題樂團的祕密武器，節奏藍調 Juju 音樂的歌詞，我們拜倒在他腳下，崇拜他的冷酷和漠然。他是薩滿，反叛者，澤西的神祕主義者，你難以置信，他竟然跟你一樣，也是經由母親的身體來到這個世界。

　　一天晚上舞會後，我鼓起勇氣遊蕩到華特面前，結結巴巴地說：「呃，你好棒。」華特繼續收拾他的打擊樂器，咕噥些什麼就離開了。他是紐澤西中部可能存在「真貨」的活證明，過著自己想要的生活。（沒人敢對華特的「長髮」有意見。因為兩兄弟很樂意跟你幹架，而且保證讓你遍體鱗傷。）華特證明了可以在海岸地區夏天柏油路中央插上反叛者的旗幟，並讓它屹立不搖──如果你擁有足夠的份量和魔法。只要實力夠強，就能與眾不同，做你自己。朝九晚五的上班族、異性戀、愛花父母錢的紈褲子弟都不得不接受你。你想做誰就做誰，其他人只能摸摸鼻子隨你便。在這個形象背後，華特其實和雷一樣務實又滑稽──但沒那麼平易近人就是了。

　　加上生氣勃勃、饒富魅力的維尼·羅斯林（Vinnie Roslin），主題樂團就臻於完美了。他賦予樂團親切感，彈奏 Danelectro 牌的貝斯，把它揹在膝蓋的高度晃蕩，一頭及肩長髮遮住臉，直到某個時刻往後一甩，露出燦爛的笑容，也展露演奏帶給他的樂趣。維尼後來會加入我也在內的煉鋼廠樂團（Steel Mill）。強尼·李文杜斯基（Johnny Lewandoski）則是鼓手，一頭金髮向後梳，對他的樂器如同雷對吉他一般駕馭自如。在我們那個地區，強尼以狄諾·丹尼利（Dino Danelli）流氓樂團（The Rascals）的風格為日後的鼓手們設立了相當高的標準。不過，對我和我們樂團影響最大的仍是華特和雷。他們既在我們之上，又在我們之中，讓我們得以接觸搖滾樂的神祕力量和可能性。他們不是

越洋而來的巨人,但披荊斬棘、開闢新路,改變了在澤西海岸地區玩樂團的意義。此外,他們也是秉性耿直的人。他們的音樂絕不妥協,他們的人生可以經營、可以想像、可以理解,而且只為自己而活。

華特和雷最後以悲劇收場。華特被徵召入伍,赴越南崑嵩省當步兵。一九六八年三月三十日,軍隊攻占一座山丘時,他頭部受傷,而後部隊被迫在敵軍的砲火下撤退,留他在那裡等死。後來屍體搜尋部隊找不到華特的屍體,再後來又有報告指出,有個頭部受傷且符合華特特徵的美國人,於當天或前後在那個區域被俘虜。戰爭結束,華特成了數千名「作戰失蹤」的軍人之一,屍體始終沒有尋獲。

數年後,雷的朋友跟一群當地人起爭執,在場的他也被痛毆,幾天後就因頭部重傷過世。他被人打死,卻沒有人被控告。兩兄弟的死至今仍令我憤怒,他們是我們的偶像,也是我們的朋友。

一九六七年,我將斷腿、腦震盪。當時我騎著小山葉摩托車在回南街家中的路上,被一部六三年的凱迪拉克攔腰側撞。機車被輾過,滑進車子前端,我則騰空飛起約六公尺高(當時沒有安全帽法規,沒戴安全帽),落在學院街和南街轉角硬梆梆的柏油路上。從菲力荷被送到內普敦醫院的三十分鐘內,我一直昏迷不醒。接著被推進急診室。由於腿部腫脹,必須剪開衣物。即使發生這種事,我的髮長仍成為一些醫療人員的笑柄。隔天,當我躺在病床上,醫生拒絕為我的頭部傷勢做進一步治療。回家後,父親趁我躺在沙發上動彈不得,找來理髮師,幫我擺脫那幾絡「惹是生非」的頭髮。那是最後一根稻草。我大叫,咒罵他。那是我唯一一次告訴父親我——**恨**——他。我難過、憤怒,更糟糕的是,那年夏天我無法練團,他們認為卡斯提亞在車庫裡的「暴行」會讓我的腦震盪引發更多併發症。訴訟中幫我辯護的比利・波爾(Billy Boyle)——後來當上菲力荷自治市長——非常厭惡我的外型,他在去法庭的途中告訴我,如果他是法官,就會判我有罪。(我到底有什

麼罪？）又說：「道格，你怎麼可以忍受他這個樣子？很丟臉。」父親搖搖頭，難為情地回答：「比爾，我拿他沒轍。」最後我們勝訴。

從前從前，有個小史提芬

沒有演出時，你會觀察你的競爭對手。「英倫入侵」後，青少年節目堂堂登上電視黃金檔。《狂歡派對！》（*Shindig!*）以辛道格樂團（The Shindogs）為號召，偉大的詹姆斯·伯頓（James Burton）擔任吉他手；《喧鬧》（*Hullabaloo*）則每週將你最愛的英美團體帶入你的生活。家裡電視掌控權的競爭如火如荼，爭鬥醜惡又粗野。父親會穿著白 T 恤和工作褲躺在沙發上，只要我一把他最愛的西部片轉掉，看我最新的音樂偶像有沒有登上艾德·蘇利文的節目，他就馬上大吼大叫。

《喧鬧》的製作團隊在全國各地搞起俱樂部，他們接管閒置的超市和倉庫，用前所未見的螢光燈（一種能讓任何白色的東西發出磷光的燈光效果，包括你的牙齒）、一些大海報和無數舞池加以改造。他們邀請當地最好的樂團，偶爾也有全國巡迴演出。我就在菲力荷一家最近停業的超市裡，親眼被英國樂團「嚎叫的上帝薩奇」（Screaming Lord Sutch）震撼。

我們去的第一間喧鬧俱樂部位於阿斯伯里帕克。我和死黨麥克·派特森同行，台上是桑尼和星火樂團（Sonny and the Starfires），鼓手是尚未成為綽號「瘋狗」的文森·洛培茲（Vincent Lopez），外貌英俊、一頭抹油金髮、戴著Ray-Ban 牌墨鏡。表演曲目全是查克·貝里（Chuck Berry）和鄉村搖滾藍調，他真的知道自己在做什麼。（他至今仍在這個領域演出，跟以前一樣酷。）我們前往的第二間喧鬧俱樂部在米德爾敦。一走進去，就看到台上有個男生繫著一條大圓點領帶，從喉結垂到地板。他是影子樂團（The Shadows）的主唱，他們正在演出烏龜樂團（The Turtles）〈快樂在一起〉（Happy Together）的某個

版本。不論他是誰，他都很搞笑，而且這支樂團水準極高。他們選擇能駕馭自如的曲目，編曲和聲都非常精準，無懈可擊。

在喧鬧俱樂部演出就是一整晚，每五十五分鐘休息五分鐘。如果有人起爭執，你必須立刻回去表演，分散群眾的注意力，避免衝突擴大。那天有人用五分鐘的休息時間介紹我跟他們的主唱史提夫・范・贊特（Steve Van Zandt）認識。卡斯提亞已經有些知名度，所以他知道我是誰。我們聊了一些本行的事，一拍即合，然後他回去進行下一段表演。我這輩子最長久、最堅定的一段友誼從此開始。

接下來幾年，我們常去觀賞彼此的演出。一個夏夜，我在阿斯伯里帕克木棧道上阿圖普爾音樂台舉辦的一場本地樂團比賽看到他，當時影子樂團正照慣例表演保羅瑞佛和奇襲者樂團（Paul Revere and the Raiders）的〈刺激〉（Kicks），一身白棉褲、白襯衫、黑背心。他們拿到第一名。我們相濡以沫。我終於遇到音樂理念與我契合、跟我一樣需要音樂、而且比我接觸過的所有樂手更尊敬音樂力量的人。我了解他，也覺得他了解我。從一開始，史提夫就和我心靈相通。我們會慷慨激昂、永無休止地爭論我們鍾愛團體的小細節；深刻探究吉他聲音、風格、形象等枝微末節；沉醉於和你一樣率真且瘋狂的人分享熱情，再多也無法滿足的熱情——這些都是無法向外人一一解釋的事。正如一匙愛樂團（Loving Spoonful）唱的：「那就像試著跟外人解釋搖滾樂的美好。」你相信魔法嗎？[22]

史提夫和我完全相信。我們創造了一個屬於我們的世界。史提夫住在米德爾敦，從菲力荷不開車的話要走一大段路，他組了名叫「源頭」（Source）的新樂團，我去青少年俱樂部看過他幾場演出。史提夫是鄉村搖滾的早期信徒，嫻熟飛鳥樂團（The Byrds）和熱血青年合唱團（The Youngbloods）的曲目。當

---

22 一匙愛樂團〈你相信魔法嗎？〉（Do You Believe in Magic?）的歌詞：「It's like trying to tell a stranger 'bout rock and roll.」

他終於轉任主吉他手，一下子就表現得很出色。這時卡斯提亞增加了一名風琴手巴比·艾法諾（Bobby Alfano），並且在一九六七年進入迷幻藍調的領域。史提夫多次蒞臨公演，我們的關係也越來越好。

格林威治村的「什麼？」酒館

　　卡斯提亞在紐澤西布里克鎮的一間小錄音室灌錄了一張單曲：〈愛上我你能得到的〉（That's What You Get for Loving Me），背面是〈寶貝我〉（Baby I），兩首自創曲。那天下午我們拿著一卷兩軌的磁帶和一些臨時試聽片（看起來像45轉的小唱片，但只能乾淨無雜音地播放幾次）走出錄音室。我們知道我們在這裡遇到瓶頸，沒有地方可去了——對灌錄唱片或我們的「生涯」皆是如此。我們已經是鎮上的名人。一個下午，我們在泰克斯家中圍坐，下定決心：想被發掘，就必須離開紐澤西。從法蘭克·辛納屈（Frank Sinatra）之後，沒有任何重要人物知道花園州[23]的存在，或不辭勞苦沿著花園高速公路南下來了解有人住在這裡，更不用說在這裡誕生的搖滾樂。你可以在這裡演出十兆兆年，徹底展現你的天賦，然後出了本地沒人認識你。

　　紐約是樂團追名逐利之地，我們必須闖進去。泰克斯打了幾通電話，幫我們敲定在格林威治村的「什麼？」酒館週六午後演出的試鏡。這太重要了。我們沒幾個人離開過紐澤西，踏入一九六八年的格林威治村更是想都沒想過。我們在「什麼？」酒館狹窄的地下室舞台擺好裝備，面對一排排教堂座椅般的黑色桌子——坐滿來自長島、正吮著要價不低且名字怪異的無酒精飲料、毫不拘束的少女樂迷。我們得到演出機會，但沒有酬勞。他們只答應**讓**你演出，讓你踏進「超級重要」的紐約，希望有人碰巧進來，發覺你是下一個天團。

　　這種事沒有發生，但我們在格林威治村的經驗至關重要。我們在那裡

---

23 Garden State，紐澤西州的別名。

見到的樂團都不出名，但幾乎都比我們出色。馬克西穆斯競技場樂團（Circus Maximus），年輕的杰瑞・傑夫（Jerry Jeff）是主唱兼吉他手；源頭樂團（紐約版），由未來的紐約眾議員，奧爾良樂團（Orleans）的約翰・霍爾（John Hall）擔任主唱，而吉他手泰迪・史皮里歐斯（Teddy Speleos）演奏傑夫・貝克[24]的旋律幾乎跟本人一樣好，是個曠世奇才。之後的許多下午，史提夫和我搭上長途巴士只為了去坐在那裡，張口結舌地欣賞他的樂音、技巧和冷靜。他和我們一樣只是青少年，卻已是我們的超級偶像。我們從未接近過傑夫・貝克一公里的範圍內，而泰迪近在咫尺，我們就像電影《2001太空漫遊》（2001: A Space Odyssey）裡的猴子，為我們無法領略的風格、本質和靈感神魂顛倒。看完演出，史提夫和我會趕回家拿起吉他，希望能重現一些泰迪用他的Telecaster吉他擰壓出來的渾厚的失真，蜜糖般濃郁的音色。不幸地，我們始終只能在地下室用吉他發出嚎哮、尖叫、鏈鋸般刺耳的屠殺聲。他是怎麼辦到的？他**知道**怎麼做，就**那樣**辦到了！

　　巴士之旅儼然成為我們週末的固定活動。我們會在路上爭論齊柏林飛船樂團（Led Zeppelin）和傑夫・貝克樂團（Jeff Beck Group）哪個比較好；我們沉浸在格林威治村有嬉皮、同性戀、毒販、華盛頓廣場公園的生活——沐浴在格林威治村的自由中，那裡也成為我們在家鄉外真正的歸宿。

　　就在吉米・罕醉克斯於「什麼？」酒館演奏一兩年後，卡斯提亞固定每週六、日在麥克道格街濁氣樂團（The Fugs）的隔壁表演，發明之母樂團（The Mothers of Invention）則在轉角的瓦威克劇院演出。我和史提夫還看到尼爾・楊（Neil Young）推銷他的第一張個人專輯，他的招牌黑色Gibson吉他連接Fender牌小音箱，爆破了「痛苦終點」酒吧的牆垣。除了一小群住在紐約外緣、家境較不闊綽的少女熱情接納我們、常常到場支持外，其他人不大關注我們。

---

24 Jeff Beck，英國搖滾吉他手，曾任雛鳥樂團（The Yardbirds）吉他手，二〇一一年被《滾石》雜誌選為史上百大吉他手第五名。

Growin'
Up

這裡是花花世界，自由的世界。在一九六八年的格林威治村，我可以標新立異地走在街上而不會被人攻擊。那是一個我能自稱屬於我的世界，一小片正在召喚我的未來。

我有個朋友，紐約非常傑出的吉他手，兼差販毒。我偶爾會在他住的旅館房間過夜，五顏六色的藥丸像彩虹糖散布床頭櫃上，但我沒興趣。在澤西地區，毒品才剛開始成為高中生活的一部分，雖然我沒吃（太過害怕），但我家隔壁就住著鎮上最激進的毒品試驗者，他也是我的朋友。我曾被叫去校長室，問了許多和毒品有關的問題。我真的一無所知。但由於時代和我的外型，沒人相信我說的。誰聽得進去呢？

菲力荷高中的校長基本上是個好人，高中大部分的時間，我和他的關係不算緊張，但隨著畢業的日子逼近，他擅自在一場畢業會議上提出，若我以現在這個樣子參加畢業典禮，會丟班上的臉。他巧妙地暗示，或許有人該做些改變。就是在說我。但我才不要成為愚蠢正義魔人的對象或受害者。畢業典禮那天，我黎明就起床。全屋子的人還在睡時，我已經穿好衣服，走到巴士總站，搭上六點整的林肯運輸通勤巴士，前往紐約。我在港務局下車，趕地鐵到第8街站，走上樓梯，進入格林威治村六月初的陽光中，感覺像鳥一樣自由自在。這是我的世界。我不玩了。讓他們開自己的小派對吧！

畢業當日，我整天都在格林威治村遊蕩，吃披薩、流連華盛頓廣場公園、去「什麼？」酒館待一會兒、見新女友。我父母最後在「什麼？」酒館找到我，透過電話告訴我，只要我回家，一切沒事。我帶著新交的歌迷女友上了巴士，傍晚時回到家，典禮已經結束數小時。父親跟我在前門碰面，屋裡擠滿參加我畢業慶祝活動的親戚，他瞟了一眼我女友，我們便回頭送她去巴士站。我和父親一回到家，他便命令我進房間，拔掉房裡所有燈泡，要我坐在黑暗中反省。朵拉阿姨來探望我，試著用甜言蜜語跟我講道理。但那時，我就是不在乎。我受夠了學校、家人，和所有把紐澤西菲力荷弄得低俗不堪的猴戲。一週後，夏季降臨，我走進學校教務處領走畢業證書。

充滿毒品的夏季

那年夏天發生了兩件可怕的事。第一件是徹底的心碎：我忠實的女友因為我和前女友廝混而拋棄了我。我悔不當初，整個夏天都在澤西中部的濱海城鎮糾纏她。滿懷著不安，我和預備學校的好兄弟「陽光」克魯格、「大鳥」、傑伊巡視每一家青少年俱樂部。我們乘坐「蝙蝠車」——其中一個兄弟的黑色老爺車凱迪拉克——到處去。「陽光」是潘興步槍會的成員，那是一群半軍事化的青少年部隊，他們帶著刺刀，以及能夠把你的陰毛燙捲的步槍去處理事情。他們把步槍當成指揮棒旋轉，我曾親眼目睹「陽光」穿著百慕達短褲耍花槍時削去自己一塊大腿肉。

他們是我的兄弟，那個夏天，他們救了我的命。我們在澤西海岸地區兜風，從北到南，安慰我任性且破碎的心，直到天快亮才載我回菲力荷。家裡大門深鎖，我會爬廚房的窗欄上去屋頂，把我房間窗上的風扇推進去，然後撞見穿著平口褲的父親。拂曉時分，他愛爾蘭人的皮膚跟北極熊一樣白，正揮著馬桶吸把，準備將想趁清晨潛入家中偷走他財產的竊賊撢出去。回房後，我放下窗簾，用膠帶貼住，接著睡上一整天，晚上再繼續行屍走肉般的遊蕩。

初秋一晚，當我終於追上我的女孩時，一切達到最高潮。她剛從海邊過完夏天回來。我發誓對她的愛始終不渝，告訴她我夢想有朝一日能共遊迪士尼，她一派輕鬆地拒絕我，我知道我們玩完了。在我該去社區大學的第一天，我又上演失蹤記，到格林威治村，整個下午坐在華盛頓廣場公園的長椅上。秋天微風輕拂，一切都結束了。我回家，遲了一天才去海洋縣大學報到，將高中歲月和被愛情沖昏頭的憂鬱拋諸腦後。

同一年夏天，紐澤西菲力荷鎮展開史上首次的掃毒行動。那天我在街上，街角報攤外的公用電話亭旁。高中時代我在這個電話亭中度過無數時間，熬過雪、霰、雨和悶熱。每天晚上都能看到我在那裡逗留，和當時的心上人談情說愛。父親不肯在家裡裝電話，他說：「沒有電話，就沒有電話

費。而且如果有人沒去上班，公司就無法打電話要你去代替他做事。」一旦在餐桌坐定，父親就不喜歡他天馬行空、由 Schaefer 牌啤酒火上加油的幻想被打擾。

這天晚上，當地一個精神失常的人——姑且稱他為「艾迪」——突然跑來。他是個瘦得皮包骨的孩子，很早就開始吸毒，吸得很凶，特別是迷幻藥。「我剛看到寶太太和小寶坐在一輛警車後座。」他說。小寶是寶太太和維尼·「史基寶」·曼尼耶洛的小孩。

「給我滾，」我告訴艾迪：「你又在幻想了。沒有人會和小孩一起被逮捕！」當晚，菲力荷警察局在本鎮的第一次掃毒行動中，掃蕩了卡斯提亞超過半數的團員。他們半夜從父母的懷裡被帶走。這是鎮上的醜聞，引發騷動，也是卡斯提亞三年來出色演出的終曲。反正我們樂團正在鬧不合。喬治和我的關係本來就有些緊張，這波掃毒剛好為我們畫下句點。我精彩絕倫的搖滾小學永遠關閉。我在裡面蹣跚學步，而後趾高氣揚，成為小鎮吉他之光的團體就此收場。沒有安可。

地球樂團[25]

　　到了一九六八年，節奏樂團的熱潮退去，被硬式搖滾的迷幻藍調三人組取代。吉他之神的年代熱烈展開。艾瑞克・克萊普頓（Eric Patrick Clapton）坐鎮的奶油樂團（Cream）和吉米・罕醉克斯體驗樂團（The Jimi Hendrix Experience）都出了暢銷唱片。大排長龍、熱情洋溢、沉浸於藍調的人潮是這個時代的現象，而我準備好了。我去見了泰克斯的一個朋友，他說他櫃子裡有一把吉他在生灰塵。我一去拜訪，他便拿出那把沒上弦、擁有我見過最長的琴頸、琴身是空心的 Gibson 吉他。我帶它回家，清理乾淨，裝上弦。那把吉他很奇特，我的吉他弦差點繞不過它的超大型弦栓。當我把它接上 Danelectro 音箱，太神奇了！克萊普頓帶有迷幻色彩的實心吉他的渾厚聲音立刻傳入耳裡，〈陽光下你的愛〉（Sunshine of Your Love）的吉他聲縈繞在我的小練琴室中，而我也提升到另一個層次。紐澤西沒有人──沒有任何人──弄得出這種吉他音色。這把 Gibson 只有一個拾音器，琴衍的間距很大，但它的聲音……那個聲音彷彿在說，**帶大家來聽！**

　　告別卡斯提亞之後，我找到貝斯手約翰・葛拉罕（John Graham）和鼓手麥可・波克（Michael Burke），合作愉快。他們都精通三人演奏團體所需的技巧。我們排練了一陣子就上台演出，一上台，就驚豔當地群眾。就這種新流行的音樂而言，我們在鎮上毫無敵手。我們有外表：我的義式圓蓬頭，其他兩人

---

25 指一九六〇年代晚期作者短暫組過的三人團體「地球」（Earth），他也在這段期間獲得「老大」（The Boss）的封號。

的披肩長髮；有暴烈的激情；有克萊普頓、罕醉克斯、貝克等人膾炙人口的現代藍調曲目。我揹著吉他起飛，每一夜都是我神奇的 Gibson 吉他無窮無盡且狠勁十足的獨奏。我們成為澤西海岸地區的搖滾天王。我們請巴比・艾法諾回來彈風琴，讓我疼痛的手指稍事休息，而且好一陣子，我們有一支很不錯的小樂團幫忙伴奏。

迷幻時代終於在海岸地區上岸，觀眾蜂擁而至，先是如佛教徒打坐般坐在我們面前，不一會兒就翩然起舞，一整夜跳得渾然忘我。一天晚上，一個懂吉他的孩子點出了我神奇 Gibson 吉他的「奇蹟」。他走過來，讚美我運用這個巧思：將一把舊型 Gibson 六弦貝斯改裝吉他弦，當成獨奏樂器來彈奏。我若無其事地點頭，心想：「天哪，原來這是六弦貝斯！」我竟然像個瘋子，用低音吉他獨奏了好幾個月！難怪它的聲音那麼渾厚，指板如此奇特。這樣也行得通！

約莫此時，我開始寫不插電音樂的曲子，買了一把十二弦的 Ovation 牌木吉他，寫一些風格前衛、受唐納文（Donovan Phillips Leitch）和巴布・狄倫（Bob Dylan）影響的原創曲。當我沒在狂吼藍調時，就在當地咖啡館演唱這些歌。現在我們有新的經理——兩個大學生，其中一人剛以冷凍切除腳趾末節來逃避徵兵，我想這正是我們需要的決心。他們幫忙籌資購買裝備，並為我們安排演出。我第一次前往紐約的曼尼樂器行：吉他界的英靈神殿，也是許多熱門歌曲創作者的發源地。我們向其中一位經理的父親借了三千美元，收穫滿滿地走出曼尼樂器行，準備一舉掃平所有路障。先是情人節在朗布蘭奇義裔美國人俱樂部演出，接著獲得曼哈頓的外交官飯店邀請（之後紐約娃娃樂團〔New York Dolls〕的表演場地）。我們收取費用，租巴士載歌迷過隧道進入曼哈頓，步上外交官飯店的舞池。那是城裡一個美好的下午。當我們收拾裝備時，一個名叫喬治的希臘人找上我，說自己是唱片製作人，雖然不怎麼喜歡我們樂團，但欣賞我的表演。他遞給我名片，要我打電話給他。終於，真正的樂壇人士出現了，真正懂得錄音室內部運作、能讓事情發生的人。

「興奮」不足以形容我的心情,我好激動,感覺獲得肯定、贏得證明,一想到真的有可能因此成功,就覺得天旋地轉。

　　我立刻致電喬治,他邀請我去他位於紐約的公寓。我從沒見過那樣的房子:面向大道敞開的大窗、挑高的天花板、富麗堂皇的木鑲裝潢,美上加美的是喬治亮麗的金髮女友,一個肥皂劇明星。喬治有一個兩軌的磁帶錄音機,他幫我錄了幾首我的音樂。提姆・巴克利(Tim Buckley)是我當時的一大靈感泉源,也是我買十二弦吉他的原因。提姆彈十二弦吉他,而我盡我所能地模仿他的吉他音色和創作風格。那天晚上,我去觀摩喬治錄音,坐在真正的錄音室的黑暗裡,看著真正的錄音流程。那晚離開時,我終於覺得眼前出現了一條屬於自己的音樂之路。

　　我常常去找喬治。但我仍在上課,時間不好安排。朵拉阿姨動用了一些關係才讓我進入海洋縣大學就學,我不想辜負她的好意。可惜那並不適合我。六〇年代晚期,反文化仍是一部緩緩駛進澤西南部的慢速列車。我再次成為不被接受的少數怪胎。光是上學和回家就夠麻煩了。我可以搭朋友的車去學校,幫他分攤油錢,但回家就沒辦法。冬天,我會藏身在路邊的告示牌旁,在國道9號的天寒地凍中等待巴士出現。接著走下路肩,讓巴士的遠光燈照到我,揮手請它停下。機會一半一半,取決於司機的態度。很多個晚上,我會看到一顆平頭對我搖搖頭,大輪胎繼續向前滾動。

　　因此我常仰賴我慣用的車票:我的拇指。黑暗中,這場既長又冷的旅程,本身就有風險。曾有車子經過我時慢下來,看似要載我一程,結果卻猛地打開乘客座的門,把我撞進水溝裡。你必須提高警覺。我曾和一個年輕黑人一起在湯姆斯河和萊克伍德之間的鄉間小路瘋狂酒駕,一路大吼大笑,他兩腿夾著一瓶傑克丹尼爾威士忌和方向盤,而一到萊克伍德的巴士站,我就被摔到馬路上親吻柏油大地了。

　　父親偶爾會來接我,但那只會讓事情變得更糟。因為這對他來說並不方便,他常惱羞成怒,在國道9號往北的路上一路飆車,猛踩油門,把我們那

台老破車當成物種大滅絕中的不死武器。我無法發表意見,只能坐在死亡列車的駕駛座旁,等待那片金屬薄板發出尖銳的哀號,象徵我倆已到終點。車子駛進車道,滑行一段後停下,然後他一語不發地跳出車子,用力關上門。我慢慢走進屋裡,他已經坐在餐桌旁抽菸,彷彿這輩子從沒見過我似的。

那是一段過渡期。爸媽希望我繼續念書,我則想逃避徵兵。一九六八年,越共春節攻勢[26]後的美國,街上一片騷亂,不只嬉皮,連卡車司機都走上街頭。透過 CBS 電視台權威新聞主播華特·克朗凱(Walter Cronkite)報導,全國已經明白,美軍正在越南節節敗退。我就有兩個好友戰死,華特和巴特,而我無意加入。

回到紐約,喬治問我想不想當全職音樂人,我說:「當然想!」接著他問我的心思有沒有放在課業上,我說:「當然沒有!」於是他建議我離開學校,全心全意做自己,投入心愛的音樂。我說:「當然好,可是徵兵怎麼辦?」那年我十九歲,是戰場上最主要的砲灰。他說:「很多人都逃兵。這事交給我,我來想辦法。」那晚,滿懷著決心,我回到家,請爸媽來廚房,告訴他們喬治的事和我想做的事。他們猶豫不決,缺乏信心。我聽著他們說工作要穩定可靠等等的論點,今天換作是我,要跟孩子講到音樂這一行,我也會採取同樣的論點;但那時我已經下定決心。喬治給了我信心,而我也感覺到,我所盼望的成功已經出現曙光。最後,爸媽說這是我的人生,他們就算百般不願,也只能同意,他們希望我過得好。於是,「鈴鈴鈴,鈴聲響」[27],我的校園時光一去不復返。

但從那天起,喬治不再接我電話。

---

26 Tet-Offensive,一九六八年一月三十日越共對越南共和國、美國及聯軍發動的大規模突襲。越共死傷慘重,但已達到瓦解美軍士氣、促使美國人民反戰情緒高漲的目的。

27 查克·貝里(Chuck Berry)〈校園時光〉(School Day)一曲的歌詞:「Ring ring goes the bell.」

逃避兵役

　　現在，既然已經成為全職音樂人，我忙於自己的事業、四處公演、把我賺到的錢帶回家。秋天一個清晨，我掀開信箱蓋，看到一封署名給我的信。拆開信，上面寫著：「恭喜，你獲選進入美國陸軍部隊服役，報效國家。」並請我在某某日赴阿斯伯里帕克的徵兵局體檢。來了——現世報。我感到胃裡發冷。說不上震驚，但我確實受到現實強烈的衝擊。我被選為歷史的參與者，並非出於自願，而是必須有人去東南亞遏止共產主義的威脅。我的第一個念頭是：「這是真的嗎？那跟我、我的人生和思想有什麼關係？」第一個問題的答案是「廢話」，第二個問題的解答，我認為是「沒有，完全沒有」。也許我只是怕死，但沒有機會證實，因為我立刻決定不去，無論要付出多少代價——當時我不知道可能要付出多少——我都會照辦。

　　我把信藏起來，不讓爸媽發現。他們幫不上忙，這是我自己的事。離徵召入伍還有一個月，還有時間想辦法。一九六八年時，街頭流傳著很多如何逃過徵兵的資訊。我明查暗訪，得知有些年輕人把自己養肥、有些餓到皮包骨、有些走極端去截肢，還聽說有錢人會利用偽造就醫紀錄，讓自己留在國內安全的家中。我沒辦法做這麼誇張的事。但出乎意料地，我、「瘋狗」文森‧洛培茲和小維尼‧羅斯林，全都在同一個早上到紐華克的徵兵局報到。於是，這群對當兵抱持疑慮的兄弟們，一起集思廣益。有人聽朋友說他全身塗滿牛奶，連睡三天三夜，體檢時臭氣沖天，立刻被趕回家。這聽起來挺不賴。而本地成功逃兵者一再提到的萬無一失法，是「精神狀況不宜」。精神狀況不宜，噢，確實如此。我們的精神狀況**本來**就不適合為山姆大叔[28]效力。現在只需要證明給他們看，拿到那張美麗的精神緩期徵召狀。

　　我們這樣做：

　　【步驟一】把表格亂填一通。讓他們知道他們正在徵召一個有毒癮、同性

---

28 Uncle Sam，縮寫 U.S.，「美國」的綽號與擬人化的形象。

戀、病理性尿床，不該在美軍史上留名的瘋子。

【步驟二】讓他們相信你真的有病。假裝說話含糊不清、結結巴巴、兩手揮來揮去、不聽命令、嗑 STP 或 LSD 或其它你拿得到的迷幻藥的怪人——被社會拋棄的嬉皮、摧毀軍隊士氣的害群之馬、危害軍紀者，入伍的麻煩勝過價值、他媽的趕快離開這裡的徵兵笑話。

【步驟三】事先遭遇一場夠嚴重的摩托車車禍，造成意識混亂或腦震盪，讓自己變成戰場上的醫療風險。然後誠實填寫表格上關於這部分的問題，回家，等著領取你的 4F——生理不宜。
（以上我都試過，最後我的分類是 4F。）

那天早上，我們搭巴士到紐華克，車上大多是來自阿斯伯里帕克的黑人少年。幾乎人人心中都有盤算。我坐在一個高壯的金髮啦啦幫美式足球選手旁邊，他全身四分之一上了石膏——他告訴我那是假的。在一些徵兵局，特別是南方的，這招並不管用，你會直接被送去新兵訓練中心。但紐華克的徵兵局是全美出名的寬鬆。我想確實如此。那部巴士上，驗退的比例高得驚人，人家都耍了前述花招的某種個人版本。最後，當我們把美軍都搞瘋之後，空蕩的長廊盡頭有一張小桌子，後面坐著一位無精打采的年輕軍人。他看著你的眼神，彷彿要告知你這輩子最壞的消息。「很遺憾通知你，你被判定不適合當兵。」低頭看著文件，他補充說：「如果你想報名一些自願性的服務，可以從旁邊那扇門進去。」門後是一間非常空曠的房間，你會在那裡得到一張券，可以去兩條街外的一家餐廳免費用餐：謝謝你有運動家精神，專程過來。我們全都蹦蹦跳跳地過去，腳幾乎沒有碰到地面。我們踏進一家陽光普照的可愛餐館，老闆在門口微笑歡迎我們，彷彿我們是他失散多年、家財萬貫的兄弟，然後陪我們走到一個樓梯，往下進入地下室一間陰冷的房

間。在那裡，我和我的膽小鬼同伴們圍坐一張發霉的硬木長桌，吃了這輩子最難吃的食物，卻是這輩子最棒的一餐。

出城的巴士裡一片騷動。紐華克的夏天街道上有許多漂亮的年輕女黑人，而我的阿斯伯里帕克兄弟們想讓她們知道她們有人欣賞。被徵召的人很多，選中的寥寥無幾。抵達阿斯伯里帕克火車站時，車門開啟，放出瘋狗、小維尼和我，現在全是自由之身，毫髮無傷，眼前有自己的人生，無論那會將我們帶往何處。巴士開走，街道恢復平靜。我們已經混在一起整整三天，看看彼此，累壞了，握握手，各奔前程。我如釋重負，但也好想哭。我搭了二十公里的便車回到菲力荷。幾天沒睡覺也沒吃什麼東西，又累又倦，我走到後陽台，進入廚房，遇到父親。我叫母親也進來，告訴他們我去了哪裡，說我隱瞞他們是因為不想讓他們擔心，也因為喬治和我的偉大音樂計畫化為泡影而難為情。我告訴他們我兵役體檢沒過。之前總是不屑地表示「我等不及軍隊來把你抓走」的父親坐在餐桌前，彈掉菸灰，抽了一口，再慢慢讓菸離開嘴唇，低聲道：「這樣很好。」

隨著年歲漸長，有時我會好奇，我在軍中的位置由誰頂替。有人頂替了。他的命運如何？還活著嗎？我永遠無從得知。後來，當我遇到《七月四日誕生》（*Born on the Fourth of July*）的作者朗・柯維克（Ron Kovic）和美國越戰退伍軍人協會創辦人鮑比・穆勒（Bobby Muller）這兩位奮戰、犧牲、從戰爭坐輪椅回來而後堅決反戰的人士，責任與連結感油然而生。也許那是我身為生還者的內疚在作祟，也許只是世代共同的經驗，畢竟我們都經歷了一場波及每個人的戰爭。像他們這樣的紐澤西男子代替我上了戰場。我只知道，當我在華盛頓特區瞻仰牆上我朋友的名字時，我很慶幸自己的名字不在上面，小維尼和瘋狗的名字也不在。

16

後舞台俱樂部

　　湯姆・波特（Tom Potter）五十歲，頭髮灰白夾雜、肚圍不小、繫著海盜皮帶、滿腦子性事、留著山羊鬍、走波希米亞風，他經營一家我見過最奇特的音樂俱樂部。他的妻子瑪格麗特是一個留著精靈短髮、雌雄莫辨、彈吉他的美容師，身兼「瑪格麗特與分心事樂團」（Margaret and the Distractions）團長。她外表看起來很年輕，帶著男孩子氣，第一眼我沒認出她是女生，後來才看到她 T 恤上小而圓的凸起、攔在 Telecaster 吉他的上緣。那時她正在後舞台俱樂部樓上的房裡彈奏湯米・詹姆斯（Tommy James）的〈莫妮莫妮〉（Mony Mony）。他們是我遇過外表最不相搭的夫妻組。

　　從黃昏到黎明，晚上五點到清晨五點，這是後舞台俱樂部的營業時間。店位於阿斯伯里帕克的庫克曼大道上。午夜十二點到一點，湯姆會關閉俱樂部一小時，清理垃圾並點燃夜班的熱情。沒有酒，理論上也沒有毒品，這地方是六〇年代晚期海岸地區街頭生活中一個獨特的通宵避風港。俱樂部有兩層樓，樓上是可以即興演奏的舞池，樓下是咖啡館，誇張的裝潢全由湯姆一手包辦。室內以一堆在黑暗中會發光的畫和螢光燈為主，還有一個紙雕的幻彩螢光漆美人魚，懸在天花板上游泳。湯姆，這位無師自通的垮掉一派 [29] 藝術家，是這裡的獨裁者、大人物和看門狗，任他的衝動恣意撒野。他會大吼大叫，把你踢下樓、踹出去，如果喜歡你他就很風趣，如果不喜歡你，就很

---

29 指五〇年代「垮掉的一代」（Beat Generation）的一員。這批年輕人反抗當時的社會狀況與道德，無奈，但不妥協。

難相處。

　　雖然整個五〇年代，每逢週末連假我都會跟爸媽去阿斯伯里帕克，但那裡不是我的地盤。到了六〇年代晚期，它昔日維多利亞的光輝不再，變成藍領階級的度假去處，而且每況愈下。阿斯伯里帕克日漸衰落的好處是，它變成一個還算開明的城市。同性戀酒吧開在有點唱機的小酒吧旁，種族暴動尚未發生之前，那裡可說是無奇不有，什麼事都能碰上。卡斯提亞從沒在那裡演出過。海洋大道上全是成人夏日飲酒作樂的酒吧和海灘酒館，假身分證以高價販售，整體規劃就像勞工階級版、逐漸凋零、仿造的羅德岱堡[30]。

　　走進後舞台俱樂部，我備受冷落。沒有人正眼看過我，或見過我的演出。我聽說可以在那裡即興演奏。除了營業時間很奇怪之外，湯姆・波特還有個神來之筆：在一個長方形房間的盡頭，一間鞋店再往上兩段樓梯處，搭了一座小舞台。舞台後方，從房間的一端到另一端，如蜂巢般佈滿十吋、十二吋和十五吋的擴音器：一面冰冷、純粹、名副其實的「音牆」。音箱接頭嵌在你腳邊的小箱子裡，你只要帶吉他過去，伸出手，把線插進去就行了，不需要其他裝置。這項創舉，加上俱樂部與眾不同的營業時間，讓它成為海岸地區樂手的聖地。每一個原本要來這裡演奏澤西 Top 40 的樂團，最後都到後舞台俱樂部演奏他們真正喜愛的音樂，直到天明。夏天凌晨三點，門外仍有排成一條長龍的人等著進去。對音樂人來說，那是不可思議的資訊交流中心。

　　我在那裡的第一個週末見到丹尼・費德里奇和文森・洛培茲在吉他手比爾・欽諾克（Bill Chinnock）兼主唱的丹吉爾下城搖滾節奏藍調樂團（Downtown Tangiers Rock and Roll, Rhythm and Blues Band）裡。那個地方在夏天是人們的蒸氣三溫暖，我知道我找到新的歸宿了。幾週後，我帶著吉他再訪（請搭配電影

---

30 Lauderdale，佛羅里達州一個城市，被稱為「酒谷堡」，因該市有許多酒吧和俱樂部，派對氣氛濃厚。

《黃昏三鏢客》〔The Good, the Bad and the Ugly〕的主題曲）。我等著，俱樂部還沒客滿。有人告訴我：你要去跟湯姆·波特「卡位」，就像在撞球室預約撞球檯一樣。他會把你的名字寫在名單上，告訴你如果你找得到樂手搭配，兩點到兩點半就是你的場次。我的時刻來臨，我走向舞台，鼓手和貝斯手都答應留下來幫我演奏半小時。我把線插入湯姆強大的音牆，往後站，開始唱〈盡情搖擺吧，寶貝〉（Rock Me Baby），釋放全部能量。我要用我十八歲的手指所能施展的所有吉他煙火和魔法，讓這個地方燃燒起來。我已經有很多演出經驗，但在阿斯伯里帕克仍是無名小卒，一個準備把俱樂部燒掉的新面孔。我看著人們坐直起來，向我愈靠愈近，開始認真關注。兩個人把椅子拉到舞池中央，坐下，雙臂抱胸，彷彿在說：「使出你的絕活吧！」而我使出來了。荒謬的音牆震動得異常劇烈，我甚至以為整個場地會塌落到底下的鞋店上。整整三十分鐘猛烈的吉他激戰結束後，我大步離開。

那天晚上我交到幾個新朋友。椅子上的兩人是蓋瑞·塔倫特（Garry Tallent）和南方強尼（Southside Johnny）。在一樓湯姆·波特的辦公室裡，我第一次和滿臉雀斑的丹尼·費德里奇說話。他介紹我給他的太太芙蘿認識，她也滿臉雀斑，頭戴金色的蓬鬆假髮。丹尼來自紐澤西弗萊明頓，呆呆的，一副事不關己的樣子——直到我們一起經歷許多冒險的四十年後，我站在他臨終的床邊時，他仍是這個樣子。我大受歡迎。阿斯伯里帕克有許多優秀的吉他手：比利·萊恩（Billy Ryan）是真正的藍調高手、瑞奇·迪薩諾（Ricky Disarno）有克萊普頓的影子。他們的演奏都有絕佳的音色和技巧，但我在卡斯提亞磨練的舞台表演、唱功和當主唱的技能，讓我脫穎而出。我會像惡魔一樣彈吉他、跟你說話、讓你興奮，並要求你回應。

不久後，我在一樓的咖啡館遇到文森·洛培茲。頭髮差不多剃光、剛出獄的他覺得有必要向我解釋自己的外表（因為入獄），並問我有沒有興趣加入他的團體「速限25」（Speed Limit 25）。當時我是自由之身，而「速限25」在阿斯伯里帕克頗有名氣，有在賺錢。名與利，我都需要一些。我喜歡阿斯伯

里的風情，於是說：「好啊，讓我試試看。」我們和其他「速限25」的團員排練了幾次，不怎麼投緣，於是文森和我決定自己組團。文森認識「丹吉爾下城」的丹尼，再加上主題樂團的小維尼·羅斯林，我們齊聚在紐澤西海蘭茲海灣大道的一間小屋裡，開始排練。這就是一開始自稱「孩子」的樂團，後來變成煉鋼廠樂團，再更名為布魯斯·史普林斯汀樂團（Bruce Springsteen Band），最後成為初始東街樂團的骨幹。

　　如果某個地方也像阿斯伯里帕克一樣，偶然存在著「後舞台」這樣的俱樂部，那對當地音樂來說絕對是獨一無二且彌足珍貴的資源。我帶史提夫·范·贊特過去。他也令他們驚豔。史提夫和我是這裡最好的主吉他手兼主唱，我們在這個俱樂部演出，孕育並造就了許多樂團，讓此地成為阿斯伯里帕克音樂場景的中心。史提夫找來一百多公斤的鼓手「大壞蛋」巴比·威廉斯（Big Bad Bobby Williams）和南方強尼共組日舞藍調樂團（Sundance Blues Band）。史提夫和強尼在藍調方面造詣深厚，打造出很厲害的團隊，在海岸地區四處演出。南方強尼來自海洋葛羅夫，一個緊鄰阿斯伯里帕克、主要信奉衛理教派的小鎮。他是我們當地的藍調王，有「南方」的封號，心地善良、愛抱怨、聰明但不善於表達，精神抖擻、有一點點心神不定，但他熟知藍調和所有靈魂樂手，包括他們的生涯和唱片。他來自一個認真收藏唱片的家庭，耳濡目染節奏藍調和靈魂音樂。我們都在這間俱樂部裡相遇。

分家

　　回到我家的狀態。父親終於覺得他受夠了，這個鎮和佝僂病將他擊潰。他決定前往加州展開新生活，希望母親跟我們所有人與他同行；又說如果逼不得已，他一個人也要去。紐澤西菲力荷不再有道格·史普林斯汀這個人到處遊蕩。我妹維吉妮亞決定和她的新家庭留在萊克伍德，我則選擇留在菲力荷，我可以憑著我日益響亮的「酒吧樂團之王」的名聲，在這裡謀得還過得去的生活。

六個月後,一九六九年,十九歲的我站在車道上揮手,送走爸媽和小妹潘美。他們將所有財物捆在六〇年代的 Rambler 車頂,帶走三千美元,那是他們僅有的錢。他們一晚睡汽車旅館,兩晚睡車上,開了五千公里,彷彿東岸版的奧克拉移民[31],前往父親的應許之地。除了離家打仗的父親之外,我們沒有人住過紐澤西中部以外的地方,對於西岸,我們唯一的資訊來源是我一個嬉皮女友,她叫我爸媽去索薩利托,舊金山附近一個附庸風雅、愛敲觀光客竹槓的地方。一到那裡,爸媽便明白那裡不適合自己。母親說他們開車進加油站,問服務員:「像我們這種人都住在哪裡?」服務員回答:「半島。」於是接下來的三十年,他們就住半島。在聖馬刁的一間小公寓,謀求新的開始。

當父親宣布移居加州的計畫時,我大妹維吉妮亞十七歲,剛生下一個娃兒,不會烤土司,新婚丈夫又愛逗兇鬥狠。我住在家裡,靠著每週演出賺的二十美元過活。如果要留下,就必須自力更生。這是母親一生最後悔,也是至今唯一仍深感內疚的事。但他們終究帶著小妹離開了。我爸媽被一條不可知的線繫在一起。他們很久以前就約定好:她的男人不會離開,他的女孩也不能離開。這就是規則。這個規則凌駕其他一切,包括身為母親的責任。他們是同命鴛鴦,永遠不分開。最初是這樣,結尾也是這樣。父親可以汲取母親——節省且無私的母親——的力量,她對家庭有著矛盾的心情。家庭,這個崎嶇險惡的地域,常會造就怪異的枕邊人。他們希望我們同行,叫我們一起去;但他們就是不可能**留下來**。

我和大妹只好咬牙撐下去。我妹消失在牛仔鎮,澤西南部的內地,而我裝作完全不受影響。今後,永遠,我必須靠自己了,這已成定局。何況,我打從心底由衷地感謝他們,感謝父親。離開吧,老爸,離開這該死的垃圾

---

31 Okies,一九三三年美國大蕭條時期,因經濟危機加上奧克拉荷馬州久旱未雨,州民生活陷入困境,許多人離鄉背井、橫越沙漠前往西岸,開創新的人生。

場，這個對我們都沒有好處的地方。奔跑吧，如果你需要的話。未來還能糟到哪裡去？無論父親的動機為何，理智、瘋狂、逃跑、或者追尋，都需要膽量和孤注一擲的、對明天的信念。這正是我不會嫉妒父親擁有的東西，是我希望他擁有的東西。該拋諸腦後的就該拋諸腦後，就算是他的孩子，就算是我們！而可想而知，適逢孩子出世、處境更艱難的大妹維吉妮亞受到的打擊比我更大，無比沉重。最後，不論我曾經多麼難受，都隱藏起來了，事實上，我只記得孤身一人的興奮感。十九歲，我已離開塵世，進入另一個世界。那個世界裡，呃……沒有爸媽，沒有家，只有夢想和音樂。時鐘靜止不動，永遠停在「差一刻三點」[32]。紐澤西菲力荷的史普林斯汀一家，以及隨之而去的種種，自此離散。往日不再。

🎸　🎸　🎸

　　文森、丹尼和我續租南街上的屋子。我的原生家庭搬走，第二家庭搬進來。大約一星期後，一個體型碩大的可愛女性加入，大家叫她「胖派蒂」。她陷入困境，需要一個地方安身「一陣子」，後來成為丹尼家的幫手。丹尼和芙蘿懷了名叫傑森的小男孩。很快地，胖派蒂將成為第一個東街寶寶的保母兼乾媽。我們都未滿二十歲，再加一隻翻天覆地、四處破壞、隨地拉屎的雜種狗賓果，不用多久就瀕臨崩潰。

　　我住了七年的家頓時變成嬉皮兄弟會。父親神聖的廚房庇護所現在是團隊會議的溫床，髒盤子堆到建築學上不可能的高度，吃到一半的麥片盒四散，凌亂不堪。我摯愛的祖母過世的房間轉型為「無線電室」。愛玩小機件的丹尼沉迷於民用頻道無線電的神奇效果，對外行人來說，那主要是長途貨車司機在使用，用來互相聯繫「噴煙仔」（公路警察）的位置、調侃「懷孕

---

32 Quarter to Three，恰比・卻克的歌曲。

Growin'
Up

的溜冰鞋」（福斯金龜車），以及對任何在廣播範圍裡的人大聲回答「收到訊息」。這些家用的頻道，讓你能更方便地和附近其他有書呆子傾向的寂寞宅男聯繫。丹尼和瘋狗會在無線電室裡和農村觀念保守且喜歡玩民用頻道通訊的「紅脖子」[33] 對話。那些無辜者不知道他們正在跟一屋子的怪胎講話，直到雙方建立友誼、安排初次會面、發出邀請為止，沒過多久，蒙茅斯縣沉迷於民用頻道的人都來敲我們的門了。他們走進來，驚訝地發現原來自己在跟一屋子長髮嬉皮通訊，進而在我爸媽的老客廳裡度過怪異的跨文化之夜，不自在的樣子惹人發噱（最後，民用波段建立的連結通常比文化疏離來得穩固）。

民用頻道要玩得好，你需要一支大天線，且最好置於非常高的地方。文森和丹尼渴望吸引更廣大的外行群眾，因此攀上南街家的屋頂，邊爬邊踢著就算破了也不會換新的窗戶，引來群眾圍觀，看他們試著在屋頂上裝東西，好像要和比土星光環還遙遠的外星人聯繫似的。訊號大聲呼叫，夜以繼日，隨時都有怪咖來敲我們的門。

這段期間，文森的「瘋狗」性格發展成熟，脾氣火爆。一次和丹尼爭吵，他拿一公升的牛奶砸冰箱門，整盒瞬間爆破──他們在吵什麼我不知道，廣播權力？廣播時間？緊接著文森和短期租客雪莉在車道上大吵大鬧，我必須衝到街上當著長年鄰居的面中止那場衝突。最後，附近每個人都受夠了，這引來了敲門聲：房東要收回房子去「整修」，我們必須離開。在這裡和家人住了七年後，我們只維持了正好一個月。

一天深夜，我們把所有家當塞進經理卡爾·維吉爾·「修補王」·威斯特（Carl Virgil "Tinker" West）四〇年代的平板卡車裡，沙發堆在最上頭。我坐上車，車子緩緩駛離車道，璀璨的未來馬上被當地警察阻撓，他們解釋當地法令禁止深夜搬家。我們聳聳肩，他們看著我們悄悄出鎮，也許很高興看到我們離開。那是個美麗宜人的夜晚，我躺在舊沙發上，仰望樹梢和滿天星斗，

---

33 Redneck，指脖子曬紅了的勤奮、貧苦農民，觀念比較保守。

被一股美妙的感覺籠罩。我正悄悄離開童年的街道，不再是我的歷史或鎮上歷史的痛苦參與者，而是路過、木然的旁觀者。我突然聞到夜裡的金銀花香，想起女修道院後面珍貴的金銀花樹，我和死黨會在盛夏午後聚在那裡吸吮小花香甜的汁液。我覺得渾身充滿年輕和離開的自由，離開這個我又愛又恨、帶給我那麼多撫慰和痛苦的地方。當修補王的卡車駛過掩藏著層層神祕的街道，我頓覺輕鬆，暫時脫離過往的束縛，未來的火光開始在心中燦爛地燃燒。這裡，這裡的一切——我的鎮，我的家族傳統——此刻都成過往。我十九歲。爸媽，聯絡不上，他們帶著我親愛的小妹，遠在數千公里外；而我漂亮的大妹維吉妮亞，沿著國道9號往南，消失在我完全不了解、也很久不會接觸的大人生活中。

　　將來，我會回來拜訪這些街道很多、很多次，晴朗的秋天午後、冬夜、夏天無人的傍晚，開著我的車，轟隆隆地經過。我會在午夜過後開上主街，觀望，等待某件事情改變；我會凝視每一棟屋子暖暖亮著燈的房間，好奇哪一間是我的房間。我有過房間嗎？我會繼續開過消防站、空蕩的縣府廣場，經過我媽的辦公大樓，此刻一片漆黑；經過廢棄的地毯工廠，進入學院街到雀巢咖啡工廠和棒球場；經過我的銅紅山毛櫸，它仍聳立在那裡，俯視曾是我祖父母家的一片空地；經過小鎮盡頭的白色十字架——戰死英雄的紀念碑；經過我葬在聖羅撒墓園的親人——祖母、祖父和維吉妮亞姑姑——然後轉入蒙茅斯縣幽暗的鄉間公路。我更常在夢裡回去，踏上祖母家的門廊，走進玄關、客廳，有些夜晚，她和以前的家人會在那裡等我；有些夜晚，我會走入空洞無人的房間，探查、困惑、試圖釐清當初發生了什麼事，對我現在的人生造成何種影響。夢裡夢外，我一再回去，等待很久以前寫好的一本書的新結局。我會開車，彷彿里程數本身就能修補過去的傷害、寫出截然不同的故事、強迫這些街道吐露嚴守的祕密，但這些都是枉然。只能靠我完成，而我還沒準備好。就算我累積了數十萬里的路程，故事始終沒變——我一個人來到鎮上，崩潰；一個人離開，駛進夜色中，沒入黑暗。但我喜歡這樣。

在卡車頂端的沙發上，我看著車輪越過鎮界，左轉上 33 號公路，加快速度，前往海岸地區，迎接輕柔的海風和新的自由。隨著溫暖的夜在身旁呼嘯而過，我覺得自己正在既幸福又危險地漂流，興奮到頭腦昏脹。這個鎮，我的鎮，永遠不會離開我，我也不可能徹底離開它，只是我永遠不會住在這裡了。

17

修補王（衝浪人生）

　　卡爾・維吉爾・「修補王」・威斯特來自南加州，大學念工程，結果變成一隻衝浪狗，在挑戰者西方衝浪板工廠工作。他在六〇年代初期來到東岸，在廢棄產業園區裡非法占用一棟磚造建築，開了挑戰者東方衝浪板工廠。大家叫他「修補王」，因為沒有他不會修的東西。修補王可以重新設計任何物品，拼拼湊湊、做應急裝置、把物品喬回正常運作的狀態，或者抓住它、剝皮、吃掉。當黑色星期五來臨、世界末日將一切歸零時，你會想要、也只需要修補王在你身邊。我看過他獨自完美地修好車子和船，只用油桶和通風管為車庫改裝而成的練團室建立一整套暖氣系統，並且設計、打造錄音室和音響設備，讓我們得以巡迴演出多年。只要了解運作的原理，他能隨時隨地讓任何東西動起來，同時製作澤西海岸最優良的長衝浪板。身為一個厭世的天才，修補王熱愛工作，也珍惜工作。他無法忍受的是人。如果你不工作，他就**看不起**你。雖然他綁馬尾、來自加州、偶爾會吸大麻，但修補王對嬉皮、「閒散」特質的容忍度趨近於零。比團裡其他人年長十歲，身材卻好上一倍，他像大巫師般嚴格管理衝浪板工廠。如果你走進店裡談私事超過三十秒，他會把一支掃把塞到你手裡，說：「做點有用的事。」叫你掃一掃地。他不是在開玩笑。不掃地，就滾蛋。

　　修補王只在九、十月浪最大的日子衝浪，只衝颱風的浪，只使用他最初以巴沙木製作、看起來重達一噸的舊衝浪板。他會走到防波堤的盡頭，四周巨浪澎湃；接著把板子從岩石邊緣扔下；跳水；站上從東海岸深處狂暴湧出的那道最大、最黑暗的巨浪。我們全待在海邊看，一邊搖頭──修補王就

是修補王。他要我們準備革命：拿弓射箭、給雷管槍裝彈藥，當我們朝著我們青少年荒地的暗處射擊，槍管猛然爆出點點火光，他會說：「史普林斯汀，」——他總是這樣稱呼我——「史普林斯汀，你有本事，而且不像其他渾蛋那樣胡作非為。」我有本事，而且，確實，我不胡作非為，不碰毒品、不喝酒，至於女孩嘛……玩歸玩，前提是她們不能妨礙「音樂」，如果妨礙了，一樣，滾出我的生命。我不浪費白天也不虛擲夜晚。我了解他所說的，而且一點也不想要那樣。修補王跟我處得還可以。

我是在後舞台俱樂部遇見修補王。一場演出後他要我過去，告訴我他覺得我真的能表演，並提及他跟舊金山的水銀信使樂團（Quicksilver Messenger Service）有交情。他認識偉大的藍調歌手詹姆斯·柯頓（James Cotton），並說他認為珍妮絲·賈普林（Janis Joplin）正在找吉他手，我也許可以角逐她新團的位置。以上句句屬實。他工廠裡有一間空房，我們可以去那裡練習，而且如果有他幫得上忙的地方，我就應該去找他。他是個有事業、有人脈、有財務基礎且性格強勢的男人，而且對我有興趣。我一直在找一個能欣賞我的代理父親，所以我巴著修補王不放。修補王熱愛音樂，一眼就能看出天分，這世上只有一樣東西能讓他長耐心：能力。

離開菲力荷，我們先在布萊德利海灘區離海幾條街的地方落腳。我度過詩情畫意的衝浪夏與秋，而後第一個東街寶寶，傑森·費德里奇報到。我們都還是青少年，所以他可說是個由孩子照顧的孩子。我們圍在他身邊，把他當成魔法寶寶一般對待。煉鋼廠樂團已在衝浪板工廠安居，用後面一個閒置的混凝土房間當排練室。但在布萊德利，很不幸地，每次付房租都是垂死掙扎，因此我和瘋狗很快地就把主要地址設在衝浪板工廠了（免租金！）。我們搬了進去。文森放張床墊在浴室睡覺，頭離馬桶僅幾寸。我睡三公尺外的主臥室，床墊擱在一角，修補王的床則在有冰箱和電視的另一角。接下來幾年，我將吸入足以麻痺百人的腦細胞的玻璃纖維和樹脂蒸氣。房間很擠，修補王和我被迫在狹窄的空間裡跟女孩約會，毫無隱私可言。在衝浪板工廠的

性生活既不從容也不浪漫，不是在混凝土地板或建築物的磚造外牆進行，就是在房裡和另一對大汗淋漓、色慾薰心的愛侶分享，或者——最後的希望——在產業園區沼澤旁某台廢棄車輛的後座。不要太吹毛求疵，我們都熬過來了。

文森・洛培茲學會塑型，負責把修補王新型短衝浪板的優美線條磨成錐形，讓它們可宛如閃電般輕掠過澤西陰鬱的浪。他會站在那裡，從頭到腳被玻璃纖維的粉塵覆蓋，然後脫掉手術口罩，走到後面的房間練團。我們自稱孩子樂團，在六〇年代晚期澤西海岸地區的酒吧和夜總會表演。我們演奏原創音樂，也翻唱別人的歌，我們非常優秀的這個簡單事實讓我們一直不缺工作。海岸地區，從北到南，仍是 Top 40 翻唱樂團的天下，不唱暢銷歌曲可能會被逮捕。我們跟著表演了一些熱門歌曲，但不完全妥協，因為我們有辦法讓觀眾興奮，加上技藝練得純熟，得以存活下來。

我過著有志樂手的生活，像個視情況而定的波希米亞人——如前文提到的，我不吸毒，不喝酒。我一個前室友，也是吉他手，最後朝自己腦袋開了一槍，結束他因攝取太多化學物質而浪費大好天賦的短暫生命。我也見過人精神崩潰，從未恢復。我勉強控制住自己，無法想像陌生的化學藥劑進入我的身體。我需要節制，需要難以捉摸的界線。我害怕自己，害怕我可能會做的事，或可能發生在我身上的事。我已經歷過太多混亂，不想再探尋未知。待酒吧的那些年，沒分寸的醉漢對我咆哮是唯一會惹怒我的事。我看過我爸那副德性，這就夠了。我不必尋求外界的刺激來協助我失去或發現什麼，音樂就能讓我得到我需要的快感。

我有一些非常勇於嘗試毒品的朋友，也有個當建築工的妹婿，除了跟我一樣甩著長髮，完全沒有「六〇年代」的體驗，一輩子過著五〇年代男人的生活（不過遠比那時代的男人寬容）。我是個假嬉皮（不反對自由性愛），但按照定義，反文化和我過去的保守藍領經驗站在對立面。我常自覺卡在兩個陣營之間，跟兩邊都不真的契合；又或者，在兩邊都如魚得水。

酒吧演出終了

海岸地區最新的夜總會混亂俱樂部在日落大道和州道 35 號的路口開幕，剛好位在衝浪板工廠的山腳下。我們可以步行過去。人在吧台正後方的小舞台演出，宛如一條小巷的酒瓶、冰塊、啤酒和酒保，把你和吧台的客人隔開。酒保的臀部（好看的臀部讓時光飛逝）、吧台、抱馬桶的人、圍著吧台站的人、幾張桌子和舞池，都在你周圍的 180 度全景中散開。

混亂俱樂部不需努力就已經名副其實。它吸引了不拘一格且通常無法共存的顧客。開州道 35 號回家的貨車司機、來自蒙茅斯學院的孩子、夏天來海岸地區找沙灘和衝浪的「班尼」[34]、來聽音樂的嬉皮，和形形色色的酒吧常客全被吸引，來到裝潢新潮的混亂俱樂部。顧客的文化都不一致。你可能為了聽音樂去那裡，慶幸聽到最新的曲目，**然後就**因為頭髮的長度被某個長途貨車司機、衣著筆挺的美式足球選手，或長堤出身、全身聚脂纖維的準黑手黨找麻煩。那裡通常很酷，但也不全然。

當你在酒保後方幾公分的地方演奏，你可以從獨特的角度目擊人類事件從無到有。公式永遠如出一轍，改變的只是時間點。

女人＋酒＋男人＋酒＋第二個男人＋酒＝爭吵

我困惑地看著這些戲碼夜復一夜上演，直到椅子砸了、拳頭揮了、血濺了、女人的假震驚流露了、保鑣來了。你可以把它當作一場醞釀中的風暴看待。有些女孩很樂在其中。有時你可以去提醒保鑣，讓他們在第一拳揮出之前就將事情冷卻下來；但夏天的暴風雨往往來得急，去得也快，直接跳到最後一幕：保鑣吁吁喘氣、汗濕的襯衫四分五裂；小血跡隨處可見；瞠目結舌

---

34 Benny，澤西海岸地區居民用此字帶貶意地統稱來自澤西北部和紐約粗魯、俗艷、吵鬧的觀光客。

的群眾聚集在泛光燈大亮的停車場；當地執法機關的車輛閃著慶功般的紅燈，將每一張臉照得微紅；警察把那些衣冠不整縱酒鬧事的人拖走。大家一哄而散。

人類的一大步

一九六九年七月二十日，人類首次踏上月球的那晚，是我們在那間新俱樂部為期一週演出的第一天。這是我們的財源，必須表現出色。如果在混亂俱樂部能有穩定的演出工作，人生就能脫離勉強餬口的日子，我們可以專注於創作、排練，甚至錄製幾首自己的歌曲。混亂俱樂部是由禿子哈許（Baldy Hushpuppies）經營。大家這樣叫他，因為他是個趕時髦但心有餘而力不足、禿頭、穿 Hush Puppies 鞋子的中年人。這個特別的夜晚，禿子哈許不在鎮上，由禿子哈許之子管理酒吧。好巧不巧，樂團表定開始演出的時間，就是人類第一次登陸月球的時刻，十點五十六分。三十多名觀眾一半希望我們開始演出，一半希望我們嚴肅地慶祝這個人類史上劃時代的一刻。如果我們開演，會有人跑到吧台噓我們，因為登陸時間逼近；如果我們停下來，則會有人抱怨樂團怎麼不演出。

最後我們決定：「去他的登陸月球，那只是『他們』的騙局；去你的阿姆斯壯、艾德林、柯林斯，我們搖滾吧！」我、瘋狗洛培茲和丹尼都支持搖滾，但貝斯手小維尼・羅斯林堅決反對，熱衷科學的他罵我們是忽視歷史的白痴蠢貨，不想跟我們一路。他放下貝斯往後台走去。他是對的，但他越界了。吧台角落一台黑白小電視是轉播這起事件的唯一媒介，一小群支持登陸月球的顧客簇擁著它，緊盯著從三十八萬四千公里外的太空傳來的雜訊畫面；其他「去你的登陸月球」的顧客則在吧台靠近我們的地方擠成一團。

最後瘋狗受夠了，對著他的麥克風叫囂：「如果沒人把那台該死的電視關掉，我就過去一腳踩爛它。」聽到文森的威脅，禿子哈許之子從吧台旁邊衝過來，對文森說那是他的電視，要文森閉嘴，否則就把我們攆出去。瘋狗

Growin'
Up

洛培茲過去不會、現在也不會屈從這樣的威脅。那一晚，一如往常古怪地披著長袍、其他什麼也沒穿的他，跟店少爺扭打了一陣，我們當場被開除。六個晚上不錯的酬勞、離家近的酒吧公演，全都在文森的長袍裡化為泡影。我們走回山丘上，在路邊撒尿，沒人想跟毀了演出的文森說話。話說回來，我們在澤西海岸地區的酒吧也待不了多久。演奏會的工作已經在等著。

煉鋼廠樂團

　　我們發現「孩子」這個團名已經有樂團註冊，於是找了個深夜在紐澤西長堤西區的印奎爾咖啡館腦力激盪，思考新的團名。「印奎爾」是一家對長髮友善的在地商店，離長堤海濱僅一條街，業主是喬‧印奎爾，希特勒般的人物。如果你看他的眼神不對，他可能會剝了你的皮。但我跟他處得很好，而這地方是形形色色怪咖的深夜安全避風港，屋裡完全走「垮掉一代」的風格：你可以抓起司牛肉堡吃、與穿牛仔褲和黑豹紋的女服務生調情、在感覺相當有把握不會被攻擊（除了老闆）的空間裡待一會兒。印象中是瘋狗提出「煉鋼廠」這個名字的，那是我們前進的方向：藍領、重金屬音樂，搭配大聲的吉他和受南方影響的搖滾樂。如果把這些和一點點前衛以及自創曲全部混合起來，就會得到「煉鋼廠」……你知道的，**煉鋼廠**……就像**齊柏林飛船**……以金屬元素為主，袒胸露背，原始的搖滾。

　　我們開始以煉鋼廠之名舉行吉他嘎嘎響的演奏會，引來愈來愈多人潮。一開始幾百人，接著數千人來看即興演出：公園、當地兵工廠、蒙茅斯學院的大草坪和體育館，以及其他能容納我們日益成長的歌迷的場所。我們成了人們想看的表演者，天然無雕琢的舞台表現和歌曲，令人難忘到想不斷回來、再聽一遍、記住歌詞並齊聲合唱。我們開始吸引並留住真正的歌迷。

　　修補王帶我們到維吉尼亞州的里奇蒙大學，他在那裡有人脈。我們先在公園無售票演出，讓當地人體驗一下，之後獲聘於學校演出。我們在里奇蒙大受歡迎，連一張自己的專輯都**還沒**發，在南方的演唱會就吸引三千人到場。我們的魔法在花園州之外順利施展！我們在紐澤西布瑞克敦為大放克鐵

路樂團（Grand Funk Railroad）開場，反客為主大獲好評，接著往南，在維吉尼亞戰爭紀念館先後為芝加哥合唱團（Chicago）、鐵蝴蝶樂團（Iron Butterfly）和艾克 & 蒂娜‧透娜演唱組合（Ike and Tina Turner）開場。我們很快地在里奇蒙建立第二個家。現在我們有兩個城市可以每季演出一次，收一塊錢門票，帶數千美元回家，讓我們度過荷包乾旱期。但困難處就在於無法再增加演出次數，而且只有兩地！四個月演出一次就算多了。我們樂團變成對酒吧而言太大、對一流水準的場地而言又太小，反而成為自己地方性成就的受害者。我們的演出固然可以引來數千人，但要維持新鮮感並提升價值，必須變得更稀有。我們偵察了其他地點，在田納西州納什維爾一場節慶上幫洛伊‧奧比森開場、在北卡羅萊納教堂山演奏，但讓我們有潛艇堡和起司牛肉堡可吃的仍是澤西和維吉尼亞的粉絲。每場演出之間漫長的時間讓我們能充分練習、精益求精、榮登名副其實「地方超級巨星」的獨特地位，但在特定地區之外，我們完全沒沒無聞。所以，該怎麼辦？

年輕人，往西走

修補王老是拿舊金山的故事逗我們開心。噢，那時是一九七〇年，帶我們去那裡，讓他們看看我們的本事。我們已和全國性的樂團合作並競爭一年了，舊金山的樂團，放馬過來。我們臭屁得要命，相信自己無論走到哪裡都能打出名號，自認是自己見過最好的尚未發掘之物，央求修補王帶我們去嬉皮能自由奔跑的地方。交易談成。修補王說，如果我們樂團每人能存一百美元，並創作出自己的作品，就帶我們去西岸。一天晚上，丹尼和我在餐桌坐了兩小時，只勉強在五線譜上寫一首歌。我們想：「管他的，其他亂填一串音符就好了，修補王永遠不會知道。」於是我們這樣做了。我們在衝浪板工廠舉行最後告別演奏會當作創業基金，用膠合板做一個箱子塞進修補王的卡車裡，蓋上軍用防水布以免裡頭的演出裝備被雨淋濕，然後在另一部旅行車（丹尼的）放床墊和水，讓司機可以休息、養精蓄銳。靠著這兩台交通工具、

每人一百美元和禱告，我們要在三天內橫渡美國。十二月三十一日當晚，我們在加州大蘇爾山區的伊沙蘭學院有一場有酬勞的演出。伊沙蘭是美國最早的人類潛能溫泉療池之一，當時沒人聽過這玩意兒。對我們來說那只是一場表演，渾然不知自己將走入什麼樣的地方。除了修補王和我們到東南部的短暫行程，樂團甚至沒有人離開過紐澤西。

動身前往加州的前夕，我和瘋狗去本地的戲院看了電影《逍遙騎士》（*Easy Rider*）。這不是太好的選擇。當我們觀看彼得‧方達（Peter Fonda）和丹尼斯‧霍珀（Dennis Hopper）的橫越美國之旅，一股緩緩蔓延的惶恐壓倒我們。片尾，當霍珀被一個「克魯麥囊」[35] 紅脖子開槍而摔下摩托車，我們突然明白，加州對我們這樣的傢伙可能不會太友善。修補王當然考慮過這點，我們不是愛好和平的嬉皮，我們有武裝，卡車前座有雷管槍——完全合法。我們曾遇過「不好的氣氛」——一名不大想幫我們加油的服務員、一家氣氛劍拔弩張的路邊餐館——所幸沒惹上麻煩。修補王通曉汽車修理界的共通語言，真神奇，聊一下引擎就能突破跨文化的藩籬。我們坐在一部「骨董金屬」裡，大家都對我們的老福特卡車充滿好奇，也好奇我們究竟要去哪裡。修補王可以用三 K 黨的華麗頭銜、簡單俐落地掌握內燃機的神祕運作方式破冰，他擁有所有齒輪類的知識和一種怪異但強大的自信，能讓人放鬆情緒。如果以上都失敗，他就會擺出一副要拿槍射穿你腦袋的樣子。

那天早上來臨，卡車裝好貨，旅行車準備妥當。我二十一歲，我們將前往西方。西方，夢想時刻；西方，加利福尼亞。那裡是音樂的殿堂，舊金山的海特區 [36]、傑佛遜飛機合唱團（Jefferson Airplane）、死之華搖滾樂隊（Grateful Dead）和紫鯨樂團（Moby Grape）——史提夫和我最愛的樂團之一。西方，自由自在，我的家人也在那裡。我聽說過那些沙漠、棕櫚樹、天氣、海

---

35 Cro-Magnon，舊石器時代晚期智人的一支。此處比喻民智未開、觀念狹隘。
36 Haight-Ashbury，舊金山著名的嬉皮區。

豹岩、穆爾紅木森林國家紀念保護區的巨木、灣區、金門大橋……在我們寥寥幾通電話中，母親告訴我他們西岸的新生活。我快一年沒看到父親和小妹了。那個時候，沒人負擔得起橫渡美國的巴士、飛機或火車旅行，我也從沒遇過搭過飛機的人；而我就要這麼做了，這股結合家人團聚和事業的驚人力量，能讓一切迎刃而解。

我們的車隊在黎明出發，轟隆隆地離開衝浪板工廠、開出產業園區、上州道 35 號、轉 33 號往西，再上紐澤西收費公路往南。當時是冬季，我們走南方橫越美國，盡量避開雪和冰。一行七人：修補王、我、維尼・羅斯林、瘋狗、丹尼、一個也要去西部且可以幫忙開車的朋友，還有修補王最愛的生物，他的狗：J・T・伍佛。修補王四〇年代的平板卡車載我、他和 J・T 綽綽有餘，其他人則坐丹尼六〇年代的骨董旅行車。

我們有三天的時間前往加州，沒有多餘的錢住汽車旅館，也沒有露營設備，所以我們不會停下來，必須夜以繼日地輪流開車，只有吃東西和加油時才在路邊暫停。我沒開車，完全沒有。我沒有車、沒有駕照，二十一歲了，我的交通工具仍是腳踏車和大拇指——從十五歲起，我不論去哪裡都搭便車，已習慣成自然。當我說沒開車，意思是我**不會開**。我無法安全地操控一台車。我爸從沒耐心教我，泰克斯教過，但有一回他要我直線加速，我卻在菲力荷賽車場的停車場搖來晃去，他兩手一攤，馬上放棄。坐在方向盤後面，我變得毫無行為能力，因此我沒被算進這趟行程的司機，這也是為什麼我們很高興能有多一個人加入這趟旅程。往後幾年，「街頭飆車」這件事仍與我無緣。

旅途相當順利，直到我們抵達田納西州的納什維爾。不知為何，修補王、J・T 和我在納什維爾跟「幽魂」丹尼・費德里奇那一車分開了。後來的說法是：「我們左看右看，不見你們的蹤影。」這引發一個嚴重的問題：所有會開車的人都集中在丹尼那車，而要從紐澤西在三天內開四千八百公里到加州大蘇爾，我們**必須**不舍晝夜地開。為了趕上演出，大輪子必須一直轉、

一直轉。還有三千多公里，不能全靠修補王一人，狗也不會開車，只剩下我了。那天午夜，修補王簡單明瞭地說：「我沒辦法再開了，換你。」我說：「你知道我不會開車。」修補王說：「開車沒什麼。況且，你非開不可，否則我們會趕不上我們西岸唯一的工作。」於是我坐到那部大卡車的方向盤後面，那真是一頭古代巨獸，讓我想起克魯佐（Henri-Georges Clouzot）《恐懼的代價》（*The Wages of Fear*）片中那部載著硝化甘油穿梭中美洲叢林的卡車。接下來的事情非常、非常可怕：精美的陳年排檔發出刺耳巨響，帶我們在公路上猛烈搖晃；轉動方向盤，讓這部載著樂團裝備和所有值錢家當的大型卡車勉強在車道內迂迴前進，似乎隨時會迎面撞上渾然不覺、不疑有他的對向來車。

　　但我一定要開，於是我們這麼做：我無法將車子從停止狀態啟動，於是由修補王負責一檔起步，讓卡車行進，然後我們在狹小的前座換位置──踩得 J・T 在腳下哇哇叫──讓我從二檔開到四檔，能開多遠算多遠。我們以這種方式撐完剩下三千多公里的路程，一路上再也沒看到或聽到丹尼或另一部車的蹤影。我們沒有準備迷路的備用計畫。那時沒有手機、沒有聯絡方式，我們只有相同的目的地，所以我們朝日落的方向前進。一路上修補王都沒有充分休息。我在他「假寐」時開過夜晚的沙漠、在公路上顛簸前進，每次轉頭看他，他都睜大雙眼充滿憂慮。這不能怪他。我的駕駛技術爛透了。我沒害我們沒命已是萬幸。

　　大卡車並不會因此就變得容易駕馭。我只負責開，沒有駕照、沒有許可、沒有經驗。每當來到州界、收費亭或地磅站，我會戳戳修補王的肋骨，然後我們就在行進中交換位置。我們愈換愈熟練，但來到山區隘口時，恐怖降臨。這台卡車是古老的手排檔，沒辦法自動換檔，你必須踩離合器、換檔、踩離合器、換檔、踩離合器、換檔，引擎乞求憐憫，往前衝，又退後。我搞不定那玩意兒，但當我們抵達加州時，我已經知道如何開車，修補王則度過了數個無眠的夜，冒出不只幾撮白髮。

西部

　　鄉村好美。我們在黎明越過西部沙漠和被湛藍及紫色籠罩的峽谷，看清晨淡黃色的天空抽出所有色彩，只將黑色剪影的山脈拋在身後，開車的我雀躍無比。隨著東方旭日在背後升起，平原及山丘的深紅與褐色甦醒過來。因為乾燥，擱在方向盤上的掌心變成帶鹽分的白。清晨喚醒大地披上柔和的色彩，隨後白日射下單調的光，萬物輪廓鮮明，純粹的地平線跟著雙線道的柏油路緩緩下降，沒入虛無——我最愛的景致。然後進入黃昏，太陽在眼裡變紅，將金黃灑向西方的山脈。感覺像家一樣，我已深深愛上沙漠，始終不渝。

　　我們繼續前行，穿過德州、新墨西哥和亞利桑那到加州邊界，向北轉往大蘇爾山區。快到那裡時，又遇到一晚驚恐的戰慄。通往大蘇爾的 1 號公路被海岸一場暴風雨沖毀——並非罕見的狀況，修補王看著地圖尋找替代道路。我們停在一個加油站外跟當地人問路，修補王指著地圖上一條彎彎曲曲的細線問：「這條路如何？」服務員回答：「到得了目的地，但你不會想開這台卡車走那條路。」修補王和他身體裡每一根剛愎自用又積極進取的骨頭只聽到前半段。我們上路了。前幾公里，新鋪的漂亮公路在眼前開展，然後，過了山裡一個急轉彎，路上倏然滿是飛揚的塵土和碎石，變成只能勉強通行的單向地獄車道，從駕駛座窗戶伸手就碰得到山壁，而乘客座的窗外，沒有圍欄的陡峭懸崖和空墓穴在等著。修補王默默抓著方向盤，眼睛像殭屍一樣發光。車子顛簸、滑行，在午夜三個小時晃了快五十公里，終於通過這段艱難無比的山隘。J・T 整個身體緊黏地板，彷彿有迫擊砲正威脅地短促的犬科生命，牠感應到我們命在旦夕。過了大約一小時，我的胃再也承受不住，從前座看出去的畫面太過驚悚。我躺在座椅上，閉上眼，沒有睡著。卡車滑啊滑、晃啊晃，山坡鬆落的碎石像冰雹打在車頂。我們轉過最後一個彎，結束了，公路在眼前豁然開朗，不久後，我們通過大蘇爾伊沙蘭學院的大門。夜裡一片漆黑，沒有任何光源。我發現自己急匆匆沿著小徑前進，尋找我們的住處——在加州一座山的黑暗面。

高佛的宮殿

　　我們將與高佛同住，他是修補王的朋友，住在小溪的一岸，而伊沙蘭地區的有錢人則在溪的另一岸沉思打坐。那地方不容易找。高佛在山的陡坡上一棵參天尤加利樹的周圍建了他的「家」，樹根和樹幹從客廳地板冒出來，穿過睡覺的閣樓，出了屋頂（哈囉，大蘇爾）。有壁爐，沒有廁所，也沒有自來水。必須爬上穿過屋裡的樹才能到閣樓睡覺。這地方很適合妖精住，但這會兒它的迷你「房間」擠著修補王、我、Ｊ・Ｔ，和隨後風塵僕僕趕到的，迷路的丹尼、文森和維尼小隊。他們循著我漫不經心的吉他聲來到高佛的宮殿，我們歡喜團聚，開始比較誰的遭遇更荒誕。

　　我們抵達前的傍晚，高佛以為聽到歹徒闖入灌木林的聲音，於是拿獵槍射向夜空，並關閉山這一側的所有電力。所以我們現在只能坐在火光旁，像史前尼安德塔人般蜷縮在一個新世界的中心，什麼也看不見。最後，精疲力盡的我們墜入夢鄉。當我們在黎明醒來，踏出高佛家前門，眼前的景象令人目瞪口呆：巨大的古老神木、蒼翠繁茂的植物，不小心離開步道幾步就會迷路，青綠的山坡上是五彩繽紛、冬季盛開的花朵，可以俯瞰朝陽照耀的碧綠太平洋。靜觀一會兒，你會看到遠方有鯨魚在噴水。我從沒像這樣佇立大自然之中，感覺它令人謙卑和陶醉的力量。我走向一棵從沒見過的樹，它被奇特多彩的樹葉覆蓋著。當我來到樹下，成千上萬隻蝴蝶猛然自樹梢躍起，衝進蔚藍的天際。這是另一個世界。

　　我們快速了解狀況：我們待的地方是員工宿舍區，這裡基本上就是我們的落腳處。我開始懂得沉思打坐是好幾年後的事，所以當時小溪對岸學院裡發生的事，我們完全無法理解。瘋狗和我先看到一群人包著白被單在綠草坪上蜷成一團，回到他們的「變形蟲階段」，我和文森覺得滑稽至極，而我們隨即相信——不問對錯——這地方雖然美侖美奐，但一定是澤西某些頂尖老江湖術士的發源地，他們也會做這種新世紀故弄玄虛的打扮。不過這裡確實有很棒的溫泉藏在能眺望大海的峭壁中，有泉水、冷水浴，人人赤身裸體。

Growin'
Up

這大大吸引了我們這種脫離世俗的澤西人，於是我們在那裡使出渾身解數，迷惑有錢的太太小姐，也盡量找時間沐浴在大自然宜人的精神恢復池中。幾個夥伴跟付錢的客人「交朋友」，造就了三更半夜山坡上的蠕動。至於食物，工作人員早上會從廚房後門塞早餐進來，白天我們就在四處探索、進山林小屋看表演和在海邊為我們盛大的登台表演稍事練習中度過。

一天下午，我散步深入森林。起先待在步道上以免迷路，之後開始循著遙遠的康加鼓聲前進。大約過了十分鐘，我在林中深處一塊空地遇到一位高瘦、穿大喜吉裝[37]的黑人，他正彎腰拍打康加鼓娛樂野生動物。他抬眼的瞬間，我發現自己正和理查・布萊克威──和我一起在菲力荷長大的同鄉──面對面。太巧了吧！那是「我想，你就是李文斯頓博士」[38]的時刻。不敢相信我們竟然會在離家數千里的此時此地重逢，這一定是天意，於是我問他要不要加入煉鋼廠未竟的西岸之旅。第一站，跨年。

演出的那一夜來臨，洋溢著滿滿的西岸風情。從附近山區來的刺青媽媽們、頭髮花白的山地老人，和發育成熟又有迷幻藥催化、講話含糊隨時可獻身的嬉皮少女。毒品充斥，我們的演出順理成章地進入加州迷幻藥文化的陰間。當地人跳著催眠的舞，歡樂地和付錢的客人融為一體，我們的演出更使群眾陷入瘋狂──搭配理查・布萊克威爾和修補王用康加鼓創造的無休止節奏。演出進行很久，身為澤西「直刃族」[39]男孩，我所能承受的歡樂，極

---

37 Dashiki，一種色彩鮮豔的男性寬鬆服飾，常見於西非國家，在歐美等國的黑人群體中也很盛行。

38 李文斯頓博士（Dr. David Livingstone）是英國傳奇慈善家，一八四〇年赴非洲探險及行善後音訊全無，歐美各國掀起尋找他的熱潮。一八七一年美國《紐約先鋒報》（*New York Herald*）記者史丹利（Henry Stanley）終於在非洲內陸的小部落找到可能是李文斯頓的人，史丹利的第一句話變成世界名言：「我想，你就是李文斯頓博士吧？（Dr. Livingston, I presume?）」後來憂鬱藍調合唱團（The Moody Blues）也創作了以這句話為名的歌曲。

39 Straight-edge，八〇年代美國東岸興起的年輕文化運動，保留龐克精神和裝扮，但不吸毒、不抽菸、不濫交，且提倡動物權。

限大概就是這樣。大家隨時都想給你毒品，但我是倔強的年輕人，對毒品有根深柢固的恐懼，不願放縱到那種地步。於是我只負責彈奏，而他們負責放縱──山裡嬉皮的篝火燃燒、老邁臉孔的眼珠溜轉，富有的中產階級為了尋找新的可能來到西部，願意付高價換得二美元就能讓我們在紐澤西為他們做的事。

終於，天快亮的時候，一切沉寂下來。人們飄回山裡，我們則精疲力竭地坐下。我們娛樂了他們，也徹底被他們娛樂，但跟家鄉的情況截然不同。在這裡，音樂是更大的部族「覺醒」運動的一部分。樂手比較像薩滿或靈媒，具有神祕色彩，而非硬式搖滾樂手或帶來歡樂的人。我有一支樂團和技術來圓滿達成任務，但我不確定這是我想做的。

之後我們多待了幾天，享受大蘇爾的樂趣。離開的那天早上，我和一個來自德州、非常循規蹈矩的中年企業家同坐一張長椅俯瞰太平洋。他在怪異的國度迷途，來此尋求出路。我問他為什麼來這裡，他簡單回答：「我賺了很多錢，但並不快樂。」這對那時的我來說還很遙遠，但他身上有種特質打動了我。他的人生給了他商業世界，而他想要的不僅於此。他一路來此，犧牲冰冷的鈔票，敞開心胸，試著找出答案。祝他順利，希望他走上正大光明的路。

幾個小時後，我坐在1號公路旁一片高於地面、多岩石的草坪，大腿上擱著行李，太陽高掛天空，我看著一小支螞蟻軍團從我兩隻靴子間穿過，把一粒粒塵土搬往牠們山坡上的帝國。我沿著公路往北去，等著。尤加利樹和長草的氣味，獨特的加州氣味，包圍我，提醒我：我是一個身在奇妙國度的年輕旅人。這個感覺很好。一隻老鷹在我頭頂藍得單調的天空盤旋，四十分鐘過去，一小時過去，一輛車慢下來，停在我坐的路邊。擋風玻璃反射的刺眼陽光後面，我看到兩個大大的笑靨，是我爸媽前來迎接他們的兒子來到他們的應許之地。

Growin'
Up

應許之地

我爸媽的希望與夢想之境是一處兩房的房子，位於加州聖馬刁郊區一個住宅區的二樓。一間客廳兼廚房，一間爸媽的臥室，還有一間較小的房間給我小妹。他們以此為傲，熱愛加州，有工作和嶄新的人生。爸開始畫水彩著色畫，在家彈風琴，刺耳的音符從他稱作「手」的連指手套底下發出。他看起來好多了，離開菲力荷對他有些好處。媽再次成為受人敬重的法務秘書，在希斯戴爾購物中心的一家公司上班，爸則在機場開巴士。

我睡在客廳的沙發，吃了家常菜，逛了附近的聖文森保祿和救世軍慈善二手商店，喜歡待在家。一天我在客廳看電視，我八歲的小妹正試著為我做一個歡迎回家的蛋糕。她在餐桌上放了一大碗麵糊和一支電動攪拌器。接著我聽到一聲慘叫，彷彿松鼠尾巴被捲進家用刈草機發出的聲音。我跑進廚房，麵糊濺得滿牆壁，小妹號咷大哭，而電動攪拌器還在運轉，且離她的頭皮很近。起初我想不透發生了什麼事，然後我明白過來：攪拌器纏上她一縷亮麗的褐色長髮，頭髮被捲進去，而攪拌器還在震動，像女妖般逼近她小小的腦袋。我拔掉攪拌器的插頭，接著動用了剪刀，再親她幾下，大笑幾聲，她就沒事了。

之後，整支樂團會睡在我爸媽客廳的地板上，只睡幾天。我們去西岸是要被發掘的，而這需要作品，所以我們收拾行囊，前往舊金山進行第一次試演。我們把車停在「家犬」（Family Dog）前面，那是水銀信使樂團的大本營，也是德高望重的舊金山老舞廳，正在找幾支新樂團為主秀開場。修補王幫我們爭取到機會。我記得那是個晴朗的午後，有三、四支樂團參加試演。前兩團不怎樣，於是我們胸有成竹地登台，表現得不錯，演出大約二十分鐘讓我們在家鄉成為超級巨星的歌曲，相信公演已是囊中物。我們下台後，換第四支樂團演奏。他們很不賴，音樂處理得細膩，有數名不錯的歌手和幾首非常動聽的歌。他們不像我們那麼賣弄，但似乎不以為意，就只是表演，表演得非常、非常精彩。他們贏得了公演，我們輸了。結果宣布後，其他人都在抱

怨我們被做掉了、經營者不知道自己在做什麼，等等等等……

　　那晚我回到爸媽的住處，躺在沙發上思考，他們確實比我們好，而我已經很久沒看到任何樂團，任何仍默默無聞的樂團，比我們——**我**——更好。決定的人做得對。我的信心動搖，還必須挪出空間給一個不怎麼愉快的想法：我們不可能像在家鄉那樣出名。我們只會是眾多非常有本事與創意的音樂團體之一，去爭奪一根非常小的骨頭。回歸現實面。我不錯，非常不錯，但也許沒有我習慣別人告訴我的、或我自以為的那麼好，那麼傑出。在這裡，這個城市裡，很多人具有跟我一樣好、甚或更好的實力。我有好一段時間沒遇到這種事，需要做些心理調適。

　　我們幾天後就捲土重來，去一家叫「母體」（Matrix）的俱樂部試演，這次我們得到工作了。我們將為伯茲・史蓋茲（Boz Scaggs）、艾文・畢夏（Elvin Bishop）和查理・莫索懷特（Charlie Musselwhite）開場，並首次獲得明確的讚揚，那是《舊金山紀事報》（*San Francisco Examiner*）的樂評菲利浦・艾伍德（Philip Elwood）所賜。評論的標題是——呼應外頭舊金山的雨——〈煉鋼廠，濕透的一夜〉（A Wet Night with Steel Mill），那正是我們期盼的。艾伍德先生寫道：「我從沒像這樣被完全默默無聞的天賦震驚到。」這賦予我們迫切需要、讓家鄉父老和報紙刮目相看的強心針，也讓我們相信，也許我們真的有未來。我們在「母體」演出的酬勞等同海灣大橋的通行費加熱狗的錢，就這樣，等於無償演出。但這是非常寶貴的經驗，我們也遇見一些真正的發片藝人，跟他們講到話。我們不是觀眾來這裡要看的樂團，所以必須加倍努力，而我們加倍努力了。我不覺得有誰被我們嚇到，但我們每一次演出都讓一部分的觀眾印象深刻。下一站是舊金山的搖滾殿堂，比爾・葛蘭姆（Bill Graham）的菲爾莫西劇院。

眾神的殿堂

　　眾神都上過這個舞台——樂隊合唱團（The Band）、比・比・金（B. B.

King）、艾瑞莎・弗蘭克林（Aretha Franklin）——所有優秀的舊金山團體。每週二「菲爾莫西」會舉行試演，我們敲定了一個場次，戰戰兢兢地上台，讓自己出名。同場有五、六支樂團競技，面對坐在地板上的付費觀眾演奏。每一團都很不錯——得到試演機會的都不是三腳貓——但沒有人特別傑出。很多樂團就是照本宣科，演繹慵懶的舊金山風格，於是當紐澤西的工人上台，一切為之改觀。我們用力搖滾，演出善用肢體的爆炸性舞台秀，讓觀眾站起來大喊。演出結束，我們贏得起立鼓掌和敬重，並獲邀下週二再次演出。那天稍晚，我在舞廳閒晃和當地人攀談、盡情沐浴西岸的光輝時，又有人點亮了舞台。一支名叫「咧嘴」（Grin）的團體，它的主吉他手，透過 Hammond 牌的雷斯利擴音器彈吉他的尼爾斯・洛夫葛倫（Nils Lofgren），搖撼整間屋子直到演出終了。我們心滿意足地回家，開始倒數下一次演出的日子。一星期後我們回到那裡，如法炮製，贏得同樣熱情的回應，接著獲得在比爾・葛蘭姆的菲爾莫錄音室錄製試聽帶的機會。終於！這正是我們橫跨四千八百公里的目標：戴上金戒指的機會。

　　一個清爽的加州午後，煉鋼廠樂團抵達我們首次見到的專業錄音室。那是西岸典型有木造鑲板和大量盆栽的搖滾巨星的家，未來我將投入大部分時間的地方。我們為比爾・葛蘭姆的菲爾莫唱片錄了三首最好的自創曲，〈法官之歌〉（The Judge Song）、〈回喬治亞〉（Going Back to Georgia）和〈火車之歌〉（The Train Song）的試聽帶。當你第一次在專業錄音帶上聽到自己的聲音，你會冷汗直流，恨不得找個洞鑽進去。你在你的腦袋和夢想裡唱得永遠比在錄音室的冷光底下好。在錄音室，你真實的聲音會像有二百公斤重壓在你身上；但在你的腦袋裡，你永遠是更好的歌手、吉他手，當然，就外行人而言，也長得更好看。為了度過難熬的日子，你營造出這些具有保護色彩的妄想，但磁帶和膠卷對假象沒興趣。你必須習慣它。說來遺憾，在我們的西岸之旅中，「我們沒有我想像中那麼好」是我一再碰觸的主題。

　　試聽帶是我們當時的最高成就，合約始終沒有出現。我們拿到某種預付

金，但沒得到任何對我們展現興趣的關注。不過，還是有事情發生：我們被評論過，我們在「母體」這個大型城市俱樂部有半穩定的公演，我們曾獲比爾・葛蘭姆的菲爾莫組織的青睞，現在則吸引了一小群熱情的歌迷。我偶爾見見家人，更喜歡和樂團一起行動，去柏克萊、馬林縣及任何有人願意讓我們借宿的地方睡。我曾在加州高速公路搭便車（我的專長）被捕，身上沒什麼錢、沒身分證、沒正式住處，看來有充分的條件入獄。就在這時，我媽來了，重演她在紐澤西扮演過多次的角色——我曾因種種造成嚴重社會問題的犯罪行為被拖進當地警察局，例如沒買海灘通行證、搭便車、駕駛向女友父親「借來」的跑車——把我保釋出來，還載我去「母體」進行當晚的演出。我還是個孩子，有她在身邊可以依靠感覺真好；但沒過多久，我們就必須面對現實。我們沒有錢，沒有帶薪的工作，沒有前途可言。不像在紐澤西，我們無法每季開演唱會來平衡收支，在這裡，我們沒有確實可行、財務穩健的運作模式，我們仍等著「被發掘」；但舊金山有太多優秀團體，沒人願意付錢請我們去表演。當初我讓爸媽離開、自己留在紐澤西，這個決定是對的。我們**只能**在東岸的小地方靠音樂謀生，我們必須回去。

　　修補王借了些錢當作回家的旅費，我們馬上整裝出發，沒有一敗塗地的失落感，也沒有先前想像的成功。跟家人告別後，我們便上路前往維吉尼亞里奇蒙。里奇蒙，我們賺得到錢的兩個地方之一。只要到達那裡，我們就能工作、賺點美金再回去澤西海岸地區，可望奪回我們之前未獲充分賞識的地方搖滾之神的地位。

在路上的六天

　　我們的雙車車隊再次往南出發。出舊金山不久，丹尼就因為一邊開車一邊俯身調整收音機而偏離道路，撞上「施工中」的標誌，嚇得道路工人逃到附近的灌木叢，還把我們受人尊敬的旅行車撞凹一塊，但並無大礙，我們繼續快快樂樂地上路，往澤西出發。然後問題馬上就來了。我和 J・T 坐在旅行

Growin'
Up

車後座，中途停在亞利桑那一條公路旁尿尿休息，再回到車上。一小時後，我突然意識到後座的空間變得無比寬敞——J・T被留在公路的某個地方了！我們示意修補王停車，我告訴他這件事。他的眼神飄向沙漠，克制住滿腔怒火，咕噥著說：「回去找她。」把J・T遺棄在路邊兩小時後，我們回到我們認為是先前下車尿尿的地方。什麼也沒有，一片死寂，靜得能在稀薄的沙漠空氣中聽到血液流過靜脈的聲音。空，遼闊、無垠的空。接著我們看到西方有個小黑點正在水平線上移動，是個活生生的東西。我們趕緊上車，開了大約一公里，那是J・T，正朝著加州邊界跑回去。我們打開車門，一隻氣喘吁吁、搖著尾巴、開心的獵犬跳進後座，舔拭視線裡的每一樣東西。離開兩小時後，我們的車回到正靠著卡車、如哨兵般站在路邊的修補王面前。J・T跳了出去，躍進修補王的前座，面無表情的修補王說：「上路吧。」

距離里奇蒙還有兩天的路程時，丹尼的旅行車不行了，停止不動，掛了。我們沒有備用零件，就連修補王強大的技術都無法讓它動起來。好，我們在里奇蒙有演出，我們有五個人，卡車前座可以坐三個人加一隻狗；但這會讓兩個人留在馬路邊。修補王看了看置於平台後半、裝著樂團裝備的膠合板箱，花費三十分鐘重新打包，在箱子末端擠出大約半公尺的爬行空間。我們必須有兩個人擠在裡面上路。

現在是隆冬時節，冷得要命，前座幾乎沒有暖氣，後面的箱子更不用說。我不記得怎麼安排的，總之小維尼和我爬進後箱，穿著冬天外套加上所有衣物，擠進我們的睡袋。我們被關在箱子裡，面對面，棲息在一個半公尺乘二公尺半、又凍又黑的空間裡。我們有一點水、一支手電筒和彼此。沒有和前座聯繫的方式，我們被緊緊塞進數百斤重的搖滾樂裝備後面，如果卡車開上陡坡，重量轉移……問題來了。我們一邊抵著後門，一邊被 Marshall 牌音箱壓著，我們的命運與修補王卡車的命運緊密相連。不管卡車發生什麼事，我們都會被反鎖在裡面，無路可逃。我們有空瓶子可以尿尿，而前座那些傢伙每隔兩小時會來查看我們的狀況。兩天就這樣過去。瘋狗每隔一段時

間會來跟我們「換班」，但丹尼有幽閉恐懼，密閉的黑箱子不適合他。一段時間後，你就會習慣坐在冰冷的黑暗中，讓心流浪。

　　無論成果如何，加州之行對我造成深遠的影響。我必須看看這個國家。我碰到一些真正的才子，而我毫不示弱，因此在「家犬」擊敗我們的那支樂團令我耿耿於懷。他們擁有我們沒有的，很細膩的音樂性。他們比我們優秀，我無法接受。我沒有預期會遇到比我們高竿的人，但這發生了，就像上帝的安排。我很快，但就像那些西部老槍手明白的，總是有人比你更快拔槍，而如果你做得比我好，你會贏得我的敬重和欽佩，也會鼓舞我更加努力。我不怕，只擔心無法徹底發揮自己的能力、擔心不夠廣泛且明智地了解自己能做什麼。我就是我擁有的一切。我只有一種才能。我不是天才。我必須運用身體的每一分每一寸——我的靈巧、我的音樂技能、我的表演技巧、我的理解力、我的心、我的意願——夜復一夜，用力鞭策自己，比別人更熱切地努力，才能在我居住的世界活下去。當我坐在伸手不見五指的膠合板箱中，我知道我們回家後，勢必要做些改變。

19

回家

抵達里奇蒙時，我們已精疲力盡，但很高興回到熟悉的領地。我們演出，人們付錢，多愜意。然後開車回到澤西，凱旋而歸，我們得到……我們的……自己的……**樂評**！我們獲得大報樂評的肯定，說我們是澤西的壞小孩去教西岸的娘娘腔什麼叫**搖滾**！如果不相信，請看《阿斯伯里帕克通訊報》（*Asbury Park Press*），他們把我們返鄉報導成像奧德賽回到家鄉一樣。我們已將澤西——許多老派喜劇演員的笑料——短暫畫上搖滾樂的地圖，以後會有更多人跟進，但此時我們舉行了榮歸慶祝演出，而我藏了些現金在我的銀行——衝浪板工廠裡我的梳妝台上層抽屜的一隻襪子。然後我坐下來，重組樂團。

在我們的西岸追尋之旅中，小維尼和其他團員之間產生嫌隙。這種事常發生，只有最幸運的樂團不會漸行漸遠。對於排練的時間和該付出多少心力，團員意見分歧，步伐不一，沒有哪兩個樂手的投入完全相同。團體可能會在不知不覺中分崩離析。維尼是個好人，魅力四射的貝斯手，更是我的搖滾偶像主題樂團的創始團員之一。他跟我一樣出自「油膏」地區，也經歷過我們加州之旅的大悶鍋，放他離開並不容易。所以我臨陣退縮，讓瘋狗去處理，不像我那麼多愁善感的瘋狗或許能用他一貫的務實與沉著處理好這件事。我想像他直來直往，讓維尼很高興自己沒被侵犯，轉而去走自己的路。

是時候召喚老朋友史提夫·范·贊特了。雖然私交甚篤，但我們都是主唱兼主吉他手，從沒在同一支樂團同台演出。煉鋼廠已經建立穩固的名聲，我認為史提夫可能會願意幫我頂替貝斯手一陣子。我們一起開車往北到一家

樂器行，他買了一把透明的 Ampeg 牌貝斯和一個音箱，然後直接回工廠，開始排練，訓練史提夫彈奏我們原本的曲子。我們時機拿捏得剛好：史提夫的裝備一就位，小維尼就來收拾他的裝備。很好。史提夫進了隔壁房間，維尼把我們痛罵一頓，我們默默承受，再從中斷的地方重啟排練。史提夫接掌貝斯之後，他的演奏和我們恆久的友誼，為這支樂團注入了新的生命力。

搖滾的騷亂

我們重回過去的循環，從 A 到 B，澤西到里奇蒙，然後再來一遍。六〇年代末到七〇年代初，惹上一些會招來警察的麻煩似乎是文化現象的一部分，如果演出超時幾分鐘，就會有人去叫警察來阻止異教徒喧擾。這幾乎成為慣例。警察齊聚在舞台後方，各當事人展開辯論，通常會達成妥協。警察大多只想趕快讓演唱會結束、送孩子回家，他們就可以回去甜甜圈店裡，但有時也會遇到一板一眼的條子。煉鋼廠演出時，在觀眾的配合下，整個空間歸我們所有，全場都站在我們這邊。我們不會敵視警方，通常都想合作，但在那些日子，文化上的反對勢力會物以類聚。

晚，里奇蒙大學體育館裡歡樂的一夜落幕時，我注意到一個小房間裡正進行激烈的討論。那房裡有電源開關，就位於鼓台後方幾公尺。我看著討論逐步增溫，直到我們的外地公演經理比利和當地一名警官擺出早年脫口秀般的打鬥架式，企圖阻止對方碰觸電源開關。電力中斷又恢復，恢復又中斷。從來不會乖乖坐著任人干擾演出的文森·洛培茲，這會兒跳出他的爵士鼓區，加入這場混戰。藍色制服的入侵者被擊退，表演繼續以「管他去死」的強烈戲劇性進行下去。演出結束不久，當我們收拾好裝備放上修補王的卡車時，不見文森的蹤影。我們找遍場館內外和附近街道，等他現身；遲遲沒有。然後一個學生告訴我們，十分鐘前，他看到警察悄悄進來，把一個嘴裡不停咒罵的年輕人戴上手銬帶走了。文森直接被送進縣立監獄，度過混亂的一個月才出來。

沒有足夠的錢保釋他，我們必須竭盡所能舉辦一場「沒有瘋狗」的演唱會，在紐澤西米德爾敦的清水游泳俱樂部舉行。數千人到場。我們從里奇蒙找來一個鼓手，跟他仔細排練，準備演出。那晚一開始平安無事，但當米德爾敦警方派出便衣緝毒刑警在觀眾中遊走，逮捕抽大麻者時，麻煩開始了。握有人數優勢的觀眾感到不耐，於是把警察一個個扔進場地中央的游泳池。隨後米德爾敦警長派出一部警用巴士，滿載身穿最新特警隊制服的條子來擺平這件事。我們的演出時間向來比較長，而在這次的案件中，這被視為挑釁警方。電源被切斷（似曾相識的感覺），修補王，人如其名，立刻找到旁路恢復舞台的電力，群眾歡聲雷動。這下炸了，條子如暴風般湧入現場，拚命揮著警棍，還有幾名警察從舞台正面爬上來找團員麻煩。一個瘦小的警官戳著我的肚子，大叫：「來啊，渾蛋，來啊！」我轉頭看到丹尼正從一堆箱子搬出他昂貴的 Marshall 音箱頭，一些警察從後面走上舞台，那些箱子「意外」落下砸在他們身上（感覺相當於裝著八顆保齡球的箱子砸中你的屁股）。有些條子被箱子困住，怒吼著爬出來，起身離開。一名警察跳到台上，抓住丹尼的手臂，企圖逮捕他。丹尼的妻子芙羅，百分百的澤西女孩，也跳上台抓住她先生的另一手臂。一場滑稽如《基斯頓警察》（Keystone Kops）的拔河賽就此展開，拒絕就範的丹尼扮演繩索，被妻子和警察拉扯。一個我曾在演出時見過的大孩子爬上台，站到警察面前，盡情宣洩當時最流行的罵人的話：「豬、豬、豬、豬……」警察頓時激動起來，放開丹尼，跳下舞台，在觀眾中追著那孩子跑。「幽魂」丹尼溜之大吉。

　　接下來一星期，地方報紙淨是「搖滾樂造成混亂！」的標題。據說警方在舞台底下尋獲刀槍（假的），據說有名警長被人用音箱攻擊（真的）。美國公民自由聯盟組織（American Civil Liberties Union）開始調查警方有無施暴，大家都很高興。我們全都藏了起來，但沒多久丹尼就因為攻擊警方遭到通緝。現在我們沒有鼓手，也沒有風琴手了。從米德爾敦游泳俱樂部那次奇恥大辱賺到的錢，讓我們得以去維吉尼亞保文森出獄，但現在我們該拿丹尼怎麼辦？

他不想投案，這可以理解，六〇年代警方對待長髮者的方式可不友善。我們都聽過菲力荷監獄有個「黑洞」：你將赤身裸體待在獄中，直到同意讓監獄理髮師給你理個標準囚犯髮型為止。無法保證能被當人對待，丹尼繼續逃亡。問題在於，我們需要演出，而且幾週後在蒙茅斯學院就有場大型演出。隨著日子逼近，我們試了很多代班風琴手，沒一個堪用。最後，丹尼說他要冒險演出。我們猜想只要我們站上台，警察鐵定不敢當著三千個吶喊嬉皮的面逮捕他，於是這成了我們的計畫。

那一晚到來，我們要做的是帶丹尼進出體育館，不被條子發現。我們擺好裝備，觀眾進場，丹尼藏身在體育館裡一個朋友的車子後座，等我們打暗號。八點開演前五分鐘，我從後門溜出去，敲了丹尼的後車窗，說了密語：「表演時間。」我只聽到，「我不去。」什麼？「我不去。到處都是條子，我看到屋頂也有條子。」我站起來，環顧四周，只聽到附近樹林裡的蟋蟀聲。我掃視屋頂，什麼也沒有。我觀察停車場，什麼也沒有。然後丹尼搖下車窗，一股辛辣又芳香的氣味飄進夜空。丹尼抽菸是為了緩和被害妄想。我清楚地跟他解釋他可以下車，他的安全由我負責，不會有事。在他說完慣有的「幽魂式」抱怨，我極盡哀求、勸誘、好說歹說之能事後，他下了車，我們走進館內，暢行無阻。

一進門，丹尼的朋友，也彈風琴的派對比提立刻扯開喉嚨大嚷「丹——尼——！」來歡迎他。瘋狗二話不說把他打昏，於是我們必須跨過派對比提才能上台。我們以〈法官之歌〉爆炸性地開場，演出進行得喧鬧而愉快。我們手舞足蹈，慶祝智取當地警察。沒有人，沒有一個人，敢在這群觀眾面前逮捕丹尼。這晚結束時，我以展現嬉皮團結之名，邀請觀眾裡的「兄弟姊妹」上台，直到台上擠滿波浪起伏般的呆滯目光和紮染衣物。丹尼離開位置，下了舞台，出了前門，安然無恙。這就是民眾的力量。但這代價他媽的累，我們不能繼續這樣下去，所以我們說服丹尼在隔週投案，然後把他保釋出來。這是個小小的試煉，該面對的終須面對。就是這樣。我受夠了。亡命之徒的

Growin'
Up

日子結束。

　　有史提夫和我在，煉鋼廠繼續玩得不亦樂乎。除了享受好友的陪伴，史提夫擔任貝斯手作風積極大膽，為樂團增添美妙的和聲。我一直懷疑自己能否勝任主唱，自覺沒有主唱該有的音色和音域，對於沉浸在自己演唱的歌曲中沒有自信。喬‧史楚莫（Joe Strummer）、米克‧傑格和許多偉大的搖滾及龐克主唱，並未擁有絕佳的歌喉，但他們瀝膽披肝的信念和對歌曲的掌握彌補了不足，更賦予他們深刻的個人風格。儘管如此，我認為我們仍可精進主唱的水準，為此，我願意交出主唱的工作。里奇蒙有個出色的樂團叫「急救飛行」（Mercy Flight），團裡有個傢伙叫羅賓‧湯普森（Robbin Thompson）。我認為他是我聽過未被發掘的搖滾嗓音中數一數二的，像是約翰‧佛格提（John Fogerty）和洛‧史都華（Rod Stewart）的綜合體，賦予了他的樂團強大的力量與獨特的風格。從別人的樂團挖走他們最好的人才，特別是你認識的樂團，不是一件友善的事。但為此我沒有失眠太久，我想要我所能想像最好的樂團。我把這個想法告訴其他團員，他們不認為有此必要，但願意聽從。

　　羅賓‧湯普森來到北方，好一陣子，我們就是硬式搖滾界的「山姆和大衛」[40]。這是支好樂團，或許沒有我們最早的四個人那麼好。羅賓是絕佳的主唱，然而，由於人數少的團體關係較緊密，而且我的創作還是我較能掌握，因此最好還是由我單獨擔任主唱。我們又學到新的一課——三十年後，我和東街樂團將再次面臨同樣的課題。

　　就風格而言，我不以煉鋼廠的重搖滾、草根搖滾為滿足。我也聽范‧莫里森（Van Morrison）和喬‧科克爾（Joe Cocker）的《瘋狗和英國人》（*Mad Dogs and Englishmen*），並有意回歸我靈魂樂的根。我跟瘋狗和史提夫討論和我一起邁向截然不同的領域：籌組十人管樂歌手搖滾靈魂樂團，只演繹新的獨創作品。

---

40 Sam and Dave，六〇年代著名的靈魂樂雙人組合。

　　我最近去後舞台俱樂部，聽到一個年輕風琴手彈琴，驚為天人。他十六歲，是我在阿斯伯里帕克聽過最棒的樂手之一，大衛・山休斯（David Sancious）。他擁有純粹的音樂天分和不可思議的舞台魅力，是一顆形成中的星星，我希望他加入我的樂團。大衛有勇氣跨越界線，進入後舞台俱樂部以白人為主的搖滾世界，追尋音樂的冒險。從另一面來看，他是樂壇全新的面孔，能激起莫大的驚喜。那段時期，阿斯伯里帕克的種族界限左右搖擺，但幅度不大。蓋瑞・塔倫特和全黑人靈魂樂團「小麥文及入侵者」（Little Melvin and the Invaders）連袂在阿斯伯里帕克的黑人俱樂部演出，當時，年輕的克拉倫斯・克萊門斯（Clarence Clemons）還在那個團裡吹薩克斯風。我曾晃到史普林伍德大道上的蘭花沙發吧，聽他們演出我最愛的靈魂樂。白人在「蘭花」雖是異數，但絕不會被找麻煩。我們都在 Fisch 服飾買衣服，那是黑人社區第一流的商店。之後暴動改變了一切，讓兩個族群彼此猜忌，將 Fisch 徹底焚毀，讓史普林伍德之行再也不受歡迎，但似乎也有更多音樂上的冒險投入彼此的懷抱。大衛加入我新的布魯斯・史普林斯汀樂團，而我從此拋開那段留長髮、甩吉他的光輝歲月。

無盡的夏天

　　在衝浪板工廠裡，人生持續前行。我和瘋狗向來工廠訂製板子的孩子學會衝浪，熱衷了好一陣子。這讓我們常睡在長堤北灘的基樁底下，瘋約翰衝浪店在我們頭頂的碼頭上，如果下雨，你會看到我們像沙丁魚般塞在睡袋裡，跟其他無家可歸的衝浪客一起擠在店裡的衝浪板之間。天一亮，我們就急著跑出去，沒入濃粥似的澤西碎浪，衝浪一整天，從黎明到黃昏。那兩年，我度過這一生最美好的兩個夏天，全是音樂、女孩和海浪，就像歌裡唱的那樣。我有一塊二手的「挑戰者東方」長板，也學會了如何駕馭。我愛那塊板子，在上頭享受過我在海上最大的樂趣。當短板革命來襲，我感受到壓力，只好選了一塊一百八十公分長的火箭型。修補王製作短板是因為年輕衝浪客需要，但他是冰冷堅定的守舊派，從不愛那種款式。當我第一次用短板衝浪，速度快得出乎意料，也很容易操控，板子在我的腳下飛梭。哇，銀色的欸！我在布萊德利撞斷了門牙，讓不諳水性、總是待在岸上的史提夫・范・贊特看得心驚肉跳。我走上海灘，看著史提夫說：「我感覺不大對勁，好多空氣。」史提夫兩眼瞪得跟餐盤一樣大，說：「你牙齒斷了，門牙。」於是生平第一次，我進了牙醫診所（之前都是我爸處理：把線的一端綁在門把上，另一端繫住我鬆動的牙齒）。醫師幫我裝牙套，並扳直另一顆門牙，讓我為重要演出做好準備。

　　那年秋天，我衝了不該衝的颶風浪，差點溺死。瘋狗和我在海邊坐了一上午，爭論要不要下水。最後，接近中午時，有個牛仔蹦蹦跳跳過來，說服我們跟他一起去。我們玩瘋了。接著，地平線掀起一道巨浪，我像風車般拚

命滑，立刻找回對天主教的信仰，第一次如此禱告：「主啊，拜託讓我逃過這隻巨獸的浪尖。」門都沒有。我遭受重擊，往岩石的防波堤猛力一撞，又被兩道大浪拋來拋去，在還沒有衝浪腳繩的一九七〇年代，我的衝浪板立刻脫手而出。我蹩腳的游泳技術勉強救了我一命。我爬上沙灘，像第一隻逃出前侏儸紀大洪水的生物，鼻青臉腫，全身痛得要命。我躺了很久很久，大口喘氣，心怦怦跳，感謝我不信的上帝。啊囉哈，夏威夷，那裡不會有五公尺高的管道[41]害我滅頂。

我們在工廠為我新名片上印的「布魯斯・史普林斯汀樂團」舉辦歌手甄選。勇敢的年輕女性回應了我們在《阿斯伯里帕克通訊報》發的徵人廣告，開車進入幽暗的工業荒漠，來到活像強暴犯天堂的地方，只為了驗證她們的天分。我們有拉斯維加斯風格的鳴鳥、歌劇歌手，以及糟透、滑稽、在前卡拉 OK 時代考驗我們的禮節和自制力的有志之士。我甚至跟當時還是高中生的內人派蒂・史凱法通電話，用父親的口吻勸她，我們是一個要巡迴演出的團體，年輕女生最好留在學校。最後，兩位阿斯伯里帕克西區出身、優秀的黑人福音歌手德洛麗絲・霍姆斯（Delores Holmes）和芭芭拉・丁金斯（Barbara Dinkins）晃了進來，完全符合需求。找喇叭手更難，當時爵士寶[42]當道，很難找到願意吹奏初期節奏藍調又不領現金的樂手。我們找到了，接著成立一支出色的樂團。

我寫了〈寶貝你對我深具意義〉（You Mean So Much to Me Baby），後來由南方強尼和蘿妮・史佩特（Ronnie Spector）翻唱，收錄於南方的首張專輯。我們進行了十幾場表演，而我發現這樣下去，不可能維繫此等規模樂團所需的財力。我很早就知道人們會買「加盟名稱」的帳，但煉鋼廠已不復存在，也不

---

41 Banzai Pipeiine Beach，夏威夷著名的衝浪勝地。
42 Jazzbo，爵士樂手的暱稱。

是我能汲取的力量。布魯斯‧史普林斯汀樂團雖然標榜為「前煉鋼廠」，卻未能像之前那般吸引足以維持生計的觀眾數。煉鋼廠解散後，我宣判民主和團名死刑。我是團長，身兼演奏、演唱和創作。如果要我承擔這種工作量與責任，我也該得到權力。我不希望團裡發生任何決策上的爭執，或不清楚誰該為我的音樂創意確立方向。我希望有執行自己靈感的自由，不要無謂的爭論。從現在起，責任推託到此為止，一切由我負責。

現在回頭看，這是我年輕時所做最聰明的決定之一。我一直相信，東街樂團能持續生存——創立已四十多年——正是因為團員間幾乎沒有角色混淆的問題。人人知道自己的工作、本分、福氣和權限。我的團員不見得滿意我的決定，有時甚至會生氣，但沒有人對我的權力有意見。凡事清清楚楚，讓我們能基於「我們一起工作，但這是我的樂團」的原則建立默契。我採取一種仁慈的獨裁，在我設立的架構下，歡迎注入創意，但虛線上簽的是我的名字，唱片上也是我的名字。日後，當麻煩來敲門，也是衝著我來。所以從現在起，最後決定權在我。即便如此，問題仍會發生，好在我們身處一個界限明確的系統中，能遵循脈絡處理問題。

這個決定帶給我的第一個打擊，就是失去許多曾受煉鋼廠重搖滾力量吸引的觀眾，以及穩定收入。然後當我們失去小喇叭隊，布魯斯‧史普林斯汀樂團從九人縮減至七人。我們在南方憑著煉鋼廠的名氣受邀進行幾場演出，結果發現，就算已經是一九七一年，有些地方仍不希望我們帶黑人歌手前去。他們聲稱不想聽「那種聲音」，只需要像我的舊團那樣的搖滾。一次在里奇蒙，我接到一個女團員的電話，她帶了一個麻煩男友來。我前往他們住的汽車旅館，她一開門，我就發現他們剛吵過架，他狠狠揍過她，把她的臉打到見骨，而後不知去向。那晚我們只有五人演出，然後蹣跚地回到澤西的家，失去歌手，也失去所有巡迴演出的機會。

約莫同時，修補王的厭世傾向讓多數團員非常困擾。隨興的羞辱和汙言穢語是他的日常。除了我，所有人都是他發洩的對象。怨恨逐步累積，修補

王的一些管理決策也引起糾紛。這種種情況，以及關係的惡化，讓卡爾·威斯特卸下經理職務。修補王已經為我做了太多，而不久後，他會付出更多。我們的友誼真誠堅定，我和修補王都沒有很多像彼此這樣的朋友。位於瓦納馬薩的「挑戰者東方衝浪板工廠」已經歇業，我們在海蘭茲找了間修理廠，新開一間俱樂部。當時海蘭茲是澤西中部低地一個高風險的「紅脖子」漁業小鎮，位在龍蝦與陸地交會之處。我們自己裝潢了這個破舊不堪的空間，釘釘子、築牆、幫錄音室做隔音，一切都是典型脫離電網、雷達偵測不到的卡爾·威斯特式成品。我們是機械的鬼魂，一群不繳稅、在檯面下生活的市鎮居民，完全和循規蹈矩的世界不相干。

　　一個秋天，我前往修車廠傳達消息。修補王躺在門前的卡車底下，腿伸到街上，修理引擎。「修補王……」我聽到叮叮噹噹工具收拾好放上人行道的聲音，但只看得到他的下半身。

　　「嗯？」

　　「大家決定是時候走自己的路、自己處理事情了。我們想這樣試一陣子，看看成效如何。」

　　「你們想怎樣就怎樣。」接著他沉默。工具被移到混凝土上，依舊沉默。我走開了。

　　我追求的新聲音：受靈魂樂和節奏藍調影響的搖滾樂，結合優質的詞曲創作，最後成為我前兩張唱片《來自阿斯伯里帕克的問候》（*Greetings from Asbury Park*）和《狂野、純真與東街舞曲》（*The Wild, the Innocent and the E Street Shuffle*）的基石。不再有矯揉造作的吉他表演，現在我重視歌曲的整體呈現。我很快地發現，雖然這較能帶來個人與音樂上的滿足，但在花園州，這不像硬式搖滾是演出生財的好方向，生存變得更困難了。我開始非常仰賴週末在後舞台俱樂部即興演出的酬勞，湯姆·波特一晚付我二十美元。我一週靠三、四十塊過活沒什麼問題。不久湯姆決定關閉後舞台俱樂部，前往佛羅里達。我搬進湯姆和瑪格麗特的公寓。他們這幾年已經分居，目前只有湯姆一個人住。

真可惜。那地方是為**兩個人**打造的怪人秀場所,兩個可愛但非常奇特的人,房裡全是怪異的紅黑色調,廚房天花板上黏了數千個瓶蓋,舉目所及都是疊高的汽水瓶罐,冰箱外側貼滿《花花公子》每月玩伴女郎的拉頁照——每一件垃圾都以湯姆的波西米亞迷幻風格創作成你從沒見過的玩意兒,看起來就像湯姆・威茲[43]的凱迪拉克後座。現在回頭看,那真是非主流藝術的精湛之作,但住在裡面又是另一回事,我和我的朋友們住進去了。

湯姆・波特,這個古怪、誇大、開低級酒吧、不屑世界的波特海盜,心碎了。瑪格麗特走了,帶著她奇妙的魅力頭也不回地走了。湯姆過去唯恐天下不亂的靈魂被扼殺殆盡。他沉默不語,若有所思;會忽然痛哭流涕,不再是那個週六夜馬戲團的團長、全國最荒唐青少年俱樂部的總管,而是自己悲傷的影子。不會再有「最短迷你裙」比賽。在拂曉時刻爬出俱樂部閒晃到木棧道、結果倒在海灘上的日子也宣告終結。小小黑、小小白、「大壞蛋」巴比・威廉斯、南方、蓋瑞、史提夫和我、大丹尼、小丹尼、派對比提、非法的摩托車浪人、迷路的新潮青少年、深夜脫衣舞孃,以及蜂擁來此、彷彿把這裡當成夏日麥加的數百名海岸地區樂手,大家都必須找新家了。後舞台俱樂部,我建立最堅定音樂友誼的地方,東街樂團真正的誕生地,結束了。

在湯姆動身前往佛羅里達的那天早上,我們在俱樂部門前歡送他,謝謝他在我們需要時給予支持,也謝謝他創造的絕妙混亂。握了幾隻手,擁抱了幾個人,他爬進他的破車,一路向南,此後我沒見過他。

---

43 Tom Waits,美國音樂人、演員。以獨特的嗓音聞名。

21

垮掉一派的豪華

　　一樓是藥局，二樓是設備齊全的廢棄美容院，裡面有兩排站立式大型蜂窩頭烘罩。這裡曾是湯姆和瑪格麗特白天工作的地方，我也在此寫了《來自阿斯伯里帕克的問候》專輯的主要部分。三樓客廳有一扇向外凸出的大窗，面對伊斯蘭國度[44] 總部。湯姆有一張超大的床，置於一百多公分高的支架上，強行占據八成的空間。如果它會說話，湯姆勢必會割斷它的舌頭。我的臥室在後面，連接小廚房和古怪的屋頂花園。這是鎮上最酷的小窩，我和兩個朋友每月各出六十美元分攤房租。很快地，那六十美元將變得難以取得。

　　沒有演出。因為歌單的緣故，我們吃了海岸地區鍾愛 Top 40 場所的閉門羹，表演的日子戛然而止，需要新的收入來源。史提夫和我有個主意。夏天一個週六夜，我們從阿斯伯里帕克這頭遊說到那頭，生意最糟的俱樂部就是我們毛遂自薦的對象。我們從北走到南，在午夜時分走進一家名叫「學生王子」的酒吧。那裡剛被菲力荷一個水泥匠買下，他當酒保。看到店裡只有我、史提夫和另一個孤伶伶徘徊吧台盡頭的客人，我們認為非它莫屬。店外，街道忙碌喧嚷，但店裡彷彿有個黑洞。我們開的條件很簡單：他不必付我們半毛錢，我們收一塊錢的入場費，演出我們想表演的，拿了門票收入，回家。他沒有損失。

　　我們向他說明，他想了一分鐘後問：「你們要表演什麼？」

---

44 Nation of Islam，非裔美國人的政治和宗教運動組織。一九三〇年由華勒斯・穆罕默德（Wallace D. Fard Muhammad）在底特律創立，以促進非裔美國人和全人類的心靈、精神、社會和經濟情況為宗旨。

Growin'
Up

「我們想表演的。」

「呃……我不確定。」

這地方連旺季都沒有人，幾乎是澤西海岸地區的酒吧老闆所能享受最孤獨的感覺。彷彿肚裡吞了個拳頭，我們家鄉對原創音樂的抗拒竟如此強烈，他「不確定」？最後他答應讓我們演出，我們五人在下一個週六現身：瘋狗、史提夫、大衛·山休斯、蓋瑞·塔倫特和我。我們收取門票，為十五個人演出，五場五十分鐘的節目，晚上九點到凌晨三點。我們拿到十五美元，一人分三美元，然後回家。在煉鋼廠時期，就算沒有唱片合約、只收一塊錢入場費，我們一晚最多可以賺到三千美元。付完必要的開銷，分完那筆錢，每個團員都可以帶好幾百塊回家。你知道在一九七一、七二年，如果不用繳稅、沒有人要扶養也不必繳房租，幾百塊可以過多久嗎？很久、很久，而現在我只讓團員帶**三塊錢**回家。

隔週，我們如法炮製，表演給三十名音樂愛好者看，拿到三十美元，一人分得六塊。再隔週，我們對八十人演出，然後一百人、一百二十五人，然後我們開始在星期五及星期六演出，然後星期三、五、六，每次吸引一百到一百五十人——那間俱樂部的最大容量。我們有辦法謀生了。我們找到一小群鎮上獨立音樂的核心樂迷，他們維持了我們的生計。演出場面還挺酷的，陸續有朋友到場即興演出。丹尼·費德里奇和芙蘿也來了，他跟別的女孩調情，被芙蘿拿大啤酒杯砸。還有一個晚上有人開槍，沒有人中彈。我們在這間俱樂部的演出像是每週三場、為鄰里街坊一群內行人辦的私宅「轟趴」。水泥匠開心，樂團開心，觀眾也開心。

一九六九年八月十五到十七日的週末，發生了我這一代最重要的文化事件：五十萬人來到紐約州伯利恆鎮，奔向麥克斯·耶斯格（Max Yasgur）的農場，將蓄積已久的一切推到頂點[45]。而那幾天，我仍待在「學生王子」。對我來說，那個週末跟其他週末並無不同，仍在這間小俱樂部，為一群喝烈酒與啤酒、都是當地人和朋友的觀眾演出。從我所在的地方望去，北方那個慶

典太麻煩、太舟車勞頓、太多毒品。就算當時看起來不怎樣，我仍繼續自己的冒險。

大個子駕到

　　我仍對搖滾靈魂樂感興趣，仍在尋找好的薩克斯風手。我沉浸在蓋瑞・龐茲（Gary U.S. Bonds）、金・柯提斯（King Curtis）、小沃克（Junior Walker）和迪奧（Dion Francis DiMucci）的唱片，也愛搖滾薩克斯風的天籟之音。一個名叫柯斯莫的男人出現，和我們一起即興演奏，吹得真好。他有一頭捲曲的紅髮和半精神病的暴躁——比起瘋狗有過之而無不及。若團裡同時有這兩人，我們的大頭照遲早會出現在阿斯伯里帕克郵局的牆上。

　　蓋瑞說他認識一個叫克拉倫斯・克萊門斯的人，說他們在「小麥文及入侵者」共事過，就是那個在阿斯伯里帕克及附近為黑人俱樂部演出的靈魂樂團。他說克拉倫斯具有魔力，問題是沒人找得到他。當時，克拉倫斯在鎮北「奇蹟酒吧」演出的夜晚，正好和我們在鎮南「學生王子」的時間重疊。他聽聞了我的事蹟，親自帶著小喇叭過來，看看我們有什麼特別。

　　那是個月黑風高的夜晚。東北風暴已經來襲，把環道[46]掃蕩一空。海洋大道和金斯利街成了風強雨驟的無人之境，街燈在風中嘎嘎作響，這個鎮被遺棄了。我們在舞台上為一些進來取暖、喝點東西、聽點音樂的熱情顧客演奏。當「大個子」[47]來到「學生王子」前，一陣強風襲捲海洋大道，使俱樂部的門脫離鉸鏈，吹落在街上。好兆頭。我往俱樂部後方望去，陰暗中浮現一道又大又黑的身影，是他。金・柯提斯、小沃克和我所有搖滾樂的夢想融為一體。他走到舞台這邊，問能否讓他加入，然後踏上舞台，站到我的右側，從他的小喇叭釋放出渾然天成的音色。渾厚又自然，跟我聽過的截然不同。

---

45 指胡士托音樂藝術節（Woodstock Music & Art Fair）。
46 當地人對海洋大道和金斯利街的俗稱。
47 克拉倫斯・克萊門斯據說有一九五公分高，因此有「大個子」的綽號。

Growin'
Up

我的第一個反應是，這就是我一直在找的聲音。不只如此，比肩而立，我們兩人之間產生某種化學作用，好像正在譜寫未來。但那天晚上時機未到。克拉倫斯有穩定的表演工作，我也開不出任何條件，所以那晚結束時，我們聊了聊，彼此恭維，答應保持聯繫。我會再遇到克拉倫斯，但首先，還有四十哩爛路[48]要跑。

　　生活稍微恢復穩定。一天晚上一百五十美元，我們每星期有三個晚上可以帶三十塊回家，也就是一星期九十美元，視觀眾人數而定。那段時間，我迷上一個可愛的衝浪女孩，一個吸毒、作亂、桀驁不馴的野丫頭。她是我體內那個控制狂的完美解藥，同時點燃我新的渴望，對於未曾擁有過的每一種金黃色的完美的渴望。她充滿活力、滑稽古怪又支離破碎，令我無法抗拒。她激起我天主教學校養成的彌賽亞情結[49]，然後在上面跳起椎心刺骨的舞。她曾在我身邊一陣子，去了加州又回來，認識一些二流的搖滾明星，帶他們來「發掘」我的樂團，然後跟他們上床。我從這筆交易得到一次握手和一件「你們很棒」的Ｔ恤。我去她和她的女性朋友位於紐澤西長堤的公寓住。當衝浪女孩在黑暗中嬉鬧，女性朋友讓我知道真相，並安慰我受傷的自尊、告訴我該得到更好的，接下來的事情不言而喻。她有個可愛的小孩，而我扮演了一陣子的父親。那很動人，但我們只是兩個街頭孩子，走到哪裡，那個漂亮的小東西就跟到哪裡。那些年我雖然搬來搬去，但始終留著一件童年的物品：我的第一隻搖搖馬。木製的，只有五十公分高，漆成乳白色帶粉紅色的圓點，一匹遊樂場的阿帕盧薩馬，我愛不釋手。我給了她，送給她的小女孩。

　　這個騙局弄得我暈頭轉向，在完美的混亂狀態中，我決定再次往西方走，去不會想起過往的地方碰碰運氣。「珊蒂，我木棧道的日子結束了。」[50]

48　Forty Miles of Bad Road，杜恩・艾迪（Duane Eddy）的演奏曲。

49　Messianic complex，深信自己注定成為救星的心理狀態。

50　〈七月四日阿斯伯里帕克〉（4th of July, Asbury Park）的歌詞：「For me this boardwalk life is through.」

我的衝浪女孩失去蹤影，而我們的女性朋友和玲玲馬戲團（Ringling Bros. and Barnum & Bailey Circus）同行，我們的路線偶爾交會。幾年後我偶然在「石頭小馬」[51]與母女倆重逢，她們還是一樣漂亮。接著，在我離開澤西之前，最後一件對我意義深遠的事情在東岸發生。

遇見麥克

　　那天我跟朋友路易‧朗哥（Louie Longo）在海蘭茲一個拖車公園附近閒晃。修補王住在對街一間小農舍，我們維持友誼，常探視彼此。我會去我們在主街蓋的新工廠看他，他設計音響系統，和鄰居交朋友，同時惹惱、羞辱他們。他也在那裡深情款款地修復他的老爺車和船、顛覆政府、孕育百萬美元的計畫，繼續當他的修補王。一天，當我坐在路易家前門的台階上數葉子，他開車過來，說：「我要去紐約見一位唱片製作人，你該跟我一起去，彈幾首歌。要去嗎？」不知為何，那天下午我遲疑了。或許是闖過這麼多次不知是真是假的機會，累了。這幾年來，我已經見過許多可能、大概、應該能讓我們一腳踏進樂壇大門的人，卻始終毫無進展。然而，最近我才剛開始寫一些真的很不錯的非電子樂，仍覺得我是我見過最棒而未被發掘的音樂人，於是我跳上修補王的旅行車，沿著黃磚路，往翡翠城出發[52]。

　　我們把車停在第五大道一棟建築前，搭電梯上樓，進入魏斯‧法瑞爾音樂公司。當我們踏進一間有一長排小隔間的幽暗辦公室時，已經過了上班時間，站在我面前的是個三十來歲、一頭黑短髮的男人，他用硬梆梆的紐約口音歡迎修補王。修補王介紹我，於是我和麥克‧艾培爾（Mike Appel）握了手。我們走進麥克的辦公室，一間小包廂，裡面有一架鋼琴、一部錄音機、一把

51　Stone Pony，阿斯伯里帕克的表演場地。

52　黃磚路（yellow brick road）和翡翠城（Emerald City）的比喻源自美國名著《綠野仙蹤》。
　　主人翁桃樂絲帶著小狗沿著黃磚路走，沿途召集稻草人、機器人和獅子，前往翡翠城請
　　奧茲魔法師送自己回家。

Growin'
Up

吉他和兩張椅子。那是布瑞爾大廈[53]式的苦修,創作者在此和音樂出版商簽約,努力創作明天會熱門的金曲。以麥克為例,他的出版商是魏斯・法瑞爾音樂,他們共同創作過轟動一時的《鷓鴣家庭》(*Partridge Family*)主題曲〈誰不想被需要〉(Doesn't Somebody Want to Be Wanted)。麥克口若懸河地告訴我他是誰,以及他能做什麼(出片、製作、經理),我彈唱了幾首歌給他聽——這是日後我為《來自阿斯伯里帕克的問候》所寫歌曲的前身。麥克表現出一些興趣,我解釋我就要前往加州,展開心碎的一九七一年之旅,也許有一天會回來,也許永遠不會。他給我電話號碼,說如果我回來就打給他。

---

53 Brill Building,位於紐約百老匯街,六〇年代美國流行樂作曲家和唱片公司的集中地。

加州夢（第二場）

　　耶誕前幾天，修補王和我準備再次開他的福特旅行車橫渡美國。路線相同，七十二小時，四千八百公里，不睡覺，直達。往南途中，我們決定在昔日維吉尼亞里奇蒙的陣地暫停一下。最後我們來到一家脫衣舞俱樂部，修補王在那裡搭上一名肚皮舞孃。隔天早上我們在旅行車碰頭時，那個舞孃也帶著行李來。她說她受夠了新南方，決定捨命陪我們去新西部。她是個好女孩，路上有她作伴是樂事一樁。她在西岸有些朋友，考慮在北加州開一間肚皮舞教室。北加州，正是那種看起來有搞頭的地方。這趟旅程算是平靜，除了越過西部山區時遇到幾場險惡的暴風雪。我仍然沒有駕照，但一如以往，這些都是小事。我們來到暴風雪侵襲的公路區域，路上十八輪大卡車全都停止不動，引擎還在運轉，駕駛在前座睡著，回堵數公里，無法在冰雪中攀上陡峭的山坡。

　　那天晚上，道路在我們眼前消失，雪太大，根本無從判斷路肩在哪裡。我們的輪子上了鐵鏈，但仍在一些非常危險的地帶車輪打滑。肚皮舞女孩緊張得不得了，我們只好把車停下。修補王和我在一個高山隘口下車，視線內沒有其他車輛，只有雪從空中飄降、堆積在四周的城市，無聲無息，一片死寂。真正劇烈的降雪令人提心吊膽，但在東岸，一場好的暴風雪通常能帶給我們自由。不用上班，不用上學，世界暫時閉上它的大嘴，骯髒的街道覆上純潔的白，彷彿你踏錯的腳步已經全被大自然抹掉。你無法跑，只能坐下來。你打開門，面對一個沒有痕跡的世界，你的舊路和歷史都暫時被寬恕的風景掩蓋，新的事物隨時可能發生。這是幻覺，可以刺激靈魂的革新面，

去履行神或自然的暗示。然而,一大堆雪——我指的是鋪天蓋地的雪——是另一回事。自由頓時變成侷限。雪的物理重量不容忽視,你會開始害怕這個黑暗、被包圍的世界。我感受過兩次:一次在愛達荷,雪莫名地連下三天三夜,電力和光線消失殆盡,永夜和審判日降臨;另一次就是那個山隘的公路夜。太安靜、太沉重、太無邊無際、無垠無涯,世界被刨成一張雪盲的桌子,不小心就會從邊緣滑出去。那也被簡化成可通行與不可通行。早期的海洋地圖繪者是對的:世界是平的,往左或往右迷路太遠,就可能來到深淵邊緣,跌落,被巨獸吞噬。

我們跳回車子,修補王開車緩慢沿著公路前進,靈魂裡的厭世因世界可能結束而興奮起來,直到來到較低的海拔,回到有生命的大地和安全的道路。剩下的路程就是休息站、路邊酒館、乘客綺麗的人生故事和一如往常無窮無盡的公路。我們來到加州邊界,修補王把我放在聖馬刁我爸媽家的門前,爸媽穿著睡衣出來迎接,而我直往裡走,行李一扔,倒在沙發上安穩睡了二十四小時。

我計畫在一個遠離愛情憂鬱的新地點展開新生活,存了大概三百美元,當成「創業基金」。我的首要之務是找個有酬勞的工作,在某個地方演奏。我馬上發現,再次發現,雖然有很多地方可以免費讓我演奏非電子樂——例如「開放麥克風之夜」——但沒有一個會付我錢。我又再度籍籍無名。我放下東岸酒吧樂團之王的名聲,帶著一把吉他、一口袋的歌曲,成為眾多星夢追逐者之一。然而,欠缺運氣,於是我將目標鎖定在俱樂部的既有樂團,看誰需要一個能搖撼整間屋子的主唱兼吉他手。下定決心後,我前往俱樂部。一天晚上在舊金山,我遇到一支非常出色、能讓觀眾手舞足蹈的放克靈魂樂團。中場休息時,我向其中一名團員攀談,他提到他們的吉他手要離開了,正在找人接替。看起來是天作之合。他們的音樂比我的風格爵士一點,但我自認可以勝任,所以我們交換了電話號碼,約了日期讓我去即興演奏。一個平日晚上,我開車到舊金山南部一間倉庫,走進去,見了團員,插上電。我

們演奏了大約四十分鐘。他們的音樂催促著我，但整體還算順利。休息時，他們去另一個房間開會，之後我在俱樂部搭訕的那個團員走出來，送我離開，沒有錄用。從上一趟舊金山之行到現在，我不曾感覺如此挫敗。我開始對這個地方感到不以為然。

接下來三個星期，我四處尋找支薪的演奏工作。最後我想，何不自組樂團，去某處試演，讓俱樂部火起來，而後順其自然。我走進希斯戴爾購物中心，找了一家快速沖印，沖洗我旅途中拍的照片。我跟櫃台後面看起來二十出頭的小伙子聊天，他提到他是貝斯手，有一支小樂團，正在找吉他手，問我週末願不願意去跟他們練團。他們在南部的聖荷西，車程有點遠；但，該死，現在我走投無路，而且快沒錢了。

那個週末我向爸媽借車，往南開一小時，跟著指示進入一個中產階級的市郊。那是名副其實的理想家園：簡樸端莊的平房一棟挨著一棟，每戶都有標準的雙車庫和翠綠的前草坪。我來到朋友的家，他們都在那裡——我的新樂團。車庫的隔間敞開，看得到我的朋友在彈貝斯，兩個目測只有十四歲的孩子在打鼓和彈吉他。他們排成傳統團形，面對街道，幾個小音箱圍著一個打鼓的孩子，他長得像留長髮的淘氣阿丹（Dennis the Menace）。他們是孩子，真正的孩子，小孩子，才剛學會演奏。他們拿的吉他也許是爸媽送的耶誕禮物，而我竟然在這裡。

我把吉他搬出車子，就定位，在他們面前秀了一整個下午。我施展我知道的每一種花招，在那幾個小時陸續引來一些原本在刈草和烤肉的居民圍觀。我當作自己在麥迪遜花園廣場表演。我需要這樣。夕陽西下時，我收拾完東西，謝謝他們給我這段美好時光，便往北打道回府。我感到悲傷、愚蠢又快樂。我辦不到。加州不是我的囊中物。從十五歲到現在，我一直自己賺錢。從拿起吉他的那一刻，就再也沒跟爸媽拿過一毛錢，也不打算現在開始拿。他們沒有錢——沒有多餘的二十塊，十塊都沒有。再這樣下去，我的人生將會是爸媽客廳裡的沙發、枕頭和毯子，以及零用錢。那個打敗青少年的

下午讓我看清了一切，我必須回到屬於我的地方，回到最初的我：紐澤西之子、持槍歹徒、酒吧樂團之王、小鎮英雄、小池塘的大魚、勉強餬口。此時此刻，我的才華唯一能供養我的地方，是我在東岸的小小領地。突然間，感情的紛擾變得微不足道，我開始擬訂返鄉計畫。

墨西哥（蒙特蘇瑪 [54] 的復仇）

待在加州的最後幾天，爸要我陪他去一趟墨西哥，說他打算在長灘短暫停留。長灘是瑪麗皇后號停泊的地方，二次大戰期間，他就是搭這艘遠洋輪船出海的，如今想再見她一面。他計畫從那裡去提華納、看一場回力球賽、四處觀光一下，回程跟我媽和小妹在迪士尼碰頭。秉持著治癒舊傷口的精神，我答應，我們就出發了。他堅持要帶家裡養的狗史莫基去，牠是牧羊犬跟不知什麼品種的混血，才剛把我們的耶誕夜搞得天翻地覆。那晚我們做完子夜彌撒回到家，打開前門，看到彷彿耶誕老人的精靈們剛在我家客廳輪姦完紅鼻子馴鹿魯道夫的場面：金屬箔、耶誕球、水、包裝紙和緞帶散落滿地，每樣禮物都被咬開，正中央坐著史莫基，氣喘吁吁，等著被恭賀。

從一開始，車裡的氣氛就不可期待。我們都盡力了，卻還是惹惱對方。我們在長灘的停留以失敗收場。我是龐克，在參訪瑪麗皇后號時一路發牢騷。爸再次登上這艘船，或許是他一生中最具意義的行程之一，而我並未給予尊重。現在我願意付出任何代價換得再陪父親走一回，我會珍惜每一步，了解每個細節，聽他分享的每句話和回憶的點點滴滴。但那時我太年輕，不懂得放下；太年輕，不了解我爸是個男子漢，我該以他的故事為榮。

我們往南前往墨西哥，越過聖地牙哥的邊界，躲進提華納市郊一間汽車旅館。我們把狗鎖在房裡，進城去。看了幾場回力球賽，慢慢巡遊觀光區，

---

54 Montezuma，古代墨西哥阿茲特克帝國的君主。一度稱霸中美洲，最後被西班牙人埃爾南‧科爾特斯（Hernán Cortés）征服，導致阿茲特克帝國滅亡。

爸向街販買了一支錶，跟我吹噓他做了多棒的交易，然後二十分鐘後，那支錶便停止不動。我騎著一頭被畫得像斑馬的公驢拍照，父親在我身後的小車裡微笑。我們戴墨西哥帽，帽上寫著「小可」和「阿可」。當我們回到汽車旅館，史莫基已經把門咬得稀巴爛，把手以下全是抓痕和刮痕。我爸破口大罵，他必須賠償損失。墨西哥，再見。

回到北方。我們開往迪士尼與媽和小妹會合，在「地球上最快樂的地方」度過一個下午，最後經由父親所謂隱密的捷徑，結果卻多開了三小時令人毛骨悚然的夜車才回到家。大家都疲憊不堪。

回到家不久，修補王就打電話給我說他要回東部了，我跟他說算我一份。我跟爸媽和小妹道別，告訴他們我愛他們，接著又是七十二小時、四千八百公里直達澤西。一切又回到老樣子，我能留給老爸的只有奔波於途的挫折感。他八成會說，兒子，再會，謝謝你帶給我的回憶。

23

這裡是酒吧欸，你們這些笨蛋

　　一回東部，我就聽說史提夫、南方和他們的日舞藍調樂團準備在紐澤西內普敦的上尉勳章俱樂部演出。我抓了吉他，直接前往那間俱樂部參與演出。現場爆滿，我們像以往一樣搖撼整間酒館，觀眾不斷歡呼，人人深受舞台和音樂吸引。不管怎麼看，都是一個棒透了的夜晚。那晚結束，史提夫和我到經理的辦公室領取酬勞和預定未來的演出。我們剛剛才掀掉俱樂部的天花板，預料會得到一些美言和工作。

　　那位經理是個體格魁梧、一頭白髮、不露感情的年輕人，穿著紅色的救生員防風衣，面無表情地站在辦公桌一頭，沒有稱讚我們。我們詢問未來的演出，他平靜地回答，沒有了。他說，沒錯，觀眾很多、很熱情，但沒有人喝酒，只忙著聽音樂。他接著補充，彷彿我們沒有注意到這點似的，「這裡是酒吧欸，你們這些笨蛋。」他們靠賣酒賺錢，酒保靠賣酒收的小費賺錢。沒賣酒，等於沒賺錢。沒賺錢，所以我們在內普敦 35 號公路的小世界停止轉動。他們不是辦演唱會的，同樣，我們也不是上尉勳章酒館生意的一部分。這是我和酒吧經理、救生員、海豹部隊泰瑞‧馬高文（Terry Magovern）的第一次碰面。他後來會和我一起工作，擔任助理，成為我二十三年的至交好友；但這天晚上，他開除了我們。

B 計畫（回到翡翠城）

　　我在湯姆‧波特位於阿斯伯里帕克的公寓裡還有房間可以住。當時我自認在酒館演出的時日不多，我需要輕裝上路，用我的嗓音、吉他和歌曲震懾

人心。嗓音、吉他、歌曲，三種工具。我的嗓音永遠拿不到什麼獎，我非電子樂的吉他伴奏也才剛起步，只剩下歌曲了。歌曲必須像煙火。世上多的是優秀的吉他手，他們都比我強，但世上有幾個出色的詞曲創作者呢？有自己的嗓音和故事要說，又能吸引你進入他們創造的世界、讓你對他們著迷、充滿興致的詞曲創作者，沒有多少，寥寥無幾。

狄倫是首屈一指的這類創作者。巴布‧狄倫是美國國父。《重回 61 號公路》和《無數歸還》（*Bringing It All Back Home*）不只是偉大的唱片，也是我印象中第一次接觸到對我生活的地方如此誠實坦率的洞察。黑暗與光明都在那裡，掀開錯覺和欺騙的面罩，他描述的世界就在眼前，在我的小鎮，透過電視向我們孤絕的家庭播送。不會被說三道四，而會被默默容忍。他提出其他所有人不敢問的問題，特別是對一個十五歲的孩子：「靠自己生活的感覺如何？」世代之間的裂縫豁開，你忽然覺得宛如孤兒，在歷史的洪流中被遺棄，羅盤不斷旋轉，內心無家可歸。狄倫指出真北，像座燈塔指引你穿過美國已經變成的荒野。他插了旗、寫了歌、唱出這個時代不可或缺的話語──讓當下這麼多年輕美國人的情感和心靈存續下來，必不可少的珠璣之言。

巴布獲頒甘迺迪中心榮譽獎（Kennedy Center Honors）時，我有機會為他獻唱〈時代正在改變〉（The Times They Are A Changin'）。我們獨處了一會兒，一起走下後梯井，他謝謝我到場，還說：「如果有什麼我可以為你做的……」我心想：「你在開玩笑吧？」於是回答：「你已經做了。」身為年輕音樂人，他正是我想達到的境界。我想要成為能反映真實生活、反映我所存在的這個世界的聲音。我在一九七二年時明白了，要做到這點，除了音樂要寫得非常好，還必須寫得更具個人特色。回澤西之後，我靠四處演奏存了一些錢，生平第一次，我中止跟樂團演出，專心寫歌。晚上在臥房彈吉他，也去彈美容院後面放置的那台 Aeolian 牌小型鋼琴，我開始譜寫未來將集結成《來自阿斯伯里帕克的問候》專輯的歌曲。

我打電話給麥克‧艾培爾。他記得我，要我過去。我搭乘林肯運輸巴士

到紐約市，去魏斯·法瑞爾音樂見麥克，彈了我的新作品給他聽。他說這些歌可以闖出一番名堂，非常興奮。只有麥克會這個樣子，話講得滔滔不絕，手比劃得彷彿就要肢解，容光煥發，不到三十秒他就把我跟狄倫、莎士比亞、詹姆斯·喬伊斯（James Joyce）和博佐小丑（Bozo the Clown）相提並論。麥克的熱情可以讓墓園屍體都亢奮。就是這種熱情吸引了我。他可以讓你為自己興奮，像巡迴遊藝團的叫客員和帳篷傳教士，任何時刻都百分之一百一地相信自己脫口而出的話。那是一種天賦。在我離開他的辦公室那一刻，我的超級巨星之路彷彿已注定。我們要做的就是設法找到知名人士來聽無名小卒唱歌。我繼續寫歌、繼續拜訪，碰到麥克的合夥人吉米·克里提科（Jimmy Cretecos）：溫和、親切版的麥克。我們開始合作，錄製一些基本的卡帶。我造訪吉米在塔希多帕克的豪華公寓。他有漂亮的妻子和高雅的住所，在我看來，這些人功成名就，因為寫了一些膾炙人口的流行歌，不過麥克說他們的主要收入來源是廣告歌。我跟著麥克去錄音，最後幫一支口香糖廣告的試聽帶吹口琴。

在這個計畫階段，只有一件事情擋住去路。在麥克同意用他的天賦來代表我之前，他需要保障。意思是要簽訂合約。我一輩子沒簽過合約，不曉得那是什麼鬼東西，因此極度懷疑。我脫離世俗太久，對音樂和其他任何種類的法規一無所知。我沒認識半個律師、一輩子都領現金、從沒繳過半毛所得稅、沒簽過房屋租約或填寫過可能以任何方式約束我的表格。我沒有信用卡，沒有支票簿，只有口袋裡叮噹響的零錢。我沒有上過大學的朋友。我的阿斯伯里帕克是座孤島，住著與社會格格不入的藍領鄉下人。聰明，但不是會念書的那種聰明。我從沒認識過製作真正的唱片或簽過一流唱片合約的人。我甚至沒見過任何形式的合約，沒接觸過生意人。沒有專業的資源。

麥克解釋了每一份合約能為我做什麼，給我們什麼樣的保障。製作──那是我們的唱片約，我簽給麥克和吉米的月桂谷製作公司（Laurel Canyon Productions），由他們製作我的唱片，轉賣給大型品牌。發行──麥克和吉米會以月

桂谷發行公司（Laurel Canyon Publishing）之名發行我的音樂，理論上會找其他藝人唱我的歌。我會拿到屬於作者的一半版權金，但不能分享發行的收入。經紀——就像貓王和他的經紀人「上校」湯姆‧帕克（Colonel Tom Parker），麥克的商業模式是我們凡事五五對分。問題在於所有開銷最後都出自於我，整份合約太過刁鑽而適得其反，最終造成許多傷害。但我是哪根蔥，哪有發聲的餘地？

　　重點是我喜歡麥克，他了解我在音樂上想做什麼。我們不以出幾張成功唱片或做多少首不錯的流行金曲為目標，我們的目標是造成衝擊、產生影響力、攀至唱片藝人所能到達的最高位置。我們都知道搖滾樂正在塑造一種文化。我想要和時代衝撞，創造一種具有音樂、社會和文化影響力的聲音。麥克明白這是我的目標。在評估自己的能力上，我一點也不謙虛。我固然自覺是個假貨——藝術家都這副德行——但也自認是你見過最有真材實料的。我有強烈的自尊，經過多年的演出經驗和學習，我已增進才能和技藝來追求理想。即使仍會遲疑，但我幽默看待我的膽識並嘗試發動攻擊，這正是樂趣所在。何況我渾然天成，那就在我的骨髓裡。

　　最後，就算麥克要我在他的內褲上簽名，為了踏入這行，我願意。我比以前更接近我想做的工作了。我感覺得到。我花了幾個晚上試著學會那些商業用語和法律詞彙。別鬧了。我坐著聽麥克的律師朱斯‧庫爾茲（Jules Kurz）溫和地解釋合約的基本條款，但最後我只說：「去你的。」我必須進入這行，如果這些無意義的文件是要付出的代價，那就付吧！如果我是廢物，這些東西加起來也等於零；如果我揚名立萬，又有什麼好在乎的？我一定會成功，其他事情將迎刃而解。我要到很久以後才回頭看懂這些，那時，當然為時已晚。我驚恐地、慢慢地、不情不願、不顧一切地簽了一份又一份合約。一天晚上，在紐約市一座停車場的一面引擎蓋上簽完最後一份。成交。

24

步步高升

　　第一場試聽安排在大西洋唱片（Atlantic Records）。我只記得進去某間辦公室，唱歌給某人聽。對方沒興趣。麥克騙到下一場——我不敢相信——是約翰・漢蒙（John Hammond）。約翰・漢蒙！簽下狄倫、艾瑞莎、比莉・哈樂黛（Billie Holiday）的傳奇製作人——唱片業的巨擘。我才剛讀完安東尼・斯卡達托・狄倫 [55] 的傳記，現在就要見那位巨星推手了！

　　如果用在對的地方，麥克・艾培爾的三寸不爛之舌是猛烈精準如外科手術用的工具。他一定能說服耶穌下十字架、耶誕老人不管耶誕節、潘蜜拉・安德森（Pamela Anderson）不去隆胸。他一路講到我們離開街道，進入約翰・漢蒙辦公室的神聖密室。這個男人真是經紀天才。為了讓你明白樂壇已經發生太大的變化，堪稱音樂史上重要人物的約翰・漢蒙竟然接見像我們這樣來自紐約街頭的無名之輩！我相信麥克一定鬼話連篇，然而，後來約翰告訴我，他信任的秘書兼守門員米姬・哈里斯（Mikie Harris）跟麥克說完話後，只簡單告訴他：「我覺得你該見見這傢伙。」於是黃金國的門打開了，我們大步邁進。

　　我沒有木吉他，只好跟之前卡斯提亞的鼓手，維尼・「史基寶」・曼尼耶洛借了一把琴頸有裂紋的。沒有琴盒，我必須像《午夜牛郎》（*Midnight Cowboy*）那樣把吉他扛在肩上，搭巴士在這個城市的街道穿梭。那感覺很做

---

55 安東尼・斯卡達托（Anthony Scaduto）是巴布・狄倫傳記的作者，此處故意將兩人名字寫在一起。

作，好像想要炫耀什麼，隨時準備高歌一曲。拿著赤裸的吉他，我和麥克走進約翰‧漢蒙的辦公室，和這個留著灰平頭、戴角質眼鏡、笑容燦爛、穿灰西裝打灰領帶的我的樂壇偶像見面。若非搭電梯上樓時我已跟自己在心裡激烈打殺一番，我一定會臨場驚慌失措。當時我想：「我一無所有，不會有任何損失。事成，我就有收穫；不成，我還是老樣子。我無約在身，自己一人闖蕩江湖。無論結果如何，離開的時候，我還是原本的我。」抵達之際，我幾乎相信自己這番胡言亂語，緊張但自信地走進去。

　　門一開，我的代表麥克‧艾培爾立刻表現出一種個人傾向：他喜歡無謂的對抗，時間一久，那會給我們帶來壓力。我認為門都已經打開了，你就別再一直踢、一直踢，但麥克不這麼想，他大搖大擺地走進去。說時遲那時快，我一個音都還沒彈，他就大言不慚地告訴哥倫比亞唱片（Columbia Records）的約翰‧漢蒙，我也許就是下一個耶穌、穆罕默德或釋迦摩尼，而他帶我過來看看漢蒙發掘狄倫究竟是純屬僥倖還是他真的有耳朵。我覺得這種自我介紹、想博得對方歡心的方式很搞笑，畢竟我們的未來掌握在對方手中。說完他的「絕非胡扯」，麥克便靠在窗台，樂不可支，把說話權傳給我──我們日後經常重演的戲碼。約翰後來告訴我他本來不為所動，且心生厭惡，但當時他只是往後一仰，雙手撐在腦後，微笑著說：「彈點東西來聽聽。」於是我坐在他的正對面，彈唱了〈城裡的聖徒〉（Saint in the City）。完畢，我抬頭看，他的笑容還在臉上，而我聽到他說：「你一定要加入哥倫比亞唱片。」一首歌──只需要一支曲子。我覺得心臟快要跳出喉嚨，神祕的粒子在皮膚底下舞動，遙遠的星星照亮了我的神經末梢。

　　他繼續說：「很出色，彈點別的。」我彈唱了〈成長〉（Growin' Up），以及另一首當時叫〈假如我是神父〉（If I was the Priest）的歌。他喜歡天主教的意象，說我的歌裡沒有陳腔濫調，該安排我去彈給克萊夫‧戴維斯（Clive Davis）聽。他告訴我，他在哥倫比亞的簽約不一定能成，那段時日是克萊夫握有決定權。接著他要求當晚去看我現場演出，麥克和我說會設法找間俱樂部讓我

表演幾首歌。我們和約翰握了手，離開辦公室，走進電梯。當我們溜出 CBS
廣播電視台雄偉的黑石大廈、來到街上時，天下大亂了。

我們已經爬到天堂，跟神說過話，而神告訴我們，我們可以呼風喚雨！
開始了，一切都開始了。歷經數年的等待、掙扎、為我以為永遠不會發生
的事情奮鬥，如今它發生了。此刻，史基寶的吉他——我們從石裡拔出的
劍——驕傲、赤裸地拋在肩上，我們去吃起司牛肉堡慶祝，然後晃到街上，
跳進計程車，前往格林威治村。當時我二十二歲。

我們從痛苦終點酒吧開始，不行；阿哥哥酒館，不行；我曾經落腳的
「什麼？」酒館呢？關門大吉。最後，我們來到麥克道格街上一家位於地下
室的俱樂部，獨樹一幟的「格迪斯民歌城」。當時的經理是山姆‧胡德（Sam
Hood），未來他將在經營聯合廣場的「馬克斯的堪薩斯城俱樂部」時助我良
多。他說今晚是開放麥克風之夜，我可以在八點到八點半之間演出。快八點
時，約翰‧漢蒙像一陣風到來，在其他最多六名顧客中就定位，表演隨即開
始。現場演出是我擅長的，我會說故事、講笑話、將我唱的歌戲劇化。〈城
裡的聖徒〉、〈成長〉、〈假如我是神父〉、〈一千零一夜〉（Arabian Nights），還
有幾首歌。表演結束。約翰眉開眼笑。我會表演。

事情開始了，緩慢地。幾週後我去見約翰，他帶我進了克萊夫‧戴維斯
的辦公室，我受到熱烈歡迎。我彈唱幾首歌給克萊夫聽，然後，不是自誇，
我獲邀加入哥倫比亞唱片的大家庭。約翰帶我進入位於 52 街的錄音室，幫我
錄製試聽帶。當時，錄音室系統正值五〇年代風格的尾聲，大家穿西裝打領
帶，都是成年人。錄音師、助手、所有老派錄音人員都是。我在一間異常乾
淨的房間中央，對著麥克風唱了十幾首歌，再用鋼琴彈幾首。樸實無華，這
是約翰耳中的我。今天回頭聽那些試聽帶，我不曉得換成我自己會不會選這
個孩子來砸下重金，但我很感謝他選了。

我現在靠「五斗櫃抽屜」裡的剩餘存款、麥克給我的幾塊錢和陌生人的
仁慈維生。我有個甜美可人的女友，不時會塞給我一些飯錢，暗地裡還有另

一個擁有自己事業、開炫目跑車的女孩。她是虔誠的猶太教徒，比我年長一點，偶爾會來庫克曼大道的街角接我去她的公寓過夜。那裡可以俯瞰阿斯伯里帕克的海灘，我們偶爾也在那裡進行我相信是我們這輩子最糟糕的性愛（如果算得上性愛的話）。王牌全在她手上，這點我不介意，而我們確實有過一段美好而緊張的「半關係」。她是牢靠的中產階級，在她家共度的夜晚能驅走阿斯伯里帕克街頭生活的寒，給我慰藉，非常、非常愉快。

　　唱片的進展尚未敲定，這段時間相當難熬，可說是最難熬的。生平第一次，我徹底破產，有時必須去撿東西來吃，我們甚至湊不出給湯姆的六十塊房租。在緊要關頭，我打電話給麥克，告訴他情況危急，我快要無家可歸。他說如果我有辦法進紐約，他可以給我三十五美元。我清出五斗櫃抽屜裡剩下的一分錢硬幣，數了數，認為剛好夠我借用女友的道奇車（有自排變速）、加幾塊錢的油和付正確金額的過路費進城。我把預算榨到一滴不剩。

　　我借了車子，花幾塊錢加油，往市區出發。一切順利，直到我來到林肯隧道。收費站的窗口豎立著出名的「勿給一分錢硬幣」標誌，但我只有一分錢硬幣。我只好把加起來一美元，我最後一美元的零錢全部遞給服務員，她說：「我沒辦法收。」我說：「小姐，這是我所有的錢了，如果你逼我在這裡掉頭，汽油還不夠我回家。」我任憑她處置。她說：「這樣嗎？那你就在這裡等我把錢點清楚吧！」她真的讓我在那裡等，接著把無數銅板在面前的桌上散開，一絲不苟、刻意放慢速度、一枚接著一枚，清點是否真有一百個一分錢硬幣。然後，她擺出撲克臉，把手伸進我的車窗，說：「這個我沒辦法收，你回頭吧！」捏在她拇指和食指之間，是一枚加拿大的一分硬幣，就一枚。我出了車子，跟後面受夠我們小劇場的不和諧喇叭交響樂打聲招呼，開始仔細搜尋車裡每一個角落，不管服務員在一旁勃然大怒。一九七二年時，美國沒有一部有自尊心的車子找不到一枚卡在座位底下的硬幣。挖了好幾分鐘，我找到了──在後座的坐墊之間。我站起來，拿給她，身後一排惱火長龍狂吠不已的喇叭和怒吼，現在聽來像優美而褻瀆的歌劇。她只說：「你走

吧，但是，不要再帶這樣的零錢回來！」教訓：在現實世界，九十九分錢進不了紐約市，你需要整整一美元。

我見了麥克，拿到三十五美元，掉頭回家。但我的室友們仍湊不出房租，我們馬上就會被逐出家門。我們三更半夜偷溜出去，我包著睡袋睡在長板凳上，身旁放著衝浪板和一小包我在塵世的所有財物。人生的低谷。隔天，在前往我最愛的衝浪地，阿斯伯里帕克北端的阿爾伯灣海灘途中，我遇到一個老朋友，正坐在一幢避暑小屋的屋頂陽台上。大丹尼·蓋勒格（Big Danny Gallagher）的體型比克拉倫斯·克萊門斯還碩大。他是個巨人，有一頭刺眼的紅髮，年紀稍長後留了舊約聖經風格的火紅鬍子，讓他看起來宛如愛爾蘭民間傳說中走出來的人物。他年輕時的體格更是嚇人，偶爾也有與體格媲美的脾氣。我路過時，他告訴我他哥哥剛因藥物過量去世。他坐在那裡恍恍惚惚，試著消化這件事。他問我怎麼了，我說我剛被趕出波特家，現在一貧如洗。他立刻邀我去他那裡睡。

那是一間小房子，只有兩房。臥室放了丹尼的特大雙人水床，幾乎占據所有可利用的空間，另外還有一個小廚房連接客廳，我就包睡袋睡在那裡。灌錄《來自阿斯伯里帕克的問候》期間，我都住在這裡。搭巴士進城，為戴夫·范·容克（Dave Van Ronk）、畢夫·羅斯（Biff Rose）和「柏爾莎」（Birtha）——「馬克斯的堪薩斯城」最早的女性重金屬樂團之一——開場，拿到幾塊錢的酬勞，去港務局站趕搭開往阿斯伯里帕克的末班車。山姆·胡德雇我在「馬克斯的堪薩斯城」演出，我吸引了一群文藝青年：優秀的音樂創作人保羅·尼爾森（Paul Nelson）、搖滾樂第一本專刊《Crawdaddy》雜誌的創辦人保羅·威廉斯（Paul Williams），以及民謠歌手，格林威治村的傳奇大衛·布魯（David Blue）。一晚，布魯在我演出後自我介紹，隨後護送我去「痛苦終點」拜會傑克森·布朗（Jackson Browne）（當時他正在進行第一張專輯的巡迴），也去當地一家咖啡館，在偉大的民謠歌手歐蒂塔（Odetta）結束深夜演出後和她認識。經由大衛·布魯的推薦，傑克森讓我加入他的樂團，而我彈

唱了〈狂野比利的馬戲團故事〉（Wild Billy's Circus Story）。我很年輕，輕裝旅行，很興奮有他們作伴。

《來自阿斯伯里帕克的問候》

　　紐約布勞維爾特的布魯克斯・亞瑟九一四錄音室裡，我們在緊張的氣氛中開始灌錄《來自阿斯伯里帕克的問候》。麥克和吉米擔任製作。麥克有自己的錄音師路易・拉哈夫（Louis Lahav），他曾是以色列的傘兵，來美國後偶然碰到麥克和吉米。錄製首張專輯的第一天，進度幾乎是零。麥克忙著跟哥倫比亞唱片派來的聯合錄音師抗戰，後者堅持要親自操刀，操控音頻控制板。幾年後，情況將完全改變，歌手可以自由選擇製作人和錄音師。一九七三年是藝人奪取掌控權的開端，但尚未在唱片業全面爆發。那天後來演變成一連串的爭執、羞辱和怒氣沖沖的電話，而我只能坐在一旁枯等。麥克還是那個滑稽可笑又好鬥的麥克，讓聯合錄音師受盡折磨。最後，唱片公司與麥克和吉米的月桂谷製作公司達成協議：由路易・拉哈夫當錄音師、麥克和吉米製作、我錄音，聯合錄音師到場、領全薪、坐在沙發上看報紙。山谷恢復和平！[56] 我前三張專輯都進行這種模式。錄音室位於紐約 303 號公路，旁邊有家希臘餐廳。在這裡我們的錄音費用比較低，可以開開心心地錄音，避開那些愛管閒事的唱片公司權貴——他們可能太好奇自己的錢花到哪裡——還可以在希臘餐廳吃東西。我在那裡覓得一個女服務生當我的女神，她擁有我在貝蒂阿姨之後見過最曼妙的身材。萬事皆好。

　　我已經說服麥克和吉米我需要樂團一起錄音。約翰・漢蒙、克萊夫・戴維斯和哥倫比亞唱片以為他們簽了一個民謠創作型歌手。那段時日，歌壇盛產創作型歌手，他們大舉攻占排行榜，以詹姆斯・泰勒（James Tayler）為首。我和艾略特・墨菲（Elliott Murphy）、約翰・普萊（John Prine）以及盧頓・溫萊特

---

56 引用貓王的歌曲〈山谷裡的和平〉（Peace in the Valley）。

(running header image)

Growin'
Up

（Loudon Wainwright），「狄倫的接班人們」，一起簽給哥倫比亞唱片，要跟同期的非電子樂歌手競爭排行榜冠軍。我比同行稍具優勢的是，在已知世界看不到的地方，和每一個我想得到的觀眾面前，我已偷偷累積多年經驗。我見識過外面世界的嚴峻，準備好迎接更多。這些長久磨練下的才能日後將助我脫穎而出，讓我的歌曲被聽見。

錄製《來自阿斯伯里帕克的問候》之前，麥克從沒見過我跟一支完整的樂團一起在觀眾面前演出，我的帶頭大哥對我的本事一無所知。我試著告訴他：「你不了解，把我放到樂團和觀眾面前，我就能**拆**了整間屋子。」當我們展開《來自阿斯伯里帕克的問候》的巡迴演出時，我讓瘋狗、丹尼·費德里奇、蓋瑞·塔倫特和克拉倫斯·克萊門斯同行。麥克不是笨蛋，看完我們的第一場演出，他就說：「嘿，你知道你在幹什麼。」在那之前，我相信他覺得讓我在錄音室使用我的團員，只是遷就我罷了。

在《來自阿斯伯里帕克的問候》專輯裡，我設法把老友文森·洛培茲、大衛·山休斯和蓋瑞·塔倫特帶進來，也讓史提夫·范·贊特客串演出，在〈洪水中迷途〉（Lost in the Flood）的序曲中搖撼 Danelectro 牌音箱的效果器。史提夫原本要錄電吉他，但我們後來讓步，放棄此舉，因為我簽的是創作型歌手的約。我們在三週內全部錄製完成，專輯歌曲大多是變形的自傳：〈成長〉、〈這部巴士會停嗎？〉（Does This Bus Stop）、〈給你的歌〉（For You）、〈洪水中迷途〉和〈城裡的聖徒〉，每首歌都能在我見過的人事時地物和經歷過的事件中找到根源。我寫得很印象派，並改了名字來保護罪者，努力找出具有個人特色的事物。

我們上呈成果，被克萊夫·戴維斯退回，說：「沒有會紅的歌。」「沒有一首能在電台播。」於是我去海邊寫了〈夜裡的幽魂〉（Spirit in the Night），回家，翻爛字典，寫了〈亮到目盲〉（Blinded by the Light），這張專輯最棒的兩首歌。我找到從「學生王子」那晚過後便杳無音信的克拉倫斯，最後兩首歌得到他的極品薩克斯風之助。天壤之別。那是我心中第一張專輯所能實現的最

美好樂音。這支前東街時期的樂團竭盡所能的成果聽起來值得進錄音室，歌詞如風暴來襲般泉湧而出，滔滔不絕，無愧於心。

　　之後，我再也沒有使用這種方式寫歌。這張唱片一發行，我就聽到大家拿我跟狄倫比較，所以我刻意避開。但《來自阿斯伯里帕克的問候》的歌詞和精神完全出於自然，真情流露。你開始寫歌的時候，不能確定寫的東西會不會被聽見。那時，純粹只有你，和你的音樂。僅此一次。

25

失去信仰

　　我二十二歲，還沒喝過酒——一滴也沒有。我一輩子都在酒館演唱，與酒精為伍，卻從不想嚐那滋味。看過我爸喝酒的模樣就夠了。他喝醉時粗暴可怕的樣子，讓我滴酒不想沾。喝酒使他失去本性，他內心澎湃的善良與仁慈，都在洶湧的自憐、憤怒和殘暴中消失，使我們家變成恐懼和焦慮的地雷區，你永遠不知道他什麼時候會爆炸。小時候，我的神經質嚴重到無法控制眨眼，一分鐘眨數百下，在學校被取了「眨眼鬼」的綽號。我夜以繼日地啃咬雙手所有指關節，咬成彈珠大小、岩石般堅硬的褐色骨痂。不，喝酒不是我的選擇。但現在，當我的首張專輯接近完成，我很緊張我的搖滾樂夢想最終能否實現。我做了一張好唱片嗎？擺在全國人面前，我能成功嗎？我是我以為的、我想成為的那個人嗎？我真的不知道。但我知道結果即將揭曉，那令我既興奮又害怕。

　　我的情緒似乎藏不住。一天，大丹尼傍晚從工地回家時來找我，說：「你看起來不大好。我知道你需要什麼，跟我來。」那晚我們開車到紐澤西馬納斯寬的歐斯普雷酒吧，走了進去。我曾在無數個午後站在這間酒吧外頭，聽裡面的樂團演奏，全神貫注於音樂，幻想著褐膚色的大學女孩溜進俱樂部的旋轉門。一九六四、六五、六六和六七年的夏天，我幾乎天天從菲力荷搭近四十公里的便車來馬納斯寬，再搭便車回家。載我的有擔憂的母親、喝醉的駕駛、開卡車的、迫不及待展現壓箱絕活的街頭賽車手、出差的商人，還有唯一一個對我很感興趣的中年銷售員。我跳上這些人的車，車上有進階版、能產生回音效應的音響系統，連接 AM 廣播，和安裝於儀表板下方、排

檔附近的 45 轉唱盤機。澤西海岸地區出產的每一種市民，鄉巴佬也好，紅脖子也好，有責任感的或惹是生非的，我都與他們同行過。我喜歡搭便車，與人接觸，此刻我好懷念。

　　當時仍未成年的我只能頂著酷熱的太陽，站在「歐斯普雷」門外數百個小時，聽聲音從裡面源源不絕地傳出來，但我從沒進去過。當時，我可以透過俱樂部的紗門辨識影子：哪些是坐鎮入口右側、酒吧中央的樂團成員的黑色輪廓。我聽得到啤酒杯碰撞的鏗鏘聲、群眾的笑聲、喧鬧的對話和鼓手鐃鈸的呲呲聲穿過影子，溢出八月中旬熱到可以煎蛋的馬納斯寬街道。休息時間，嬉皮模樣的樂手會走出來，抽根菸，跟我這個一下午懶洋洋靠著路邊車子的小孩隨便說說話。他們只是闖蕩中的酒館樂手，但我**想得到**他們擁有的：進入那個煙霧瀰漫、充斥啤酒、散發防曬乳香味的天堂的權利，那只在旋轉紗門後幾公尺，對我卻遙不可及。休息時間結束，我看著他們踏出我渴望踏出的腳步回到屋內，吧台後的黑影再次升起，高過叫嚷的觀眾。當〈我該說什麼〉（What'd I Say）或其他酒吧樂團經典的前幾個音符大響，我便恢復哨兵姿勢。準備上課了。

　　現在，我們猛然穿過旋轉門，大丹尼帶我大搖大擺進入與我之前上過無數次「家教」的人行道僅咫尺之遙的酒吧。那晚的重頭戲是雪莉兒合唱團（The Shirelles），她們有暢銷金曲〈明天你是否依然愛我〉（Will You Still Love Me Tomorrow）和〈寶貝就是你〉（Baby It's You）。但首先，一個小玻璃杯砰的一聲放在我面前的吧台上，裝滿金黃色液體。丹尼說：「別用啜的，別用嚐的，一口氣喝下去。」我照做了。沒什麼了不起。再喝一杯。慢慢地，某種感覺在體內蔓延，生平第一次，我醉了。又喝一輪，我馬上感覺這彷彿是我年輕生命中最美好的一夜。我一直在煩惱、擔心個什麼勁兒！這感覺那麼好，甚至美妙。梅斯卡爾酒的天使在身邊盤旋，對我輕聲細語，其他都是假的。「雪莉兒」上台，穿著亮片長袍，宛如一幅畫，而且唱得棒極了。我全場跟著唱。我，孤獨的遊子，開始找身邊任何人攀談，而在那晚的某個時間點，

奇蹟發生了。香水味撲鼻而來,悄悄來到我身旁的是一位非常漂亮且面熟的女子,有一頭烏溜溜的秀髮和橄欖色肌膚。我認出來了,她是我母校菲力荷地方高中的前明星啦啦隊長。對話展開,我繼續從容不迫地啜飲我新的好朋友:Jose Cuervo Gold 龍舌蘭酒。

對話一開始輕鬆愉快:「最近如何?」然後,隨著夜更深、酒入愁腸、我們必須大叫才能蓋過樂團的聲音,我聽到離婚、和高中情人分手、淚流、都結束了。雖然我真的不怎麼在乎,但還是像聽《死海古卷》的祕密一般聽下去。我只聽到她的髮、她的眼、她的唇、她的 T 恤,暗色的龍舌蘭酒慢慢在我皮帶下方起作用,這是最後的呼喚。房裡燈光亮起,保鏢把觀眾趕往門口,我只好說再見——跟大丹尼說!我坐在前往菲力荷的車裡,前往童年罪惡的場景,而我準備再添幾筆。後座是另一個朋友,他勾搭上我的女孩的朋友。我們正往我的家鄉前進。

公路某處,就在牛仔城主題公園廢墟(以前你可以在那裡騎小騾子,乘坐古時的驛馬車,在澤西任一夏日午後欣賞舊西部槍戰)的西邊,收音機裡傳出蜜糖般的情人哀歌,讓啦啦隊長藍灰色的眼睛潸然淚下,她說那是他們的主題曲,問我是否也深受感動。我犯了錯,回答:「還好⋯⋯」接著我和我的朋友發現自己凌晨四點被放在 33 號州道的路邊,與我突然自責起來的高中愛慕情懷一起迷惘。

我們揮手跟車尾燈道別,爆出酒後歇斯底里的大笑,在厄爾海軍彈藥補給站鐵絲圍籬外的草地上打滾。我們向馬路伸出拇指。那個年代,午夜的駕駛人仍願意在凌晨讓兩個搖搖欲墜的醉漢搭便車,我們順利得到一趟生氣勃勃的車程,和一個志同道合的夥伴一起回去阿斯伯里帕克。我在天亮時不支睡去,認為自己度過了今生最棒的夜晚。我一直這樣認為,直到隔天早上醒來,頭痛欲裂、肌肉痠痛、口乾舌燥,被生平第一次的宿醉搞得神智不清。但,值得。那天晚上,我關閉了心中大吼大叫、飽受罪惡感侵擾、自我懷疑、不斷鞭笞我的聲音。我發現,不同於我爸,我是個快樂的酒徒,只是

醉後容易出現愚蠢行為和偶爾遇到性災難，因此從那時開始，持續好一段時間，梅斯卡爾在我體內流動著……龍舌蘭啊。

《來自阿斯伯里帕克的問候》完成了。我得到第一筆少少的預付金，卻不幸得用那筆錢去把大丹尼保釋出獄，我已經不記得他犯了什麼罪。我們回到公寓，我播放我的第一張專輯給丹尼聽——第一個聽眾。成功！他很喜歡，只有一個疑問：「吉他呢？」我是現役最強的吉他手，就蒙茅斯縣而言，但我的唱片聽不到吉他聲。這地方沒人聽過我這種全新、截然不同的創作。我已經決定要加把勁磨練寫歌的技能，這是我與他人最不一樣的地方。在這裡，這個鎮上，要等到幾張專輯發行後，我那一小群歌迷才會了解我在做什麼。但我已經錄了一張真正的唱片，跟真正的唱片公司灌錄的唱片，有很多首歌和唱片封套。前所未聞。

我在收音機聽到了

事情如火如荼地展開。國內每一個大城市的哥倫比亞唱片行都在播放一部影片：克萊夫‧戴維斯單獨朗讀〈亮到目盲〉的歌詞，彷彿那是莎士比亞的巨作。儘管如此，《來自阿斯伯里帕克的問候》只賣了大約兩萬三千張，就唱片公司的標準是失敗；但就我的標準，那相當成功。是哪些陌生人在買我的音樂呢？

在康乃狄克大學一場校園演出前，我站在街角，這時，一台車開過來等紅綠燈，而我聽到〈夜裡的幽魂〉從收音機裡爆發出來。你的頭號搖滾夢成真了！你永遠忘不了第一次透過收音機聽到你的歌的情景。自從小時候坐祖父的轎車經過無線電塔的「鈕釦」，那doo-wop的菸嗓輕撫我困倦的雙眼，我便深陷流行音樂的魔力中。而今天，我忽然成為那部流行音樂神祕列車的一節車廂。收音機讓我活力滿點地度過青少年時期。對我這個世代來說，從小小的錫製收音機擴音器傳出來的音樂，聽起來最棒。後來，當我們親自參與錄音時，錄音室操作台上方就有一個這樣的擴音器，而我們要等到音樂像

是從擴音器中吼出來，才結束混音。收音機播放的音樂是大家共有的狂熱夢想、集體幻覺、數百萬人的祕密、全國民眾的耳邊細語。我們每天接受到的資訊都被廣告公司、主流媒體、新聞組織，和麻痺心靈、凍結靈魂、否定生命的現狀看守者操控，但如果有很棒的音樂，那些資訊將自然而然被顛覆。

一九六〇年代，我第一次覺得在這個國家能講真話、口無遮攔，是我在巴布・狄倫、金士曼樂團（The Kingsmen）、詹姆斯・布朗（James Brown）和寇帝・梅菲（Curtis Mayfield）的歌曲裡聽到的。〈宛若滾石〉（Like a Rolling Stone）給我信心：真實、不動搖、不妥協的洞見，可以傳達給數百萬人，改變心靈、振奮精神、將赤紅鮮血注入美國貧血的流行樂領域，提供一種警訊、一種挑戰，或可成為美國人不可或缺的話題。這種音樂既能鼓舞全國同胞的勇氣，還能喚醒紐澤西小鎮一個害羞、茫然的十五歲心靈。〈宛若滾石〉和〈路易路易〉（Louie Louie）讓我知道在某個地方，有人正說著自己的語言，而那種荒謬狂亂的興奮已被偷偷烙進美國憲法第一修正案，是美國人與生俱來的權利。我在收音機裡聽到了。

當我站在那個街角的號誌旁，聽見〈夜裡的幽魂〉穿透陌生人的車窗，我終於感覺自己像是那列光榮火車的一小部分。興奮、激動不足以形容。這正是我想做的：找到方法榮耀鼓舞過我的人、留下我的紀錄、說我想說的話，並期盼能鼓舞那些在我們離去很久以後撿到旗子的人。雖然年輕，我們認真看待我們的樂趣，等到四十三年後，當我再次聽到自己的新歌透過廣播電波傳進耳裡，我還是一樣興奮、一樣激動。

巡迴路上的工作

　　《來自阿斯伯里帕克的問候》在一九七三年一月五日發行，獲得諸多好評和一些嚴厲無情的批判。然後我們上路了。第一場正式公演在賓州大學為「切奇和崇」二人組（Cheech and Chong）開場。當時「切奇和崇」正值搞笑和吸大麻的顛峰，學校禮堂擠得水洩不通。我們表演一場別開生面的小小搖滾秀。大個子也到場，我揹上新吉他：一九五〇年代的雜種，結合 Telecaster 的琴身和 Esquire 的琴頸，是我花一百八十五美元在菲爾・佩提洛（Phil Petillo）開的貝爾瑪吉他店買的。雖然木質琴身磨損多處，它仍成為我未來四十年的吉他，那是我一生做過最棒的一次買賣。這場演出，我們將《來自阿斯伯里帕克的問候》專輯的歌曲改編成搖滾靈魂樂，玩了相當愉快的二十五分鐘，然後在我彈鋼琴時，感覺有人拍了我的背，接著一個男人在我耳邊低語，要我離開舞台。有人決定我們該停止表演。我們在熱烈的鼓掌中下台，解決一個，還有一千零一個關卡要闖。

　　巡迴演出的狀態不是頂好。我們五人坐文森的破車，除了我之外，大家輪流開車。我還是沒有駕照，而且我在方向盤後面的作風被團員視為笨拙、魯莽又危險。我們開啊開，睡能睡的地方——便宜的汽車旅館、演出籌辦人的家、不同城市跟不同女友睡——開車、演出、開車、演出、開車、演出。我們為查克・貝里、傑瑞・李・路易斯、沙娜娜樂團（Sha Na Na）、布朗斯維爾車站樂團（Brownsville Station）、說服合唱團（The Persuasions）、傑克森・布朗、錢伯斯兄弟（Chambers Brothers）、老鷹合唱團（The Eagles）、山合唱團（Mountain）、黑橡樹阿肯色樂團（Black Oak Arkansas）開場。我們和新節奏與藍調

四人組（NRBQ）及盧‧里德（Lou Reed）分帳，並與以銅管樂引領流行的芝加哥合唱團合辦一場為期十三天的競技場巡迴演唱會。我們在只有一百五十個座位的「馬克斯的堪薩斯城」掛頭牌，讓巴布馬利與痛哭者樂團（Bob Marley and the Wailers）開場（那是他們第一次美國巡迴）。在全美各地的舞台，我們贏得觀眾喝采，偶爾也被噓，要閃躲來自台下的飛盤；獲得熱烈的讚美，也被棄如敝屣。麥克安排我們去車展和新新監獄演出。那是同一天的工作。在我看來，這就是人生。對我來說沒有朝九晚五的世界，只有漫長、時而艱鉅、但——不騙你——盡情奔放的每一天。

　　狀況通常都很糟，但要看跟什麼比。路上最簡陋的汽車旅館仍勝過我住的地方。我二十三歲，靠玩音樂維生！朋友，那正是他們不稱它為「工作」的理由：它叫**玩**音樂！我在全球舞台上流的汗，至少可以填滿七大洋之一。我已經將自己和樂團逼到極限、超越極限四十多年，而我們仍繼續這麼做，因為還在「玩」。每天晚上，這都是維持生命、充滿喜悅、汗水淋漓、肌肉痠痛、扯開喉嚨、淨化心靈、精疲力盡、提振靈魂、痛快宣洩的樂趣和特權。你可以唱出你的不幸、世界的不幸、你最苦澀的經驗。但在這場靈魂的集會裡，有某樣東西會吹散憂鬱，讓一些陽光灑進來，讓你得以繼續呼吸，以你無法解釋、只能體驗的方式振奮心情。那是生命的意義，而在那些我覺得難以與他人相交的日子裡，那就是我的救生索。很困難嗎？是的。每個人的生理和心理都能應付自如嗎？並不是。是不是有某些夜晚，你不想繼續走下去？沒錯。但在那些夜晚，**會有**這麼一刻：樂團爆發，觀眾中有一張臉亮起來，某個人閉著眼，跟著歌詞、你寫的音樂一起唱，忽然間，那種心有靈犀的感覺，將你倆繫在一起。或者，人群中有幾個絕色美女——那絕對有用！

錢在哪裡？

　　我們一星期賺三十五美元，繳得出房租和帳單。那是最重要的，也是我

們能持續旅途的唯一辦法。我們尊重每個團員，你說明你有多少開銷，拿走你需要的錢。每個人都不一樣：有人要付贍養費、要扶養孩子、情有可原的狀況，有人需要的比別人多。大家都照規矩來，通常啦。

煉鋼廠解散後，我雖然覺得和丹尼・費德里奇相處得很愉快，但跟他合作實在是件折壽的事。他太需要人關注，跟他有關的事十之八九會搞砸。然而，組織巡迴樂團時，大衛・山休斯無法同行，所以我需要另尋風琴手，而丹尼是我認識的最佳人選。他彈得優美，是名副其實的民謠樂手，他的風格是從小彈手風琴養成的。他的右手抒情、流暢，非常自然，我沒聽過其他樂手有這種本能。他的手指與心的距離是我聽過最短的。他的左手則幾乎什麼都不做，被擱置的是他的自我意識，而非音樂的才華。音符奔騰而出，雖是經過絕佳的選擇和無瑕的安排，卻無拘無束，看似毫不費力地湧出他的靈魂。他是真正的伴奏，謙沖自牧，總是為歌曲奉獻，從不過分賣弄、越俎代庖、喧賓奪主，他會找到對的空間，給予完美的陪襯。如果我需要讓我們的某段錄音再自然一些，我會請丹尼進錄音室，隨便他彈。他使命必達。

可惜，他也是那種會玩弄並濫用他接觸到的任何體制的人。對丹尼來說，占室友便宜就像那些美妙音符從指尖恣意流瀉一樣自然。他浮報開銷，占盡便宜。才二十三歲，丹尼和我就有一段關係不穩定的長歷史。之前同住一個屋簷下的時候，我們起過衝突。最讓我厭煩的是，我老被選為不受歡迎的溫和理性的聲音、專業界限與個人行為的裁決者：爸爸。不過，到頭來總有人必須劃定界線，我劃了，而他踰越了。我們破產時，他偷我們每個人的錢。我直接開車去他的住處，怒氣沖沖地與他對質，卻得到一貫的費德里奇式聳肩，於是我踹了他昂貴的立體聲喇叭，掉頭就走。我很愛丹尼，但未來四十年，類似這樣甚至更糟的衝突，仍是我們友誼的一部分。

那年耶誕，我們凱旋回到菲力荷。有什麼比成功遊子衣錦還鄉更棒的節日驚喜呢？那麼謙卑、那麼寬宏。親愛的故鄉，我沒有忘記你。我們在鎮郊名為「羅瓦農場」的俄羅斯社交俱樂部為家鄉父老辦了一場節慶演出。全場

約五百人,而那一晚演變成我們俱樂部生涯中唯一一場全面爆發且真的令人驚惶的酒吧紛爭。頭一個小時還算順利,為了展現耶誕季節的歡樂氣氛,我們準備了水晶合唱團(The Crystals)的〈耶誕老人進城來〉(Santa Claus Is Coming to Town)。正當我們開唱,俱樂部裡接連爆發多場鬥毆。可能跟幫派有關,我不記得了。我望向吧台,看到酒保站在桌上,不客氣地往顧客的臉踢。酒館後半部有個閣樓,閣樓前有一排舊西部風格的欄杆,就在我唱出耶誕佳音之際,我看到一個人把欄杆舉起來往一樓砸。那晚敲康加鼓的理查・布萊克威爾跳下舞台,衝進觀眾席尋找我的童年玩伴,他的兄弟大衛。警察來了,演出就此停擺。神奇的是,雖然很多人被用擔架抬出去,卻沒人喪命。場地恢復可憎的平靜,我們繼續演出半個多小時,然後祝大家耶誕快樂,有個美好的夜晚。「誰說你不能回家?」[57]

---

57 引用邦・喬飛(Bon Jovi)的歌曲〈誰說你不能回家?〉(Who says you can't go home)。

27

《狂野、純真與東街舞曲》

早年，巡迴演出會撞期。沒人留意這件事，而我們只負責演出。我跟「哥倫比亞」簽的約是半年發一張新專輯。這種發片計畫是五、六〇年代唱片業的遺毒。那個年代，排行榜還是單曲稱雄，然後，歌手會將他們的暢銷單曲集結其他一系列平庸歌曲一起發行，稱為專輯。直到《花椒軍曹寂寞芳心俱樂部》（*Sgt. Pepper's Lonely Hearts Club Band*）問世，規則一夕改變，如今這張專輯成為流行唱片成就的黃金指標。忽然之間，歌手就算兩三年才出一張專輯也無妨，也算準時。甚至，如果你一年出一張，還會被認為曝光過度。但一九七三年時不是如此。

同一年我們連續發行《來自阿斯伯里帕克的問候》和《狂野、純真與東街舞曲》，而且繼續巡迴演出。《狂野、純真與東街舞曲》花了我們三個月的時間在九一四錄音室錄音。現在麥克和吉米已經見過我多次演出，知道是該帶進搖滾樂的時候了。大衛·山休斯回到鋼琴前，展開我們的雙鍵盤攻勢，他在這張專輯中表現精湛，對我們的錄音和巡迴團隊貢獻卓著。我們每天從海岸地區開車去布勞維爾特，晚上再開回來。理查·布萊克威爾到場，為〈紐約小夜曲〉（New York City Serenade）和〈東街舞曲〉（E Street Shuffle）敲康加鼓。最後我們展開馬拉松式夜以繼日的錄音。克拉倫斯和我在錄音室後面的小院子搭帳篷，在那裡睡了好幾天，完成最後的多軌疊錄。來到混音的階段時，我已經三天三夜沒睡，也沒依靠任何興奮劑。有一首歌，我無法醒著聽完整首，每次聽到一分多鐘時就開始頻頻打瞌睡，直到有人把我弄醒來批准剩下的部分。

我第二張唱片的第一首歌〈東街舞曲〉反映了一個部分想像、部分真實的群體。那是一九七〇年代，藍調、節奏藍調和靈魂樂在澤西海岸地區仍深具影響力，聽眾很多。音樂上，我以梅傑‧蘭斯（Major Lance）六〇年代的暢銷舞曲〈猴子時間〉（The Monkey Time）為基調，人物則影射七〇年代前後的阿斯伯里帕克人。我想要描述一個地區、一種生活方式，想要發明一種沒有精確步法的舞蹈，那種你為了過日子、日日夜夜在跳的舞。

　　過去三年我都住在阿斯伯里帕克，親眼看著小鎮遭逢嚴重的種族暴動，慢慢走向衰敗。後舞台俱樂部，我邂逅多數東街樂團團員的地方，早已關門大吉。木棧道還有人走，瑪麗亞夫人貨攤也還在那裡，但人潮稀少。許多以往的夏季度假客現在都經過阿斯伯里帕克而不入，寧可再往南走，到沿岸沒那麼混亂的地方去。

　　我被逐出波特美容院二樓的公寓後，短暫住過大丹尼‧蓋勒格的家，然後繼續搬家，現在和秋天一個晴朗早晨遇到的女朋友同居，那時她在阿斯伯里帕克木棧道北端的一個攤販工作。她是義大利人，愛開玩笑、純真無邪、男孩子氣、有一點弱視的跡象，戴著一副讓人想起那些圖書館奇才的眼鏡。我們附車庫的公寓在布萊德利海灘區，離阿斯伯里帕克約五分鐘車程，我就是在這裡寫〈七月四日阿斯伯里帕克（珊蒂）〉（4th of July, Asbury Park (Sandy)），向收養我的家鄉與錄音前的人生道別。我用木棧道和城鎮的式微來比喻一場夏日戀情的結束和我人生的變化。我和幾個早期團員偶爾會玩帶點爵士風味的搖滾，〈凱蒂回來了〉（Kitty's Back）就是這種風格。它結合扭扭舞的搖擺樂，是大樂團音樂的變形。一九七三年時，我必須寫些歌曲去吸引不認識我的聽眾。初試啼聲的我，沒有太多時間造成影響。我寫了幾首狂野的長曲——〈轟天雷〉（Thundercrack）、〈凱蒂回來了〉、〈羅薩莉塔〉（Rosalita）——可說是延續當年為煉鋼廠創作幾首長歌的靈魂，準備讓樂團和觀眾精疲力竭、喘不過氣。當你以為歌要結束時，又詫異地聽到新的段落，將音樂帶往另一波高峰。它的精神汲取自靈魂樂歌舞劇的終曲。我努力營造能與之媲美

的澎湃熱情，而在你表演完這麼一首歌離開舞台時，觀眾會記得你。

　　〈狂野比利的馬戲團故事〉是一首黑色喜劇，寫我對克萊德·比蒂—寇爾兄弟馬戲團（Clyde Beatty-Cole Bros. Circus）的回憶。小時候，他們每年夏天都會來菲力荷表演，設遊樂場，在離我家不遠、賽車場對面的田地搭帳篷。我總是好奇遊樂場裡那些幽暗的小徑到底在進行什麼勾當。當我們走過，母親會握住我的手，讓我感受剛在馬戲場中央看到的明星動物散發麝香味的下腹部。那感覺很可怕、不安，又暗藏性的意味。我跟我的娃娃和棉花糖在一起就很開心，我不想看那個。〈狂野比利的馬戲團故事〉描述在邊緣外生活的誘惑與孤寂。才二十四歲，我已嘗遍酸甜苦辣，但無論如何，這是我想過的人生。〈57街事件〉（Incident on 57th Street）和〈紐約小夜曲〉則是我在紐約的愛情故事，從十六歲起，那裡就是我暫時逃離紐澤西小鎮生活的出口。〈57街事件〉特別敘述了一個未來我常回頭探討的主題：尋找救贖。接下來二十年，我一直像個乖巧的天主教男孩，拚命尋找救贖。

　　〈羅薩莉塔〉是我的音樂自傳。它是《生來奔跑》的「出城」預演，比較幽默一些。青少年時期，我交過一個女友，她母親揚言要聲請法院禁制令，不准我靠近她的女兒，因為我出身卑微、外表叛逆（就我們小鎮而言）。那個女孩是個金髮美女，記憶中是我的第一個性對象——某個午後，雖然笨手笨腳，但總算成功（不過，由於「戰爭迷霧」，我不敢百分百確定就是了）。我寫〈羅薩莉塔〉向每一個排擠你、看不起你或認為你不夠好的人說再見。那歌裡有著我荒唐的過去，也慶祝我的現在（「羅絲，一家唱片公司剛給我一大筆預付款」），並一瞥將來（「有一天我們會回頭看，一切看起來都好好笑」）[58]。不是一切**真的**好好笑，而是**看起來**好好笑。這大概是我寫過最實用的一句歌詞了。

58〈羅薩莉塔〉的歌詞：「The record company, Rosie, just gave me a big advance.」「Someday we'll look back on this and it will all seem funny.」

Growin'
Up

《狂野、純真與東街舞曲》這張專輯並沒有讓我功成名就,所以不必真的擔心自己會往哪裡去。我希望我正往上走,若不,至少也是往外走。擁有唱片合約和巡迴樂團,我覺得自己的境遇比大部分的朋友來得好,他們都被關在朝九晚五、充斥責任與帳單的世界。我很幸運能做我最愛的事。藉由〈羅薩莉塔〉奔放的開放和弦,我要樂團做好準備,一無所懼地上路。那是之後的事。

我們把《狂野、純真與東街舞曲》送交發行,工作告一段落。半睡半醒之間,我們開車回紐澤西。麥克把帶子拿給唱片公司,我們等待回應,心裡充滿希望。這張唱片比《來自阿斯伯里帕克的問候》帶給我更大的滿足,我覺得它真正代表我在錄音、玩音樂和整合樂團方面的功力。有了〈凱蒂回來了〉、〈羅薩莉塔〉、〈紐約小夜曲〉和半自傳的〈七月四日阿斯伯里帕克(珊蒂)〉,我相信我們已經展現能藉由唱片激起的那種深度、樂趣和興奮。

攤牌的時刻

當時約翰‧漢蒙離開了,退休了。克萊夫‧戴維斯也離開了。偉大的唱片推手,我最大的支持者,帶我進這家公司的兩個男人,都消失了。出現權力真空,一批新人上來填補空缺。

我被叫去見 A & R[59] 主管查爾斯‧柯波曼(Charles Koppelman),他要審核這張專輯。播放第一面的幾首歌後,我立刻被告知,這張專輯沒辦法發行。柯波曼先生說我們的音樂還不夠水準,要我過幾天去哥倫比亞錄音室見他,他要讓我看看「真正的」樂手會怎麼處理這些歌。我相信他是出自好意,但我解釋我不能這麼做。我告訴他這是我的樂團,我必須忠於他們,我認為唱片聽起來很棒,我以它為傲,希望就這樣發行。柯波曼先生直率地評估我的前景:如果我堅持這樣發片,它很可能會進入垃圾堆、得不到宣傳、跟我一

---

59 Artist and repertoire,唱片公司的藝人與製作部門,負責發掘並訓練歌手和藝人。

起石沉大海。我該怎麼辦？我就喜歡它這個樣子啊！由於我強烈堅持不受干預，柯波曼的預言就確實發生了。

當我們巡迴宣傳《狂野、純真與東街舞曲》時，幾乎沒有人知道它已經發行。我來到德克薩斯一家電台，得知我唱片公司的代表剛來過，推了幾張「哥倫比亞」的新唱片，卻告訴他們別播我的，還說：「那些歌太長了。」這倒新鮮了，我自己的唱片公司要電台**不要**播我的歌。這只是一連串衝突的開始。搖滾樂的教育班長麥克・艾培爾和 CBS 的新高層之間爆發一場激戰。麥克送給那些高階主管的耶誕襪裡全裝了黑炭，呵呵呵。

我們在紐約長島富城一間俱樂部演出。唱片公司高層浩浩蕩蕩進來看一組他們考慮簽約的開場樂團，然後在我們上台時起身揚長而去。傷口上撒鹽。麥克站在門口，拿著紙筆，一一記下離場的背叛者——黑名單和未來要報復的對象。

這些人基本上看衰我們，認為我們早晚會離開歌壇、回到日常工作、回去念書、消失在澤西的沼澤裡。他們不明白他們面對的是一群沒有家、沒有人生、沒有一技之長可以在現實世界換取穩定薪水的男人。我們無處可去，但我們熱愛音樂！事實就是如此。我們已經來「解放你、沒收你……」[60] 和其他所有人！無法回頭。我們沒有錢，也沒有任何唱片公司資助。我們的週薪調漲到五十美元，而後七十五美元，但我們在唱片公司的命運急轉直下。我們的靠山離開了，現在那裡有其他前途看好的藝人，而就算我們成功了，也不會有人以此為傲。會以此為傲的人已不知去向，我們成了孤兒。

DJ 幫了我大忙

在五〇、六〇及七〇年代，DJ 仍是神祕、出沒不定的人物。當城市沉沉睡去，他仍獨坐在那兒，只有一層層、一架架你聽過的絕妙音樂盤帶陪伴

60〈羅薩莉塔〉的歌詞：「Liberate you, confiscate you ...」

他。他是你的朋友,他了解你。你和他分享祕密,那是你們生命中真正重要的事物:音樂。

他在你耳邊說話,不像你的老表哥布魯斯(Bruce Morrow)在 WABC 電台那樣聒噪吵鬧,而是提神醒腦,帶給你鐵定是今生最美妙的週六夜,就像 WNEW 電台的理查・尼爾(Richard Neer)或艾莉森・斯蒂爾(Alison Steele)主持的搖滾降神會那般充滿信心而輕聲細語。他們是人肉橋樑,連結你腦中展露的世界。隨著唱片來來去去,他們記錄你的變化,鼓勵你繼續聆聽,等待即將改變你一生的那首歌。〈獵犬〉(Hound Dog)、〈我想牽你的手〉、〈宛若滾石〉都是透過 AM 調幅器大聲播放,鼓舞我拆掉小鎮的牆,作更遠大的夢。那首〈繁星歲月〉(Astral Weeks)教我相信美、相信神性,它是出自我家當地的 FM 電台。

我永遠記得開車上紐澤西收費高速公路,抵達紐約之前,荒廢工業區的某處有一小棟混凝土建築。惡臭的濕地中,懸掛著閃耀的無線電呼號標示。現在我想那只是一座中繼站,但當初才十幾歲的我對那裡充滿想像:我所有鍾愛的 DJ 都擠在這前不著村後不著店的狹窄屋子裡,英勇地透過電波發送紐澤西人和你賴以維生的聲音。可能嗎?這個位於邊境、離文明甚遠、看來被遺棄的小堡壘,可能是你心靈世界的中心嗎?我幻想,那些你只知其名、只聞其聲的有力人士就群集於此,澤西的沼澤中。

當年東街樂團成員還在艱苦地混俱樂部、試圖踏入樂壇窄門的時候,我有兩次特別的電台經驗。一天下午,我和波士頓 Top 40 宣傳人員開車穿梭城鎮,試著讓我的首支單曲〈亮到目盲〉擠進 Top 40 的播放清單。我們抵達的第一個電台不讓我們進去。第二家,我們見到 DJ,他迅速播放〈亮到目盲〉,整整十二秒:「狂人鼓手無賴……」吱吱吱吱吱吱吱,唱針刮過我摯愛的唱片表面,接著被迅雷不及掩耳地取下,外加這個問題:「芝加哥合唱團的新唱片什麼時候發行?」於是那天下午,我們四處兜風、喝啤酒、說黃色笑話,那時我就知道我進不了 Top 40。另一次經驗則是,當我們在賓州布

林莫爾的重點咖啡館演出時，大衛・戴伊（David Dye）走了進來，他是費城當地 FM 電台 WMMR 的 DJ。看著我們對三十個人表演，他走過來說：「我喜歡你們。」當晚，在我們開著巡迴巴士出城的途中，我們聽到《來自阿斯伯里帕克的問候》對著熱愛音樂的失眠患者播放。後來我認識全美每一座搖滾大城的每一位 DJ，艾德・夏斯基（Ed Sciaky）是費城的優秀 DJ 和歌迷，我們到「友愛之城」[61] 演出時，我偶爾會去他家住；每個星期五晚上，克里夫蘭的奇德・李奧（Kid Leo）都會用〈生來奔跑〉為一星期的工作畫下句點；我常在三更半夜理查・尼爾播音時打電話給他，純聊天。還有其他很多 DJ 跟我有私交。當年就是像這樣，團員和我一起出去認識他們的城市，他們在節目上介紹你，這些都發生在八〇年代和花錢下廣告的宣傳手法之前，我因此有了好幾首原本可能不會有的熱門歌曲。然後，電台的電腦程式和全國性播歌單的時代來臨，整個產業改頭換面。但回想我們「快要成名」時，多虧電台 DJ 給予我們滿滿的愛和彌足珍貴的支持，也給了我們和我們的音樂迫切需要的家。

別了，瘋狗

狂人鼓手無賴……

《狂野、純真與東街舞曲》巡演期間，一個事實昭然若揭：我們需要更沉著穩定的人來打鼓。文森，以他激動的作風而言，是個技藝精湛的鼓手。他全心全意展現他的風格。你可以從我們前兩張專輯清楚地聽出來。我們從後舞台俱樂部的即興爵士樂團傳統逐漸成長，一路走來，演奏得十分起勁。前兩張唱片中，文森無所不在，他知道怎樣營造好的效果。文森激昂亢奮的擊鼓，跟他激昂亢奮的性格有關；而路易・拉哈夫的爵士鼓音質渾厚，再結合

---

61 City of brotherly love，費城的別稱。

文森的演出風格，便形成非常怪異但令人興奮的獨特錄音效果。

文森可能是某個當下全世界最溫暖、最深情、善良發自內心的人，但是在幾秒鐘後徹底失控。久而久之，幾個首當其衝、承受瘋狗暴怒的團員積怨愈來愈深。丹尼被他揍過；麥克的弟弟，巡演時來幫忙的史提夫‧艾培爾（Steve Appel），眼睛挨了一記；無數不巧遇到瘋狗極端那一面的陌生人也吃過虧，跟他出門是風險很高的事。一天晚上，我們前往一間位於二樓的海灘酒吧，我走上樓梯時，看到一個人從樓上滾下來，一路滾回一樓。那是文森。我們甚至還沒進去，他就被轟出來了！靠著大丹尼適時介入並改變對方的態度，偶爾能替我們省下麻煩。某天晚上的演出，文森鼻青臉腫、傷痕累累地現身。他的仇家不少。有人發現他每晚演出後都在半夜三點半騎車沿木棧道回家，某個復仇心切的傢伙從欄杆拉了一條細電線橫越木棧道，綁在腳踏車輪的高度。瘋狗全速撞上，整個人騰空飛起，摔得屁股開花、遍體鱗傷。

然後，他有件事做過頭了。一天下午，他莫名地惹毛了克拉倫斯‧克萊門斯。克拉倫斯大發雷霆，勒住文森削瘦的脖子，把他壓倒在地，打破離他腦袋幾寸處的一個重立體聲喇叭，想要教訓教訓他。文森爬起來，逃出屋子，直直衝向我在布萊德利海灘區的公寓。他看起來就像逃過一場絞刑，只是被吊得久了一點，眼睛凸出、兩腿顫抖、氣力放盡。他給我看脖子上血紅的勒痕，尖聲說克拉倫斯想殺死他，並發出永不過時的最後通牒：「布魯斯，有他就沒有我。」在東街，這不是總結滿腹牢騷的最好方式，這是我的樂團、我的城鎮，我是鎮長、法官、陪審團和警長，所以我要他冷靜，說我會處理。

大家一起討論，盡情宣洩不滿。團員都受夠了，麥克也是。文森始終覺得他被請走是因為他向來太直率地批評我們看待事業的方式。這點也許沒錯，但每個人各有想要文森離開的理由。對我來說，純粹是因為我的曲風正在改變，我需要擁有更精緻的品味、頭腦更清醒、更合時宜的人來做我寫的新音樂。我喜歡文森，過去如此，現在依然如此。他是很棒的人、獨樹一格

的鼓手和歌手，更是肝膽相照的朋友。我們同甘共苦。文森一直給我忠實的支持，不屈不撓、隨傳隨到，要跟這麼一個我如此在意且一起冒險犯難的人分開真的很困難。他的鼓技賦予我前兩張專輯美麗的靈魂和古怪，完全切合那些歌曲兼容並蓄的精神。他是東街樂團最艱困時期的一份子——那時，東街樂團是真正來自阿斯伯里帕克街頭的民謠樂團，我們生在什麼樣的音樂環境，就培養出什麼樣的音樂風格。

28

衛星沙發吧

　　告訴文森一切結束了很難。我想是麥克‧艾培爾說的。文森離開的那個週末，我們預定在迪克斯堡的衛星沙發吧演出。那是一間挺酷的俱樂部，既迎合當地人的喜好，也為駐紮在南澤西要塞的軍人服務。我見過「山姆和大衛」在那裡精彩的演出。那裡由我們一個「朋友」擁有並經營。我們曾在幾間當地年輕人開的俱樂部表演，總是玩得很開心。問題是，此時此刻，我們沒有鼓手，恐怕得取消。我這麼告訴麥克，而他立刻回電話給我，言簡意賅：「**非演出不可。**」其實衛星沙發吧的老闆也不同意，所以麥克已經打過電話拜託我們在艾爾叔叔的厄爾頓沙發吧的其他「朋友」幫忙說情。在「艾爾叔叔」，我們一直表現得很棒，被當成國王一樣對待。結果，不說情還好，說了更糟。麥克緊接著簡單轉述他跟「衛星」老闆的對話：「如果你們不演出，我有你們的住址，我會弄斷你們重要的手指；如果你們演出，我會更愛你們。」我想：「誰不想被愛呢？」那是我無法拒絕的邀請，於是接著就是恩內斯特‧「蹦」‧卡特（Ernest "Boom" Carter）的故事：那是我先前幾乎沒聽過、僅偶然交會過的鼓手，那個週末他在我們樂團演出，之後錄了東街樂團史上最重要的一張唱片，也**只**錄了那張唱片。「蹦」是大衛的兒時玩伴。接到大衛的電話，他就趕來修補王的工廠，排練一整晚，通宵達旦，學習我們整套現場演出。然後開車到凌晨一兩點才開始演出也不稀罕的迪克斯堡，精彩演出。「蹦」，歡迎來到東街樂團。

　　「衛星」的經理說到做到，我們**被愛了**！那時恰逢石油危機；巡迴演出時，我們的客貨兩用車曾開到一滴油也不剩，停在路邊，陷入十八輪大卡車

的車流，一有車子飛速掠過就跟著晃動。我們有幾次甚至求助於違法的虹吸管來導油，但這天晚上，當我們收拾好裝備，我們仁慈的「朋友」護送我們到停車場，微笑地站在我們旁邊看著警車停下來，幫我們把油箱加滿，還祝我們一路順風。

「蹦」證實了他是一位絕佳的生力軍。他比我原本會選的鼓手更爵士一點，但一融入團體，他便為搖滾樂注入非常動人的節奏。我們樂團現在有三個黑人和三個白人，在音樂上呈現的化學作用相當神奇。大衛當然從搖滾到靈魂樣樣精通，但他的演奏中有根深柢固的爵士和福音元素，讓多數搖滾風琴手難以望其項背。現在，混合了民謠、搖滾、爵士和靈魂，我們擁有了想去哪裡就去哪裡的一切必要條件。然而，論及事業發展，情況依然相當嚴峻。

譜寫未來

我們一直在多所大專院校演出，因緣際會，這天我們來到的這所學校，哥倫比亞唱片的新總管、從電視部調來的厄文‧希格斯坦（Irwin Siegelstein），他兒子剛好在現場。我們表演得很精彩，但因為對唱片公司的「不宣傳」感到洩氣，我在接受學校校刊訪問時抨擊了「哥倫比亞」一番。小希格斯坦看了表演、讀了校刊，也把校刊帶回家給他老爸看。值得讚揚的是，希格斯坦先生並未妄稱自己了解流行音樂，他聽了兒子的建議，於是我們接到哥倫比亞唱片打來的電話，邀請我們和公司新總裁共進晚餐。麥克與我赴約，希格斯坦先生問：「我們可以怎麼修正？」他是誠正無欺的經紀人，了解我們對他的公司具有價值，想要矯正錯誤。

大概同一時間，還發生了另一件頗幸運的事。波士頓有位男士認為他「看到搖滾樂的未來」，而那個未來指的就是**我**。我們曾在哈佛廣場劇院為邦妮‧瑞特（Bonnie Raitt）開場（上帝保佑她，她是那段日子少數找我們開場超過一次的藝人）。那位在場的撰稿人是《真報》(*The Real Paper*)的強‧蘭多（Jon Landau），他一時興起，寫下史上最棒的救命謬讚之一。

那是一篇文字優美的樂迷感言，讚嘆搖滾樂的力量與意義，讚嘆它帶給生命地方感與存續感、鞏固社群、減輕孤寂。波士頓的那一夜演出，我們樂團跟著心走，人在現場的強也是如此。強說「看到搖滾樂的未來」這句話時，是在訴說他如何看待自己所愛音樂的過去、現在和未來曾對他施予的力量，以及如何除舊更新，再次對他的人生發揮影響。那句「舉世皆知的引言」同時帶來助益和負擔（長期而言，我會說助益比較大），也一直多少被斷章取義，可愛的微妙之處不見了。但現在誰在乎呢！如果有人必須是搖滾樂的未來，為何不能是我？

隧道盡頭的光

與厄文共進晚餐及蘭多先生的「預言」後，報紙與各大音樂刊物紛紛冒出《狂野、純真與東街舞曲》的廣告，它們都在大喊：「我看到未來……」而我在廣告上面，看起來不錯。一天竟然能有這麼大的轉變，唱片公司重新支持我們，而隨著巡演繼續，夜夜掀掉屋頂，兩張專輯的銷售量也有起色。我預定發行新唱片，在「哥倫比亞」的第三張，也是合約保障的最後一張。我們能打的牌都打了，更重要的是，在樂評和我那一小群崇拜者之外，我能否激起收音機那端更廣大聽眾的興趣？非主流藝人在哥倫比亞唱片都維持不久。如果這張再不行，合約終止，我們很可能會被送回澤西南部松樹林的深處。雖然我已經慢慢展露本事，但我必須做出一張成功的唱片，用成績證明。那必須如史詩般不同凡響，必須是世人前所未聞。這已經是很久以前的事了——但那個晴朗的上午我在祖母家後院嗅到的血腥味，此刻又在空氣中飄送。我已經為我的新專輯寫好一首歌，歌名是——〈生來奔跑〉。

Chapter2
生來奔跑
Born to Run

我們是旅人，「奔跑者」，而非「滯留者」……
像我們這種一無所有的人，生來就是要奔跑。

29

《生來奔跑》

　　坐在紐澤西長堤西區巷 7½ 號，我剛租的一間小屋裡的床邊，我寫了〈生來奔跑〉。當時我正給自己上五、六〇年代搖滾樂的速成課。我在屋側的小桌上擺了一台黑膠唱片機，只要懶懶翻個身，就能將唱針放上當時我最愛的唱片。晚上，我會關掉燈，跟著洛伊‧奧比森、菲爾‧史佩克特（Phil Spector）和杜恩‧艾迪一起漂流，墜入夢鄉。這些唱片用六〇末至七〇年代初的搖滾樂力有未逮的口吻跟我說話，愛、工作、性、玩樂。感覺起來，史佩克特和奧比森陰鬱的愛情觀跟我的觀念十分契合：愛情本身就是一個危險的命題。這些都是製作精良、極富想像力的唱片，有絕佳的歌曲、絕佳的嗓音、絕佳的編曲和優秀的音樂才能為動力，洋溢著真正的錄音室天分與令人屏息的熱情，**而且它們紅透半邊天**！歌曲裡幾乎聽不出放縱，沒有恣意擴張的吉他獨奏或綿延無盡的霸道擊鼓。當然有歌劇般的氣氛和磅礴的氣勢，但也有節制。當我步入創作〈生來奔跑〉的初期階段，這種藝術性吸引著我。出自杜恩‧艾迪的是吉他的聲音，「像我們這種一無所有的人……」，還有「叭叭叭叭」的撥弦；源於洛伊‧奧比森的是圓潤飽滿、歌劇般的主唱音色：一個胸懷熱望但天分有限的年輕人，試圖模仿他的偶像；汲取自菲爾‧史佩克特的是那股製造撼動世界的巨大聲響的企圖心。我想要製作一張聽起來是地球最後一張的唱片，你能聽到的最後一張唱片，你**需要**聽的最後一張。聽完光榮的聲響，便是世界末日。貓王賦予了我這張唱片肢體的衝勁；狄倫，不用說，貫穿在整首歌的意象和概念：我寫的不只是**某件事物**，這就是**世間一切**。

我以吉他反覆連彈開場。獻出好的前奏，就能輕鬆上路。一邊隨意地走和弦，一邊咕噥，喃喃自語，然後唱出：「寶貝，像我們這種一無所有的人，生來就是要奔跑。」這就是我的人生。〈生來奔跑〉這個歌名我相信在別的地方見過，可能是某台行經阿斯伯里環道的車子，用銀色粉末寫在車蓋上；可能在六〇年代初期某部談改裝車的二流電影裡看到的，那種電影我當時看很多；也可能是某個「巡迴賽」的週六晚上，依附在金斯利街和海洋大道的海水與一氧化碳混合物上，從空中飄過。無論它來自哪裡，都具備暢銷唱片熟悉與新穎的特性，能激發聽者心中的訝異和認可，帶來一陣衝擊。好像它一直在那裡，又好像你從沒聽過這樣的東西。

　　這不是一首容易寫的歌。我從那個下午開始寫主旋律，但還要歷經六個月的試煉和磨難才會完成。我想要運用典型的搖滾樂意象：路、車子、女孩……還有什麼呢？那是將查克·貝里、海灘男孩樂團（The Beach Boys）、漢克·威廉斯（Hank Williams）和自汽車發明以來每一個被公路迷途人發揚光大的語言。但要讓這些意象緊扣人心，我必須把它們塑造成新的事物，超越懷舊、感傷與熟悉。

　　我是越戰時期長大的美國小孩，成長過程中見證甘迺迪、馬丁·路德·金恩和麥爾坎·X遇刺身亡。這個國家感覺不再像是艾森豪五〇年代所說的純真之地。政治謀殺、經濟不公和制度化的種族主義都是強大而殘酷的現實。這些議題以往都被推擠到美國人生活的邊緣，但現在不一樣了。空氣中瀰漫著恐懼——事情可能無法解決、道德精神空虛、我們懷抱的夢想已被玷汙、未來永無保障。這是新的地貌，而如果我要讓我的角色走上**那條**公路，我必須將這些事情全塞進車子裡。非這樣不可，這是這個時代的需求。

　　想要向前走，我們必須願意承擔種種未和解的過去，同時肩負個人與歷史責任的時代已經來臨。我一開始寫了一些陳腔濫調，然後靈機一動：「白天，我們在失控的美國夢街道上揮灑著汗水……」這是「死亡陷阱」、

「自殺罪」。「我想要捍衛你的夢想和願景……我想要知道愛是真實的嗎？」就是這些面臨危機：你的夢想，你的願景。「溫蒂，我們可以一起與悲傷共存，我會用盡靈魂裡的狂熱來愛你……」因為那是必須付出的代價。「有一天……不知道何時，我們會到達那個地方，我們真正想去的那個地方，走在陽光下……」但在那之前，我們只有這條路，永遠存在的**現在**——這就是搖滾樂的火種，搖滾樂的精髓。「寶貝，像我們這種一無所有的人，生來就是要奔跑……」

　　幾個月來，我能感受我急欲訴說的故事點滴滲入我的歌詞。慢慢地，我發現我唱得出口的字眼，總是我最初、最終、唯一的前行標準。慢慢地，那感覺變得真實。所以它完成了。我的試金石，我新唱片的藍圖，全都包覆在改裝車的轆轆聲響和低預算的電影場景中——製造了很多垃圾，卻也完美地去除了這首歌的矯揉造作。

　　歌詞寫好了，我們卻搞不定樂器錄下的聲音：鼓聲、吉他聲。我們將樂音疊樂音，音混了又混，一軌接一軌，將段落集結起來，終於將我們超量的 72 軌搖滾樂嵌在九一四錄音室可用的 16 軌上。這將是「蹦」唯一一次幫東街樂團的錄音作品打鼓，不錯的選擇；也是我和大衛·山休斯合作的最後一次錄音，他沒多久便獲得「哥倫比亞」的獨唱藝人合約。這兩人一起離開樂團，就在我們名利雙收之前！這也是我們最後一張在九一四錄音室製作的唱片，和唯一一張製作團隊只有麥克和我的唱片。當我們早上八點坐在錄音室裡，因熬夜一整晚試著搞定混音而精疲力竭，預約下一場錄音的人開始敲打我們反鎖的門。那個時代還沒有自動化或電腦化的混音板，全都要手動操作。我們的錄音師路易·拉哈夫左手操縱吉他的混音器，右手控制鍵盤；麥可可能會調整歌聲與最後一句主歌的木吉他；我則從他們背後伸手調節吹到高潮的薩克斯風獨奏和尾奏的吉他重複樂句。一次到位，一氣呵成，不剪接、不編輯。當吼叫和敲門聲愈來愈大，我們再來一次。搞定了，我們心想，實情是我們已經累得無法判斷。我將錄音帶回家，每天早晨播放，和穿

過臥室窗戶的陽光一起叫我起床。聽起來很棒。我帶回家的**正是**我希望錄製出來的成果。這種事不常發生。

唱片公司希望主唱多表現一點。一天下午,我們把帶子帶去紐約一間錄音室,不到半小時就明白那是不可能的任務。我們永遠無法再處理那份錄音,甚至連要整合音樂,接近那面控制吉他、風琴和鼓聲的怒牆都沒辦法。為了遵從公司的意思,我們只好回頭聽其他原始錄音。有些歌聲較強,但沒有**魔法**。歌手聽起來**應該要**像是為了讓不屑他的世界聽到他的歌聲而奮鬥。沒有。只有一次像是七四七引擎在你家客廳發動的隆隆聲,而整個宇宙在和弦**迸射**的瞬間懸於一線。有救了。就是它。我們只做到一次,但你就需要那一次。

因為「蹦」和大衛離開,我們在《村聲》雜誌(*Village Voice*)刊登徵求新鼓手和風琴手的廣告。我們和三十名鼓手及三十名風琴手各演奏三十分鐘。有人來應徵只是為了跟樂團坐在一塊兒;有人帶著雙大鼓的爵士鼓來,試著用金格・貝克(Ginger Baker)的風格詮釋〈夜裡的幽魂〉;一名「前衛派」提琴手進來,用宛如指甲刮黑板無調性的聲音折磨我們半小時。不論你是好是壞,你都會得到你的三十分鐘和一次握手。

最後,紐澤西南奧蘭治人馬克斯・溫伯格(Max Weinberg)坐上鼓手的位置,而來自洛克威海灘的羅伊・比坦(Roy Bittan)溜到風琴後面。他們勝過其他所有人,也將為我們的錄音帶來新的專業水準。他們是第一批不來自我們老家而加入東街樂團的人。

隨著〈生來奔跑〉在 FM 廣播電台強力放送(我們拿給電台的時候,以為很快就會出黑膠唱片,好個美麗的錯誤!),我們回到錄音室。接連幾次在九一四錄音失敗,我們無法推動唱片的進度,最明顯的問題就是那裡的屎都不堪用,鋼琴踏板、錄音設備和其他雜七雜八的東西一天到晚故障。我們試著錄〈城鎮叢林〉(Jungleland)——它成為我們現場演出的主要曲目已經好一陣子,樂團已滾瓜爛熟,但因為技術上的問題,你就是無法積聚任何

把它完成的動力。有事情不對勁。連續幾天錄得亂七八糟之後,我們癱坐在那裡,我最後一搏的「傑作」完全沒有進展。我們困住了。需要幫助。

30

強・蘭多

　　那是麻薩諸塞州劍橋的冬夜，我站在公演場地「喬的店」前面的街道上，跳過來跳過去，試著讓身子保持暖和。我在讀第二張專輯的樂評，店主把它貼在俱樂部的前窗，希望能招徠一些還在呼吸的顧客。兩位男士走到我左邊，一位是作家戴夫·馬胥（Dave Marsh），另一位就是窗上那篇樂評的二十七歲作者，強·蘭多。他湊近問：「你在想什麼？」**你在想什麼**，這是強和我說的第一句話，可能也是我們反覆思考、紙上談兵、闡述哲學、分析和創作音樂一輩子、拋給彼此的數百億句話後，剛剛又說的一句。「**你在想什麼？**」這句話襯托了我們四十年的友誼。

　　在搖滾的核心，早期風格永遠是很重要的一塊。舊音樂的形式會一再回來，早期的鄉村搖滾、龐克、硬靈魂樂和饒舌都重新流行過。將思想和反省融入早期風格中，**並非**創造偉大搖滾樂的必要技能，音樂史上許多最光榮的時刻都是在天生才華與創造本能的爆發中生成（有些根本就是渾然天成！）。然而，如果你想要發光發熱，且燃燒得**長久**，就不能只仰賴最初的本能。你需要發展技藝並生出智慧，帶領你在事情變得不確定時走得更遠。那也能幫助你在時間流逝時理出關鍵的意義，繼續創作強而有力的音樂，賦予你或許能讓創意和身體活下去的技能。我覺得，許多搖滾藝術家無法熬過他們短短幾年的保存期限、製作多一點出色的唱片而不溺水（或更糟的結局），是因為天性不適合這行。那些人個性激烈、易上癮，受衝動、自戀、放縱、熱情和天賦所驅使，而後在一個恐懼、飢餓且不安全的世界裡被強烈打擊。那樣的困惑就像汽油彈，可能會讓你無法做出、或抗拒做出在這領域

生存所需的意識跳躍。在第一類接觸打中你的屁股後，你最好擬定計畫，因為如果你期盼混得比十五分鐘更久，就必須做好準備。

　　嘿，我知道有些人的五分鐘比其他人的五十年更有價值。雖然在一顆璀璨的超級新星裡燃盡能使唱片銷售一飛沖天，讓你活得快、死得早、留下一具美麗的肉身，但「活著」仍有值得訴說的事。我喜歡看著我的偶像老邁、頭髮花白，且**無所不在**。我會舉狄倫、滾石合唱團多年來始終像海盜團夥的模樣、誰合唱團（The Who）「希望我活到很老才死」的存在力量，和即使發胖但到死都令人神魂顛倒的馬龍‧白蘭度為例——他們比其他選擇更合我意。我希望自己看到麥可‧傑克森（Michael Jackson）的最後一場演出；看到七十歲的貓王再起並展現他的才華；看到吉米‧罕醉克斯拿電吉他；看到凱思‧莫恩（Keith Moon）、珍妮絲‧賈普林、科特‧柯本（Kurt Cobain）和所有其他英年早逝、才華殞落、使我喜愛的音樂頓失所依的人活下去，享受天賦帶給他們的幸福與聽眾的尊敬。老化當然可怕，但也迷人，而偉大的才華會以奇妙且深具啟發意義的方式演變。此外，對於那些讓你得到許多樂趣、知識和靈感的人，你會希望他們長壽、快樂且平靜。這並不容易。

　　青春和死亡一直是神話創作者留在人間的醉人組合。危險，甚至暴烈的自我憎惡，向來是轉變之火的要素。當「新的自我」開始燃燒，嚴密掌控**和**魯莽這對雙胞胎就永遠連在一塊了。這讓人生變得有趣。這兩種力量之間的劍拔弩張使得表演者令人著迷，但也是白十字 [1] 的公路路標，召喚你上癮的前兆。許多走過這條路的人不是精疲力竭，就是已逝。在文學及音樂中，搖滾般的死亡備受喜愛，也有很多記載；但實際上，對歌手和他的歌曲而言，除了來不及過的大好人生、拋下的愛人和孩子，以及地下二公尺深的洞穴，這沒有多大意義。在最美的一刹那凋落、在榮光之中退場都是胡扯。

　　嘿，如果你不屬於那一票音樂革命份了——我就不是——你的眼光自然

---

1 White-cross，中樞神經刺激劑右旋安非他命（Dextroamphetamine）的別稱。

會落在不一樣的事物上。在這塊轉瞬即逝的領域，我適合長久而艱辛。我還要努力數十年，我的身體天生擅長忍耐，而性格不喜歡住在邊緣。我感興趣的是我音樂創作的一生可以成就什麼，所以最重要的前提是必須繼續活著。在我這一行，前述例子證明，不論你是誰，這都沒有聽起來那麼容易。

國王來了

　　強‧蘭多是我遇過第一個懂得如何討論這些概念和精神生活的人。他對音樂和樂手有瘋狂粉絲般純粹的愛，但仍保有退一步分析摯愛的批判能力。在強的身上，一種衝動不會壓抑另一種。他是天生好手，對於許多事物的根本價值，我們有一樣的信念，包括音樂才能、技藝、辛苦工作的樂趣，以及如何有條不紊地應用一個人的天分。以上種種造就了我們喜愛同樣的唱片，瑪斯爾肖爾斯錄音室、摩城音樂和披頭四的早期唱片，都展現了革命性的音樂源自樸實無華但遵守紀律的錄音方法。這就是我們的計畫，也是我們的性格。

　　強和我連成一氣，既是共謀的樂迷，也是一同追尋目標的年輕人。對我而言，強亦師亦友，我相信他接觸過和擁有的資訊能提升我的創造力，讓我更積極去追尋我試圖納入音樂中的真理。我們也有那種即刻的化學反應：「我明白你的意思。」強比我大部分的家鄉朋友受過更高的教育。我想把音樂做得更好，變得卓越。不只好，而是棒。無論要付出多少代價，我都願意。嘿，如果你沒有與生俱來的天分，憑意志力也到不了那裡；但如果你有天分，那麼接觸新思想、反面意見和新勢力的意志力、企圖心、決心，將能增強並鞏固你的成果，讓你更接近目標。

　　我們剛開始來往時，我曾造訪強位於紐約的公寓。我們談音樂、播放唱片，轉眼就過了好幾個小時。那跟我和史提夫屬於同一種緊密的連結，但又不大一樣。一九七四年，我還是個年輕、發展中的樂手，想要認識前輩、戰友、先於我而觀念契合的人。強知道他們，也知道他們在哪裡——書裡、

電影裡、音樂裡。我們的相處非常隨興，就是兩個朋友聊聊鼓舞彼此、打動彼此的事物，交換想法，在深夜促膝長談開啟自己的世界、讓自己渴望人生的事物。走過兩張專輯，我已經開發出一種新的聲音，也開始簡化歌詞的風格。當我們合作《生來奔跑》時，強跟著製作音樂。他是非常敏銳的編曲及剪輯師，擅長形塑唱片的基底：貝斯和鼓。他能避免表演過火，引導我們做出聲音更圓滑的唱片。我願意放棄那些折衷且鬆散、街頭派對的風格，讓音樂更飽滿。我們簡化了基底的音軌，因此能多疊幾層聲音而不致陷入混亂。這讓《生來奔跑》同時浸淫了搖滾的歷史和現代。我們創造出濃郁且富戲劇性的搖滾樂。《生來奔跑》是我最棒的唱片之一，這要歸功於強最棒的製作成果。

除了製作，強更是我眾多歌迷、朋友和怪咖中，最新一個兼具父親形象的人。這是一項終身工程：找人接替我失聯父親的角色。這對任何人來說都是沉重且不公平的負擔，但我樂此不疲。一定要**有人**做這件事。在那個節骨眼，我認為強本身也需要什麼。他剛生完一場重病，住院多時，還經歷痛苦的離婚。我是個好朋友，或許某種程度具體實現了他的搖滾夢，也以巧妙的方式協助他的個人發展。當時他已經製作過 MC5 樂團的《回到美國》（*Back in the USA*）專輯，我提供強一個繼續發揮天分的地方，而那些天分回過頭來助我成為更打動人心、深刻銳利的詞曲創作人和樂手。

我的創作常圍繞著身分認同的問題：我是誰、我們是誰、什麼叫家、家在哪裡、何謂男子漢、何謂成人、你有哪些自由和責任。我想知道身為美國人的意義。在這個時代，未來看起來和那條細細的地平線一樣朦朧且不斷變形，身為渺小的當代參與者有何意義。搖滾樂手能否協助雕出那條線，並指引它的方向？又能指引多少？受到伍迪‧蓋瑟瑞（Woody Guthrie）和貓王、Top 40 電台節目和巴布‧狄倫，以及一千個在酒吧演奏的夜晚這些多元而看似兩極化的影響，我滿懷好奇，加緊尋找我能做的事，以及我的歸處。

除了內人派蒂、我的樂團和少數摯友，我分享最多心事的人是強。當兩

Born
to Run

人如此契合，你一定會投入真心。我們一起做的每件事都是從愛與尊重出發，不只是生意，更是私人的互動。當你來跟我合作，我必須確定你帶了真心，是真心要敲定合約。這就是為什麼東街樂團總能勢如破竹，夜復一夜，四十年不滅。我們不只是一種思想、一種美學，更是一種哲學、一個共同體，專業的榮譽準則。一切都基於以下原則：這一晚，我們傾盡全力、竭盡所能，讓你想起**你**擁有的一切、你最好的事物。能夠跟眼前的人直接交換笑容、靈魂和真心，是一種特權。這一刻，能在星空下和我們投入無數心血、也為我們付出許多的樂迷通力合作，謙遜（或不謙遜！）地發揮本領，是榮幸，也是莫大的樂趣。這就像一條充滿生命力的長鏈，而你會感激，成為其中的一個小環節。

逆流而上

在我們追尋的過程中，強就像克拉克引導我這個路易斯 [2]。未來我們將一起翻山越嶺，不只穿越一小片荒野。他以友相待，也在我看起來太靠近我最愛的深淵、搖搖欲墜時給我忠告。在強之前，我沒認識半個曾在精神分析師的診療室待過三分鐘的人。從小到大，我身邊圍繞著一堆重病者，遮遮掩掩，容易出現嚴重憂鬱和混亂、不可預期的行為。我知道這是我自己精神層面的重要成分。在紐澤西，我這類人裡頭，精神病學專業還不如不要存在。當我看起來情緒低落，強會帶我尋求專業協助，重新聚焦或改變我的人生路線。他，我的朋友，總不吝給我仁慈、慷慨和愛，我欠他太多了。管理方面的工作他也做得很好。經過多年，我們還在這裡。每當我和強討論未來的方針，他總以兩件事為主——我的幸福和快樂（再來才是巡迴的總收入！）。這兩件事就是長久以來，我在紐澤西菲力荷逐漸散去的霧中尋尋覓覓的答

---

2 引用自路易斯與克拉克遠征：一八○四年，奉傑佛遜總統之令，二十歲的梅里維瑟·路易斯（Meriwether Lewis）與二十四歲的美國陸軍少尉威廉·克拉克（William Clark）橫越美國大陸西抵太平洋沿岸考察。

案，也是親情和友情出奇複雜也出奇簡單的答案。僅有的答案。

　　連這些事情也會改變的那一天，終究會到來。我不再需要代理父親或導師，只需要朋友和夥伴；強也不再需要哪一個人幫他實現搖滾幻想，並開始成功管理其他一票藝人。成年，或某個極相似的時候，總會到來。有一陣子，過渡的那幾年，我和強之間有些緊張和誤解：帶刺的對話、焦慮的電話、掩藏於表面下的憤怒和挫折。並肩同行不是件簡單的事，每個人都有自己的作風，觀念根深柢固。多數人辦不到。一起出發的二十年後，我變了，強也變了。情況就是如此。那短暫的一陣子，我們像是硬要履行承諾的受害者。然後事情終於來到嚴重關頭，我們用我們一貫的安靜方式處理，一個洛杉磯的晴天，坐在我的後院說話。「你在想什麼？」

　　我們已經度過這條河流最險惡的一段，那是麥克和我未曾度過的水流驟變、地貌已然不同的一段。於是，開誠布公後，我在我們的船上回頭看，我的克拉克還在；船頭，他的路易斯也還在。我們還有我們的音樂國度要探索，有數千公里的邊境要旅行，有音樂要做。現在喊停已經來不及了。

31

雷霆路

　　隨著我們在「九一四」的傍晚錄音時程接近尾聲，強靠過來，小聲說：「你是一流的藝人，應該去一流的錄音室。」我覺得頗有道理。我和強的友誼正緩慢而穩定地成長，我決定邀他進錄音室觀看，或許可以為我們遇到的問題帶來一些洞見。回到紐約時，我們深夜出去吃點東西。當我們比肩坐在一家小餐館吧台的兩張凳子，強開口了：「如果你需要我做什麼，我很樂意。」他似乎很清楚，我們如果要避開飛行中的失速，必須採取哪些步驟。我想了想。我天性保守，不會隨便讓新人進來，但我決定有其必要，而他就是對的人。我喜歡強，信任強，我們的工作關係源自我們的音樂友誼。他不是冰冷的專家，而是朋友，專業且能助我錄製出色唱片的朋友。而錄製出色的唱片，正是我來此的目的。

　　我跟麥克談了，解釋我必須這麼做。他不確定這是個好做法，但如果我態度堅決，他會同意。沒過多久我們就進了曼哈頓西 44 街傳奇性的唱片工場錄音室。在那裡的第一晚，負責操作磁帶機的是一個瘦削的義大利孩子。他的工作是更換磁帶盤並聽從錄音室的指示開關放音裝置。他有典型的紐約性格：古怪、滑稽、盛氣凌人。我隔天晚上進去時，他坐在錄音板前方，取代了路易·拉哈夫。強覺得我們需要新的錄音師，而他和麥克決定採取行動。我問強覺得這個孩子有辦法勝任嗎？他說：「我覺得可以。」於是，吉米·艾歐文（Jimmy Iovine）——優秀的頂替者、混錄音室的少年、我見過學習曲線躍升最快的人（且很快將成為世界首屈一指的音樂大亨和《美國偶像》（American Idol）的明星！）——成為我生平最重要專輯的錄音師。

　　強參與過排練，我們開始處理那些長而曲折的編曲。那不適合我們了。強協助我壓縮歌曲的長度，以發揮最大的衝擊。他告訴我長不見得好，短也不一定好，但我著魔了，而強必須在我把吉他帶進〈後街〉（Backstreets）的經典前奏和尾奏之前阻止我。強的意見都經過慎重衡量，什麼能讓我們的錢花得最有價值？編曲開始成形，而當我們走進「唱片工場」錄音時，突然間，音樂錄成了。

　　之前我就大致想像，專輯《生來奔跑》就是一連串在漫長夏日和夏夜發生的小插曲。從早晨〈雷霆路〉（Thunder Road）的口琴開始，你會先認識這張專輯的主角和主題：你想冒險一試嗎？「紗門甩上，瑪麗裙襬飛揚」──不錯的開場，到哪裡都適用。「我要衝出這裡，我一定會贏」──差不多是你能得到最好的結尾。這擺出我們的賭注，並為將來的每一步設定高標準。接下來，你會聽到克拉倫斯薩克斯風昂揚的尾奏，公路豁然開朗。各位女士先生，為您介紹──「大個子」。〈雷霆路〉之後是〈第十大道酷事〉（Tenth Avenue Freeze Out），一支搖滾樂團和我們超棒的街區舞會的故事。這是史提夫・范・贊特在《生來奔跑》中唯一一次獻聲，他也自發性地安排（或糾纏、誘拐）紐約一支一流管樂隊的爵士隊員，包括「布雷克兄弟」（Brecker Brothers）和大衛・山朋（David Sanborn）在內（他們一定在想：那個穿「打老婆」白汗衫[3]、戴草呢帽的瘋狂渾蛋是誰啊？），幫我們吹奏純樸的木棧道靈魂樂。腳踩油門，我們駛進〈夜〉（Night）裡，再來是〈後街〉莊嚴的鋼琴、風琴和破碎的友誼：「我們發誓要做一輩子的朋友……」

　　第二面以〈生來奔跑〉綿延不絕的咕嚕開場，它排在整張唱片的正中間，錨定前後所有東西。然後是〈就是她〉（She's the One）波・迪德利（Bo Diddley）風格的節奏（寫到這裡，我可以聽到大個子突出的薩克斯風獨奏）。而當夕陽西下，我們切進藍迪・布雷克（Randy Brecker）的小喇叭，穿越〈河

---

3 Wife-beater，指背心式的白汗衫。

Born
to Run

的對面見〉(Meeting Across the River)的隧道。隨著音樂川流不息,夜晚來臨,進入城市和〈城鎮叢林〉的心靈戰場。然後,克拉倫斯最棒的錄音時刻,那段獨奏。最後一波音樂退潮,「這裡的詩人什麼都沒寫下,只是往後一站,任一切這樣發生……」帶歌聲的尾奏,像刀插在背上的號咍,是你聽到的最後的聲音,一切就在血淋淋的歌劇式榮光中結束。

唱片尾聲,我們已經讓來自〈雷霆路〉的愛人早先得來不易的樂觀,受到這個黑色城市街道的嚴峻考驗。在一個由矛盾統治、明天未卜的國度,他們被交到命運的手裡。這些歌曲中的人物在此展開新生。而未來四十年,我會在我的作品裡繼續追蹤他們的人生(以及我一直在寫的問題:「我想知道愛是不是真的」)。我將青少年時期對愛與自由下的定義留在這張專輯,從這裡開始,一切將變得複雜許多。《生來奔跑》是分隔線。

一波為期三天,七十二小時的衝刺,我們同時在三間錄音室工作:第一間由我和克拉倫斯一句句修飾〈城鎮叢林〉的薩克斯風獨奏;第二間幫〈雷霆路〉混音;第三間一邊配唱〈後街〉,一邊在樓上的空房間排練。最後,就在《生來奔跑》巡迴啟程的那一天,我們完成了這張將使我們一舉成名的唱片。原本不該如此,唱片應該要在上路前幾個月就做好,在巡迴開始前發行,但我們就是這麼千鈞一髮。晨曦中,三天三夜沒睡的我們撲通一聲倒進等候的車子裡,那將直接載我們前往羅德島的普維敦斯,前往舞台。

話雖如此,我又繼續和《生來奔跑》角力了好幾個月,排斥它、拒絕發行,還當著惶恐的吉米‧艾歐文的面,把帶子扔進飯店的游泳池。他帶了剛出爐的原版磁帶到巡迴來,但必須到鬧區的音響店拜託他們讓我們使用黑膠唱片機才能聽。我站在店裡,煩躁不安,一邊低語一邊聽著唱片播放,吉米的目光緊黏著我的每一絲表情,乞求:「拜託你說好,結束一切吧。」吉米、強和麥克都快瘋了,但我就是不肯發片。我聽到的都是我認為的瑕疵:誇大不實的大樂團樂音、澤西版帕華洛帝(Pavarotti)借洛伊‧奧比森之身唱出的歌聲,但也是同樣的東西賦予它的美、力量和魔法。這是個難題。看來

不能兩全其美。強耐住性子跟我解釋，「藝術」常以詭祕的方式運作。讓事物出色的因素，也許正是它的缺點，就跟人一樣。我放手了。

32

中頭彩

　　一九七五年八月二十五日，王牌盡現，「7」字原地翻轉，搖滾樂的「吃角子老虎」口中吐出連綿不絕的聲音和銀幣——頭彩！賓果！命中！我們有熱門金曲了！我興奮至極，也戒慎恐懼。身為想法樂觀但作風悲觀的人，我相信頭彩都有個可怕的雙胞胎——麻煩——將接踵而至，就像吉普賽人的詛咒：「邪惡的眼」正看著你。我是對的，接下來有相當、相當多的麻煩，等著一個二十五歲的人來處理。

　　我遇到的第一個難題是《時代》雜誌和《新聞週刊》（Newsweek）要我上雜誌封面。我猶豫了，因為那時流行娛樂界的表演者，特別是搖滾歌手，不會上那些被視為嚴肅新聞刊物的雜誌封面。七〇年代中期的媒體文化和現今截然不同。首先，沒有人叫它「媒體」。當時沒有網際網路、沒有《今夜娛樂》（Entertainment Tonight）、沒有開心聊天的新聞、沒有 E! 電視網、沒有MTV 音樂電視網、沒有 TMZ 娛樂八卦網、沒有有線電視、沒有衛星電視。有報紙，而晚間七點的電視聯播網，由西裝筆挺的老男人播報一天大事。就這樣。的確有一些小報，但它們對搖滾樂的龐克不屑一顧，只想知道伊麗莎白・泰勒（Elizabeth Taylor）和李察・波頓（Richard Burton）在忙什麼兒童不宜的事情以及對法蘭克・辛納屈上了誰感興趣。《時代》和《新聞週刊》是有名望的雜誌，但對未來流行文化的喜好（以及這些雜誌影響力的式微）才剛開始冒泡。現代「媒體」和伴隨而來的呼喊、尖叫與嘈雜才剛轉過街角。

　　我有選擇：不要專訪、不要封面，或專訪和封面都不要。雖然我還年輕，但已嘗過默默無聞的滋味。我很清楚欠缺臨門一腳的失落，走了那麼

遠、差點被發掘，結果仍是失望。沒有時間懦弱了！我很謹慎，未來依然如此，但我必須找出自己擁有什麼。我不想四十年後在一個晴朗的午後坐在搖椅上，滿腦子後悔。我想得到的只有我爸籠罩在香菸濃濃的煙霧中，哀嘆：「我原本可以去電話公司上班，但那樣就必須四處出勤……」於是，熄燈、憂鬱、啤酒、怨恨家人，取代了他以為自己原本可以完成的事。我才不要那樣。

我憂心忡忡，但我的自尊心、企圖心和深怕錯失機會的恐懼，最後終於超越我的不安全感。我打電話給麥克：「讓報章雜誌來吧！」

炒作

當騷動開始，我正懶洋洋靠在日落侯爵飯店的躺椅上。「侯爵」是惡名昭彰、住著許多乖僻搖滾歌手的旅館。唱片正式上架時，我們遠在西岸日落大道的羅克西夜總會演出。剛在紐約的底線夜總會結束一場吵雜刺耳的戰爭，「羅克西」的演出將是我們西岸戰事的重心。「底線」那場演出讓我們一炮而紅，成為一流的競爭者。五個晚上，一晚兩場，我們在西四街 15 號的狹小舞台上施展渾身解數。對我們來說，那是突破性的演出，樂團挑戰極限，而我輕易擄獲觀眾的心，讓空氣中瀰漫有事正在發生的灼熱感。沒錯，確實有人不看好我們，而如果我們的表演無法說服你，你將抱持懷疑好一陣子。但在樂團內部和街道上，你感覺得到，一切正要起飛。

我們在「底線」的演出極具水準。我們在那裡重獲新生。離開之際，樂團已氣象一新。一如〈生來奔跑〉成為我們錄音的正字標記，「底線」的演出確立了我們現場演出的特色：我們一心想抓著你的衣領搖撼你、喚醒你，全力以赴，毫無保留。

在洛杉磯，我看到的第一幕是狂笑不已的史提夫・范・贊特繞著游泳池奔跑，就像他在紐澤西米德爾敦送報遲到了那樣。他正四處發送有我的大頭照印在上面的《時代》和《新聞週刊》給他投擲範圍裡的每一個萬惡城市的太陽崇拜者。他拿兩本給我，說：「棒的咧！」我看著封面，心想：「噢，

我的天。」然後立刻回房。我**不**自在，但可憐的男孩能怎麼辦？誠如《教父2》（*The Godfather Part II*）裡海曼·洛士（Hyman Roth）所言：「這是我們選擇的事業！」當然，我有我的矛盾，上封面讓我開心，給予我推說不知情的可能性，也給予我離貪婪的目標僅一步之遙的幻想。但，這就是我奮鬥不懈的方向：明星，而不是星期三、五、六在地方酒吧演出，不是樂壇的週末戰士[4]，不是大學生偷偷愛慕的偶像……是**明星！影響力**、**暢銷金曲**、**名氣**、**財富**、**女人**、**肯定**、想怎麼活就怎麼活的**自由**，活得淋漓盡致。這些帶我去哪裡，我就去哪裡。

我已確立目標，不能回頭，只能往前，所以我們往前了。我只需要做得夠好，像我承諾的那麼好、像我自認的那麼好，一切就有意義。儘管外面的世界有新的喧囂，但我心中只有真正的表演該去的方向，那就是精彩絕倫、燦爛奪目。上上下下、裡裡外外，隨著我如躁鬱症的高空表演者從這根柱子盪到另一根，波動的情緒將我淹沒。唯一能阻止我衝進臭氧層的是我的樂團和演出。演出是**真的**，永遠如此；我的朋友是**真的**，永遠如此；觀眾是**真的**，永遠如此。我不孤單，我背負許多重量，但我不孤單。我選來跟我一起旅行的男人都站在我這邊。他們的安慰與陪伴彌足珍貴。無論舞台上的事情多麼光怪陸離，當我轉身，我看到我的家。這些人了解我，知道我是誰。

洛杉磯的演出很順利。馬丁·史柯西斯（Martin Scorsese）和勞勃·狄尼洛（Robert De Niro）都來了，幾天後，馬丁便為樂團播放電影《殘酷大街》（*Mean Streets*），並以他的短片《剃鬚記》（*The Big Shave*）開場。我遇到傑克·尼克遜（Jack Nicholson），他也是澤西人，在鄰近阿斯伯里帕克的內普敦市長大。演出後，我們去「羅克西」附近的一間小酒吧，我請教他如何駕馭成功。他說，當成功到來時，他已經準備就緒。我不確定自己能否如此，但答案很快就會揭曉。此刻我們正要赴海外參與一連串深刻考驗我們是否已做好準備的演出。

---

4 Weekend warrior，原指參加週末召集以完成兵役義務的後備軍人。

倫敦的召喚

　　披頭四、滾石合唱團、動物合唱團、雛鳥樂團（The Yardbirds）、奇想樂團（The Kinks）、傑夫‧貝克、克萊普頓、罕醉克斯、誰合唱團──我們正前往我們的英雄之島。基督復臨在英國的家，第一代美國藍調和搖滾在遙遠的彼岸發生船難，被了解、徹底消化而重鑄成奇珍異寶的地方。搖滾的第二代，節拍音樂[5]團體已經完成赫克力斯[6]式的任務。他們獨力創造了一些史上最出色的音樂，在舊形式中注入年輕、通俗、時髦的熱門音樂，在排行榜一飛沖天。他們為好幾代像我這樣的孩子介紹了才華出眾而偶然拾起口琴、吉他和筆桿的美國人的音樂。透過這些團體，我第一次接觸嚎狼（Howlin' Wolf）、吉米‧里德（Jimmy Reed）、穆迪‧瓦特斯（Muddy Waters）和亞瑟‧亞歷山大（Arthur Alexander）。〈日昇之屋〉（House of the Rising Sun），一首老民謠，已被動物合唱團改成咆哮個人毀滅的現代藍調；滾石合唱團為查克‧貝里最偉大的單曲注入龐克的生命；披頭四則用愛和新穎的風格覆蓋早期的節奏藍調。我至今仍深深感激這些團體，這些年輕的英國人，如此珍視並引領我認識這些一九六四年時多數美國家庭未曾聽聞的音樂家。

　　英國存在著**我們**非來不可的理由。倫敦、利物浦、曼徹斯特、新堡等城市是我們最愛的英倫音樂偶像的同義詞。這些本是神祕的目的地，但我們來了，已在希斯羅機場降落。作為音樂母國的新代表，有機會回報些許恩情。如果可以的話。

　　一到飯店，我就收到《旋律製造者》（*Melody Maker*）和《新音樂快遞》（*New Musical Express*），英國兩份頂尖音樂刊物。兩份的頭版都印著我大大的

---

5 Beat Music，介於流行樂和搖滾樂之間的音樂流派，形成於一九六○年代早期的英國，造就了「英倫入侵」風潮的許多樂團。占據美國流行排行榜，對日後流行和搖滾樂的發展有深遠影響。

6 Heracles，希臘神話中半人半神的大力士。因失去理智殺死自己的妻兒，須完成邁錫尼國王歐律斯休斯（Eurystheus）派給他的十二項艱難任務來贖罪。

頭像，其中一份極力誇讚，另一份強力批判。上場吧！我們要在倫敦市中心的漢默史密斯音樂廳演出。車子來到外頭，入口處打了光的天篷寫著：「終於！倫敦準備好迎接布魯斯‧史普林斯汀了。」現在回想，那不是會打動我的語氣。它感覺起來，或許有一點太……放肆了？進入會場，我受到海量的海報歡迎，每一個平坦的表面、每個座位上都有，稱頌我是**他媽的下一位大人物**！死亡之吻！但這些最好交由觀眾決定。我既惶恐又生氣，真的生氣。我為自己感到尷尬，替歌迷覺得被冒犯。事情不該這樣運作。我知道事情運作的方式，而且我已經做了：**表演**，而非講話。我的事業是**表演**，該做的是上台表現，不是訴說。你沒辦法**告訴**人們任何事情，你必須**表現**給他們看，讓他們決定。我就是這樣走到這裡──藉由**表現**給人們看。如果你試圖告訴人們如何思考，最後就會變成麥迪遜大道[7]那類的思想法西斯份子。喂，**搖滾明星**先生，滾出我的思想，進入我的腳、我的心。這才是達成任務的方法，才是介紹自己的方式。

　　我必須修正它。我在劇院裡狂奔，一面怒斥麥克‧艾培爾，一面扯下每一張海報、丟棄每一張我抓得到的傳單。我需要乾淨的工作環境，需要為我的樂迷、我自己和我的樂團收回劇院。到了表演時間，我一團糟，興奮到不行，又緊張得半死。二十五歲，我還是個沒見過世面的年輕人，一輩子沒出過國。如我前面說過的，我知道我很優秀，但也是個假貨。這就是藝術的平衡！在二十世紀後半，「真實性」指的是你用真實組成的無數鏡面。換上工作服吧，年輕人，這沒什麼大不了。當你年歲漸長，就不會為此煩惱，這只是當前的情況罷了。然而年輕時，人很容易成為那些心靈騙術的獵物。這一刻，我知道我的精神**不**非常集中。我感覺得出來，因為我在害怕，而害怕不是我的作風。我沒什麼好怕的，但我害怕了，自卑不是上台時所需的心理狀態，然後──

---

7 Madison Avenue，指美國廣告業。

　　開演。我們上場。觀眾看似壓抑而沉默，空間瀰漫著不安。這是我的責任。你必須讓觀眾能夠自在地任你掌控，你要幫助他們感覺夠安全、夠自由來放開自己，找到他們來此尋找的事物，做他們來這裡要做的人。這天晚上，我的問題是在表演期間，我的心思有好一陣子以最不愉快的方式飄忽不定。我心裡，多重人格不斷爭鬥要輪流霸占麥克風，使我難以到達「管它去死」的那個點：放火燒了不安全感、沉醉其中、渾然忘我的境界，既美妙且非達到不可的境界。現在，我感覺得出自己太在意、想太多，想太多我正在想的事。我的好友，J·吉爾斯樂團（J. Geils Band）主唱彼得·沃夫（Peter Wolf）曾說：「你在台上所能做出最奇怪的事，就是去想自己正在幹嘛。」他說得對，而我**現在**就在做在台上所能做出最奇怪的事！這就像你感到生命受到威脅的一刻，你搭的紙牌屋、你如此小心且一絲不苟建立的表演「自我」、你的面具、你的戲服、你的偽裝、你夢想的自我，都有破碎或倒塌的危險。而下一刻，你乘著樂團創造的音樂展翅高飛，盡情翱翔，深深沉浸在你「真正」的自我中，遠遠凌駕於群眾之上。這兩個自我往往只有一線之隔。這就是有趣的地方，就是人們為什麼要花錢來此、為什麼叫它**現場**。你終其一生的每一場演出多少都會沿著這條弧線的軌跡前進，一路抵達淒慘的失敗或卓然的成功。大部分的夜晚，你會停在這條弧線可忍受的高低範圍內的共有地，但當曲線大起大落，請抓緊。那感覺就像什麼事都有可能發生，而且不是以令你欣慰的方式。

　　每個人的人生都會遇到這種情況，只是版本各異、規模大小不同。大家也都知道必須設法克服，只是多數人不會想在數千人面前這麼做。然而，這是我工作的場所，我必須在這奇怪的地方跟自己對話。你當然會有自己的一套策略，所以我求助於意志力。表演時，當你看到觀眾面露懷疑，當你認為完蛋了，當禿鷹盤旋，我們的血被嗅到、被吸吮時，我的意志力，**我的樂團團結一致的意志力**，不成功便成仁的堅持，會立刻回來踢你的屁股，試著挽救這一天。這點，我完全得到母親的真傳。她用**意志力**使我們凝聚成一家

人，我們就是一家人；她用**意志力**使我們不要分崩離析，我們就沒有分崩離析；她用**意志力**使我們懷著敬意穿梭家鄉城鎮的街道，我們就懷著敬意穿梭。

這會兒演出接近尾聲，而現在，回到地球，我覺得體內愈來愈熱，觀眾圍住我，樂團上前，準備呈現我們橫渡大西洋四千八百公里要來呈現的東西。我使勁地唱，或許太賣力，然後一切結束了。難熬的一晚。我對自己失望，我讓出太多空間給內心的衝突。尷尬地駐足唱片公司的「慶功」宴後，我一個人慢慢回到飯店房間，吃英國人膽敢稱作起司牛肉堡的東西。在飯店床邊，一大群烏鴉下，我向自己保證，在舞台上絕對不要再如此多疑。我告訴自己，我多的是時間可以聆聽自己的聲音與睿智的建言，但不該在跟樂團合作時聆聽，那不是讓我想像力豐富、不斷猜疑的心靈絮語的時機。在澤西海岸地區，酒吧和現場樂團菁英的聖地，激進地追隨詹姆斯‧布朗、山姆‧摩爾和其他每一次上台都要展現專業水準的硬蕊靈魂樂手，我們來自一個「專業」不是罵人的話的地方。一、二、三、四，殺他個片甲不留！那是行動、實踐、彰顯人生的時刻，**全力以赴**的時刻！**不是**浸入幽暗的深處、夾走你肚臍上的紗布的時刻。我這麼告訴自己。

你可以在《生來奔跑》專輯組合附贈的東街樂團《一九七五年倫敦漢默史密斯音樂廳演唱會實況》（*Hammersmith Odeon, London '75*）影片中見證以上畫面。但其實你看不到，你只會看到樂團表演一連串棘手但傑出的曲目，看到我們帶著一份我敢說沒有哪支年輕樂團能匹敵的歌單進入舞台，不斷迸射混雜著澤西血統的搖滾和龐克靈魂樂。那個夜晚將我們介紹給英國樂迷，開啟和他們四十年漫長而愉快的關係。但那時，我覺得那天晚上太令人難堪，所以一直到二〇〇四年——三十年後！我才回頭看那場演唱會的影片。一看，我發現影片拍得相當好，是我們這支穿著迪斯可西裝、皮夾克、戴針織帽的樂團在七〇年代榮光中的絕佳紀錄。我那晚大部分的經歷，是一場只在我腦海播放的電影。我的身體和心知道該做什麼，直接就去做了。我被訓練得不錯。那些不友善的公演、難搞的場地，整整十年消防員大會、遊藝團、汽車

電影院、超市開幕和小餐館沒人鳥你的演出，都回來在我們的黑暗時刻拉我們一把。我們有好幾次這樣的經驗——不太像「漢默史密斯」那次，但足以讓我們做好準備。

　　那晚我躺在異國的床上，覺得自己變得更陌生了。令人輾轉難眠、難堪的「剛才發生了什麼事」的感覺不斷踢著我的腦袋。我心想：「哇，這比我預料的還難熬。」當然，這本該在意料之中，只是我不夠精明才始料未及。現在回頭看，雖然難堪、令人心煩且不悅，但如果**那場公演**沒有那些天花亂墜的炒作和隨之而來的喧鬧，一支來自澤西的小樂團可能要進行無數次海外公演才能產生同樣的衝擊，或者根本只得到注意而已。我們要做的是無愧於宣傳，而我有做到嗎？無論如何，我們在漢默史密斯音樂廳的第一晚成了我們「傳奇性」的演出之一，但我也在那一刻學到，除非你對自己想要的事物非常積極、主動，不然你創造的事物都有可能被類化、被奪走，無論結果為何。這無關乎個人。不管怎樣，在偉大行銷之神的祭壇上，你就是會被剝個精光，誰教他們有受商業 DNA 引導的活力與計畫。

　　最終，遠在音樂產業食物鏈的頂端，那間空中大會議室裡（或者以我的例子，日本某處），他們不會問上頭的人：「我們今年做了幾張好唱片？」他們會問：「**我們賣了幾張？**」他的命運，通常連同你的命運，將取決於這個答案。別誤會我的意思。唱片公司，包括大型有限公司，裡面都是熱愛音樂、本身也是樂迷、想參與其中而天分讓他們往商業面發展的人，他們將是你珍貴的合作對象。我認識的多數音樂家，跟協助銷售他們唱片的人並無心結，但如果沒有談成雙方同意的合作條款，你的天分就會被牽著往別人覺得最好的方向走。不是刻意要造成傷害，卻可能會發生嚴重的傷害，或者影響星途！或兩者皆是！近年來，網路已經改變大半競爭環境，但不是全部。創造力和商業之間的互動仍是一首迴旋的華爾滋。如果你想照著自己的燈號飛，抵達你覺得你的才華該抵達的地方，依你學到、重視及可做的事情去打造職場生活，請小心。早期，我的唱片公司未懷任何不良意圖，他們是自己

快活的企畫與激動的受害者，任萬能的商業之神擺布，盡人事、聽天命，我則去學習自己想學的東西，學得很快。

告別倫敦後，事情平靜了一些。我們前往當時是隆冬、永夜的瑞典。不想一起擠在小飯店房間的小床上，我們上街去，在斯德哥爾摩一家夜總會看了性愛實境秀，一絲不掛的北歐人在狹小的舞台上使出渾身解數。我們坐在後排，像咯咯笑的男學生。那滑稽、怪異且有點可怕。到了早上，身為身經百戰的國際美食家，我們找到了我相信是當時歐洲唯一一家麥當勞，然後我們轉往阿姆斯特丹，在一座美麗的歌劇院演出，一樣像鄉巴佬瞠目結舌地凝望紅燈區的窗（「我不要進去！」）。然後回到倫敦，在「漢默史密斯」再試一次，這一次，拒絕再讓那些惡巫進入腦海。我們火光四射，自認或許真的可以跟我們神聖的年輕祖先並駕齊驅。徹底釋放，在嘴裡留下甜甜的滋味，然後踏上歸途。

回家——吃真正的起司牛肉堡。「真高興我住在美國。」[8]謝謝你，查克‧貝里。我們離開歐洲時，感覺並非大獲全勝，但也不致一敗塗地，有點像是被襲擊的馬車隊，克服了難關，通過難以理解的西部，沿途只在滿是車轍的小道被割掉幾塊頭皮。不過，那仍震撼了我。那四場演出就是我們一九七五年的歐洲巡迴。直到五年後我們才再訪歐洲，那時我相信我們長大了一點，多了一些自信，也多了兩張專輯的堅實資歷，已經準備好要克服語言和文化的障礙，一舉征服歐洲的同胞。

《生來奔跑》將我們提升到新的境界。我們是不容忽視的年輕新勢力，財務上也揮別紅字，堂堂進入黑字的領域（純屬假設）。眼下，我們已經著陸，獲得成功。我第一份「月桂谷」的五年合約已走了四年，我們才來到這裡。諷刺的是，正當我們大放異彩，我跟「月桂谷」和麥克‧艾培爾只剩一年的契約責任。我壓根兒沒想過這事，但麥克想過了。

---

8 查克‧貝里〈回到美國〉（Back in the U.S.A.）的歌詞：「I'm so glad I'm livin' in the U.S.A.」

東街樂團

隨著你一炮而紅，一個你將終身奮鬥的形象已深嵌樂迷腦海。你已經在觀眾的心裡留下指印，永遠烙在那裡。那個第一刻，連同它的自由和限制，將永難磨滅。那個「你」，是你尋尋覓覓的獨特且具創造性的身分嗎？你的觀眾會告訴你你找到了。一轉眼，我從「新的狄倫」回到「布魯斯‧史普林斯汀」，而我的樂手也從安排得宜的伴奏搖身變成東街樂團。

一開始我就知道，我要的是介於獨斷獨行和一人一票的民主樂團之間的工作方式。我曾待過民主樂團，那不適合我。除了極少數例外，搖滾樂團的民主往往是滴答、滴答的定時炸彈。例子不勝枚舉，從披頭四開始，也從披頭四結束。儘管如此，我仍想要能給我意見的優秀樂手、朋友和性格。我想要那種鄰里、街區的感覺。鄰里、街區，是所有偉大樂團的發祥地，那種共同的血統，甚或只是共同血統的意象或夢想，蘊藏著吸引人的元素，能在觀眾心中激起情感和同志情誼。你不必尋找最好的團員，你要找的是**對**的團員，跟你一拍即合、成為獨特合體的團員。披頭四、滾石、性手槍（The Sex Pistols）、紐約娃娃、衝擊（The Clash）和 U2 都是這樣的團體，他們的局限反而成為令人驚嘆的風格與音樂開拓性的種子。

我想要單槍匹馬的卓越創造力與決策力，也想要唯有真正搖滾樂團才有的那種生氣蓬勃、喧鬧不休的幫派感。我覺得魚與熊掌並非不能兼得，所以我簽獨唱藝人的約，但聘請長期跟我一起奔跑的一幫人擔任我的樂團。不是我的**伴奏**樂團，不是**一支**樂團，而是**我的**樂團。這有差別。他們不是一群匿名的伴奏者，而是**擁有自己性格**的核心人物，每個都是獨具特色的表演者。

詹姆斯‧布朗有馬切奧（Maceo）；波‧迪德利有傑羅姆（Jerome）當左右手，與公爵夫人（Duchess）和波小姐（Lady Bo）作伴（兩位揹吉他的女性）。這些樂手賦予我的偶像背景故事，讓他們更有趣。（我一直想像詹姆斯和波平常就跟這些人廝混，歌裡就在唱這些人。這些人和他們來自同樣的世界，渾身散發神祕，一如我所聽見懾人心魄的音樂。波認為對他的世界、他的樂音而言，搖沙鈴的傑羅姆比貝斯手還重要——他**沒有**貝斯手。請了解，你過去五十年聽到的所有唱片裡，99.9% 都有貝斯！但波說：「去他的，從我製造如雷聲響、撥吉他的右手，我已經得到所有我想要的貝斯。我真正需要的是我**的傑羅姆**搖他的沙鈴！」結論：傑羅姆很重要。）這就是我想要的。

我跟哥倫比亞唱片簽獨唱藝人約，所以樂團在布魯斯‧史普林斯汀的唱片中演奏。但在現場，我需要集體認同，以及我歌裡人物活生生的代表。就像詹姆斯‧布朗**和**他的知名火焰（His Famous Flames）、巴迪‧霍利（Buddy Holly）**和蟋蟀樂團**（The Crickets）——那個「和」真的很重要。它訴說著有一場派對正歡騰，一場會議在進行，一場盛會被召集，而**你帶了你的夥伴來**！所以，現場表演時，我們是「布魯斯‧史普林斯汀和東街樂團」。這聽來挺令人興奮，這就是我想看見的世界。我一直覺得觀眾該在舞台上看到他們自己的倒影、他們的城鎮和朋友，而這需要一支樂團。

東街

我們沒有隱藏手上的牌，也不低調演出，我們明明白白地攤開自己。雖然我喜歡其他表演者的深藏不露，但做為一支團體，我們不是過度籠罩在謎或神祕之中的人影，我們渴望被了解、平易近人，有點像是你家附近的酒吧樂團突然揚名立萬。真正的搖滾樂團是從共同的地點和時間演化而成，是相似背景的樂手一起來到當地一間酒吧，融合成比團員人數總和更棒的成果。

1+1 = 3

真實世界的初級數學是 1 加 1 等於 2。凡人（我）每天都在做這樣的事：出門上班、工作、付帳單、回家，1 加 1 等於 2。這讓世界不停旋轉。但藝術家、音樂家、騙子、詩人、神祕主義者等則收取酬勞讓這道等式完全改變，讓兩根木柴摩擦出火花。每個人都會在人生某處成就這種煉金術，但難以抓牢，且容易被遺忘。人們不是要來搖滾樂現場學東西的，他們是來**被提醒**已經知道且深植心底的事情。當世界在最佳狀態，當我們在最佳狀態，當生命感覺完滿，1 加 1 會等於 3。這是愛、藝術、搖滾樂和搖滾樂團的基本公式，也是宇宙永遠無法被完全理解，愛將繼續令人狂喜、令人迷惑，而搖滾樂永遠不死的原因。

也是當你要籌組你的樂團時，應當盡可能尋找跡象的公式。

點名時間

東街樂團最初集結時，我跟我的團員並無私交。我們很多人都是偶然相遇。一切都在團長喊出那句咒語「一、二、三、四！」才開始，才一一揭曉。在阿斯伯里帕克，我們的花園沒有播種，眾多樂手野生野長，你找到誰就是誰。除了直覺、地域性和開始演奏後的音樂力量，樂團的選才並沒有整體性規劃。如果你很幸運，選得不錯，到最後，這樣也就夠了。

馬克斯・溫伯格、蓋瑞・塔倫特、史提夫・范・贊特、丹尼・費德里奇、羅伊・比坦、克拉倫斯・克萊門斯，就是這個團體的核心；這個未來四十年將逐步演進成重金屬、創造歷史、撼動全球、搖屁股、做愛，還有，沒錯，最後必須吃威而鋼的傳奇性東街樂團。

貝斯：蓋瑞・塔倫特，南方人，狂熱的搖滾樂迷。蓋瑞是我第一天去後舞台俱樂部就遇到的人。他是那裡隨傳隨上的貝斯手，是常去我們阿斯伯里帕克藏身處的粗野外人之中少見個性穩定的生物。他安靜、莊重、隨和的性格，從一開始就為我的生命和樂團增添光輝。蓋瑞的彈奏方式和滾石合唱團

創團貝斯手比爾・懷曼（Bill Wyman）有點類似。他的演奏可以化為無形、透明，從你的夢想冉冉升起，為夢想打造領地，而非擅自闖入。然後，當你沉入谷底，他一定在那裡。他不會作秀，符合這個優秀的傳統：唯有沉默低調的男人，才會受低音吉他的吸引。

　　風琴：丹尼・「幽魂」・費德里奇，也是我在「後舞台」第一晚就碰到的人。我們一同經歷了一切。丹尼很會找麻煩，而且通常找得到。很長一段時間，毒品、帳單、酒精和輕聲細語的溫柔，掩蓋了他迷惘的心和靈魂，但他的演奏彌補了許多。一站到風琴後面，丹尼承受的個人重擔就消失無蹤。聽丹尼彈琴，你會聽到自由。多數樂手都會受自己的所知束縛，他們可能演奏得非常優美，但在他們音樂的核心某處，你會聽到他們**知道**、**學過**、**練過**什麼，而那會略微侵蝕他們表演的優雅，令人牽腸掛肚。我們這些凡人都是如此。丹尼則**不知道**他**知道**什麼。他不知道你的歌曲、和弦序列、編曲、調子、歌詞想要表達什麼，也不知道你他媽的腦袋裡到底想說什麼，**他只知道怎麼彈琴**！如果你在演奏前問他某段音樂，他通常無法回答你最基本的疑問。（「丹尼，這要怎麼開始？」聳肩。）但你一喊完「一、二、三、四」，他就彈得美妙極了。他會探入腦袋最遙遠的角落，取得保存的必要資訊，點燃。在風琴後面，他自由自在，但也只有在風琴後面。真實世界對自由沒什麼好感，但藝術家呼吸自由、抽自由的血。這是丹尼的美所奔放的世界，丹尼翱翔的世界，而跟我們很多人一樣，他在另一個世界——舞台底下的世界——苦苦掙扎。對我來說，我已逝的朋友仍是無盡迷惘與人性脆弱的綜合體，由神祕、直覺、獨一無二的音樂所構成。

　　吉他：史提夫・「小史提芬」・范・贊特，是我最好的夥伴、一手包辦或一無所有先生、九十九塊半無法成事博士、我的專制主義者、我的喜劇陪襯者、我的惡魔擁護者和我第一流的搖滾樂同謀。我們並肩作戰，在澤西海岸

地區青少年俱樂部跟 Telecaster 牌吉他決鬥。史提夫是出色的樂團領導者、詞曲創作者和編曲人，也是激情猛烈的吉他手。如果想要提升搖滾的層次，就把史提夫的吉他交給他，帶他進錄音室，然後離開。當我回到錄音室，我想要的就在那裡了。他是我舞台上的左右手、我的死黨，沒有他──他不在的時候就是如此──我的樂團和我的人生絕對不是現在這個樣子。

鼓：馬克斯・「強馬」・溫伯格，擁有充沛的幹勁、精神官能症和詭計多端的郊區街頭生存技能，也是絕頂幽默的源頭，馬克斯找到了伯納德・普迪（Bernard Purdie）、巴迪・瑞奇（Buddy Rich）和凱思・莫恩的交會處，讓它成為自己的領地。他是奉獻、敬業的靈魂。每天晚上我們的曲目刻意製造的連續不斷的颶風，他都位於正中央，三小時不間斷排山倒海的搖滾樂，落在他肩上的壓力比我們其他人都重。在舞台上，馬克思不僅要聆聽我說的話和打的信號，還要「聽到」我在**想**、在**感覺**的事。當我的思緒全速朝鼓台飛去，他便料到我在想什麼。這是我們多年一起演出與生活所形成的心靈感應，是現實世界的奇蹟，也是人們為什麼那麼熱愛樂手的原因。樂手向我們證明我們可以多深刻地感受彼此的心意，多完美地聯手出擊。有馬克斯在我身後，問題還沒被問出就已經得到答案。

全場兩萬人，全都屏息以待，我們要來征服全場，硬碰硬。鼓聲響起──我剛剛才想到，還在我腦海著火的小角落，還沒告知或打信號給外面任何人，我就是要這種鼓聲，**而它已經響了**！喧鬧吧，年輕人，盡情喧鬧吧！

鋼琴：羅伊・「教授」・比坦。東街樂團唯一受過大學教育的團員！（現在多了一個，馬克斯在一九八九年畢業！）長久以來，當我需要非常明確、跟我聽到的一模一樣的東西，都須仰賴好友羅伊在黑白鍵上實現我的想像。羅伊的十根手指可以做三十根手指的活兒。對教授來說，八十八個鍵還不

夠。他的演奏構成我唱片的招牌樂音,一如克拉倫斯的薩克斯風,他的鋼琴琶音和音樂盒般的和弦組合也是東街樂團的正字標記。他的造詣橫跨爵士、古典、搖滾,人類所知的各種音樂!我們團裡會開這個玩笑:如果我們跟蹤鋼琴、貝斯和鼓的聲音,最後會在水裡淹死,因為只要有羅伊在,你就有一整首管弦樂曲了。其他都不需要。羅伊營造如此豐富的音樂,讓史提夫和我必須辛苦爭取空間來表現我們的吉他。必須阻止他。如果利伯拉契(Liberace)和傑瑞・李・路易斯有孩子,那個孩子會在長島洛克威海灘出生,名字就叫羅伊・「教授」・比坦。

　　我就是和這個團體、這座發電廠一起嶄露頭角。但最能激發聽眾的想像力和理想主義、讓人一想到東街樂團便深刻感受到同志情誼的,非這位吹薩克斯風的大個子黑人莫屬。

克拉倫斯・克萊門斯

改變從上城開始……[9]

　　克拉倫斯是從搖滾樂故事書裡走出來的人物，也許我是那本書的合著者之一，但唯有大個子**本人**才**當得了**大個子。若說我實現了強・蘭多的搖滾夢想，克拉倫斯就是我夢想的化身。多年來我四處尋找真正的搖滾薩克斯風手，不是降尊紆貴的爵士樂手，而是發自內心喜愛我們演奏音樂和風格的人。

　　在《生來奔跑》之前，克拉倫斯只是團裡那位體型碩大、才華橫溢的薩克斯風手。我們只有五個人，是一組略帶節奏藍調風味、還不賴的人馬。登上《生來奔跑》的唱片封套之後，他就成為東街樂團的大台柱。那個封套是哥倫比亞藝術總監約翰・柏格（John Berg）設計的，而我們用它以史詩般的規模重新創造自己、創造我們的友誼和合作。我們的冒險就從艾瑞克・米歐拉（Eric Meola）拍的那張，在全美每一家唱片行的櫥窗都看得到的雙倍寬照片開始。照片橫跨封面和封底是約翰・柏格的主意。當封套合起來，專輯封面是一名年輕白人龐克搖滾樂手非常迷人的照片，但當封套打開，一支樂團於焉誕生。荒誕的故事就此展開。我把克拉倫斯帶到米歐拉那裡是因為想跟他合照。直覺告訴我，我倆並肩站在一起，能傳達出我想表達的意思。那充滿戲劇性、令人興奮，且不僅於此；那呈現了克拉倫斯踏上「學生王子」的舞台、跟我們即興演出的第一晚時我的感覺。那天晚上，真正的故事，一個你

9〈第十大道酷事〉的歌詞：「And the change was made uptown …」

編造不出、只能發掘的故事，就此開始。那是一個可以培養、造就的故事，但首先，必須被埋進土裡——孕育它的啤酒、樂團和酒吧裡。當你看到那個封套，那充滿對搖滾過往的迴響、神話，以及某種召喚搖滾未來的新鮮感。艾瑞克‧米歐拉拍攝的大個子和我，就像一張暢銷唱片，感覺熟悉，但你從沒見過一模一樣的東西。我們是獨一無二的，就我們兩人。

那張封套洋溢著微妙、奧秘的種族之謎，和一種看似淘氣、但保證充滿樂趣與力量的感覺，一張讓你好奇「這兩個傢伙是誰？在分享什麼笑話？他們有什麼樣的故事？」的照片。我們兩人的力量和深刻的情感，自然構成了那幅畫面。

《生來奔跑》發片後，我們的舞台演出方式也改變了。一九七五年以前，克拉倫斯常逗留在他的麥克風前，像俱樂部的薩克斯風手那般演奏，沉著而低調。一天晚上我走向他，說這樣不夠。我們可以用我們的音樂和**視覺**形象創造一個故事，訴說只在我的歌曲裡暗示的故事。我們可以表現它。印象中我大概說了這樣的話：「明天晚上，讓我們離開麥克風，忙一點。」克拉倫斯憑直覺就知道該做什麼。隔天晚上，大個子表演了，而當我們走向彼此，釘在舞台中央，觀眾的臉頓時亮起來。觀眾是對的。那在當時是我們的一大步，也持續如此，因為我們覺得它是對的、當作它是對的而繼續這樣前進，最後證明我們沒錯。

東街的皇帝

很難想像克拉倫斯曾是個普通人、大學生、美式足球選手、詹姆斯堡男童育幼院戴眼鏡的輔導老師。他有一張在歷史任何關頭看起來都怡然自得的臉，外國皇帝的臉，島國國王的臉，重量級拳手、薩滿、和別人用鐵鍊拴在一起的囚犯、五〇年代的藍調樂手、深靈魂樂倖存者的臉。彷彿藏有一百萬個祕密，又好像什麼祕密也沒有。在美國南方長得高頭大馬的克拉倫斯是個有黑色幽默且憤世嫉俗的人，同時神奇地懷抱近乎絕望的樂觀與怪異的天

真。我想那是由於他和我一樣是母親的寵兒。這兩種元素交融，成為強如炸藥的混合物。雖然經過這麼多年，他已不那麼容易被觸發，但你絕對不會想試踩他的地雷，否則你在劫難逃。因為他的兩極之間，是一塊只能靠心靈感應、不會有回應的無人區[10]。

　　我看著克拉倫斯生氣勃勃地迅速度過他的人生，魯莽又幽默，令人欽佩又擔心。克拉倫斯的故事，就像橫渡惡洋生還的故事，最好坐在溫暖的壁爐旁邊聽聞，不要跟他同坐一艘船去體驗。他結過很多次婚，歷任妻子都遭到粗暴的對待，他則蒙受愛情和財務之擾。關於克拉倫斯，一般人不可忘卻的一件事情是：**克拉倫斯**對克拉倫斯非常重要。在這方面，他跟我們多數人並沒有不同，只是程度相差十萬八千里。要照顧克拉倫斯，需要勞師動眾。他富有了，破產了，又富有了。心碎和失望往往就在眼前，但他隔天早上一定會重新站起來，繼續尋找愛、愛、愛、平靜和滿足，直到和他美麗的妻子維多莉亞相遇。

　　克拉倫斯的膚色多少被他的絕世才華所掩蓋。他辛苦活在我們樂團以白人為主的世界中。東街樂團原本黑白各半，大衛‧山休斯和「蹦」的離去深深影響了他。很長一段時間，他很孤單，不管我們有多親近，我都是白人。我們的關係如我所能想像的深刻，但我們活在現實世界，現實世界沒有神在天國裡的愛，沒有任何東西能洗刷掉種族的痕跡。這是我們關係的已知事實，我相信對我們來說，這也是最初的不可抗拒力。我們是一份古老、未解的拼圖裡兩個不一樣的缺塊，同屬一個古怪但強悍的整體，渴望已久的兩半。

　　跟著一個種族融合的樂團長年旅行，你會親眼見證種族主義。七〇年代初期，有些學校不希望我們帶黑人歌手去，在東街樂團的巡迴路上，這種事——不是經常，而是偶爾——也會從暗處冒出，所幸從未造成任何人身傷害。而以這種方式向他挑釁，無非是跟自己過不去（年輕時我曾看過克拉倫

10　No man's land，指第一次世界大戰交戰雙方的戰壕之間，呈現無人真空狀態的地帶。

斯把學校體育館裡每一部 Nautilus 牌健身器材的鐵片疊到最高,輕鬆做一輪就回家),但仍有千鈞一髮的時刻。

夜的炙熱

我一直住在紐澤西中部一群彪形大漢附近,他們是黑帶的酒吧保鑣,真的會豪飲手上的啤酒、再吃下玻璃杯來活絡晚上的氣氛。每一個大塊頭運用體型的方式各異:震撼、掌控、恫嚇、保護、鎮定,而克拉倫斯通常會用他的身材投射出一個安靜、親切、強而有力的形象,自然而然地支配周遭的空間。那很少遭到質疑,而那種等級的身體權威永遠附帶一句警語:「只在緊急情況時使用。」

那是個夏夜。克拉倫斯和我開車沿 9 號公路北行,去造訪他朋友開的俱樂部,或許也可以即興演奏幫一點忙。當我們把車停進停車場,就像進入死亡地帶,周圍空空蕩蕩。俱樂部裡則是熟悉的墓穴:無人的搖滾俱樂部。一支小樂團正在調音,準備對著四面牆和一名酒保演出。令人沮喪,但我有豐富的類似經驗。你必須繼續,因為海岸地區的定律是:「如果沒有音樂,就不會有人進來。」

忽然入口處傳來聲響,克拉倫斯前往察看,接著我聽到更大的鬥毆聲。我趕緊過去,看到克拉倫斯在門口壓住兩名大漢,酒吧主人則和另一人扭打。不知怎地爆發一場難以解決的爭執,克拉倫斯幫他的朋友維持秩序。眾人分開,互罵幾句。之後,當那些人從停車場離開,有人不夠小聲地罵道:「黑鬼。」克拉倫斯站在那裡,火冒三丈。過了一會兒,我四下張望,不見我朋友的蹤影。我緊張地掃視停車場,擔心發生最壞的情況,邁步四處找尋。

那是個潮濕的夜晚,星星蒙著薄霧的面紗。空氣沒有流動,不可思議的死寂,時間戛然而止。我曾像這樣在海岸地區遊蕩過許多夜晚,總是夾雜著一點世界末日的氣息。我看到大個子在停車場另一端,倚著一輛車的前蓋。「我認識那些人,」他說:「我每週日都跟他們踢美式足球。他們為什麼要那

樣說？」我該回答「因為他們是人渣混帳」，但當時我腦海一片空白，尷尬萬分，只能對著我的朋友聳聳肩，含糊地說：「我不曉得。」沉默。那晚我們沒有演出，開車回家，在車子的寂靜中任晚上的事件在腦海令人難受地翻滾。一個原本毫無意義的夜晚，一個白人和一個黑人一起開車，繼續這趟一輩子的旅程。

新合約

一九七五年，我們挖到金礦。麥克認真地想保障他的投資和我們的關係，帶著一疊新合約飛越歐洲，想要當面解釋新合約的好處，說服我續約。我們都知道情況已經徹底扭轉，我不再是來自邊境那個茫無頭緒、挨餓的年輕樂手，現在我擁有必須被認真看待的力量，與極大的掌控權。話雖如此，我只期待一份直截了當的合約，讓我們可以繼續愉快且成效良好的合作下去。第一筆錢已滾滾而來，五十萬美金，依據當初簽的合約條款，那由唱片公司直接存入麥克的帳戶。我並未獲得獨立的專款或版稅，一切都要透過麥克，經由我多年前依稀和「月桂谷」簽過的那幾份製作、發行和經紀合約的層層過濾——規定他要付給藝人多少錢。

儘管遲疑，我們仍在海外短暫碰面。事實證明那太過複雜，只會給這趟原本就很艱難的旅程平添壓力，所以我們同意回美國後再釐清一切。一回國，我們就約在一家餐廳碰面，麥克在那裡極力讚美新合約的改進之處。確實比舊合約好。但既然到了清算的時刻，我希望在簽下任何新東西之前先知道，若維持舊合約，我會得到怎樣的待遇。我的期望很簡單：符合慣例的經紀、製作和發行比例。把錢發一發，**繼續上路**。我們出頭了，最艱難的時刻已經過去。問題是，我之前簽的合約**不是**這樣。一開始我對合約太過驚恐，無法認真看待。現在是算帳的時候，而如果要續約，在充滿信心地和麥克簽下任何新合約之前，我必須徹底了解條款。這是常識。

我必須找律師。麥克和他的律師幫我找了一個。我想他們是套好的，但還是想看看會發生什麼事。我們約在紐約一家餐廳，他聚焦於新合約改進的

條款，對舊合約的不良影響避之不談。但舊合約顯示過去五年我和麥克合作最終的財務成果，所以我想知道**舊合約**怎麼說。他唬弄我。離開時，我知道我刺探到了麥克和我關係中見不得光的部分。這裡的交戰法則和錄音室或巡迴路上截然不同。我深諳錄音室和巡迴的運作狀況，很清楚別人指望我什麼，那是我的世界；但在這裡，我像是匆忙進入最後一座帳篷，遊樂場盡頭的那一座，而音樂的**商人**坐在桌子的主位。右手邊是戴眼鏡、綠色帽舌的會計，弓著身子，正在敲打計算機，每敲一次，就在你的棺材上多釘一根釘子；左手邊是音樂，一臉「發生什麼事了？」，嘴巴被塞住，全身用絕緣膠帶捆在椅子上。諷刺的是，在我小小遊藝團的角落，這座帳篷能搭起來，跟我自己有很大的關係。麥克固然不該那麼刁鑽，但我年輕時怕東怕西、沒安全感、不肯為自己的行為負責，也難辭其咎。好吧。

　　我需要別人提供意見，某個麥克影響不到的人。製作《生來奔跑》的期間，我和強·蘭多的友誼逐漸增長。我知道強的觀點無法超脫本身的情緒或利益。誰有辦法呢？但強從來沒有貶損麥克的成就，也從來沒有凌駕朋友或製作人的角色。我知道沒有誰的才智和公正的觀念比他更令我信服，於是我打了電話給他。強介紹律師麥可·梅爾（Michael Mayer）給我認識。麥可·梅爾身材粗壯，有螺旋狀的捲髮和「踢爆別人屁股」的自信。他看完合約後，我走進他的辦公室，他興高采烈地告訴我，這是他看過自法蘭基·李蒙（Frankie Lymon）後最爛的合約，勒納佩印地安人（澤西地區的部落）以二十四美元的價格變賣曼哈頓的交易都比這來得好。我聽到他喊，奴隸！剝削！利益衝突！我早有心理準備，這些合約無論如何都是狗屎，徒具形式，真正重要的是麥克會怎麼說、怎麼做。

　　令人不快的真相揭露後，我跟麥克在紐約一間小酒吧見面商討新合約。他繼續謊話連篇，說到深夜。我不簽，我們兩個放聲大笑，點了一杯接一杯的酒。麥克訴說他可憐的故事，我們花了多少時間、做了多少犧牲等等等等。麥克向來極具娛樂性，所以我開心地聽他滔滔不絕，像週日傍晚還沒做

到規定額度的二手車銷售員，試著說服我簽約。但這會兒，我已經習慣他的胡言亂語和欺矇拐騙。我的合約原屬吉米的那一半，已在吉米需要貸款時當成擔保品轉給朱斯‧庫爾茲，後來又轉賣給麥克（大概花了一美元吧！）。麥克是四處躲避債務的專家，擁有很多狠毒的技能，很樂意在必要時施展。

　　例證：當我簽給「哥倫比亞」時，麥克提議立刻為我投保一百萬美金。他告訴我，他在我身上投資甚鉅，萬一我死了，他會血本無歸。我不同意。才二十二歲，我不喜歡有人能因為我死而發一百萬的橫財。一如往常，麥克反覆遊說，試著藉由部分理賠歸我爸媽來提高這筆交易的吸引力。「你看，你貧窮的雙親可以拿到這麼多錢，而且不必付我半毛。**我會負擔費用！**」不要。「你不覺得這是你欠我的嗎？」不覺得。最後，麥克帶了「終結者」來，某位向麥克保證能敲定交易的保險公司員工。我們被關進哥倫比亞唱片的一個小房間。我聽那個穿西裝打領帶的傢伙花好幾個小時闡述他們的論調，麥克則在外頭等。那傢伙了無新意，還是那些老掉牙的騙術：麥克的投資啦、爸媽啦、意外之財啦、我不用負擔成本啦……我只負責死就行！我告訴他我很迷信，不想要一百萬美元的賞金掛在頭上。經過一下午的強迫推銷後，他脫掉夾克、捲起袖子、鬆開領帶、額頭冒汗、看著我的眼睛，說：「孩子，我有妻子、有家人要養。如果做成這筆生意，我就能得到一大筆佣金。你覺得怎樣？」麥——克！

　　麥克進來，看著他的職業殺手，他放任對我狂轟濫炸數小時的人。麥克猜測到局面，明白他已經揮棒落空、三振、原地打轉，於是說：「喂，渾球，離這孩子遠一點，滾出這裡！」我的麥克就是這樣。

　　在這裡，這間酒吧，麥克又開始了：成績啦、約翰‧漢蒙啦、《時代》啦、《新聞週刊》啦、銷售百萬張的唱片啦……我喜歡麥克——現在仍然喜歡，雖然發現了合約的真相，我仍希望繼續合作。那很瘋狂，但也很好玩，何況我們已經攀達頂峰。在這醉醺醺的夜晚步入尾聲之際，我打斷麥克一本正經的獨白，「**夠了，把筆給我！**」我又灌了一杯威士忌，而當我又五年的人生在

眼前攤開，我動筆在第一條虛線上簽名。我沒有開玩笑。我要簽了。又要簽了。也許我只是想趕緊將這煩死人的事情——讓我對自己的無知感到極不自在的事情——拋到腦後。我告訴自己，反正我不那麼在乎錢，我已經擁有我需要的：一支樂團、住處、食物、汽車、吉他、音樂、唱片合約、剛萌芽的歌迷。該死，我單槍匹馬，才二十五歲，對這個領域力有未逮，而且已經厭倦這些**他媽的文件**複雜難解的成人世界！快點清掉這些狗屎，**讓我演出就好**！

　　幾杯威士忌下肚，神智恍惚的我把筆壓在紙上。我感覺手被另一隻手抓住，一個聲音說：「不行，不要簽。」是麥克。那些文件後來再也沒有簽上名，而麥克跟我的關係很快就化為泡影。

最後的會面

　　最後那個上午，麥克和我約在我海蘭茲的家裡碰面。我們未完成的事情已讓氣氛變得緊張，當來自珊蒂胡克灣的光線從景色宜人的前窗湧入，我們坐下，最後一次試著解決這件事。只有他跟我。現在我已經了解舊合約的完整內容，但比起我們，那算什麼？音樂、觀眾、我們經歷的一切、我們對彼此的情感……我開口了：「麥克，我知道那些合約很爛，但沒有關係，我們可以修正，可以撕掉重寫。我們五年來賺得 X 美元，讓我們分一分，繼續往前走。告訴我有多少是我的，多少是你的就好。」我期待一個公平、理性的答案，但麥克回答：「這個嘛……要視情況而定。如果你跟我再簽五年，很大一筆會是你的；如果不簽，就可能寥寥無幾。」當麥克講出「視情況而定」的剎那，我就知道我們真的遇上困難了。再多五年的人生，卻得不到前五年工作的公平待遇，這並非我拿起吉他、開創人生、鍛造未來——不論那多微不足道——要獲得的等式。麥克離開了。

　　之後幾天我們進一步協商，差點成功。許多新合約的條款會溯及先前的合約，舊合約將失效。我很驕傲，如釋重負，以為我們終於找到合理的解決方案。不久後我接到麥克的來電，說他父親勸他不要為了不保證成功的未來

放棄一間糖果店（銀行裡的五十萬）。我試著跟麥克解釋，他是為了保住糖果店而放棄整間糖果公司。解釋無效。老爹都說話了，已成定局。我掛掉電話，又重撥，然後說：「叫律師來。」

後來我明白，麥克其實對我很有信心，我只是碰巧踩到一個裂縫。真不湊巧！那和我們相識的那天起，我對他的一切認知與感受背道而馳。沒有比麥克‧艾培爾更虔誠的信徒，但我們身處變化無常的產業，一張唱片的成功奇蹟比比皆是，而五十萬美金卻是我們這種人可能永不復見的金額。我知道麥克在想什麼，對那種數目的掌控權不是他能輕言放棄的。任何東西都不能輕易分享，但**某個東西**……那很微妙，特別是你的第一個、或許也是唯一的**某個東西**可能可以。

許多夜晚，我躺在床上想，金錢和合約究竟有何意義？它們量化什麼、象徵什麼？對麥克和我來說，它們似乎比我們的關係、我們已經完成且能夠繼續合作的一切更重要，比我們的過去、現在和未來都重要。麥克揮之不去的惶恐和放縱，或許還有我存心的無知，堅持那些**紙**毫無意義，都讓它們卡進我們之間。我們摧毀了我們已經取得，並在彼此身上感受到的樂趣、感情和承諾。

合約對我代表著什麼？控制？權力？自決？「珊蒂，他不是我老闆了嗎？」[11]堅決要求**商業規範**要符合我個人的世界觀？也許吧。對麥克也是一樣嗎？權力、控制、獲得父親的認可、我們成就的所有權，並且為他證實，他這麼看待我們的關係是對的？雖非全部，但許多精明的老派經理人都具有馬基維利[12]的性格特質。麥克的偶像是貓王的經紀人派克上校。我喜愛貓王，這對我倆來說是很妙的比喻，但我不會**是**貓王。那些日子已成追憶。**我**刻意

11〈七月四日阿斯伯里帕克〉的歌詞：「He ain't my boss.」

12 Niccolo Machiavelli，義大利文藝復興時期的重要人物，人稱「近代政治學之父」。著作《君王論》中提出現實主義的政治理論，其中「政治無道德」的思想被稱為「馬基維利主義」。

試著**不要**當貓王。我受到強大的內在力量驅使，來決定我的工作曲線和我想過的人生。我會讓你幫忙，我會需要你幫忙，但我也需要牢牢掌控全局。這是重點，比那股興奮感——感覺自己的才華在體內擢升的激動——還重要。這就是我奮鬥多年的目標，也是麥克那句「視情況而定」推撞的山。這一點，我絕不妥協。

　　一生中，我曾以各種明顯和隱晦的方式向權威低頭。人人都如此。我被欺侮過，那讓我羞愧又憤怒。但沒關係，在其他領域，別的日子，我會吞下去，穩住情緒，盡最大的努力繼續前行。但在音樂上，我已經答應自己，如果可能，我會努力讓事情變得不一樣，我會努力過我選擇的人生。過去五年，在沒有爸媽、沒有太多實質支持和財務報酬下，我做到了。我屬於我自己。未來也必須如此。

　　麥克錯在對我有根本的誤解。他用**權力**的語言宣告我有哪些選項。沒錯，協商確實有個固定的舞伴叫權力，但禮貌和妥協在舞池中也占一席之地。當時，麥克的言詞已經超出協商的範圍，變成毫不遮掩的威脅。朋友之間，那不是適切的舉動。我們爭執，全力爭執。

　　到頭來，其實不全是合約的問題。之前巡迴時，有件事情開始在我腦中愈來愈清晰。麥克「代表」我、做我代言人的方式，說好聽是粗野。麥克是個鬥士，那是他的性情、他擅長的事。原始求生，「無所不用其極」。而《生來奔跑》發行後，我們已經來到一個再也沒有人需要戰鬥的位置。我們贏了！大家只想加入我們樂團一起演出。

　　我現在需要的是能推動事情的角色，一個可以自信、冷靜地維護我的利益，然後完成事情的人。下了舞台，我不喜歡戲劇性。經歷早期東街樂團的精神病院，又參與過父親沉默卻熾烈的情緒化人生，我已經受夠了。我希望身邊的人能盡力營造讓我平靜工作、全力發揮的環境，不被無數自己造成的混亂所打斷。無意義的分心會耗盡你本該投入更重要的事情、或單純享受勞務報酬的精力。麥克不知何謂「中庸之道」，而強的手腕輕巧、精緻，能樹

立安靜的權威，這跟我現在看待自己、想要表現出來的自信比較契合。強不是生意人，沒有管理經驗，在麥克之後，我面試了多位最優秀的管理人才來接掌那職務。他們都是無懈可擊的專業商人，但那對我來說永遠不夠。我需要信徒。然而事實將證明這是一個致命的弱點，未來，經歷代價昂貴的糾結後，我會懂得放手。但在那之前，我將失去好幾段長久的關係、付出巨大的代價，也差點削弱我們樂團的實力。在那之前，我需要旅伴宣誓效忠、需要感覺自己在情感上完全掌握他們，才有安全感，才能好整以暇地在流行音樂的荒野做我的工作。我跟為我工作的人沒有正常的朝九晚五關係，跟我的工作也沒有。在人生大部分範疇屬於溫和派的我，在此卻是極端份子。工作上你要以我的時間為主，隨時待命。強太成熟，不易遷就，但他對我作品的喜好、奉獻與愛戴仍將他帶了進來。我的這群使徒們指望我給他們的回報是我擁有的一切。沒問題，我應付得來。至少暫時是。

與法共生

　　我希望回到錄音室，希望由強來製作唱片。簽約破局後，麥克當然不接受。僵局。法官來了。

　　我們失去許多原有的動力。事實證明，合約上白紙黑字載明的麥克的權力可以非常有效地中止我的事業。我這才知道**合同**意味著你**同意**了某件事！不論你有沒有讀、有沒有拿它當早餐吃掉、有沒有貼在你遊戲室的牆上……你已經**同意**了！於是，取證程序來了。

　　法律程序中的證據揭露或口頭訊問，是合約對立的雙方和一名法院速記員及各自的律師一起坐在一個小房間裡，輪流從對方說的故事裡挑毛病，尋找**你**（或你的對手）所需的答案。那既不開心也不美麗，一定會令人難堪，使人心生惶恐，猶如一通叫床電話，提醒你，一旦你踏進證人席、開始滔滔不絕地陳述事實或胡說八道，你的屁股會如何被剁成肉醬。我們不能忘記，這叫作當事人**對抗**制度，任何宣誓作證過的人——從大規模金融舞弊到闖紅燈等任何事情——都會告訴你，這名副其實。現在，我已經砸了超過十萬美元在一項沒什麼勝算的戰略計畫，而我們才剛開始。第一次和新律師見面時，彼得・帕契爾大談此案的是非曲直，讓我樂不可支：「美國沒有哪個正直的法官或陪審團會支持這些奴隸合約……貪婪……去他媽的，你簽的是雇員的約啊！貪婪……貪婪……可笑的條款……太過分了……」等等等等。這些話我都聽過，但對我仍像天籟之音。大約四十分鐘後，我覺得舒坦極了，於是興奮地問：「這樣的話，帕契爾先生，麥克會提出什麼樣的論述？」他說變就變：「麥克？他有非常棒的論述，**那張紙上有你的簽名！**」噢……

彼得‧帕契爾和他的同事彼得‧賀伯特（Paper Herbert）認為，要和麥克庭外和解，最大的障礙是麥克不相信我們的關係真的結束了。讓他相信，這是我的工作，但會使場面變得難看。我已經和前律師宣誓作證過，帕契爾先生讀過證詞紀錄，告訴我那是場悲慘的災難，充滿矛盾、灰色地帶、遲疑不決、公道且**沒有對抗**！彼得把我拉到角落說：「**你啊**，我的朋友，**你不是法官**，法官才是法官。**你**也不是陪審團，陪審團才是陪審團。你就盡全力說你的真話，他也會說他的。法官和陪審團會決定要贊同誰。那不是你的職責。」

　　這向來是我的罩門。我爸很少說話，因此我必須面面俱到，提出我們單項對話的所有論點。除了替自己辯護，還要在心裡模擬我爸的論述，跟自己針鋒相對。我一再扭曲自己，**翻來覆去**，試著了解我做錯什麼並能如何修正。我不明白我的困獸之鬥永遠不可能成功。況且，這是我唯一想得到，可以稍微控制家中混亂的方式。結果，隨著我的人生繼續前行，這種思維常讓我對敵手抱持太多同理心。無論你做得多過火，我永遠會試著了解你的出身、理解你的觀點、設身處地。後來我告訴我的孩子，同情是極好的美德，但不要浪費在不配得到的人身上。如果有人用靴子踩你脖子，先踢他鼠蹊部，其他再說。濫用同情對寫歌有幫助，但對生活或訴訟就很糟糕。

　　於是，我第一次在兩個彼得的指導下作證，不再客氣。我的回答近乎咒罵，一半演戲，一半是真的感受到狂暴邊緣的憤怒。我不是為錢的事生氣，觸怒我的是我寫的音樂不歸我所有，不受我控制。這是我用來讓自己著火的燃料，我讓它恣意飛舞，而它飛舞了好幾天，大叫、拍桌、推椅子、重重一拳打在櫃子上。我為了贏得奧斯卡拚命。最後，口頭訊問被麥克的律師李奧納德‧馬克斯（Leonard Marx）以行為不端為由喊停。我們不得不搭地鐵進城上法院，而在法院，法官客氣地訓斥並命令我克制行為。我的證詞造就了饒富趣味、引人入勝的睡前讀物，其逐字稿，連同麥克版的故事一起呈現於麥克的著作《走雷霆路》（*Down Thunder Road*）。

　　如狄更斯（Charles Dickens）所言：「這是最好的時代，也是最壞的時

代……」通常是最壞的時代，而且持續很多年。我在紐澤西霍姆德爾鎮的電報山路用一個月七百美元租了一座六十五公頃的農場。我跳進我的白色雪佛蘭 C10 Pickup（我女友給它取名為「超級貨車」），前往「石頭小馬」就定位，為當地人演出，和女服務生調情，借黑莓白蘭地澆愁。我在那部 C10 中度過許多美好時光。我放了半張沙發，將冷藏櫃裝滿冰塊，還在車廂架了小烤肉爐。我在車上約會，然後開往汽車電影院。我會停在廣場後方，跳上沙發、喝啤酒、烤漢堡肉，看完深夜的兩場電影。那個夏天我在那裡播映的《天生殺手》（*Born to Kill*）見到華倫・奧提茲（Warren Oates）。我有的是時間，所以稍微多喝了一點酒、多去了幾次酒吧來紓解壓力。有些晚上，從「石頭小馬」回家行經迪爾區時，我不只在部分草坪留下車輪的痕跡。

　　一切都令人厭倦且憂鬱，但明白這件事讓我感到安慰：我什麼都可能失去，唯獨不會失去自己。沒有任何訴訟、任何判決、任何法官、任何法律結果可以奪走我最珍視的東西。那是我從十幾歲開始打造的技藝和內在生活，建立在我能運用自己的心、腦和手創造的音樂上。那永遠是我的，誰都搶不走。我心想：「如果這件事結束時，我輸了，一無所有，你可以用降落傘把我和我的吉他丟到美國任何地方。我會走到最近的酒館，找一支臨時湊成的樂團，照亮你的夜晚。只因為我可以。」

和解

　　天下沒有不散的筵席。慢慢地，哀傷地，麥克相信一切都結束了。雙方達成和解。分手信寫好後，一個靜謐的夜晚，中城一棟微暗的辦公大樓裡，麥克和我辦好離婚手續。我坐在一張長會議桌的盡頭，做著如果你有幸進入一個能靠熱情獲得小小成就的行業一定會做的事，當初害我落得如此狼狽的那件事——簽更多我沒有讀、也永遠不會讀的文件，只為了繼續做我最想做的事，我非做不可的事，**做音樂和演出**。錢沒了，但音樂基本上是我的，而且我可以選擇自己的生涯，毫無阻礙。

搞定這件事後，我走向電梯，腦海浮現那個負面的意象：我們被發掘的那天，麥克和我從黑石大廈的頂樓搭電梯下來的情景。隨著腦袋慢慢清掉訴訟和它的紛擾帶來的爛泥，我走出去，走進紐約的夜。未來我還會跟麥克有商業往來，有的好，有的爛，但一旦戰爭結束，時間──很長很長的時間──流逝，鍾愛和關係依然在。我們曾一起去過特別的地方，獨一無二的地方，我們必須也只能仰賴彼此的地方，有意義的事情仍吉凶未卜的地方。我們曾相互牴觸──這個世界就是如此──但我永遠沒辦法恨他，我只能愛他。他滔滔不絕的口才助我進入約翰・漢蒙的辦公室。從阿斯伯里帕克到紐約和哥倫比亞唱片，那是一條漫漫長路。時局最艱困時，他讓事情動起來。他是個硬漢，完全由紐約和紐澤西的模子造出來。他頑強到不能再頑強。他汲取能量，也沉迷其中。當事情變得容易，他反而覺得困擾。有些人就是這樣，不知道該如何停止戰鬥。

　　一如強和史提夫，麥克也是我音樂上的戰友。他知道優秀團體和暢銷唱片的一切、知道出色歌手的聲音有哪些重要的細微之處、知道頂尖吉他手彈奏哪些重複樂句、知道我們最愛的音樂的心和靈魂。我們交談時，他可以幫我把話說完。他是個**樂迷**，擁有筆墨難以形容的美和重要性。他風趣、憤世嫉俗、不切實際又口不擇言，跟他在一起總是充滿歡笑。

　　最後，為了籌措更多創業基金、實現更多風箏般的夢想，麥克把他曾經擁有的我的每一首音樂賣回給我。這是他犯下的另一個大錯，對我很好，對他自己不利。很長一段時間，那些歌將轉作銀行裡的錢。麥克永遠過分著眼於現在和下一步。那些日子以來，我是少數能擁有他曾經開創的一切的藝人之一。我的唱片都是我的，我的歌曲都是我的。這很少見，感覺真好。

　　麥克是威利・婁門 [13] 和斯達巴克 [14] 的綜合體。他是典型且最具悲劇氣味

---

13 Willy Loman，亞瑟・米勒（Arthur Miller）劇本《推銷員之死》（*Death of a Salesman*）的主人翁。象徵人生變調的美國顧家男人。

的推銷員。他能呼風喚雨。儘管在我們共度的最後幾年嘗盡傷害與苦楚，他畢竟讓天下雨了。

我想到我的外祖父，「新新監獄校友」安東尼·澤瑞里：「你要冒險，要付出代價。」我冒險了，付出代價，贏了。我試過不露鋒芒，但那不能讓我開心。我的天賦、我的自尊、我的欲望太強了。走在路上，我的戰友強和兩個彼得聲嘶力竭的嘮叨始終在身後某處飄蕩。我渾身充滿光，充滿獲得自由的愉悅，充滿力量——我已經奮力爭取到我覺得該是我的東西。我為毀了一段友誼而悲傷，但麥克和我會再次碰頭。現在，我感覺到未來的影子，遲來兩年的影子，籠罩我。時機已至，終於能將這一切轉化成新的東西了。

---

14 Starbuck，《白鯨記》(*Moby Dick*) 裡捕鯨船的大副。冷靜敏銳，曾建議船長不要追殺白鯨但未獲採納，最後悲劇收場。

《城市邊緣的暗處》

第一幕：空曠的工廠地板，切割塑膠的聲音震耳欲聾，令人難以忍受。我站在父親身後，拿著裝了他的晚班便餐 —— 一個蛋沙拉三明治的褐色紙袋。我在嘈雜聲中呼喚他，感覺嘴巴在動，聲帶在出力，但什麼也沒有，沒有聲音。他終於回頭，看到我，用嘴形說了幾句我聽不見的話，拿走袋子。

第二幕：我坐在父親運貨車的副駕駛座。那是我童年最快樂的時光。我們橫越紐澤西，進行我不知道的任務，但對我而言，任務的重要性不容爭論。我只記得貨車的後門是拉門，捲起時會發出金屬的嚎叫，最後卡入車頂下的軌道。我爸和其他男人會從封閉的車廂卸下大箱子，抽根菸，互相開一下玩笑，任務完成。我記得貨車懸吊系統的彈簧在回家的路上一直跳動，記得窗外美麗的翹課秋日，記得父親和我之間的黑色變速排檔、貨車內部一九五〇年代金屬和皮革的氣味，記得我那顆跳動的心——洋溢著崇拜、成就感和被需要的驕傲。我跟國王一起開車呢！爸帶我去工作。噢，世界原來可以這麼美好。

計程車司機、生產線工人、汽車工人、監獄警衛、巴士司機、貨車司機——這些只是我爸一生努力維繫的許多份工作的其中幾種。我和妹妹生長在藍領社區，種族算融合，鄰居大多是工廠工人、警察、消防員、長途貨車司機。除了星期天或惹上麻煩的時候，我從沒見過男人穿夾克打領帶出門。如果你穿著西裝來敲我家的門，你會立刻受到質疑：你一定是想謀求什麼。

我們有好鄰居，舉止古怪但古道熱腸，基本上是正人君子。當然也有怪胎，而你從你的屋子就可以感受到有不好的事情發生。從我六歲到十二歲，我們住在學院街 39½ 號，和另一戶人家分租一間非常小、只有冷水的房子。一星期只能洗幾次澡，因為母親在瓦斯爐上用鍋子煮水，再一一搬上樓、慢慢注滿樓上浴缸的過程太吃力了。我和妹妹會擲銅板看誰先洗。牆壁很薄，真的很薄。鄰居的尖叫、吼叫和其他更糟的聲音無從遮掩也不容忽視。我還記得母親夾著粉色髮捲坐在樓梯上，耳朵貼著牆聽隔壁夫婦爭吵。那個丈夫高大魁梧，會打老婆，而你可以在晚上聽到有事情發生，隔天見到妻子傷痕累累。沒有人報警，沒有人說什麼、做什麼。一天那個丈夫回家，把幾串偽中國風的玻璃風鈴繫在門廊的屋簷。此舉令我厭惡，因為就連最輕微的風也會讓風鈴叮噹響，而聽似平靜的風鈴聲和那間屋子不時淪入的夜間地獄是怪誕可笑的組合。至今我仍無法忍受風鈴的聲音，那聽起來像在撒謊。

這就是我將為專輯《城市邊緣的暗處》（*Darkness on the Edge of Town*）的根源汲取的一部分往事。

一九七七年，依真正的美式風格，我終於逃脫出身、個人史和地域限制的羈絆，但事情不大對勁。我沒有感到興奮，反而心神不寧。我意識到擺脫束縛的放縱和真正的自由之間有莫大的差異。許多在我們之前的團體，很多我的偶像，都因為混淆這兩件事而產生不良影響。我覺得放縱之於自由，就像自慰之於性愛。那不差，但不是真貨。正是這種情況引領我在〈生來奔跑〉中想像的愛侶毅然決然離開家鄉，卻又掉頭，把車開回鎮上。因為那才是自由真正發生的地方：同袍弟兄之間。我開始問自己幾個新問題。我感到對於那些伴我成長的人負有責任，而我需要處理這個感覺。

除了動物合唱團、六〇年代初的節奏團體和龐克有階級意識的流行樂，我也開始認真聽鄉村音樂，因而發現漢克·威廉斯。我喜歡描寫成年議題的鄉村音樂。我不認為年紀大了就不能聽搖滾樂，希望隨著年歲增長，我的新歌也能與人群產生共鳴。電影帶給我深遠的影響，《城市邊緣的暗處》的專

輯名稱就直接竊自美國寫實電影。我選擇比《生來奔跑》單薄、不那麼磅礴的樂音，那和我試圖演繹的歌聲比較相稱。我來到新的陣地，要尋找一種介於《生來奔跑》的心靈希望和七〇年代憤世嫉俗之間的口氣。那種憤世嫉俗是我歌曲裡的人物要挑戰的。我希望他們感覺起來較年長、歷盡滄桑、睿智，但沒有被打敗。天天都在掙扎的感覺愈益強烈，心中的希望增長到難以達成得多。這就是我想要呈現的感覺。我不逃避現實，將歌曲中的人物放到遭受圍攻的區域中。

《生來奔跑》為我賺到一架 Steinway 牌小型平台鋼琴和一部有 Cragar 牌輪胎的一九六〇年雪佛蘭 Corvette，後者是我花六千美元，向西長堤冰淇淋攤收銀的孩子買來的。除了帳單之外，沒什麼東西需要付錢——但帳單就包含錄音室的帳單、租樂器的帳單、麥克（我們？）沒付錢讓我們繼續運作的帳單，還有律師費、補稅和累人的對抗。某個積極進取的國稅局人員一定看過《時代》和《新聞週刊》的封面，好奇：「這傢伙是誰啊？」答案：平生從未繳過一毛所得稅的傢伙，而他多數朋友也都如此。砰！跟山姆叔叔見面吧！我們都習慣在金融體制外過活，從沒想過自己會是合格的納稅人。就算以後進帳的收入使我們到達繳稅門檻，麥克已經表示，那些錢全都用在讓我們生存下去了。我瞬間遭到重擊，要為出生以來的全部「所得」補稅，還必須幫所有團員繳納，因為他們身無分文。這要花上很長一段時間。整個《城市邊緣的暗處》專輯巡迴，我**每天**晚上都是在為別人演出。律師、債權人、山姆叔叔、音響公司、貨運公司——全都突然冒出來覬覦我們微薄的收入。那些，再加上我們習藝所需、積沙成塔的練團、錄音室帳單，將讓我手頭拮据到一九八二年——和哥倫比亞唱片簽約十年、賣了數百萬張唱片之後。假如那些唱片一敗塗地，我就會回到阿斯伯里帕克，帶著唯一的報償：喝醉後有故事可說。

我們錄了四十、五十、六十首各類型的歌。停工兩年後，我一心渴望錄音，想將腦袋裡所有歌曲和想法一股腦兒宣洩出來，清出空間做我真正想做

的唱片。這過程非常、非常緩慢，事實就是如此。一回到錄音室，我們生鏽了，數星期過去，才寫出第一個音符。一如《生來奔跑》，我們的錄音過程備受挫折，彷彿連最基本可接受的聲音都發不出來。一連好幾天，在唱片工場 B 錄音室裡聽到的只有單調、無盡、馬克斯的鼓棒敲擊中音鼓的聲響，「噠噠噠噠噠噠！」那是我們受挫的梵咒，日夜叫囂，反覆喧嚷；那意味你聽到的不是真的小鼓或中音鼓發出的宏亮音色，而是兩根木條打在繃緊的鼓皮上、令人一點也不舒服的啪啪聲。我們真的一直聽到鼓棒的聲音，聽不到天神的雷鳴。我們舉步維艱，像暗巷裡的瞎子蹣跚而行。

說穿了，我們是業餘的製作人，不了解將聲音錄進帶子的基本物理學。錄進帶子的聲音是相對的：當鼓聲有力但節制，就有空間讓給較大的吉他聲；當吉他有力但精純，鼓聲就可以像房子一樣大。但你不可能什麼都凸顯，這樣等於什麼都沒凸顯。菲爾・史佩克特的唱片聲音就不大。技術還沒到位時，那只是聽起來比你的世界大，是個美麗的錯覺。我什麼都想要，所以什麼都得不到。我們繼續前進，把自己累得半死。但精疲力竭向來是我的朋友，我不介意到那種地步。通常當我接近它深不可測的坑底時，就會發現成果，不夠接近就找不到。

我開始在動物合唱團的勞工階級藍調、輕鬆節拍樂團（The Easybeats）紅極一時的流行樂，和我長期忽視的鄉村音樂中得到一些靈感。漢克・威廉斯、伍迪・蓋瑟瑞，他們的音樂令人動容地描述我認得的人生：我的人生、我家人和鄰居的人生。我想在此奠定音樂的立足點，尋找我自己的問題和答案。我不想在外面，我想在裡面。我不想要擦去、逃避、遺忘或拋棄，我想要理解。哪些社會力量壓抑了我爸媽的人生？為什麼如此艱難？探究的過程中，我會模糊個人和心理因素以及政治議題之間的界線：哪些個人及心理因素讓父親的人生如此艱難？哪些政治議題緊緊箝制全美各地勞工階級的生活？我必須從某個地方著手。我決意為了爸媽備受困擾的人生，成為那個開明、同情、理性的復仇之聲。這在《城市邊緣的暗處》第一次開花結果。我是獲得

成功和「自由」後才開始認真鑽研這些議題,不知道是不是倖存者的內疚,畢竟我終於能夠逃離小鎮生活;或者,一如在戰場上,在美國,我們不該丟下任何人而自己先走。在這個如此富裕的國家,這樣做是不對的。像樣且有尊嚴的生活不是苛求。你想繼續提升到何種生活水準取決於你,但那樣的生活應該是與生俱來的權利。

終究,那個住在家鄉勞工階級鄰里的我,是我不可或缺、永遠不變的一部分。曾經的你、曾經去過的地方,永遠不會離開你。你嶄新的部分會跳進車裡,繼續未完的路程。你的旅途是否順利、能否到達終點,取決於誰在開車。我見過其他優秀的音樂人一旦脫離真實的自我,就會失去方向,眼睜睜看著自己的音樂和藝術變得虛弱、失根、無所寄託。我希望我的音樂是有身分認同的音樂,追尋意義和未來的音樂。

逼近

派對歌曲、情歌、布瑞爾大廈出產的流行樂、Top 10 的當紅金曲(〈火〉〔Fire〕、〈因為夜〉〔Because the Night〕),全都來來去去,而我有我的路。我不確定自己要什麼,但我嗅到空氣中的氣息,而一旦我沒有掌握,我會知道。一如《生來奔跑》,讓我不斷朝著希望之光向前邁進的,是微妙的時代形塑和創造身分認同的課題——創造一個可以共同生活、當下的「我」。我最後將那一大堆歌曲削減成最強硬的十首,刪掉所有會破壞專輯氣氛或張力的東西。我將歌曲冠上堂皇的歌名——〈惡土〉(Badlands)、〈徹夜證明〉(Prove It All Night)、〈亞當養育該隱〉(Adam Raise a Cain)、〈街頭賽車〉(Racing in the Street)、〈城市邊緣的暗處〉——充滿意志力、恢復力和抵抗力。〈亞當養育該隱〉運用聖經的意象帶出父子間不容懷疑的傳承;〈城市邊緣的暗處〉提出人通常要到無路可退時才會改變;〈街頭賽車〉中,我的街頭賽車手夾在六〇年代單純無害的汽車歌曲和一九七八年的美國現實之間。為了賦予〈街頭賽車〉和其他歌曲個人風格,我必須在音樂裡注入我的個人經驗、希望和

恐懼。

　　帶有輕佻或懷舊意味的歌曲已退流行，龐克革命已經來襲，還有些英國來的硬音樂。「性手槍」、「衝擊」和艾維斯・卡斯提洛（Elvis Costello）都突破了流行音樂在一九七七年的極限。這是偉大結束的時代，也是偉大開始的時代。貓王死了，但他的幽魂仍在錄音室裡徘徊（我寫了〈火〉向他致敬）。海的對岸有一群憤怒的年輕理想派樂手打算重新創造（或摧毀）他們聽過的東西，另闢蹊徑。某個地方，某個人已經點了火。「神」變得太過全能而無法理解現況。樂迷和舞台表演者之間的關係變得太抽象。沒說出口的承諾實現了，又違背了。這是一個擁有新秩序，或者，也是毫無秩序的時代！流行音樂需要新的刺激和回應。一九七八年，那些團體、那種階級意識、那種憤怒，與我頗為契合。它們增強了我的決心。我會走自己的路。但對美國樂手來說，龐克令人心驚膽戰，兼具啟發性與挑戰性。你可以在《城市邊緣的暗處》的字裡行間找到龐克的能量和影響。

　　《城市邊緣的暗處》是我的武士唱片，赤裸裸地準備奮戰。這些歌曲中的主角必須拋棄所有不必要的東西才能生存。《生來奔跑》是一場個人戰鬥，但集體戰爭仍在持續。在《城市邊緣的暗處》中，政治對我人生的影響愈見顯著，而我在尋找能加以遏制的音樂。

　　我認為我的決心、理性和熱情是從我家鄉的街道開始。除了天主教，我還在我家周邊鄰里的生活中找到其他「創始」的片段，我歌曲的起源：家、根、血緣、社區、責任、保持強硬、保持飢渴、活下去，經由車子、女孩和財富調味，這些事物引領著我的音樂旅程。我將遠行，離家幾光年，且樂此不疲，但我永遠不會徹底離開。我的音樂開始出現較多政治意涵，我試著找出方法讓我的作品為民眾發聲。我讀書，學習如何成為更好、更有力的寫作者。我對流行歌曲的影響懷抱放肆的野心和信念。我希望我的音樂立基於我的人生、我家人的人生，以及我認識的人的血汗與生命。

　　我大部分的寫作在情感上都是自傳。我明白必須先找出對自己有意義的

事物，那些事物才會對別人有意義。那些事會證明自己，聽眾將從那得知你不是在開玩笑。到了唱片的最後一段主歌：「今晚我將站在那座山上……」我的人物仍不確定自己的命運，但努力認真、全心投入。在《城市邊緣的暗處》尾聲，我已經找到自己成年的聲音。

落差

　　整整一年在錄音室度過無數個小時、在中城納瓦羅飯店和一座漆黑城市宛如鞋盒的房間裡待了許多無眠的夜（一九七七年紐約大停電時，我人在時代廣場，世界最大的彈珠台。當燈光突然爆炸似的亮起，哇！），我完成了三年來的第一張唱片。這是史提夫・范・贊特正式加入東街樂團的第一張唱片，也是我們和製作人查克・普拉金（Chuck Plotkin）長久愉快關係的開始，而與我的好友吉米・艾歐文短暫但收穫豐碩的關係則在此畫下句點。這將是我們整支樂團一起在錄音室現場錄製音軌的唱片，也是第一張沒有麥克的唱片。製作方面由我和強掌舵，這張唱片延續並深化了我們的合作和友誼。現在只欠專輯封套。

　　經由合作〈因為夜〉一曲，我結識派蒂・史密斯（Patti Smith）。我去她在底線夜總會的演出探班時，她給了我南澤西一位攝影師的名字，說：「你該讓他幫你拍照。」於是一個冬天的午後，我驅車南下抵達紐澤西的哈登菲爾，拜見法蘭克・斯蒂凡科（Frank Stefanko）。法蘭克在派蒂生涯之初幫她拍過照。他白天在當地一間肉品加工廠工作，閒暇時繼續磨練技藝。法蘭克是個不修邊幅但隨和的人。我記得他特地為我借了一台相機，找了隔壁一個十幾歲的孩子來幫他拿燈，開始拍照。我站在法蘭克夫婦臥室裡一面花卉圖案的壁紙前，直直看著相機，給他我最好的「備受困擾的年輕男子」的形象，其餘全交由他處理。其中一張照片最後上了《城市邊緣的暗處》的封面。

　　法蘭克的攝影赤裸裸。他的厲害之處在於有辦法剝除你的名氣、你的巧飾，呈現出最原始的你。他拍的照片純淨無雜質，帶有街頭的詩意，動人、

真實、不花俏。法蘭克會尋找你的真性情，而他憑直覺找到我奮力搏鬥的衝突。他的照片呈現出我歌曲裡描寫的人物，證明有一部分的我仍是他們的一份子。我們有其他封面可選，但那些都沒有法蘭克照片裡的飢渴。

《城市邊緣的暗處》發行後並未一炮而紅，沒有立刻成為歌迷的新寵。歷經《生來奔跑》而疑神疑鬼的我原本堅持新唱片完全不要宣傳，但強解釋：「這樣沒有人會知道有這張唱片。」還說我們至少要讓封面照片、專輯名稱和發行日期見報。好吧。我學得很快。我還沒準備消失。我才剛失蹤三年、覺得一輩子不會再被看見，所以，如果我幫得上忙，我不要再回去那段日子。不做宣傳，別人根本不會知道我們在做什麼。音樂就是我擁有的一切，所以我立刻開始熱情洋溢地和從東岸到西岸的每一位 DJ 為善，希望能讓這張事實證明較難被歌迷接受的唱片上電台。然後我們祭出王牌。

巡迴

肩負要證明二十八歲的我還沒過氣的重擔，我整裝上路，進行漫長而汗水淋漓的巡迴搖滾演出，介紹新唱片。在那些演出現場，夜晚首次被短暫的中場時間分為兩半。我們一半表演樂迷想聽的歌，一半表演我們傲慢地相信他們需要聽到的新歌。我們在洛杉磯、紐澤西、舊金山和亞特蘭大的俱樂部進行多次電台廣播。只要能被聽到，怎樣都可以。我們努力趕往一場又一場表演，拓展新歌的極限，直到產生預期的效果，直到觀眾將它視為己出。事實再一次證明，東街樂團現場演唱的力量和實力彌足珍貴，而夜復一夜，我們趕走聽眾，要他們回家聽相同音樂的錄音版——現在他們已經有辦法聽出那些歌曲的美和克制的力量了。

《城市邊緣的暗處》的歌曲仍是今天我們現場表演的骨幹，或許也是我希望我的搖滾樂所能蒸餾出最純粹的精華。這次巡迴我們都留在北美，跨年在克里夫蘭落幕。在克里夫蘭，一個酒醉「歌迷」投擲的鞭炮將我眼睛下方炸開一小條縫，流了一點血，但無妨，我們回來了。

　　讀了幾年「曇花一現」、「ＸＸ到底怎麼了……」的唱衰文章，我開始在一座又一座城市閱讀有關我們演出的評論。對的，你沒辦法告訴人們任何事情，你必須證明給他們看。

停工期

　　沒有演出的生活是難解的謎。缺少表演夜夜提供的腎上腺素，我不知道該做什麼，而不論我做什麼，都是腐蝕我的事情。在錄音室或巡迴期間，我是全心全意的一人大隊；而離開錄音室、結束巡迴，我便什麼都不是。我終究要面對這個事實：**休息時，我一點也不放鬆；要放鬆，我就不能休息。**表演讓我集中注意力、使我平靜，但解決不了我的問題。我沒有家庭，沒有家，沒有真實生活。這不是新鮮事，很多演藝人員都會告訴你同樣的話。這是我這一行共同的弊病，算是某種概況。我們是旅人，「奔跑者」，而非「滯留者」。每個人都有自己獨特的奔跑或滯留方式。我終於了解，我為什麼花費這麼多時間在製作唱片，原因之一是我沒有其他事情可做、沒有其他我做起來覺得自在的事。何不，如山姆・庫克唱的，花上「整晚……整晚……整晚……」[15]？我的唱片彷彿回到小時候每天早上走三條街上學的路程，我總是試著將那段時間延伸為永恆。「展現精彩，讓美好時光繼續，我們要待在這裡，直到靈魂平靜。」

　　直到靈魂平靜……那可要花上好一陣子。

　　家庭，對一九八〇年的我來說，是個可怕又難以抗拒的念頭。我從很年輕的時候就相信生活是旅行箱、吉他和巡迴巴士，直到夜幕低垂。在某個時間點，每個年輕樂手都會這麼想。我們破繭而出，其他人則一再被平凡生活

---

15 山姆・庫克〈美好時光〉的歌詞：「All night… all night … all night.」下一句「展現精彩……」亦同：「Get in the groove and let the good time roll, we gonna stay here 'til we soothe our soul.」

束縛。但透過《城市邊緣的暗處》專輯，我開始寫平凡生活。一部分的我真心仰慕之，覺得那才是真正成年男子的生活，而我就是不擅長過那種生活。透過這張專輯的歌曲，我將那種生活寫成陰暗、壓迫但能維持生計的世界，一個強取豪奪卻也供給所需的世界。「工廠取走他的聽力，工廠給他生活。」[16] 那令我害怕。因為我只能參考父親的例子，對於家庭生活如魚得水的男人，我沒有深入的認識。我不相信自己可以為了包容一切的愛，承受別種生活的負擔和責任。

到此刻為止，我在人際關係和愛情方面的經驗都告訴我，我天生不是那塊料。我很快就會對家庭生活感到非常不自在。更糟的是，那揭露出我深植內心、引以為恥但也欣然接受的憤怒。那是我爸天天在廚房守夜的休眠火山，悄然無聲，寂靜掩蓋紅色的盛怒，它美麗地坐落在恐懼和憂鬱的海面上。那面海如此遼闊，遼闊到我尚未開始注視，更別說思考該拿它怎麼辦。得過且過比較簡單。

我已嘗過箇中滋味。我已一再慣性粗暴地辜負好女人。我已環抱偌大的「虛無」太久，感覺很好。歷經祖母於我十六歲時過世、父親的日常情緒抒發和爸媽搬到加州之後，我認為太依賴別人不會帶來最好的回報，打防守戰比較好。但要假裝什麼事情都沒有，愈來愈難。任何關係，交往兩年必定終止。每當來到探索弱點的邊緣，我就逃之夭夭。你就逃之夭夭。拔掉插頭，一切結束，而我將再次上路，再將一個悲傷的結局塞進背包。我要逃離的很少是女人本身，我交過很多和我真心相愛的可愛女友，我要逃離的是被她們觸發的種種：必須袒露的情緒、必須信守承諾和挑起家庭責任的人生。工作上，我偶爾會搞砸，但我可以承擔所有你要我一肩扛起的責任；但面對人生，我只看到我無法安適的現在、嚴酷受限的未來，以及我正藉由寫歌努力和解、同時也在逃離的過去，和時間，滴答、滴答、滴答的時間。我沒有時

---

16 作者〈工廠〉（Factory）的歌詞：「Factory takes his hearing, factory gives him life.」

間給時間。待在腦袋裡那個不受時間影響的可愛世界比較好,待在——錄音室!或舞台上,我可以掌控時間,延長、縮短、提前、延後、加快和放慢時間的地方,只要動一下肩膀、敲一下小鼓就行。

隨著每一次戀情告終,我感到一股悲傷的解脫——脫離愛情帶給我那令人窒息的幽閉恐懼症,我又可以自由自在地**什麼都不是**了。我會換個伴、按倒帶鍵、從頭來過,告訴自己這次會不一樣。接著是又一段愉快與歡笑,直到命運和令人難忍的焦慮來敲門,然後再次上路。我會盡我所能去愛,但一路上我傷害了一些我真正在乎的人。我真的不知道該怎麼辦。

此時此刻,演出的時間愈少,我到底在做什麼的真相,就愈沉重地壓在胸口,無法逃避。以往,我向來有個萬無一失的解決方式:寫歌、錄音、出門去。馬路是我防禦真相的盾牌,忠實可靠。你無法擊中移動的標靶,抓不住閃電。閃電劈下,留下創傷,然後消失無蹤,寶貝,消失無蹤。馬路永遠是完美的掩護,短暫的分離是遊戲的本質。你盡情演出,夜晚在愉快的性心理屠殺、歡笑、狂喜和汗濕的極樂中達到高潮,然後繼續迎接新的面孔、新的城鎮。我的朋友,這就是他們為什麼叫那一**夜情**!表演提供我這個幻覺,不必承擔風險和後果的親密。演出期間,儘管很美好,儘管需要的情感都是真的,儘管我可以讓你的身體動起來、給你啟發和希望,但那是虛構,是戲劇、是創作,不是現實。而到頭來,人生會贏過藝術,一定會。

勞勃・狄尼洛曾說他熱愛演戲是因為可以不顧後果地去過他人的人生。我每個夜晚都是新的人生。每天晚上你都是初至某個城鎮的新面孔,所有人生,以及所有人生的可能性都在眼前攤開。大半人生,我每天都在試圖重現這種感覺,始終徒勞。或許那是想像力豐富的心靈所受的詛咒,也或許只是你心裡的「奔跑」。時時刻刻,你就是不能停止覬覦別的世界、別的愛、別的地方,而不專注於你安居的所在,藏著你所有財寶的地方。那些財寶似乎非常容易被廣大、開闊卻貧瘠的創造力心靈變得灰暗。當然,每個人只有一個人生。沒有人喜歡這樣,但就是只有一個。能有一個已經很幸運了。神保

佑我們、憐憫我們，讓我們理解這點且有能力度過此生，並知道「一切事物的可能性」──儘管只是穿著禮服的「什麼也沒有」，我已擁有城裡最棒的禮服。

40

《河》

　　《河》是我第一張將愛情、婚姻和家庭小心地移往舞台中央的專輯。第一首錄好的是〈輪盤〉（Roulette），描述一個有家室的男人揮不去三哩島核洩漏事故的陰霾。先前安全能源音樂人聯盟（Musicians United for Safe Energy，MUSE）在麥迪遜花園廣場舉行的音樂會是我們進入公共政治領域的入口，而〈輪盤〉就在演唱會後不久譜寫完成並錄音。接下來，通過巡迴考驗的〈紐帶相連〉（The Ties That Bind）得到鮑勃・克里爾蒙頓（Bob Clearmountain）的幫助。我們來到新的錄音室，「發電廠」，A室是一間挑高、漂亮的木頭裝潢房間，讓樂團可以盡情釋放噪音。鮑勃是我們的新成員，知道如何善用空間效果，而雖然我們馬上明白，我們對他來說還沒準備好，但他還是出馬幫《河》處理初期混音。〈紐帶相連〉是另一首著眼於「現實世界」承諾的搖滾樂。「你走路的樣子很酷，但親愛的你可以照規矩走嗎……」[17] 我懷疑。

　　嚴密控制《城市邊緣的暗處》錄出來的聲音後，我希望這張新唱片保有我們現場演出的粗糙和自發性，希望我們的聲音裡多一點「垃圾」。這正好是史提夫・范・贊特的專長，於是他加入我和強及查克・普拉金的製作團隊。在史提夫的鼓勵下，我開始將唱片帶往較質樸的方向。東街樂團就是在這張專輯邁開大步，達成製作出色唱片所需、在車庫樂團和專業水準之間的完美平衡。

　　時值一九七九年，高水準製作的價值標準仍受到七〇年代晚期南加州主

17〈紐帶相連〉的歌詞：「You walk cool, but darlin', can you walk the line ...」

流音樂的強烈影響。他們的技術包括不時分離各種樂音、難免乏味的細節講究、非常小聲的回音和現場室內共振。那個時代，大部分的錄音室會在全部牆面加裝軟墊，讓錄音師盡可能控制每一種樂器聲。老鷹合唱團、琳達・朗絲黛（Linda Ronstadt）和其他許多團體都用此方法將聲音發揮得淋漓盡致。這有它的好處，但不適合我們東岸的感性。我們想要開放空間的麥克風、猛烈的鼓聲（貓王〈獵犬〉裡的小鼓聲是我的終極目標）、爆裂的鐃鈸、樂器彼此交流，以及像是從喧鬧「轟趴」中掙脫出來的聲音。我們希望少一些控制的聲音。許多我們鍾愛的早期搖滾樂都是這麼錄的：你同時幫樂團和空間錄音。你聽到樂團，也聽到空間。你的錄音會呈現什麼樣的品質和個性，取決於錄音室的特性。空間會帶來混亂、真實，以及樂手在追尋「那種聲音」時無法脫離彼此的親密無間。

　　錄製《城市邊緣的暗處》的尾聲，我們曾偶然遇到這種聲音。那時「唱片工場」正在拆除 A 錄音室進行改建。我們進去錄〈城市邊緣的暗處〉一曲時，四周是光禿禿的混凝土牆。就是這樣！這種共鳴，這種侵略性的鼓聲，就是我們先前「噠噠噠噠噠噠噠」的狂躁期間一直在找的聲音。在「發電廠」，我們把擴音器擺在樂團頭頂，盡可能收進周遭的聲音，想要以我們喜歡的方式融入或抽離環境。我們成功了一半。

　　接著，在《城市邊緣的暗處》堅持不懈的嚴肅後，我想要在歌曲的情緒範圍裡增加更多彈性。除了「莊重」，我們的表演也始終充滿樂趣，而這一次我要確定樂趣沒有遺失。錄了一段時間後，我們籌備好一張專輯，交給唱片公司。它的第一面是〈紐帶相連〉、〈辛蒂〉（Cindy）、〈飢渴的心〉（Hungry Heart）、〈偷來的車〉（Stolen Car）、〈忠實〉（Be True）；第二面是〈河〉、〈可以看（但最好別碰）〉（You Can Look (But You Better Not Touch)）、〈你付的代價〉（The Price You Pay）、〈我想和你結婚〉（I Wanna Marry You）和〈未了的事〉（Loose Ends）。除了〈辛蒂〉，每首歌都以某種面貌出現在《河》或後來的《軌跡》（Tracks）專輯：我們在一九九八年十一月推出的「遺珠」精選輯。《河》的

初版全部由鮑勃‧克里爾蒙頓錄音和混音。乍聽很美，但當我花時間細細聆聽，覺得美中不足。我們發片的頻率不高，而現在我打算讓聽眾期待更多不同於以往的東西。每一張唱片都是一份使命宣言。我想要嬉鬧、玩得開心，也想要蘊含哲學性的嚴肅、一種生活規範，將這些全部融合在一起，製作成不只是我十首最新歌曲的選集（這點披頭四掌握得很好）。

我不建議大家這麼做。不用說，這種方式有它矯情的地方，但我仍認定這是我的特色，深受那些在專輯裡創造有自覺性且自給自足的世界、並邀請歌迷發現它們的歌手鼓舞。范‧莫里森、巴布‧狄倫、樂隊合唱團、馬文‧蓋伊（Marvin Gaye）、漢克‧威廉斯、法蘭克‧辛納屈——全都做過具有凝聚力的唱片。我想要一張主題連貫、具整體性，但沒有那麼一心一意以致遭到「概念專輯」一詞詆毀的唱片。我想要某種只能透過我的歌聲、由我內蘊和外顯的個人經驗來傳達的東西。我剛交上的《河》尚未達到那種境界，於是，我們又回去錄音室了。

我從紐約市飯店的房間俯瞰南中央公園的季節變換，一年過去，我看到人們在伍爾曼溜冰場溜冰，然後改去中央公園大草坪曬太陽，然後又開始溜冰。在錄音室裡，不確定專輯要往哪裡去，我又開始亂槍打鳥，把我寫的旋律通通錄下來。隨著錄音預算彈盡援絕，我採取法蘭西斯‧柯波拉（Francis Ford Coppola）的路線，殺了小豬撲滿，把錢花個精光。結果我在錄下許多好音樂的期間破產，而《河》的兩碟唱片仍只錄了一片（《軌跡》的第二碟，還有一些在地窖裡等著）。最後，事情逐漸明朗：我要製作至少兩碟唱片。唯有如此，才能調解我想呈現在歌迷面前的兩個世界。《河》的情感深度來自民謠——〈空白點〉（Point Blank）、〈獨立紀念日〉（Independence Day）、〈河〉和〈偷來的車〉都是敘事歌謠。但專輯的活力則源於酒吧樂團音樂，如〈卡迪拉克農場〉（Cadillac Ranch）、〈街上〉（Out in the Street）和〈大車棍〉（Ramrod）。接下來是鮮血流出邊界的音樂：〈紐帶相連〉、〈兩顆心〉（Two Hearts）和〈飢渴的心〉。這些全部融合在一起，合乎邏輯地拓展了我在《城市邊緣的暗處》

中研究的人物。

　　最後，我試著想像家庭、血統和婚姻或許能如何融入我的人生時，對這些事物的承諾貫穿了整張專輯。我的唱片永遠是某個人的心聲，某個試圖了解該把心放在哪裡的人。我想像出一種人生，試著去過，看看適不適合。我設想身在別人的處境，同時走陽光和陰暗的道路；我被迫依循，但不想這樣度過餘生。我一腳在光裡，一腳在黑暗中，追尋每一個明天。

　　〈河〉是我在創作方面的突破。事實證明鄉村音樂早已對我造成影響。一晚在飯店房間，我唱起漢克·威廉斯的〈我的水桶破了個洞〉（My Bucket's Got a Hole in It），而「噢，我走上山，俯瞰海」[18] 不知怎麼演變成「我正下河⋯⋯」。我開回紐澤西家中，坐在臥室的小橡木桌旁，望著黎明的天空從闇黑中汲取藍，開始想像我的故事：一個男子在酒吧裡跟鄰座的陌生人交談。我將這首歌的背景設定在七〇年代末期紐澤西營建業崩盤時，那正是落在我妹維吉妮亞和家人身上的經濟衰退艱困時期。我看著妹婿失去待遇不錯的工作，仍努力謀生，毫無怨言。我妹第一次聽到這首歌時，她來到後台，給我一個擁抱，說：「那就是我的人生。」這是我得過最好的樂評。我美麗的妹妹，堅毅不屈的賣場員工、妻子和三個孩子的媽，堅定不移地過著我逃離的人生。

　　《河》將我的憂慮具體成形，使我投入新的創作風格——我將在專輯《內布拉斯加》（Nebraska）中更深入且詳盡地探究。《河》以一首竊自羅伊·阿考夫（Roy Acuff）歌名的歌曲結束，在這首〈公路事故〉（Wreck on the Highway）中，我的人物在時間有限的地方遭遇死亡和成人生活。一個下雨的夜裡，他目擊一場死亡車禍。他開車回家，躺在愛人旁邊，恍然明白，人只有有限次數的機會去愛一個人、工作、參與事務、養育子女和行善。

---

18 漢克·威廉斯〈我的水桶破了個洞〉的歌詞：「Well, I went upon the mountain, I looked down in the sea.」

我們結束錄音，前往洛杉磯到查克・普拉金的克洛佛錄音室混音。我們混啊混、混啊混，一混再混，想要混出不那麼受控的聲音，而套用前總統喬治・布希的話，我們贏得「災難性的勝利」！一團混亂。鮑勃・克里爾蒙頓沒時間也沒耐心忍受我們的紙上談兵，早在很多年前就退出了。現在，我們錄下的每一個聲音都滲入別的聲音（那些裝在天花板上的麥克風有效！），而我們的團隊，包括堅貞不渝天賦異稟的尼爾・多夫斯曼（Neil Dorfsman）——除了〈紐帶相連〉和〈徹夜開車〉（Drive All Night）之外，他每首歌都參與錄音和混音——渾然不知該如何改善並製作聽起來正常的混音。一如往常，我什麼都要，要清晰，也要鮮明的噪音。我們花了好幾個月為我們挑選的二十首歌混音，然後一天晚上，我邀來老拍檔、現為 A&M 錄音室傑出製作人的吉米・艾歐文來檢核。吉米面無表情地坐了八十分鐘，然後，當〈公路事故〉最後一段音符飄出窗外進入聖塔莫尼卡大道，他看著我，一本正經地問：「你什麼時候要錄主唱？」

　　吉米是在委婉地告訴我，他什麼也聽不清楚，歌聲全被淹沒在我們自認車庫噪音的傑作底下，幾乎聽不出在唱什麼。坐在那裡透過吉米公正無私的耳朵重聽一遍，我必須承認那些音混得爛透了。我哭了，真的哭了。混音大師查克・普拉金夜以繼日竭盡所能，但又一次，**我們不知道該怎麼混我們錄的東西**！說到強迫症般的工作習慣，查克是我見過最誇張的人。我們一些混音留在機台上三、四天，甚至一個星期，讓我們繼續煩擾、為難、彼此謀殺，妄圖掌握世界而未果。有些歌混音不下百次。我們深受挫折、迷惑不解、咒罵同志，憑什麼像凡人那樣出片和巡迴，到頭來又哀求上帝。憑什麼！最後，查克第二次或第三次處理我們這二十首歌時，達成某種程度的成功。我們辦到了。當然，我想起鮑勃・克里爾蒙頓只花三十秒就完成〈飢渴的心〉和我們不久後（唯一一首）Top 5 的混音。但我們可能永遠無法再跟鮑勃合作，因為他實在太快了！我們需要反芻、思忖、理性闡述，在精神上自慰到麻痺發狂的境界。我們必須懲罰自己直到完成，用**我們的方式**！而那段

日子，在東街樂團，我們的方式只有一種：**硬！**就像花旗美邦銀行，我們用老派的方式賺錢，**掙錢**，然後燒掉它，將它扔進徒勞無功的無數又無數個小時，進行大規模、精神錯亂、技術性的集體自慰。

我後來明白我們不是在做唱片，而是在進行奧德賽式的漂泊，在流行樂的葡萄園蹣跚前進，尋找難解問題的複雜答案。流行樂或許不是最適合我尋找那些答案的地方，但也或許是最完美的地方。它早已成為我吸取資訊的方式，我在地球上生活接收到的一切資訊，都由它傳送。無論如何，我從一開始就是這樣運用我的音樂和天分，做為鎮痛的藥膏、慰藉的精油、面對生命一切不可知時釐清頭緒的工具。這就是我為什麼要拿起吉他的原因。沒錯，還有女孩。沒錯，還有成就。但那些答案，或是頭緒，讓我在夜闌人靜、全世界都入睡時輾轉反側，而後消失在我六弦密碼的音孔裡（它就放在床腳）。我很高興我的努力獲得豐厚的報酬，即使沒有錢，我也會這麼做，因為我必須這麼做。唯有這麼做，我才能獲得暫時的解脫，找到我一直在尋找的目標。所以，對我來說，沒有捷徑可走。仰賴一塊嵌著六根鋼弦和兩個廉價拾音器的木頭並不容易，但這就是我解脫的「劍」。

不久後，我們蹣跚走向《生在美國》（*Born in the U.S.A.*）的路上，鮑勃近乎神祕的天賦將派上極大用場。但目前，我需要在「日落侯爵」的泳池畔曬去錄音室覆在我身上的黑，看著其他樂團錄完音、上路去、又回來錄音。當我告訴其他旅伴我還在搞一年前的那張唱片，而且仍看不到盡頭時，他們的下巴掉下來。噢，上路，上路。我多麼期待能做其他事情，什麼都好，就是不要再在錄音室過夜。我會從「克洛佛」的小沙發凝視窗外車水馬龍的聖塔莫尼卡大道，想像人可能如何度過一生。我想要自由，不要再執迷不悟，一心想寫出並錄下我把握人生的夢想，自己卻不願把握人生。

最後，我算是投降了，如果非得慢慢來，那就慢慢來吧。演出、自由和人生，都等等吧。我是隻錄音室的鼴鼠，會在又一晚徒勞無功或收穫豐碩的搜尋後眯著眼看破曉的陽光。沒關係。我明白，現在我需要像烏龜，而非兔

子那樣工作。鮑勃閃亮、漂亮的玻璃空間和壓縮的力量會修去這張唱片中業餘、粗糙的稜角。《河》想要也需要那些。那不會聽起來太好，只有破爛但恰當。我們的過程既任性地遵守紀律，又為所欲為。那使我散盡財產，也差點精神崩潰，但最後，一如我今天聽到的，我們為那張唱片營造出最適切的聲音。

　　至於專輯封面，經過幾番失敗、不大恰當地拍照後（華而不實、太刻意、比本人好看太多、太⋯⋯），我又選了當初為《城市邊緣的暗處》拍攝的另一張法蘭克・斯蒂凡科的作品，草草用二流電影的風格寫上專輯名稱，及時完成。錄音的最後幾週，強通知我，在簽給「哥倫比亞」快十年、賣了數百萬張唱片和無遠弗屆的巡迴演出後，我名下只剩下兩萬美金。沒時間了。該去賺錢了。

休息時間

　　賺錢之餘，也想要找一點樂子。錄音結束後有短暫的休息時間，我在洛杉磯流連了一會兒，想放鬆，揮別又一次痛苦不堪、使人精神失常的經歷。我隨意和幾個當地女性交往，輕微地不忠於家鄉的女友。好友吉米・艾歐文過著花花公子玩伴女郎環伺的生活，不久後便娶了出色的維琪小姐為妻：她是律師、作家、企業家，到今天還是派蒂和我的摯友。其中幾個甜美女孩邀請我去花花公子豪宅，但我不喜歡那種活動。我有自認更有意義的事物，而我想要保護它。對我來說，不是性，不是毒品，而是**搖滾樂**！我一直待在紐澤西，沒出去鬼混過，我不是那種會在最熱門的夜店出沒給你拍照、追逐熱鬧場面的人。那種人，我覺得有辱我的老搖滾英雄！那讓你感覺離他們好遠，將你逐出他們的世界。除了某些辛苦的工作、運氣和天生的表演能力，我不覺得我跟我的歌迷有什麼不同。他們不會去花花公子豪宅，那我為什麼要去？但聽我提到這件事的人都說：「你可以去花花公子豪宅而沒去？你他媽有什麼毛病啊？」我的態度是，誰在乎花花公子豪宅！那裡沒有我要的東

西，那不**真實**，對我下賭注追求的獎賞而言，那太輕浮了。因此，我說服自己不去盡情享樂，而這已成為我這一生長久以來的習慣。我有我的原則，我沒毛病，而且知道自己在幹什麼。儘管如此，某部分的我仍會不時恨不得自己別那麼嚴格遵守原則！噢，那條沒走過的路[19]！

事實上，下了舞台，我從未真正擁有那種閒適或能力，讓自己無拘無束地愉快過日子。別誤會我的意思，多數時候我很快活。我的快樂——憂鬱的開朗兄弟——直接來自澤瑞里的青春之泉，沒有那麼多放縱。節制儼然成為我的信仰，所以我不信任那些把欠缺節制視為值得支持和慶祝的事情的人。莫名地，我很以此為傲。也許我那麼努力工作是為了穩定，需要穩定勝過自由。我看過太多假借「盡情揮灑自我」或「解放」之名而幹的狗屁倒灶的事。我記得曾跟好友在維吉尼亞零下十多度的清晨，沿著山坡追趕一個朋友，他在我們野營期間吃了不好的迷幻藥，藥效發作，半裸著身子邊跑邊尖叫。他的暴露令我尷尬。我太矜持、太遮掩，無法那樣豁出去。我始終買不到提姆·利里[20]小丑列車的頭等艙車票，以最省事的方法面見上帝。

話雖如此，我必須承認自己是以不信任但渴望的眼光看待遺忘。我有點崇拜朋友愚蠢的勇氣。我向來以極高的自制力為傲，但也因此受窘。我常直覺如果我越過界線，那帶來的痛苦會多過紓解。我的靈魂就是這副形貌。我不喜歡身邊失控的「神志恍惚」，那帶來太多回憶：家裡那些不可預測、靜靜地一觸即發的夜，不知道自己置身何處的夜。在家裡，我永遠無法當個徹底放鬆、完全自在的年輕人。後來我答應自己，絕對不要重蹈覆轍。當我進入世界冒險，如果發生那種事而那不是我的場子，我會離開；如果是我的場子，我會理解。但如果超過臨界點，請你離開。

---

19 The Road Not Taken，美國詩人佛洛斯特（Robert Frost）一九一六年所寫的詩。

20 Timothy Francis Leary，美國心理學家，宣稱迷幻藥對人類精神成長與治療病態人格具有成效，提出「激發熱情、內向探索、脫離體制」的口號，對一九六〇年代的反文化運動造成重要的影響。

我也在樂團裡劃定界線。我不會管你的私事,除非我覺得那會損害我們正企圖達成的目標或傷害你。我相信這些界線是四十四年後,我們大多仍生龍活虎、在舞台上肩並肩、愉快而滿足的原因之一。

然而,我這般過於節制的結果,限制了我容許給自己的簡單樂趣。這就是我 DNA 裡不幸的部分。工作?給我一把鏟子,我會在太陽升起前直直挖到中國。這是身為自制者的好處,一座深不可測的焦慮與活力之井,如果得到正確的引導,這會是強大的力量,惠我良多。當人潮魚貫湧出音樂廳,你,我的朋友,精疲力竭,跳上你的勞斯萊斯跑車,開往花花公子豪宅,和利里醫師、海哥[21],和六月、七月、八月女郎來場深夜暢飲暨心理諮商,我則在血色月光下繼續挖我的洞。當早晨來臨,那該死的洞**挖好了**,而我像個嬰兒一樣睡著——一個備受困擾的嬰兒,但終究是嬰兒。

這就是為什麼喝酒對我有益。我從不為飲酒的樂趣而喝。我曾在一次巡迴停留的飯店酒吧,問優秀歌手,也是巡迴好夥伴鮑比・金(Bobby King)喜歡哪種毒藥,他回答:「沒一個喜歡,所以我什麼都喝。」同感。而酒量欠佳的我,四、五小杯下肚,就會成為派對的靈魂人物,和視線裡每一個人磨蹭、調情,直到隔天早上醒來,內心悔恨交加,充滿我一心一意追求的內疚。醉意一來,我就會迅雷不及掩耳地出糗。儘管如此,能夠在年輕時對酒精戒慎恐懼那麼多年才走到這裡,對我仍有意義。這給了我一種邏輯不通的信心:我可以應付它,不會變成我爸。我可以愚蠢、出糗,但絕對不會故意嚴苛、殘酷,而且我會喝得很開心。能忍受我魯莽行為的人通常是我的摯友,所以我都跟朋友一塊兒喝。這能釋放我體內相當程度的快樂:家具飛出門外,地毯被捲起來,音樂狂轟濫炸,跳舞、跳舞、跳個不停。

我確實學到的體悟是,我們全都需要一點點瘋狂。人啊,光靠節制是活不下去的,我們都需要在路上得到幫助來卸下日常的擔子。這就是為什麼麻

---

21 指《花花公子》雜誌創辦人休・海夫納(Hugh Hefner)。

醉品自盤古開天就被趨之若鶩。今天我只想建議你依照你的忍耐度來慎選方法和物品，或什麼都不要，並仔細觀察身體的反應！

　　以往每每看到我的搖滾英雄享盡榮華富貴，我就會說：「天啊，我等不及要跟他們一樣。」但真的跟他們一樣時，那隻鞋僅偶爾合腳。搖滾樂充滿生冷、危險但美麗的享樂主義，歡欣鼓舞的唯物主義，在我感覺赤裸裸而毫無意義。如今我已大有進展，生活富裕、乘快艇環遊地中海（誰不想這麼做呢？）、搭私人飛機看牙醫，但我從未真正擁有那種恣意任美好時光流轉的魔力。除了在舞台上。在舞台上，說也奇怪，暴露於成千上萬觀眾面前，我總覺得非常安全，可以毫無保留。這就是為什麼在我們的場子，你擺脫不了我。好友邦妮・瑞特每次來後台探班，總會微笑地對我搖搖頭說：「這男孩有一套，一定會大放異彩。」所以，上了舞台，和你在一起，我就近乎自由，而派對將持續到燈光熄滅。我不知道為什麼，其他時候我始終無法像我和樂團聯手出擊時那般，感覺生命本身和一小道永恆之光沖激過我的血脈。我天生如此。很久以前我就接受這個事實：並非人人都可以成為滾石合唱團，上帝保佑他們；就算我們可以。

41

金曲之村

　　我們有一首熱門金曲。名副其實的。〈飢渴的心〉進了排行榜前十名，讓專輯銷售倍增，也為我們的現場演出帶來更多女孩。謝謝你，耶穌！到目前為止，我已經有一群年輕男性追隨者，占我們現場觀眾相當高的比例，堪稱中流砥柱，但〈飢渴的心〉帶來女孩，也印證 Top 40 電台節目改變聽眾的力量。比男女通吃更重要的是，《河》的巡迴讓我們在闊別五年後重回歐洲。我們非常緊張，尤其前幾個月戰鬥的苦澀滋味仍未散去，但法蘭克・巴薩洛納（Frank Barsalona），我們的巡迴經紀公司「頂尖人才」（Premier Talent）的傳奇領導人說服我們，如果我們願意去爭取，那裡有一群觀眾正等著我們。

　　第一站，德國漢堡！披頭四就是在漢堡的星光俱樂部長大成人！出國前幾天我碰到彼特・湯森（Pete Townshend），他讓我巡迴前的神經過敏雪上加霜：告訴我德國人是世上最爛的觀眾。幾天後我們在德國降落，入住的飯店離市區遊藝團僅幾條街，看得到遠方的木棧道。我慢慢晃過去平靜心情，讓我的腳穩穩踏在異國土地上，然後更進一步，找一天晚上前往繩索街，披頭四的訓練場和教室。星光俱樂部還在那裡，但這地區現在以漢堡的性交易市場聞名，我們「處男」的眼睛再次見證性交易大剌剌地進行，完全合法。我發現自己和同伴慢慢穿過一間只有黑光燈照明的地下車庫，數百名各種外型、膚色、國籍和體型的女子佇立其中，等著拿你當冤大頭。我看到客人進行簡短的「對話」，達成協議，被帶到裡面一排壁櫥般的小房間。我覺得那些女人很撩人但令人生畏，而在三十歲（！）的稚嫩年紀，我無法說服自己這真的可行，還是回飯店喝啤酒、吃德國香腸比較妥當。

表演時間，我們預定在「會議中心」這座彷彿消毒過的小型劇院演出。觀眾進場，表演開始，如同彼特的預言，整個前半場，觀眾毫無反應。而當我們以〈惡土〉結束第一段演出，我們一定是不小心按到魔法按鈕，因為觀眾全體起立，衝向舞台，接下來就是一團混亂了，而我們的德國承辦人弗利茲・拉烏（Fritz Rau）在後台迎接我們，大叫：「你對我們德國人做了什麼？」歐洲，這一次，將不大一樣。

　　下一站，巴黎。八〇年代初，為顧及歌迷安全，我們沒有採用「音樂節座位」[22]。我覺得那樣很危險。許多歐洲承辦人試著跟我解釋，這是海外的慣例。在巴黎，我們請主辦單位在觀眾區放置木製摺疊椅。當我們對著滿場觀眾表演開場曲目，我看著法國人慢慢把椅子舉到頭上，傳到會場旁邊，像搭篝火一般堆成兩堆。表演接近尾聲時，地板已成「自由活動空間」，觀眾全混在一起。好吧，**法國萬歲**！我們北在挪威、南在西班牙都獲得同樣的反應。我們在歐洲的時刻來臨了。佛朗哥[23]甫逝世不久的西班牙，不是今天這樣的國家，甚至到一九八一年，我們表演的場地仍被攜帶機關槍的警察包圍。外面，從我們貨車後車廂取出的裝備消失在街頭，送洗的衣物自己走出飯店進入巴塞隆納的夜，自此不再出現。西班牙的生活似乎全都籠罩著倦怠而可愛的混沌，但西班牙觀眾擁有地球上最熱情、最美麗的臉龐。我們只為幾千人演出，但他們喚起的地獄撼動了整支樂團，令人難忘。我們會再回來。

　　我們大部分的歐洲觀眾頂多把英語當第二種語言。這似乎無關緊要。我們面對的人群一再讓我們知道，他們感受音樂的方式跟我如出一轍，跟十六歲的你一樣全神貫注、迫不及待地拆開你最喜歡團體的最新唱片包裝，等待，等一星期只為那三分鐘的電視亮相，或熬夜一整晚、轉收音機旋鈕，想聽到一次你鍾愛唱片充滿靜電干擾的播放。或許因為我們不常橫渡大西洋，

---

22 Festival seating，會場沒有座位，觀眾只能站著。
23 Francisco Franco，前西班牙首相。自一九三六至一九七五年逝世，獨裁統治西班牙近四十年。

且帶有異國情調，才讓歐洲人另眼相待。但我知道為我們的海外歌迷演出，過去是，未來也將繼續是我人生最美好的經驗之一。那在一九八一年全面啟動，永遠不會終止。

在柏林，我和史提夫冒險穿過查理檢查哨[24]，在東德度過一下午。你身上的任何印刷品，報紙、雜誌，一律被東德衛兵沒收。那是個不一樣的社會，你感覺得到靴子在踩，感覺得到街上的停滯，於是你知道壓迫真的存在。這永遠改變了史提夫。歐洲之旅後，這位曾鼓吹搖滾歸搖滾、政治歸政治的男人成了社運人士，他自己的音樂也開始批判政治。那道將世界一分為二的牆，它的力量，它的鈍、醜陋、催眠的真實性，都不容小覷。那違反人性，彷彿帶有某種色情成分，一旦細看，就會在你身上留下揮之不去的氣味。那真的讓幾個團員心神不寧，而當我們轉往下一個城鎮，大夥兒著實鬆了一口氣。但我們不會忘記，我們會在一九八八年回來，為一望無際的「東方集團」[25]臉龐表演。超過十六萬人帶著自己縫製的美國國旗過來，綿延無垠。那是我們生平最棒的表演之一，而一年後，牆倒了。

歐洲改變了我們樂團，為我們注入新的承諾和信心，就連永遠冷淡的英國人也洋溢著希望。自一九七五年那次絕妙的自欺後再度踏上英國舞台，令我神經緊張，卻也心滿意足。多了兩張新專輯、五年個人奮鬥和數年辛苦巡迴經驗的加持，我們已非五年前步出英國航空七四七那幾個天真爛漫的海灘男孩。我知道我擁有一支鬼神般的樂團，而如果我們無法完成任務，告訴我誰可以。（在布萊頓的演出結束後，有幾天晚上我跟彼特·湯森去了倫敦一間俱樂部，一個剛發行首張專輯的年輕樂團在那裡演出震撼人心的曲目，他們有個不尋常的名字，U2。最好提防一下。）一九八一年的歐洲巡迴使我們蛻變為國際性樂團，準備擄獲全球各地所有歌迷的心。

---

24 Checkpoint Charlie，冷戰時期柏林圍牆的一個檢查點，分隔東、西柏林，通常為盟軍人員和外交官使用。

25 Eastern Bloc，冷戰期間西方陣營對前中、東歐社會主義國家的稱呼。

回到美國

　　回到故土，開車穿過亞利桑那沙漠，我把車停在鳳凰城外加油。站在一間小藥妝店裡，我瀏覽架上的書，碰巧看到《七月四日誕生》，越戰退伍軍人朗‧柯維克的回憶錄。那是一份令人肝腸寸斷的證詞，記述朗在東南亞擔任戰鬥步兵的經歷。一兩個星期後，當我落腳日落侯爵飯店，「世界很小」的理論再次驗證。好幾天，我都看到一個長髮及肩的年輕人坐輪椅在池畔徘徊。一天下午，他朝我推過來，說：「嗨，我叫朗‧柯維克，我寫了一本書，叫《七月四日誕生》。」我說：「我剛讀過，非常震撼。」朗跟我聊到許多歸國士兵都在和各種嚴重的毛病搏鬥，他提議帶我去威尼斯區的退伍軍人中心見一些南加州的退伍軍人。我說：「當然好。」

　　越戰結束後得到十年的沉默相迎。對於該如何將「美國唯一打輸的戰爭」脈絡化並訴說其中不幸的故事，流行文化似乎茫然不知所措。幾乎沒有任何探討越戰的電影、唱片和書籍造成全國性的衝擊。當我們接近退伍軍人中心時，這些念頭在我腦海轉啊轉。

　　我很容易跟人打成一片，但一來到退伍軍人中心，我完全不知該如何反應，不知道該怎麼辦。眼前的臉孔，彷彿我兒時的鄰居來到了西岸，他們目不轉睛地望著我。有人無家可歸，有人有毒品問題，有人必須應付創傷後壓力症候群或改變一生的身體傷害。我想到那些在戰爭中喪命的朋友，不知道該說什麼，所以我只傾聽。同時聊一下音樂和我相對優渥的生活，並回答問題。回程，朗和我討論或許可以做些什麼來吸引大眾注意這些還很年輕的男男女女的遭遇。

　　繼續巡迴。在紐澤西的後台，我遇到另一位名叫鮑比‧穆勒的退伍軍人。他以陸軍中尉的官階去越南，被射傷後回到美國，必須坐輪椅，積極參與約翰‧凱瑞[26]及其他歸國退伍軍人在華盛頓特區的反戰示威活動。由於世代差異和戰爭性質不同，許多越戰退伍軍人在當地與主要是二戰和韓戰老兵的海外作戰退伍軍人協會（The Veterans of Foreign Wars，VFW）格格不入。鮑比認

為應該有專門的機構提供越戰退伍軍人醫療和政治需求，一個或許可以做為國家良知、讓我們不要重蹈覆轍、承受同樣後果的組織。一九七八年，他發起美國越戰退伍軍人協會（Vietnam Veterans of America，VVA），但他表示多數商界和政界人物都對此組織不理不睬。為使美國越戰退伍軍人協會受人矚目，他們需要宣傳和資金，而這兩樣東西，我可以提供。

美國越戰退伍軍人協會音樂會於一九八一年八月二十日在洛杉磯紀念體育場舉行。音樂台兩側架了看台，容納來自當地退伍軍人中心和洛杉磯退伍軍人醫院的人，包括一些我第一次和朗·柯維克去威尼斯區遇到的人。開啟這一切行動的朗也在場。穆勒在舞台中央以終止世人對越戰的沉默為題發表簡短演說，然後激動地介紹樂團出場，正是澤西第一號逃兵的我們，以清水合唱團（Creedence Clearwater Revival）的〈誰能讓雨停下來〉（Who'll Stop the Rain）開場，賣力演出，非常精彩。這是我、朗和鮑比長久友誼的起點，也是我將一些創作用於實際政治用途的開端。我永遠不會成為伍迪·蓋瑟瑞[27]——我太愛粉色的凱迪拉克了——但我有可以出力的地方。

河水流啊流啊流入海

三週後，我們在辛辛那提結束巡迴。喝了克拉倫斯取名為「卡胡那重擊」的濃烈調酒，我們果然性情大變，在飯店鬧了最後一回。隔天早上醒來，我發現身邊多了一個新朋友，同時頭痛欲裂。我們打道回府。

形形色色的影響力形塑了《河》的巡迴。首先是我們重回歐洲和覺醒的政治觀。再來，我們在 MUSE 演唱會和越戰退伍軍人合作，展現我們的天分

---

26 John Kerry，美國民主黨政治人物，二〇〇四年參選總統敗選，後於二〇一三至一七年擔任歐巴馬總統的國務卿。曾於一九六六年自願入海軍服役，一九六八年參與越戰。

27 Woody Guthrie，美國民謠創作歌手，唱出社會底層的心聲，最為人熟知的歌曲是〈這是你的土地〉（This Land Is Your Land）。本書作者曾在二〇〇九年歐巴馬總統就職音樂會中演唱此曲。

一直在等待的實際社會功用。最後，閱讀亨利・斯蒂爾・科馬格（Henry Steele Commager）的《美國歷史口袋書》（*A Pocket History of the United States*）、霍華德・津恩（Howard Zinn）的《美國人民的歷史》（*A People's History of the United States*）和喬・克萊恩（Joe Klein）的《伍迪・蓋瑟瑞的一生》（*Woody Guthrie: A Life*）打開了我的歷史觀，讓我對於自己在這個時刻身為藝人有了新想法。我明白，雖然微不足道，但我有應負的責任。這是我的地方，我的時刻，我的聲音——不管多麼微弱——被聽見的機會。如果讓它溜走，我以後就必須對孩子負責——我已經開始設想這種情景。

歷史是我中學時很討厭的科目，但現在我努力地讀。對於我一直在問的認同問題，歷史似乎握有基本答案。如果我渾然不知我個人來自哪裡、大家都來自哪裡，又要如何知道我是誰？**現今**身為美國人的意義，與**過去**身為美國人的意義息息相關。唯有以某種方式結合這些答案，才能引領你找到身為美國人的**可能**意義。

伍迪

我對這些事有多認真？我無法告訴你。我不知道。我只知道我受到各種個人與工作動機的驅使，要解決這些在《城市邊緣的暗處》和《河》之後逐漸顯露的問題。

我往新的地方搜尋。鄉村音樂、福音音樂和藍調都在表現受到壓力、追求卓越的成人生活，但要尋找並探討這些音樂受到哪些社會力量的影響，我必須超越漢克・威廉斯。喬・克萊恩的伍迪・蓋瑟瑞傳記打開了我的眼界和耳朵，就在我準備吸收知識的時刻，為我介紹了狄倫的前輩。我聽過伍迪的大名，當然也聽過〈這是你的土地〉（This Land Is Your Land），但學生時代只聽流行金曲的我，自然不曉得他的生平和音樂細節。我埋首書中，讀到讓他的音樂永垂不朽的微妙創作、赤裸裸的誠實、幽默和同理心。在他大蕭條年代奧克拉荷馬人和移民工人的故事中，他揭露了受困美國生活邊緣的人物。他

的創作不是大發議論的隨筆,而是作工精細的美國個人生活寫照,以堅韌、機智和常識訴說。現場演出時,我們開始每晚翻唱〈這是你的土地〉,努力表達在一九八〇年代雷根當政的美國,搖滾樂通常不會訴說的故事。

我在創作〈工廠〉、〈應許之地〉(The Promised Land)、〈河〉和〈空白點〉時的轉折,以及現場演出的方向,讓我得以向爸媽和妹妹的人生致敬,也不至於和那一部分的自己完全斷了聯繫。就算我獲得的成績和財產不算出眾,但如今我的人生,和我選擇描寫的那些人的人生,已有很大的不同。這點令我擔心。儘管奮力地追求,我仍以充滿懷疑的眼光看待成功的世界。我納悶,誰是那個世界的居民,他們跟我有什麼關係?我是那個世界裡我唯一認識的人!就算「生來奔跑」,我仍不想改變這部分的人生。出於某種對故土的恐懼和(或)熱愛,我仍住在離家鄉僅十分鐘車程的地方,安心待在我的地盤。紐約、倫敦、洛杉磯和巴黎,將有很長一段時間與我無關。我要待在家裡,我有歸屬感的地方,訴說我能訴說的故事。

功與名的吸引和誘惑,在我看來好危險,貌似黃金,但毫無用處。報章雜誌和搖滾小報不時充滿美好的人生故事——美好,但失焦,跌跌撞撞——全都為了讓神(和人!)開心歡笑。我盼望更高雅、更優美、看起來更簡單的事物。當然,最後沒有人能不染塵埃,最終我也享受名氣的吸引與誘惑(也惹人發噱),但那是在我確定自己有辦法駕馭之後。名氣能造就美好的人生,如果你已為此努力,你將稱心如意。但此時我並未過度沉溺,我努力提醒自己財富的扭曲力量,減緩它對我的支配力。

這沒有那麼困難。在我直系血親的愛爾蘭那一邊,說「不」存在於我們的 DNA 裡。不看醫生、不去市中心、不理陌生人、不旅行,「外面的世界是頭怪獸,等著把你生吞活剝。你會明白的。」反倒是「好」來得不易。我極度保護我的音樂和我已經開始創造的東西。我重視它,非常重視,過度重視,勝過其他事物——也許一切事物。謹慎和節制仍有其祝福與效用,而此時正如日中天。這份戒懼,這略似局外人的觀點,將幫助我維持工作的活力

和彈性，讓我待在壕溝、貼近觀眾。

在我的創作中，我對於〈這是你的土地〉和〈河〉的交會處愈來愈感興趣，也就是政治和個人匯聚，將清澈的水溢入歷史泥流之處。到了《河》巡迴的尾聲，我認為繪製那塊區域的地圖——美國夢與現實之間的距離——也許是我的任務，可以連同我帶給歌迷的娛樂和愉悅一併提供。我希望這能賦予我的樂團根基和使命。

除此之外，我也需要知道我的家人——我的祖父母、外祖父母、爸媽和妹妹——落在美國歷史曲線的何處，以及那對我，我這種幸運兒所代表的意義。

42

牆，你好

　　《河》的巡迴結束後，我回到紐澤西。巡迴期間，我被我的農舍趕出來，移居到科爾茨內克的平房——未檢查屋況就租了。那屋子漂亮地坐落在一座水庫上，外頭有一個繩索做的鞦韆，我和我的衝浪夥伴會在大西洋平躺在地平線上的日子帶女朋友來這裡。這次巡迴讓我終於還清債務，且在銀行存了一小筆錢。我必須找新東西來擔心。我一直只開老爺車。我兩千美元的五七年雪佛蘭進化成六千美元的 Corvette，搭配一九七〇年的福特小貨車做我日常的司機。冬天，我會把貨車車廂載滿樹幹來加大後輪的摩擦力，在蒙茅斯縣結冰的馬路上奔馳。債務還了，事業建立了，一切都應該無拘無束了，但我感覺既不無拘也不無束。於是，我閒坐在那裡痛苦萬分，不知道是否該花一萬美元買一台新車。我三十一歲，還沒擁有過新車。除了錄音室的開銷，我從沒在自己身上花過一萬美元。我沒認識半個賺的錢多於生活所需的人，所以我賺的錢讓我覺得自己與眾不同，因而感到不自在且多少有些困窘。但我還是硬著頭皮到車商那裡開走一台一九八二年的雪佛蘭 Z28 Camaro。我覺得自己在炫耀，彷彿開的是純金打造的勞斯萊斯。

房子不是家

　　我的平房整間鋪著橘色的絨布地毯。我知道，這是法蘭克‧辛納屈最喜歡的顏色，但感覺彷彿連續殺人案正在逼近。我需要找一個固定的家。我找了房地產仲介，好幾個房地產仲介，開始找房子。我搜遍整個州，從簡陋到盛氣凌人的房子全都看。紐澤西中部和西部每一間可租的小屋都請租戶暫時

離開，讓我們入侵搜查。一無所獲。不是太大就是太小，不是太舊就是太新，不是太便宜就是太貴，不是太遠就是太近。一開始我覺得：「噢，我只是還沒看到喜歡的。」經過一段時間、幾許心靈探索，我終於明白**沒有哪間人造的住家**有辦法吸引、滿足我這隻紐澤西惡魔。一如往常，我將這些細瑣的決定轉化成全面性的認同問題：什麼樣的車？什麼樣的襯衫？什麼樣的房子？什麼樣的女孩？我尚未掌握這個單純的原則：想要遠離精神錯亂過日子，改寫佛洛伊德的話：雪茄有時**必須**只是雪茄[28]。

　　原來，我只是一個不安於自身軀殼的傢伙，無論那是怎樣的軀殼。家的概念，一如其他種種，只帶給我滿滿的不信任感和悲傷。以前我一直要自己相信——幾乎相信——家只適合別人，但現在，某樣東西搞砸了我的電影。（那部電影是這樣的：我飾演一個巡迴各地的樂手，沒有戀愛運，天賦奇高但懷才不遇；有群眾魅力，隨遇而安的外表下隱藏著一個受傷但高尚的靈魂。隨著我從這個城鎮漂流到那個城鎮，兩件事經常發生。首先，一定有個美女會無可救藥地愛上我，但我卻無以回報她的愛，因為我的「心」屬於公路。再來，我遇到的每一個人，人生都為我大大改變，他們會歡迎我去他們家裡，供我飲食，在我頭上戴桂冠，把他們的女朋友交給我，然後「永遠記得」我。我會謙遜地點頭致謝，繼續上路，吹著口哨，提著行李，沿著美國塵土飛揚的鄉間小路前進，孤獨但自由，繼續尋覓下一場冒險。很長一段時間，我親身經歷了這部傑作。）

　　一個冬日早晨，陽光照耀一隻橫死馬路的雌鹿，牠的毛上覆著一層粉色的霜。我正開往我的「玫瑰花蕾」——紐澤西菲力荷。我仍會花很多時間在我出生城市的邊緣當四輪幽靈。這是一種可悲且半宗教式的強迫行為。拜訪故鄉時，我從未離開車子一步。下車會壞事。我的車是我的密封時空膠囊，靠著它的座椅，我可以在任何我選擇的心理時間、空間和時刻，感受這個一

---

28 佛洛伊德的原話是「雪茄有時就只是雪茄而已」（Sometimes a cigar is just a cigar）。

直勒住我脖子的小鎮。夜晚來臨，我隆隆駛過它的街道，留神聆聽我父親、母親和我自己小時候的聲音。我會經過菲力荷的舊店面和維多利亞式的住家，幻想：買一間房子、搬回去，遠離我已經發出的噪音，走完一圈回到原點；整修一番，接受這些街道的祝福；找個愛人，至死不渝的愛人，娶她為妻，和她並肩在鎮上漫步，懷裡抱著小孩。這是個愉快的幻想，而我以為能從這些幻想中得到安慰。但我已經流連夠久，明白歷史已經封印，無法改變。你可以向前走，帶著一顆破碎過而更堅強的心，創造新的愛。你可以將痛苦和創傷錘鍊成一把正義之劍，用它來捍衛人生、愛情、人類的品德和上帝的賜福。但**沒有人**可以重來。沒有人可以掉頭，只有一條出路。往前，進入黑暗。

《內布拉斯加》

　　找不到房子，也不清楚接下來該往哪裡去，我決定迷失在稍微可以控制的音樂人生的領域。隨著過往經歷的蜘蛛網佈滿我的作品，我轉向一個我兒時走過、仍感覺熟悉，而此刻聽到它在呼喚我的世界。

　　《內布拉斯加》源於童年一場不由自主的冥想和它的謎。沒有明確的政治理念或社會主題，只是跟著一種感覺、一種氛圍走──我認識且深植內心的世界。那個世界的遺跡距離我現在住的地方僅十分鐘、十里路。我在我成長的小鎮街道上多次逗留，招來了《內布拉斯加》的鬼魂。我的家庭、狄倫、伍迪、漢克、芙蘭納莉・歐康納（Flannery O'Connor）的美國哥德式短篇故事、詹姆斯・凱因（James M. Cain）的寫實小說、泰倫斯・馬利克（Terrence Malick）電影裡安靜的暴力，和查爾斯・勞頓《獵人之夜》（*The Night of the Hunter*）裡的破敗寓言，全都引領我的想像。這些，以及輾轉難眠的夜裡，穿過我的城鎮飄來的單調、沉悶的聲音。當我在凌晨三點恍恍惚惚走上前廊，感受濕熱，聆聽街道時所聽到的聲音：萬籟俱寂，僅偶爾從灰濛濛的雲下傳來聯結車恐龍吼叫般刺耳的打檔聲，從南街轉州道 33 號，出了鎮。然後又安靜下來。

　　《內布拉斯加》專輯的歌寫得很快，全部系出同源。每首歌錄三、四次就完成。我只錄「試聽帶」。〈公路巡警〉（Highway Patrolman）和〈州警官〉（State Trooper）一次搞定。〈山丘上的別墅〉（Mansion on the Hill）是第一首，〈父親的屋子〉（My Father's House）是最後一首，〈內布拉斯加〉則是唱片的心臟。我注入白人福音、早期的阿帕拉契音樂和藍調。創作就在細節裡，編戒指、揮警棍，這些歌曲在此找到其人物。一如《獵人之夜》，我常以孩子的角度書

寫。〈山丘上的別墅〉、〈二手車〉（Used Cars）和〈父親的屋子〉都是出自我的家庭經驗。

我想要黑色的床邊故事。我想到約翰·李·胡克（John Lee Hooker）和羅伯·強生（Robert Johnson）的音樂在熄燈時如此動聽。我希望聽者聽到我的人物在思考並感受他們的想法與選擇。這些歌跟我以往寫的搖滾樂南轅北轍，相當克制，表面靜止，底下則潛伏著一個道德模糊與不安的世界。貫穿音樂核心的張力像條細線分隔了穩定和你被辜負的時刻——那些將你和你的世界、工作、家庭、朋友、摯愛與美德連結起來的事物，有負於你的時刻。我希望這些音樂感覺像幻夢一場，像詩一般流動，希望這些歌曲裡的血液給人命中注定的感覺。

在錄音室錄到傾家蕩產而深受挫折的我，請吉他技師弄來一台錄音機：聲音的保真度比我平常用來整理新歌構想的卡式錄音機低一點。我需要更好、更便宜的方式來判斷我的新素材值不值得錄音。他帶來一台四軌的日製Tascam 144卡式錄音機，我們把它安置在臥房，我用一軌錄我唱的、一軌錄我彈的，其餘兩軌可以錄和聲、第二吉他或鈴鼓，四軌恰恰好。我動點手腳將它置入大型放音機，就是你會帶去海灘的那種，這項工程的總成本約一千美元。之後，我再去錄音室，與樂團一起重新錄音和混音。一聽我才明白，以前我除了傷害自己的創作，一事無成。我們讓聲音聽起來更乾淨、具有更高的保真度，卻減損了氣氛，也失了幾分真誠。

所有流行藝人都在做唱片和做音樂之間左右為難。如果你運氣好，它們是一樣的。在你學習將音樂精巧地製作成唱片時，一定會獲得什麼，也會失去什麼。非自覺的聲音不再那麼自在，會開始拘泥於如何呈現。在這樣的唱片裡，你的選擇可能會摧毀作品不可或缺的本質。最終，對我已經探索音樂的種種可能性和每一條看不清的街道感到滿意，我拿出那卷一直塞在牛仔褲口袋裡跟著我到處走的原創卡帶，說：「就是它了。」

不知名的城鎮

　　《內布拉斯加》和《生在美國》專輯的前半部同時錄音。我以為我在製作一張唱片，但眼見《內布拉斯加》難以整合，我很快認清現況。我們考慮將非電子樂的《內布拉斯加》和電子樂的《生在美國》融為一體，但這兩個音樂調性太不一樣，太南轅北轍。《內布拉斯加》的錄音方式怪異，不會做成黑膠唱片，那會失真、反饋、宣布唱片材料該革命了。我們討論是否只發行卡帶，然後查克・普拉金在大西洋錄音室找到舊式的母帶處理機，於是我低保真度的最新專輯還是任乙烯基塑料擺布了。《內布拉斯加》堂堂進入排行榜，獲得一些不錯的評論，但幾乎沒有電台播歌。第一次，我發片沒有巡迴演出，感覺才剛結束《河》的巡迴，而且《內布拉斯加》的平靜需要多一點時間醞釀才能登上舞台。人生繼續。

　　我漸漸離開我非常可愛的二十歲女友，收拾行李，準備來一趟橫越大陸的旅行。不久前我在好萊塢山買了間小屋，打算在西部加州的陽光下過冬。我這三十二年來如火山般沸騰冒泡的矛盾、紛擾和上癮般的迷惘，終於在這次旅行達到臨界。

旅行

　　那是六九年的福特 XL，有白色敞篷，海藍色的車身跟凱迪拉克一樣長。我花了幾千美元買來，而我的朋友兼巡迴夥伴麥特・德利亞（Matt Delia）和他的兄弟湯尼及艾德，為我安裝這趟行程的配備。七〇年代中期，紐澤西北部的博根縣，麥特、湯尼和艾德開了紐澤西最後一家 Triumph 摩托車的經

Born
to Run

銷店。我是透過馬克斯‧溫伯格介紹認識麥特的，他幫我配了一部六〇年代晚期的 Trophy，跟我一拍即合，而後麥特、湯尼和艾德成為我從未有過的好兄弟。

現在麥特是固特異輪胎的經銷商，出發當天早上，我們在店裡流連，幫 XL 的整裝做些收尾、拍些臨別照、修理至關重要的音響系統。只有我和麥特要橫渡美國。時值秋天，我們計畫先往南走，享受溫暖的天氣，然後收起車頂，轉向西行。

我開車。麥特剛跟女友分手，心情低落。上路的第一天他大半坐在副駕駛座，雙臂環抱一隻大泰迪熊。麥特是個大塊頭，上臂和前臂都很粗壯，而那種「繩索」捆住五歲玩具熊的畫面，為我們的旅程增添詭異的感覺。我試著向他解釋，我們原本很酷的凱魯亞克式「在路上」[29]，會因這隻泰迪熊而走調。但麥特沉溺於他的憂鬱和他的熊，我們只好繼續這樣前行。

麥特

我一輩子的朋友麥特‧德利亞在一個十四個孩子的家庭中排行正中間。具藝術傾向的母親和從事打撈業的父親，傳承給他機工的天分和體格與詩人的靈魂。為了謀生，他夜以繼日拿扳手與摩托車和汽車搏鬥，從容不迫地應付齒輪箱、泥地摩托車和各飛車黨成員，他們常現身店面櫃台前找他服務，並和我這樣的人討論音樂、政治、文化。除了入車竊盜[30]的形象，我和其他許多遇到車子難題的人一樣，不會求助於工具箱，而是會拿起上帝給人的禮物：手機。我喜歡開車，而在那段我將娛樂你們這些孩子的古老時光，**沒有**

---

29 *On the Road*，「垮掉的一代」作家傑克‧凱魯亞克（Jack Kerouac）一九五七年的自傳體小說。本書以作者二十世紀中期橫渡美國大陸的經歷為基礎，敘述主人翁薩爾（Sal Paradise）和幾位年輕男女從紐約搭便車或開車到舊金山，一路飲酒作樂、吸大麻、探討東方宗教、與女人調情的經過，影響六〇年代歐美及日本青年甚鉅。

30 Car hopping，找尋車門未關的車子，竊取車內貴重物品的行為。

手機這種東西！所以，麥特既是我的夥伴，也是現成通往汽車自由世界的管道。這是國道 66 號的魅力，只要我們這兩個開著活動敞篷車的男人，有一人能在這台爛車不浪漫地於荒郊野外拋錨時把它修好就行。那個年代，每當輪胎沒氣、散熱器冒煙、化油器堵塞、發動機組噴油，使汽車變成不太能信任的旅遊夥伴，跟樹幹一樣堅實、比樹幹更可靠的德利亞兄弟就是我這輩子數次漫長道路旅程的同伴和慰藉。三人中最年長的麥特，年輕時神似電影《冷血》（*In Cold Blood*）裡的勞勃．布雷克（Robert Blake），而在我們三十五年的友誼中，我們將數度一同開車馳騁國土。他就是我的狄安．莫里亞提[31]。

上路

　　我們穿越澤西南部、過德拉瓦紀念大橋、經華府一路向南，前往旅程的第一個停靠站：「長途電話接線生，給我田納西孟斐斯。」[32]搖滾樂的出生地──貓王、藍調和比爾街[33]。我們在已停業的太陽錄音室短暫停留，於門前拍了幾張照，繼續上路。我們被一場凶惡的夏末大雷雨釘在南部的偏遠農村，而後前往紐奧良。我曾以美國各地區的音樂為主角，混音製作了好幾卷卡帶，此行我們打算一一經過那些地方。我開車，麥特魂不守舍，而孟斐斯鄉村搖滾的樂音已讓給密西西比的鄉村藍調。然後，不知不覺中，長髮教授（Professor Longhair）的鋼琴聲帶領我們來到路易斯安那和「快活之都」[34]。我們在紐奧良度過一天一夜，聽人行道旁的樂手演奏，在波旁街的酒吧流連。

　　隔天一早醒來，向西前行。

---

31 Dean Moriaty，《在路上》書中主人翁薩爾巧遇的浪子，原型為與作者橫越美國的好友尼爾．卡薩迪（Neal Cassady）。

32 查克．貝里〈田納西孟斐斯〉（Memphis, Tennessee）的歌詞：「Long-distance information, give me Memphis, Tennessee.」

33 Beale Street，最早的藍調音樂在此發跡。一九七七年正式獲得「藍調故鄉」之美稱，並獲選為重要歷史據點。

34 The Big Easy，紐奧良的別稱。

美國國土在此豁然開朗，而事情變得有點詭異。我開始對麥特發洩情緒，罵他毫無用處，然後一把搶過泰迪熊，放到行李箱。這會兒換麥特握起方向盤開車了，這才是他的歸處。我覺得心神不寧，令人難堪。這麼多年來，音樂和旅行已經成為我忠實的夥伴和萬無一失的藥物，一如薛西弗斯[35]可以指望石頭，**我**總是可以把自己交給馬路、音樂和那些使我痛苦的里程數。

當我們橫渡密西西比河，進入德克薩斯的天開地闊，一切開始感覺有點狂放不羈。我們的地圖是由我們一路造訪的許多城鎮拼湊而成。麥特，我通常默不作聲的夥伴（「不必一直講話」的朋友的典範），正滔滔不絕地宣洩相思病的憂鬱。他病了，可能是病毒引起，所以我揚言要分道揚鑣，回去澤西。他停止了。我們一同在沉默中前行。然後，夜晚降臨，我們來到一個城鎮。

最後的城鎮

黃昏的藍光中有一條河，河畔有個市集，市集裡有音樂和一座小舞台。柔和的夜色中，一支當地樂團擠在台上為他們的鄰里演奏。我看到男男女女慵懶地擁舞，我掃視人群，搜尋漂亮的當地女孩。我來路不明。然後，我迷惘了。無來由地，一陣絕望籠罩心頭，我忽然好嫉妒這些男男女女和他們的夏末儀式，將他們和這個城鎮緊緊相繫的小樂事。今天，就我所知，這些人可能其實很厭惡這個垃圾場，彼此恨之入骨，厭倦只能像兔子一樣操自己的丈夫和妻子。怎麼會不厭倦呢？但那時我一心只想融入其中，成為他們的一份子。然而我知道我不能，我只能在一旁看。所以我這麼做了：在一旁看，還有錄音。我沒有參與，如果參與，我嚴厲的措辭會吸走我可能擁有的任何美好事物、任何真實事物的活力源泉和可能性。就在這裡，在這個河邊小

---

35 Sisyphus，希臘神話人物。因故遭眾神處罰，要他將一塊巨石推上山頂，但巨石一到山頂又滾下，如此周而復始、無窮無盡。

鎮，我的人生——始終旁觀，小心安全地閃避情緒摩擦，不願承擔生活與愛的後果，以混亂為常態的人生——向我揭露了它的代價。三十二歲，在美國中心地帶的這個夜晚，搖滾曾萬無一失地麻痺靈魂和心靈的藥效，已經無法治癒我了。

　　我們離開城鎮，單調的夜間公路在眼前升起，全是車頭燈和白色的線，白線，白線。我剛剛才完美地縱身一跳，跳入深淵。我的胃像洗衣機在攪動，而我愈來愈失落，愈來愈沮喪。最後，一小時過去，肚子仍在翻騰，我請麥特掉頭，回去剛剛那個城鎮。「拜託你。」麥特，願神祝福他，沒有追問。車輪滑過路邊碎石，一個完美的 K 字型回轉，我們回頭了。西部天空的黑和壓迫感充塞四周，然後我看到光。我需要這個城鎮。就是現在。這是神的蒼穹下，美國最重要的城鎮，我畢生最重要的城鎮。為什麼？我不曉得，我只覺得必須先在某個地方生根，才能飄進以太。我們來到鎮郊，時間已過凌晨，一片漆黑，舉目無人。車子慢下來，停在一條小路旁。我想哭，但淚水沒有湧現。更糟的是，我想去行李箱拿那隻該死的泰迪熊。麥特一語不發，靜靜凝視擋風玻璃外的漫天塵埃，彷彿是從另一度空間冒出來的小街區。我感到深得超乎想像的焦慮。為什麼是這裡？為什麼是今天晚上？三十四年後，我仍不知道。

　　我只知道，隨著年齡增長，我們肩上沒整理的包袱會愈來愈重，愈來愈沉。每過一年，我們拒絕整理的代價愈堆愈高，愈積愈高。或許我太多次恣意妄為、太常仰賴我可靠的魔法、漂流得太遠了一點，看不到能把我凝聚起來的煙霧和鏡子。又或者，我只是長大了，成熟了，看得透徹了。無論理由為何，我發現自己又一次**不知在哪裡**流浪，只是這一次，讓我上油奔跑的興奮和妄想戛然而止。

　　福特車頂外，綿延著一百萬里未知的太空。在這條我頓悟的街道，路緣和草坪之外連亙著一座沙漠，數盞街燈在上頭營造出數池的光。我一池一池

看。一隻黃棕色、看來飢腸轆轆的狗正慢慢穿過那些永恆的小光圈，然後，隨著米黃色的皮毛逐漸轉灰，悄悄隱入墨黑之中。麥特跟我坐著，我的冷汗慢慢乾了，絕望平息了。低頭望向儀表板下的缺口，看著如流沙般吞沒我的靴子的黑色橡膠墊，我含糊地說：「我們走吧。」

彷彿兩個孤獨的太空人環繞被太陽燒焦並遺棄的地球，我們點燃引擎，離開軌道。家毀了，現在我們必須去太空碰碰運氣。剩下的旅程平平淡淡，馬路，自由的天空，一個接一個的城鎮。麥特開著 XL，一夫當關，時速九十，穿過一場洗滌式的暴雨，雨水掠過擋風玻璃，水氣在我臉上變得朦朧——這些都治不了我的憂鬱、帶不走傍晚那場市集的幽靈。很久以前，我打造來抗衡童年壓力、拯救我擁有的一切的防禦工事，已經過了使用年限，而我開始濫用它們曾可救命的力量。我仰賴這些力量錯誤地孤立自己、讓自己疏離、斷絕與人生的聯繫、控制他人、將情緒保持在有害的程度。現在，討債的人來敲門，而他要我付的，是眼淚。

夜晚和公路把我們吸了進去，雨停了，我搖下車窗，望著淺灰色的星星，插進我的 Texas 卡帶，讓鮑比・富勒（Bobby Fuller）的〈我挑戰法律〉（I Fought the Law）小聲地在車裡呢喃。

加利福尼亞

　　麥特和我駛過幾乎無法穿越的霧霾、擁塞的交通，開上一條離開洛杉磯高速公路的閘道，往東行。在月桂谷，我們蜿蜒穿過好萊塢山，到達我的小別墅。離開澤西十天後，我們踏出滿是塵土的 XL，站在蝴蝶和九重葛之間，我生平擁有的第一間房子的木門前。那還不如赫斯特城堡 [36]。我低調的新住所，前陳查理探長（Charles Chan）西德尼・托勒（Sidney Toler）[37] 的家，引來道格・史普林斯汀的「長子」連珠炮式的自我憎恨：我想要出去，**現在**就出去。一進門，我就想離開。但離開要去哪裡？哪裡都好，只要遠離這個可愛的小屋，因為它看似在向我要求某件令我深感不安而無法交出的東西。它要我**留下來**，而我不會留下來，不會為這間小屋或任何人留下。那是適合別人的房子。我必須**走**。唯一能阻止我的是，我知道如果我上車展開漫長的旅程回去東岸，等我的腳趾沾到大西洋，我又會受到驅使掉頭回來這裡，陷入無盡的瘋狂循環。無處可去，我被關進自己的迷你西岸死刑房裡。我跳上剛買的沙發（在當地一家購物中心恣意揮霍兩小時，買了這張沙發和屋裡每一件簡單家具），精疲力竭，情緒的花招源泉也乾涸了。沒有巡迴，也沒有音樂「拯救」我。長久以來，我一直朝一道牆緩慢移動，現在它就矗立眼前。

　　麥特對這一切毫不知情。我的馬路中尉住在隔壁房間，噹啷噹啷地舉著

---

36 Hearst Castle，報業大亨威廉・藍道夫・赫斯特（William Randolph Hearst）在加州聖西米恩一座濱海山丘上建立的豪宅。

37 陳查理探長是作家厄爾・德爾・比格斯（Earl Derr Biggers）六部小說中的角色，在二〇至三〇年代陸續出版，並改編為系列電影，多部由西德尼・托勒主演。

家裡的啞鈴，等待不會到來的秩序。我回到可以俯瞰霧中洛杉磯盆地的臥室，凝視窗外，然後打電話給蘭多先生。

先前，針對這部分，我已經跟強進行過幾次冗長的半分析式談話。他懂。這很黑暗，而且變本加厲。我的情緒之井不再被安全地輸送到表面。出事了，而我的憂鬱像油輪漏油般不斷噴向美麗的藍綠色海灣——我精心計畫並掌控的存在。它黑色的爛泥眼看就要掩蓋我苟延殘喘的每個部分。強建議：「你需要專業的協助。」應我之請，他打了一通電話，我拿到一個號碼。兩天後，我開車西行十五分鐘，到達洛杉磯市郊一棟住宅兼辦公室。我走進去，望進一位親切、白髮、蓄髭、素昧平生的陌生人的眼底，坐下來，淚如雨下。

現在，我們開始吧！

我開始說話，這有幫助，立竿見影。接下來一兩個星期，我恢復一些平靜，覺得自己正在穩定下來。我一個人跳舞，一個人開車（沒靠毒品或酒精），來到我那面黑色汪洋的邊緣，沒有跳下去。靠著主的恩典和朋友的光輝，我不會在那裡生活，也不會在那裡死去，但願如此。

於是，這場為期三十年，我一生最大的冒險開始了。我仔細搜查腦袋裡瘋癲的地帶，尋找人生的跡象。人生——不是一首歌，不是一場表演，不是一個故事，而是一段人生。我非常努力，全心投入，開始學到東西。我勘測先前未知的內心世界，而那個世界，當它展現它的重量和質量、掩藏行跡的能力，以及對我行為的影響時，我大吃一驚。那裡有無盡的哀愁：對於已發生的事、我做過的事，和對自己的所作所為。但也有好消息：我曾多麼強韌，將那麼多哀愁轉化為音樂、愛和笑靨，雖然也常把自己和我愛的人——慣常的受害者——搞得半死。但我已了解，近來讓我如此沮喪的事，在我小時候就已集結成我的防衛、掩飾我的真心、在需要時讓我避難。對此，我滿懷感謝，但現在，那些任性的祝福正硬生生擋在我和我需要的家與人生之

間。問題在於，我能承受那些事物嗎？我需要找出答案。

三場夢

　　我站在舊農舍後面的山坡上，就是那棟我在七〇年代晚期住過、寫《城市邊緣的暗處》的農舍。如果你今天站在那裡，微紅的土壤已經停止種植飼料玉米和大豆，而是雨後春筍般地冒出豪宅。但在我的夢中，我眺望藍天、綠樹和農田緩坡，一直到遠方的黑色樹林。一個大概六、七歲的孩子，站在樹林邊緣。那是我。他一動也不動，等候，只為露面。畫面靜止一會兒，然後男孩抬起頭，看到遠方三十二歲的自己，看著他，然後笑了。熟悉的笑容，我在家庭相簿裡許多褪色的拍立得黑白照片中見過。

　　夢中的我還年輕，沒有背負家族的原罪。我不是我爸、我媽、我祖母祖父的兒孫。我只是我，就是我。這是一場悲傷的夢。我常將擔子重重壓在這個小男孩身上。我已接掌父親最殘酷的工作，而且做得太好。要做好那項工作，你必須把你的孩子、你摯愛的珍寶，誤解、扭曲成房子裡的競爭對手。然後，當他的雙眼往上看，掠過駐防的腰帶、橄欖色工作服的鈕釦，往上，直到碰上那雙映著「我是誰？」答案的眼睛，答案昭然若揭，嚴酷至極。他只能將這重擔靜靜地收拾、扛起，直到不堪負荷。

　　在農舍後面的陡坡，我看到年幼的自己向我輕輕揮手，微微一笑，意謂：「沒關係的……」然後他靜靜轉身，無懼地走回樹林。我醒了。這場夢會在多年後再次出現，但這一次，踏出樹林的男孩變成十八、九歲或二十歲，揮手和微笑如出一轍。「我沒事的……」又過了幾年，夢再次回來，但這一次，迎接我的是四十歲成年的自己，從遠方凝視我的眼底。我年輕時的形象紛紛在夢裡走向我，通過我的嚴峻考驗，回來說：「我們沒事。我們活過來了，現在換你了。」要活下去。

　　我們都是那座原始樹林的榮譽公民，我們的負擔和軟弱永遠存在。它們是我們根深柢固、無法改變的一部分，是我們的人性。但只要我們帶來光

亮，日子就是我們的，負擔和軟弱決定未來的力量就會減弱。這就是事情運作的方式。祕訣是，你只能從樹蓬底下照亮森林，從裡頭。要帶來光亮，你必須先穿過遍地刺藤的黑暗。祝旅途順利。

醫師，近來好嗎？

遵循這種方式，我慢慢學會最終能讓我度過人生困境的技巧。淚水、錯誤、心碎依然不絕，而我至今仍在掙扎。這就是我為逝去的時光付出的代價。逝去的時光。只要福星高照，你能揮金如土、傾家蕩產又賺回來；專心致志，你可以敗壞名聲又恢復名譽。但時光，時光一去永不回。

我在加州過冬，然後回去紐澤西。我被轉介給紐約的韋恩・邁爾斯醫師（Wayne Myers），他慈祥、說話溫和、笑容可掬。接下來二十五年，經由許多次見面和許多通長途電話，邁爾斯醫師和我一起對抗無敵惡魔，直到他在二〇〇八年過世。當我進城，我們面對面坐著，我凝望他理解的眼神，耐心、費心地組織出一波連勝，和幾次惱人的失敗。我們順利讓我一直在踩踏的車輪慢下來，雖然從未完全停止。在邁爾斯醫師的診間，我穩穩展開一場新的漫長探索。他的知識和慈悲心腸，引領我獲取愛與被愛所需的力量和自由。

所有心理戰爭都一樣，戰事永遠不會結束。永遠只有今天、此刻，只有遲疑地相信自己有改變的能力。不確定的事物**無法**在此找到答案，也沒有永遠的勝利。這場戰爭瞬息萬變，充滿我們本身性格的不安和混亂，總是進一步、退兩步。我和邁爾斯醫師努力的成果，以及我欠他的恩情，構成了這本書的精髓。

《生在美國》

幾本書、四散的吉他彈片、一支口琴架跟午餐的麵包屑爭奪空間，使我的筆記本沒地方放。我轉移重心，將穿著襪子的兩隻腳擱在橡木桌底的獅爪雕刻上。我已經在這張桌子寫作二十五年了。一盞老舊的燈將微弱的光灑在桌面最後一件物品上：一份電影腳本。那是編劇兼導演保羅‧許瑞德（Paul Schrader）給我的。保羅寫過《計程車司機》（Taxi Driver）、編導過《藍領階級》（Blue Collar），都是七〇年代我相當喜愛的電影。我拿出雲開日出圖案的Gibson吉他彈了幾個和弦、翻了幾頁筆記本，然後停下來，喃喃唱出一段我正在寫的，關於歸國越戰退伍軍人的旋律。我看著尚未閱讀的腳本封面，唱出它的標題，我「生在美國」。

我直接從保羅‧許瑞德電影腳本的封面偷來「生在美國」這個歌名。那份腳本講的是俄亥俄州克里夫蘭一支當地酒吧樂團的試煉與磨難。後來電影改以《白晝的光》（Light of Day）之名上映，主題曲是我的同名歌曲——我出於禮貌給保羅的補償，因為那次偶然的偷竊大大推升了我的事業。

在金曲工廠錄音室裡，我喊「一、二、三、四」。我有歌詞、很棒的歌名、兩個和弦、一段重複樂句，但沒有真正的編曲。這是我們第二次試錄。Marshall牌音箱的聲音如奔流湧入我的耳機。我開唱，樂團緊盯著我、忙碌地編曲，而鼓手馬克斯‧溫伯格展現了最棒的錄音演出。四分三十九秒後，〈生在美國〉錄好了。我們放下樂器，走進控制室，聆聽「瓶中閃電」[38]。

越戰結束逾十年後，受到鮑比‧穆勒和朗‧柯維克的啟發，我寫下並錄製了我的軍人故事。那是一首抗議歌曲，當我透過金曲工廠錄音室巨大的擴

音器聆聽它的雷鳴，我知道那是我做過最棒的歌曲之一。一首 GI 藍調[39]式的歌曲，主歌在記述，副歌在宣告一件無法否認的必然之事：出生地。出生地，以及享有隨之而來的血緣、困惑、祝福和恩典的權利。只要付出身體與靈魂，就可以賺到超出許多倍的，主張並塑造自己那塊地盤的權利。

〈生在美國〉仍是我最好也遭受最深誤解的音樂作品。「消沉」的藍調主歌和「高亢」的宣言式副歌、要求發表「批判性」愛國言論的權利、又要我們以出生地為榮，這些對一些無憂無慮、較不敏銳的聽眾來說，似乎太矛盾了（或者只是困擾！）。（朋友，流行音樂的政治球常常以這種方式反彈。）唱片往往是聽覺的羅夏克墨跡測驗[40]，我們會聽到自己想聽的。

這張我歷來銷售量最高的專輯發行後，一連好幾年的萬聖節，都有綁紅頭巾的孩子帶著他們不給糖就搗蛋的袋子來敲我的門，高唱：「我生在美國。」我猜同樣的命運也在營火晚會等待伍迪・蓋瑟瑞的〈這是你的土地〉，但這沒有讓我感覺比較好過。（當我和彼特・席格〔Pete Seeger〕在歐巴馬總統的就職典禮獻唱〈這是你的土地〉時，彼特要求讓我們唱完伍迪全部具爭議性的主歌。他想要爭回這首歌激進的文本。）一九八四年，選舉年，共和黨汲汲於要一頭屁股剌了星條旗圖案的母牛為他們造勢，好讓雷根總統騎上去，因而在紐澤西州發表競選演說時無所顧忌地對「這些歌曲裡充滿希望的訊息……紐澤西出身的史普林斯汀」表達謝意，然後，接下來的事情你都知道了[41]。

---

38 Lightning in a bottle，此語來自富蘭克林的風箏實驗，他利用風箏將閃電的電力收集到瓶子裡，比喻幾乎不可能的事。

39 指貓王的〈G. I. Blues〉一曲。

40 Rorschach test，瑞士精神病學家赫曼・羅夏克（Hermann Rorschach）等人發展的測試。透過觀察病人對一組十張帶有標準墨漬的卡片有何反應，判斷其性格特性，主要用於判別精神錯亂。

41 一九八四年大選時，共和黨員錯認〈生在美國〉這首歌的詞意，問作者能否借給他們當競選歌曲，作者斷然拒絕，但雷根總統仍在紐澤西競選演說時提到他。作者聽聞後，大肆抨擊並質疑雷根是否曾真正聆聽過他的作品。作者也是美國音樂史上第一位拒絕政治人物使用自己作品的歌手。

相反地，〈生在美國〉的完成版，我第一個播放給當時美國越戰退伍軍人協會的鮑比・穆勒聽。他進錄音室，坐在操作台前，我調大音量，他聽了一會兒，臉上浮現燦爛的笑。

詞曲創作人寫歌是為了被理解。演出的方式政治嗎？歌曲採取的聲音和形式符合要旨嗎？《內布拉斯加》之後，我兩方面都嘗試。我學到困難的一課：世人如何感受流行樂與其形象。但我不會改變做唱片的方法。這些年來，我有機會重新詮釋〈生在美國〉，特別是不可能被誤解的非電子樂版本，而那些詮釋總是和原版呈現鮮明對比，且能從先前聽眾聽專輯版的經驗汲取新的力量。在專輯裡，〈生在美國〉已經是最強而有力的展現了。如果我試著減弱或改變音樂，我相信我錄得出一張比較容易被了解的唱片，但那就沒有那麼令人滿意。

一如我前幾張唱片，《生在美國》需要時間。它是《內布拉斯加》的續集，《內布拉斯加》收錄了我最強勁的幾首歌，而在續集裡，我想要表現同樣的主題，賦予更強的電流。這個概念的架構，以及《內布拉斯加》的許多言外之意，都可以在〈公路工作〉（Working on the Highway）和〈下行列車〉（Downbound Train）的表面下發現。這些歌都是由那台日本 Tascam 牌試唱帶錄音機，以非電子樂的形式開啟生命。

《生在美國》大部分的歌曲是整支樂團現場錄音，三個星期內完成。然後我喘口氣，繼續錄《內布拉斯加》專輯，而後好一陣子沒有回到搖滾唱片。〈生在美國〉、〈公路工作〉、〈下行列車〉、〈達靈頓郡〉（Darlington County）、〈光輝歲月〉（Glory Days）、〈我心亢奮〉（I'm on Fire）和〈掩護我〉（Cover Me）基本上都是在這張唱片的初期階段完成。然後我腦袋一片空白。我對於已完成素材的流行感感到不自在，想要更深刻、更沉重、更嚴肅的東西。我等、我寫、我錄、我又等。幾個月過去，我仍在創作瓶頸，躲在納夫辛克河畔我買的一棟小農舍裡，而歌曲就像從一座暫時枯竭的井中抽取的最後幾滴水，慢慢滴，慢慢滴。就這樣，〈巴比・珍〉（Bobby Jean）、〈不投降〉（No Surrender）

和〈黑暗中跳舞〉（Dancing in the Dark）加入這張專輯的早期作品。終於，天降甘霖。當時我錄了很多首歌（《軌跡》的第三碟），但走了一圈還是回到原先那幾首。在那些歌中，我發現不容爭辯的自然與活力。它們不完全是我要的，卻是我擁有的。

等待是值得的。這最後幾首歌是我唱片最後圖像的重要部分。〈巴比‧珍〉和〈不投降〉獻給搖滾的凝聚力和我跟史提夫的友誼。〈我的家鄉〉（My Hometown）和〈生在美國〉相呼應，記錄了六〇年代末期紐澤西小鎮種族關係的緊張以及後十年的後工業化。接下來，非常晚才加入派對的是〈黑暗中跳舞〉，這是我最精心編織、最真誠的流行歌曲之一，一天下午強‧蘭多順路造訪我在紐約下榻的飯店房間時被激發出來的。他告訴我他聽了整張專輯，覺得我們缺少一首單曲──能火上加油的那種單曲。這意味我還要繼續工作，而就這一次，繼續工作是我最不感興趣的事。我們起了爭執，溫和的爭執。我建議，如果他覺得我們還需要其他東西，他來寫啊！

那天晚上我就寫出〈黑暗中跳舞〉，寫自己的疏離、疲憊，想要脫離錄音室、我的房間、我的唱片、我的腦袋的渴望，想要**享受人生**的渴望。這張唱片，這首歌，將我帶入流行音樂的主流。對於暢銷唱片與吸引廣大聽眾的**機會**，我總是懷有兩種心理。理應如此。這有風險。那些觀眾值得你承受曝光、聚光燈前的不適，並交出大量人生掌控權的代價嗎？你要傳達的核心訊息、你的目的是否有被稀釋的危險？你最良善的意圖會不會被簡化成空泛的象徵，或是比象徵還不如？〈生在美國〉讓我經歷了上述種種，但觀眾也會讓你明白你的音樂有多強大、多恆久，以及對歌迷的人生和文化產生多大的衝擊。所以你會先溫和地採取這些步驟，直到遇上鴻溝，然後你縱身一跳，因為已經沒有穩定前進的路徑能通往**登峰造極**、**最高水準**的境界。每名旅客都會來到這個吞噬一切的深淵，必須在此衡量下一步，質疑自己的動機。所以，跟著心走。但請注意，除了徹底發揮天分的興奮和滿足，你或許也會清楚見到你音樂的界限在哪裡，以及你自己的界限在哪裡。

　　《生在美國》專輯的歌曲率直、歡樂，且偷偷夾帶了《內布拉斯加》的暗流。鮑勃‧克里爾蒙頓極具爆發力的混音大大提升錄音品質，我準備好拍特寫鏡頭了。登上舞台，這些音樂勢如破竹席捲聽眾。我們有一首又一首的排行金曲，而在一九八五年，我躋身瑪丹娜（Madonna）、王子（Prince）、麥可‧傑克森和迪斯可明星之列，成為廣播界名副其實的主流「超級巨星」。

　　有時唱片會想要有自己的性格，你不妨順其自然。《生在美國》就是如此。最後我不再猶豫不決、不再一直洗牌，只汲取我所擁有最好的，圓滿完成生涯最重要的一張專輯。《生在美國》改變我的人生、帶給我最多聽眾、迫使我更費心思考表現音樂的方式，也讓我短暫立於流行世界的中央。

47

兄弟，祝你好運

　　我生平最暢銷的唱片錄到一半，史提夫・范・贊特退團了。我一直覺得是個人的挫折感、內部關係，和對我一些決定的不滿等種種因素加起來導致史提夫離開。還有我和強・蘭多走得太近，讓其他朋友覺得他們和我以及作品的走向漸行漸遠。雖然我永遠無法得知要是沒有東街樂團，我會在哪裡，但這終究是我的舞台。三十二歲了，史提夫需要把握早該屬於他的奪冠機會，站在他的團體前頭，彈奏並演唱自己的歌。史提夫是我所認識最棒的詞曲創作者、吉他手和樂團領袖之一，而他一定覺得再不把握，就會錯失良機。現在回頭看，我想史提夫會同意，當年不見得要這樣處理。我們有辦法解決。但當年的我們畢竟和今天不同，我仍非常保護自己獨斷獨行的權利與事業生涯的所有權。我會傾聽，但不會考慮真正的「合夥」，而當時的史提夫是寧為玉碎不為瓦全的那種人。我的朋友往往不是祝福就是咒罵——多半是咒罵。離開的那晚，他到我在紐約住的飯店找我。我們無比艱難地討論了我們的友誼、他在樂團的定位、過往的不滿和我們能攜手開創的未來。有些事情無法達成共識。我們還太年輕，不明白時間可以撫平粗糙的稜角。我們沒有拉大視野去欣賞我們長久友誼的美和完整價值，只有澎湃的熱情、被轉移的情緒與誤解。

　　那晚史提夫要求在我們的創作關係中扮演更完整的角色，但我已經刻意劃定每個人在團體中的分際。東街樂團如此才華洋溢，每個成員一次只能發揮一小部分的能力，難免感到挫折，強也不例外。但這就是我形塑工作、駕馭韁繩、嚴密控制行船方向的方式。我為人隨和，卻有嚴格的界限——這是

我的創造本能和心理素質的優缺點使然。史提夫心高氣傲（彼此彼此！），覺得大材小用，加上我們長久的友誼加深了他的挫折感。他全心全意奉獻給我和我們樂團，或許也因為自己想當主唱的企圖心和欲望而感到些許內疚與迷惘。

　　年輕時在青少年俱樂部，我們既是朋友也是友好的競爭對手。如此甚好。但當我們開始合作，這或許是我倆都無法徹底釋懷或坦然以對的事。史提夫完全投入陪襯我的角色，長久以來都是定位不明的主唱。南方強尼剛簽唱片約時（那時史提夫尚未加入東街樂團），一天晚上在墨水瓶俱樂部，我問史提夫，他寫給南方強尼的歌，為什麼不自己表演、自己錄音。（別擔心，南方兄，你表演得很棒。）年輕時，我看過史提夫熟練地擔任他自己樂團的主唱。那天晚上，他說那不是完整的「他」，而史提夫的個性（也是我的好運）有一大美好的部分是，他願意扮演首要但輔助性的角色：做我的音樂中尉。

　　但現在，東街樂團站在我身邊這麼多年，史提夫想要移往中央麥克風的渴望就更趨複雜。觀眾很難接受你擔綱新的角色，擺脫你來自一個成功團體的既定印象聽你唱歌。我了解史提夫的立場，他想要在我們的作品中發揮更大的影響力。但我溫和地讓他和強相互制衡是有用意的。這是他們**都**在這裡的原因。我想要兩個互補而衝突的觀點，想要那種緊張感。那在錄音室裡形成一些預期的專業摩擦，或許也在錄音室外引發一些計畫外的**個人摩擦**，但那是我需要的。我們都是大男孩，專心致志的大男孩，而我以為每個人都能應付自如。他們可以。這點，加上我刻意讓樂團徘徊在灰色地帶，形成一個我很滿意、但或許令一些團員困惑不安的煉獄。對於我們是誰、我們是什麼，每一個團員和每一個歌迷也許都有自己的定義（對大部分人來說，我們或許只是布魯斯·史普林斯汀⋯⋯**和東街樂團**），但到頭來，我必須做**正式**決定。從我一個人（非常清楚自己在幹什麼）走進約翰·漢蒙辦公室的那天起，設定就是如此。

這些問題，以及這些問題引發的情緒混亂，讓史提夫和我愈來愈疏遠，也促使他在八、九〇年代之間缺席。我愛史提夫，深愛他。那晚分手時，他在門口躊躇了一會兒。深怕失去我的朋友兼左右手，我說，儘管我們各奔前程，我仍是他最好的朋友，我們仍是彼此最好的朋友，希望我們不要放手。我們沒有。

登峰造極

《生在美國》核爆了。我知道我是擁有雄厚實力的摘冠者，但沒有預期會獲得這麼大的迴響。是時機對了？音樂對了？還是我身上的肌肉對了？我不知道，東西爆發成那樣，總是有點神祕。三十四歲的我，決定挺過去，享受它。我強壯了，知道怎麼抵擋聚光燈，但接下來幾年，我將受到嚴厲的考驗。

尼爾斯‧洛夫葛倫上船，完美地頂替了困難的任務。我們的道路在一九七〇年菲爾莫西劇院試演首度交會，一九七五年在「底線」重逢：尼爾斯預定在我們公演之後演出。八〇年代初一個午後，我們在「日落侯爵」巧遇。那天下午我們都沒事，於是開車沿著加州海岸線往北走，停在 1 號公路路邊。那裡有一座沙丘能眺望波光粼粼的太平洋，我們爬到頂端，坐下來聊天。他剛和唱片公司經歷一連串的厄運，單飛作品面臨困難，而他認為自己不會介意哪天去一支很棒的樂團兼差。（印象中他提到壞公司樂團〔Bad Company〕。）當時離我們樂團開缺還很久，但我永遠記得那天下午的對話。我們開始錄《生來奔跑》的時候，尼爾斯已經準備一闖星途，而我和強在錄音時也參考了尼爾斯的首張個人專輯。我們努力向它的鮮明、乾淨和美妙的鼓聲看齊，它成為《生來奔跑》藍圖的一部分。尼爾斯早期的演藝生涯時運不濟，使他從未獲得他的天分理應獲得的廣大歌迷。他好學不倦，是世界頂級搖滾吉他手，嗓音宛如叛逆的唱詩班男童，而他出色的舞台演出消除了一些史提夫缺席的痛苦，也是助東街樂團在一九八五年改頭換面的完美生力軍。

泡酒吧的女孩

　　一個擁擠的晚上，我站在「石頭小馬」舞台前，這時一個年輕的紅髮女孩走入駐場樂團，拿起麥克風，用她的菸嗓粗暴地唱完刺激者合唱團的〈告訴他〉。她的聲音洋溢藍調、爵士、鄉村和六〇年代頂尖女子團體的特色。派蒂‧史凱法擁有一切。我們邂逅、調情、喝酒、成為吧友。我會順道去「小馬」玩，跟她喝喝雞尾酒、跳跳舞，然後她會進副駕駛座坐在我的大腿上，讓麥特載我們去「墨水瓶」吃營業時間後的起司牛肉堡、聊聊天。凌晨三點左右，麥特和我會把她放在她母親的住處外，相視而笑，吻一下臉頰，一聲「俱樂部見」，這一晚正式落幕。

　　史提夫離開後，我決定要提高我們的和聲標準。我聽了一些當地人的歌聲，然後邀請派蒂來我家「試唱」（同場還有李奇‧「拉邦巴」‧羅森堡〔Ritchie "La Bamba" Rosenberg〕，噢，必須做個抉擇）。之後，我們在賓州利蒂茨克萊爾兄弟公司（Clair Brothers）的練團場準備巡迴的期間，也舉辦了一場試唱。樂團躲在當地一間汽車旅館裡，下午練團，晚上出遊。我開著一九六三年的活動敞篷車 Impala 到處跑，它名叫「奉獻」，是蓋瑞‧龐茲送我的禮物，感謝我和史提夫創作並協助製作他東山再起的金曲〈這女孩〉[42]。回家前那晚，我們吃完晚餐，我讓整支樂團坐在車裡，放下敞篷，由蓋瑞‧塔倫特開車。當我們開到一座山頂，坐後排的派蒂和我頭靠著椅背，在夜空下喝酒，聽到旁邊的男人異口同聲「哇！」了起來：一顆流星的藍色尾跡將賓州的天空剖成兩半。好兆頭。

　　展開巡迴前三天，派蒂‧史凱法加入東街樂團。身為樂團第一位女性，她引發部隊裡的瘋狂騷動、掀掉男孩俱樂部的屋頂，而大家必須調適，某些人尤甚。別誤會，搖滾樂團是個緊密、嚴格的小社會，有非常明確且心照不

---

42 龐茲這張於一九八一年發行的專輯就叫《奉獻》（Dedication）。其中數首歌曲，包含主打歌〈這女孩〉（This Little Girl）由作者填詞譜曲。整張專輯則由龐茲、作者和史提夫‧范‧贊特製作。

宣的規則。它是**制定**來抵擋外面的世界，特別是**成人**生活。東街樂團帶有輕微厭惡女性的情結（包括我在內），這是我們這一代的搖滾團體非常普遍的特性。一九八四年，我們比我們早期的化身溫和多了，但刮去表面，你仍會發現這種不良風俗，它的樂趣、偏見和懲罰。派蒂極其優雅地應付這些狀況。她既未排擠也未屈從於我這群長久奉獻的團員。

　　既然補了派蒂進團，我想要做到兩件事。首先，我要提升音樂品質，我想要可靠、優美的和聲。再來，我希望我的樂團反映聽眾正在進化的事實：聽眾愈來愈成熟，開始過著男人**和**女人的生活。這條路不好走，畢竟搖滾樂有相當大的成分是逃避現實的娛樂，它是夢想、幻想、妄想、角色扮演和藝人與觀眾的移情之屋。在我這行，你必須聽命於觀眾的想像，那是非常私人的地方。一旦你在那裡留下指印，阻撓觀眾想像，後果可能不堪設想（幻想破滅，或者更糟的，唱片和門票滯銷！）。但在一九八四年，我想要這個男人**和**女人的世界出現在我的舞台上，且希望我的觀眾也想要。

首演之夜

　　一九八四年六月二十九日，明尼蘇達州聖保羅市政中心。我們花了整個下午拍攝〈黑暗中跳舞〉，我們第一支正式的音樂錄影帶。之前我們曾為《大西洋城》（*Atlantic City*），一部絕美的黑白短片發行過一支影片，由阿諾‧李文（Arnold Levine）執導，但我和樂團都沒有在影片中出現。對於拍攝樂團這件事，我向來有點迷信。我認為不該太靠近觀察魔術師的戲法，這可能會讓他失去變魔術的空間。但 MTV 時代來臨，強勢、務實，要求你進貢。於是突然間我們進入短片產業，需要新的技能。錄影過程迅速，一個下午，一天，然後帶子就交到導演和剪輯手上，一去不回。這是比製作唱片更仰賴合作的媒介，且短時間內就會燒掉**很多**錢。藝人只能間接掌控成品。要把這件事做好，你需要一支有導演、剪輯、藝術總監、髮型服裝設計師的團隊，他們了解你的特性，能幫助你將那轉移到螢幕上。我花了十五年才組成一支

可能幫我做這些事的唱片製作團隊，現在，我必須在十五分鐘內集結一支完整的影片拍攝團隊。然而，時機和企圖心需要它。這一系列歌曲在鮑勃·克里爾蒙頓的混音和安妮·萊柏維茲（Annie Leibovitz）的影像與封面照片的幫助下，進一步觸及我以前從未觸及的廣大樂迷。

你絕對無法完全掌控事業生涯的曲線。世事、歷史和文化事件會創造機會，天外飛來一首特別的歌，一扇衝擊、交流、成功、拓展音樂視野的窗戶就此打開。但它也許很快就會關上，永不再開。你無法完全決定**何時**是你的時機，你只能堅定、老實地工作，一直──有意無意──找尋自己的定位，但絕對無法真的**確知**你的「轟動」時刻會不會到來。然後，對少數人而言，**它來了**。

我讓樂團以〈生在美國〉開場的那晚，我們踢開了一扇這樣的窗，一扇大窗。一陣瀰漫著可能性、危險、成功、屈辱和失敗的微風徐徐送了進來，吹得頭髮窸窣作響。你看著敞開的窗戶，心想：該靠近一點嗎？該望向窗外嗎？該起身估量被揭露的世界嗎？該爬出窗戶、跳下去、落足未知的領域嗎？該向前邁步嗎？這些都是出色音樂人要做的重大抉擇，我也認識許多拒絕這麼做，決定緩一緩，改走其他路線，同樣做出影響深遠的音樂而闖出一片天的人。康莊大道不是唯一的道路，就是一條**大路**罷了。

我來到這裡，康莊大道上，站在我面前的是強的朋友布萊恩·狄帕瑪（Brian De Palma）。這位執導過《鐵面無私》（*Untouchable*）、《疤面煞星》（*Scarface*）和其他許多偉大電影的名導演，要來這裡幫〈黑暗中跳舞〉一把。我們一兩週前曾和另一名導演合作但失敗，所以布萊恩來此是要確定這首將成為我最紅單曲的歌，獲得公平公正的待遇。他介紹一個帶有精靈氣質、一雙藍眼睛燦爛奪目、身穿剛做好的《生在美國》T恤的年輕女孩給我認識，讓她站在舞台前，對我說：「唱完歌，把她拉上舞台，跟她一起跳舞。」他是導演。於是雙十年華的寇特妮·考克斯（Courtney Cox）接獲指示，而我斯文地扭腰、如父親般曳步，扶搖直上《告示牌》排行榜第二名。我一直以為

她是歌迷，後來布萊恩才告訴我，他是從紐約一場選秀挑中那個女孩！（新星誕生，一次兩顆！）

　　王子的〈當鴿子哭泣〉（When Doves Cry）阻撓我們奪下排行榜冠軍。我們未來還會拍攝許多支音樂錄音帶——我甚至樂在其中，但沒有一支像我在〈黑暗中跳舞〉中做澤西版的詹姆斯‧布朗這樣，讓我的孩子捧腹大笑，笑到在地上打滾。（「爸，你看起來好蠢！」）

　　蠢也好，不蠢也罷，我們再度登峰造極。音樂錄影帶完成，現在是進行拿手絕活的時候了。三小時噴火的搖滾樂。派蒂第一次以東街團員身分亮相的首演之夜，美其名「稍微排練過」。因為我們完全沒有時間。演出前一兩個小時，一台小監測器和一支麥克風才為她在羅伊和馬克斯之間某處就定位。臨時拼湊的。服裝呢？《生在美國》巡迴以席捲東街國度的戰慄男裝聞名。東街從沒打扮得這麼糟糕過。我已經厭倦當服裝的納粹，讓男人穿得跟隨性的聯合陣線一樣。一九八四年，我放任大家發揮他們最糟糕的本能，而那大放異彩。八〇年代當家！克拉倫斯剪了缺口樂團（The Gap Band）的箱型頭、尼爾斯的紅頭巾和緞面騎師外套、馬克斯燙髮、羅伊穿寇斯比[43]毛線衣，還有我馬上造成流行的紅頭巾與隆起的肌肉。現在回顧那些照片，我看起來真的很像同性戀，去克里斯多福街上任一間皮革酒吧[44]都能完全融入。我們當然也很統一——統一激發比你時髦的設計師內心深處的恐懼。每晚不同造型，有些晚上勉強過得去，但整體來說，「時尚」騷亂橫行。大部分的樂團都是在快要變成諷刺畫時（或略為超越）蔚為流行。一九八四年，我們正經營那塊領域，而直到今天，我仍在演出上看到底下綁頭巾、穿汗衫的青少年和年輕人——一九八四年時他們根本還沒出生。他們好可愛。

---

43 指演員比爾‧寇斯比（Bill Cosby），八〇年代曾主演紅極一時的電視喜劇《天才老爹》（The Cosby Show）。
44 紐約的克里斯多福街有多家同性戀酒吧。同性戀酒吧常以皮革為主題，故暱稱「皮革酒吧」。

在聖保羅首演登台前五分鐘，派蒂敲了我更衣室的門。她穿著牛仔褲和簡單的白上衣。「這樣如何？」她笑著問。我愣住了，我從沒做過這件事：批評女性的舞台服裝。我有點緊張，「呃……」我心想：「她看起來有點**少女**。我希望樂團裡有個女人，又不希望她**看起來**那麼像女人！」我注意到腳邊，我那小小的 Samsonite 牌手提箱裡塞滿我的 T 恤。我把它踢開，笑了笑，說：「挑一件吧！」

演出開始，尼爾斯立刻搞砸他的第一段獨奏。那既是派蒂，也是尼爾斯和樂團的處女秀，面對兩萬名尖叫的明尼蘇達人，儘管經驗豐富，他仍一時愣住，像車頭燈前的鹿。他面紅耳赤，我們一笑置之，他穩定下來，整晚演出精湛。那是個美妙的夜晚。派蒂看起來美呆了（穿我的 T 恤！），也在困難的條件下表現出色。東街樂團的新版本已經做好戰鬥準備，迎接前方種種挑戰。

賓州匹茲堡

在匹茲堡演出那晚，我婉拒了當天稍早雷根總統給我的恭維。他的關注在我身上引發兩個反應：第一個是「渾蛋！」，第二個是「總統說了我的名字！」，或者次序反過來。那一晚的要事是我拜會前鋼鐵工人和激進派的工會組織者朗恩‧魏森（Ron Weisen），他剛在莫農加希拉河谷為倒閉鋼鐵廠解雇的工人開設一家食物銀行。我不是在對政治感興趣的家庭長大，除了問我媽我們的政黨歸屬（「我們是民主黨員，他們會為工人發聲」），我不記得家中討論過政治。但我確實是在六〇年代長大的孩子，我的文化 DNA 中孕育著社會良知和政治熱忱。然而真正刺激我發聲的，是我成名後愈益顯著的認同問題，那些問題使我出言批判讓我爸媽、妹妹和鄰居的人生深受衝擊的力量。如果你渴了，你會去有水的地方，而現在，我知道我一直在找的答案和問題，有些就在政治範疇裡。

狄倫已經熟練地以相輔相成的方式融合政治與個人。我同意政治即個

人，個人即政治。我的音樂已經朝那方向發展好一陣子，而雷根政府和我的歷史、音樂方向與遇見退伍美軍的事情偶然交會，激發了我整合這些元素的興致。我想將它們結合成具有凝聚力的整體。匹茲堡那一晚，我遇見朗恩，跟他聊了聊，他一五一十地告訴我當地百姓正面臨的艱困。一如為越戰退伍軍人所做的，我們也能提供一些宣傳和財務支持。朗恩離開前，提到洛杉磯中部有個例子如出一轍。我一抵達洛杉磯就聯絡喬治・科爾（George Cole）並拜會詩人路易・羅德里格茲（Luis Rodriguez），兩位都是前洛杉磯中南部——南加州罕為人知的煉鋼重鎮——的鋼鐵工人。喬治和他的組織設立了食物銀行，還擁有一個巡迴演出的政治性劇團。在我的副理芭芭拉・卡爾（Barbara Carr）的協助下，我們慢慢開始和其他城鎮的組織連成一氣。

全國性的食物銀行體系開始建立，這讓我們得以在未來的日子、未來的巡迴，為我們行經之地的觀眾帶來當地的資源和可行的解決方案，來抗衡貧窮與飢餓，並進行政治行動。我們只是盡棉薄之力，但占得成就此舉的先機。

許多更熱衷社運的樂壇同志都有衝鋒陷陣的勇氣，我從來沒有。若真要說，這些年來我們所做的一切，並不值得大書特書。但我確實想要發展一貫性的方法，我可以年復一年地遵循，設法協助遭到制度忽視和不公不義打擊最沉重的民眾。這些是當初建立美國的家庭，但他們的夢想、他們的子女，卻一代一代被認為無足輕重，可以犧牲。許多社運人士每天都在基層協助被推向美國生活邊緣的民眾，但願我們的旅行和地位能給予支持。

白人的天堂（小史提芬對決米老鼠）

《生在美國》巡迴來到洛杉磯的第一站，重點是「小史提芬」・范・贊特來探班，而我們兩個，和我們的「隨行人員」，因拒絕取下頭巾而被無禮地趕出迪士尼樂園。情況大致如此：史提夫是我認識最大的小孩。我們已經計畫要一起去「神奇王國」很久了。當我們接近目的地，史提夫的興奮加劇到輕度的歇斯底里（其實跟他平常的言行舉止沒差太多）。太空山！鬼屋！

加勒比海盜！我們都要玩。我由「頭號歌迷」歐比·齊德奇克（Obie Dziedzic）
陪同，她從我們十六歲還在澤西海岸時就跟隨我們，今天要好好答謝她：跟
史提夫、穆琳（史提夫的妻子）和我，如標語所說，去「地球上最快樂的地
方」。

我們買了門票。開心到咯咯傻笑的史提夫等不及了，率先穿過旋轉門。
他前進大約一公尺時，被叫住，被要求站到一邊，告知他必須取下頭巾才能
留在園區。當權者表示，這樣他才不會被誤認是幫派份子：瘸幫或血幫[45]，
不會在太空山上扔餅乾時淪為飛車受害者。史提夫的頭巾非藍也非紅，而是
某種含糊的色調，是發明男性裝飾用頭巾的人仔細挑選、能精準搭配使用
者「外表」其他部分的色調。因此，取下頭巾——我想教化米老鼠的突擊
隊員——**門都沒有**！秉持團結的情操，綁著《生在美國》頭巾的我也拒絕
取下。這會兒保全紛紛朝我們圍過來，他們的首領告訴我們，對於我們同夥
（史提夫的妻子！頭號歌迷歐比！）的裝扮，他會「睜隻眼閉隻眼」，但**我和
史提夫**就是不被允許戴著頭巾留在這裡。

「**我們要離開這裡！操你們這些法西斯老鼠！我們去史奴比樂園！**」而我
們真的去了。

途中，我問史提夫被「**地球上最快樂的地方**」趕出來有何感想，而我讓
他注意到這個事實：我們，顯然，配不上那種程度的快樂！現在史提夫活像
一部真人百科全書，吼著所有他想得到的髒話和猥褻的喉音，全都針對米老
鼠的右翼制服小隊和悉心呵護迪士尼先生白人天堂的陰謀集團。一抵達史奴
比樂園，買票**之前**，我們就得到票務人員的提醒：我們包了方巾的頭顱也不
能進場！**去死啦！**晴朗的南加州去死啦！

無言以對，心情鬱悶，我們開車回洛杉磯，整整兩小時，史提夫一直

---

45 瘸幫（Crip）和血幫（Blood）是七〇年代美國西岸兩大黑人幫派勢力，瘸幫穿著以藍色
為主，血幫則以紅色為主。

罵、一直罵。什麼憲法！什麼權利法案！去他媽的服裝規定！納粹！「我要上**全國電視節目**說給大家聽！」滔滔不絕。我們決定趕去「米拉貝爾」，日落大道上一家漂亮的餐廳吃「晚晚餐」。當我們站到吧台前，跟我們有些交情、西裝筆挺的老闆過來抬槓。餘恨未消的史提夫說：「你們這裡沒有服裝規定吧？」老闆看著我們，說：「當然有。你以為如果我不認識你們，會讓你們進來嗎？」

小女孩，我想娶你

不久前，我三十四歲，離天主教學校生活夠遠，可以逃避一些隨著我義大利與愛爾蘭天主教教養而來的肉體羞恥和罪惡感了。我想，該是好好利用超級明星性高峰的時候了。戀愛專一但都為時不久、很快就有新對象的我，在路上找伴其實從不困難。然而，我到一個地方不是去參加派對，而是去**工作**，太多樂趣會妨礙我執意要穿的苦行衣。世俗的苦修是我的樂趣和存在的理由。然而，只用功，不玩耍[46]，威爾特‧張伯倫（Wilt Chamberlain）短期內還不會吃回頭草[47]，《生在美國》巡迴開始時，我決定**仔細找尋**。然後，我**找到了**。我大致遵守「不跟老百姓上床」的規則，但也不喜歡「專業的追星族」，我不想要「被蒐集」，這大幅縮小了搜尋範圍。不過，有志者事竟成，我從未自稱要當聖徒，亢奮就是亢奮，我偶爾也會在發現對象時亢奮，但都維持不久，因為不值得！所以，除了偶爾破例的夜晚和**伴侶**之外，每一場表演結束後，我都會回到深夜的炸雞和薯條饗宴、電視和書本（沒選法蘭克而選恐龍的方式），然後上床睡覺。度過沉睡的美好時光。

短暫嘗試當風流浪子之後，我的心理和生理時鐘滴答響。我想認真談一

---

46 引用英文俗諺：「只用功，不玩耍，聰明孩子也變傻。」（All work and no play makes Jack a dull boy.）

47 威爾特‧張伯倫為美國職業籃球名將。球技精湛，七度拿下得分王、四度榮膺最有價值球員，也以和眾多女性上床聞名，一生沒有結婚。

場戀愛，我想結婚。現在，我知道我想要的模式是一種性愛分離，不是一夫一妻制，但也非放蕩不羈。我在半一夫一妻制裡運作得最好（有這種東西嗎？），堅實且穩定，只偶爾有效運用美軍的「別問、別說」政策。這是在強迫推銷吧！

我在洛杉磯遇到茱莉安・菲利浦斯（Julianne Phillips），太平洋西北地區出身的演員，二十四歲，身材高䠷、金髮碧眼、教養才華兼具，是個漂亮又迷人的年輕女性。我們一拍即合，開始經常碰面。約會六個月後，我在我月桂谷小屋的陽台上求婚。我們在奧勒岡州萊克奧斯韋戈，名導普雷斯頓・史特吉斯（Preston Sturges）一部電影的場景結婚。訂婚的消息走漏，讓整個小鎮沸騰。茱莉安家隔壁的十歲小孩，帶著藏在紙箱裡的相機爬上他家車庫頂，當少年狗仔偷拍我們在後院津津有味吃熱狗的婚禮派對。然後把照片賣給報社換得買滑板的錢，一夕之間成為地方名人。我們去領結婚許可證時，遭到媒體瘋狂追逐。當地的神父向主教取得許可，允許我們跳過考慮的時間直接結婚。他問我們二十個問題，然後我們就簽名、蓋印、送去天主教堂。（《教父3》，艾爾・帕西諾：「人在江湖，身不由己。」）

我們在午夜完婚，擺了媒體一道。隔天，擠滿小報攝影記者的直升機，聚集我們早午餐接待會的天空。我爸坐在一張野餐桌前抽菸，彷彿被起重機從加州家裡的廚房吊過來，紋風不動地落在萊克奧斯韋戈的原野上。我一直找威士忌作伴，老爸是我唯一的慰藉，因為除了毀滅地球的天啟，什麼也無法改變他的餐桌風範。直升機在頭頂噠噠盤旋，我走去那張棕色的木桌子，坐在他對面。他坐著，西裝繃著他的腰圍，宛如被縫在一頭犀牛身上。他深深吸了一口 Camel 牌香菸，面無表情地說：「布魯斯，看看你幹的好事。」

茱莉和我去夏威夷度蜜月，在我洛杉磯的小屋過婚姻生活。一切順利，她追求她的事業，我追求我的音樂，同時一起追求人生。唯一讓我煩惱的是，以往我的戀愛關係從沒超過兩三年。通常過了兩三年，我的形象就會被戳破，缺點原形畢露，而我會心灰意冷。那準時得悲哀，我媽常拿這點開玩

笑（「布魯斯，兩年了唷！」）。所以現在，夜闌人靜時，我滿足的睡眠偶爾會被滴答滴答，從我的「時鐘」發出來的聲響擾亂——就像從虎克船長的鱷魚肚子裡發出來一般。

我想我該宣傳自己是個不良品，但我又決定不能讓這個已知事實和恐懼支配我的行動，或否定我。我必須相信我有辦法愛人，愛**這個**人，並找出讓我愛人的方法。婚禮後我被嚴重的焦慮連番攻擊——透過醫師的幫助，我與之搏鬥至今。我試著盡我所能去遮掩，而這是個錯誤。我也有令我害怕的被害妄想症（父親的陰影）。

一天晚上，我坐在洛杉磯一家高級餐館裡正對我漂亮的妻子，腦海中，一個場景默默成形：我們在燭光旁，手握著手，斯文有禮地聊天，一部分的我要自己相信她想利用我來提升事業，或者謀求什麼。沒有比這更背離事實的東西了。茱莉安愛我，絲毫不存利用或惡毒的念頭。內心深處，我明白這點，但我活在巴士不行駛的地方[48]，無法讓心思集中在這個事實上。

我不知不覺滑向峽谷邊緣，憤怒、恐懼、不信任、不安以及有家族遺傳的厭女情結，在此跟我心中善良的天使交戰。再一次，我害怕**擁有**、害怕愛我的人走入我的生命，而這股恐懼引發接連不斷的鈴聲、哨音和激烈反應。誰會喜歡我、愛我？真正的我，我所認識、住在隨和表面下的那個我。我變得性慾過強，然後失去性慾，遭受多重焦慮的攻擊，從古怪人類行為的曲線這端擺到那端，一直試圖掩飾。我好害怕，又不想把我年輕的妻子嚇得不知所措。這是錯誤的處理方式，在我試著讓別人走入生命的時刻，創造了心理的距離。

一天晚上，我來到床邊，茱莉安已經入睡。黑暗中，床頭燈照得我的婚戒閃閃發亮。我從沒摘下來過，內心有個聲音告訴我，我永遠不會摘下，永

---

48 Out Where the Buses Don't Run，一九八五年美國影集《邁阿密風雲》（*Miami Vice*）第三集的片名，在此比喻截然不同的世界。

遠不該。但我坐在床邊，輕輕一拉，看著它從指尖滑落。洶湧的絕望襲來，我頭暈目眩，脈搏狂跳，感覺心臟就要破胸而出。我起身，走入浴室，讓冷水沖過臉和脖子，然後，振作起來，在浴室的日光燈下，把戒指戴回去。我回到臥室，容納我所有謎團和恐懼的房間，回到影子裡，我美麗的妻子躺在床上，身體只剩輪廓，彷彿凌亂的被單上一道幽暗且和緩的山脊。我把手放在她的肩上，輕撫她的臉頰，吸口氣，感覺空氣回到肺部，拉好被單，上床睡覺。

歐洲

一九八五年六月一日，在愛爾蘭都柏林斯蘭堡，我們樂團史上第一場露天體育場演出。都柏林市外八十公里的一座運動場上，危險地簇擁著九萬五千人。我見過最大的人群，完全占滿一座橢圓形草地球場，瀕臨舞台後方的博因河，而斯蘭堡就坐落在遠處一座高聳綠色山丘的前緣。最靠近舞台的觀眾，大概兩千人吧，深深沉醉於他們的 Guinness 牌啤酒，危險地從左擺到右。這使得人群出現好幾個缺口，讓上百名觀眾摔到泥地上，難堪地消失了幾秒，才被左右鄰賓扶起。一站起來，又繼續往反方向擠回去，這整套沒完沒了、令人頭皮發麻的動作將周而復始，永無止境。這情景對我細嫩的眼睛來說太粗糙了。我認為會有人傷亡，若發生就都是我的錯。

舞台右側，彼特·湯森和許多搖滾名人大惑不解地看著我登峰造極。舞台左側站著我的妻子，這是我們婚後第一次旅行，我覺得自己好像要在她眼前碎裂了。我唱歌、我演奏，同時在**想**：「我沒辦法一邊站在這裡唱歌，不能是**這些歌**，一邊讓人們置身可能受重傷的境地。」我繼續唱，繼續彈，但其實已陷入純然的憤怒和即將沸騰的恐慌之中。登峰造極先生，你是怎麼來到這裡的？

中場休息。我非常激動。蘭多先生在休息時間來拖車找我，就在那裡，在我生平最盛大演場會的中途，我們激烈地爭辯是否要取消這整趟巡迴。斯

蘭舞台前的情況，我無法每天面對。那不負責任，違背我引以為傲、保護觀眾的初衷。歌迷不斷湧入，紅著臉，縱酒狂歡到熱衰竭，越過前方封鎖線被送進醫務帳篷，或繞過觀眾區側邊，捲土重來再闖一次。我們從七〇年代初期開始，堅持演唱會一定要擺座椅，因為我曾躲在某大學體育館的看台旁，親眼目睹一頭牛衝到舞台前。我不喜歡那樣。這些年來我已經跟歐洲許多當地習俗妥協，但這是另一回事。

請記得，這是我到目前為止進行過、**或**說參加過的第一場，也是唯一一場露天體育場搖滾演唱會。我判斷的依據只有這天晚上。強明智地建議，不妨演出幾場後再做決定。（我們已全心投入這次巡迴，而且門票也售罄。）他也膽戰心驚，說如果這種情況一再發生，他會尊重我的感受，取消之後的行程，承擔罵名。但同樣的情況沒有再發生了。斯蘭演唱會下半場，觀眾安定下來，從舞台上看來的一團混亂中，我觀察到觀眾其實大略且儀式般地遵守秩序。他們互相保護。如果你跌倒，左右兩側離你最近的人會伸手抓住你的臂膀，拉你起來。那不雅觀（在我眼裡也不安全），但有用。其他九萬三千名與會者渾然不知眼前正上演一場探索靈魂的內心戲。對他們來說，這只是一個與搖滾樂團共度的美好日子。最後，一如我們數目節節上升的演出場次，斯蘭也獲得「傳奇性」的地位，雖然我心有旁鶩，那晚的演出仍相當精彩。在都柏林的街上，常有人跟我提起斯蘭演唱會。如果你在現場，肯定一輩子忘不了。我當然在現場。

英國新堡

我們的**第二場**露天體育場演唱會，陽光燦爛，笑意昂揚。我們在大型場地更有自信、精神抖擻地演出，全場籠罩著安全又歡鬧的氣氛。質疑煙消雲散，我們**可以**在露天體育場演出，但我永遠忘不了斯蘭的經驗。簡單地說，當那種規模的群眾集結，特別是年輕群眾，永遠危機四伏。那是簡單的數學題。一起出乎意料的事故，一點點歇斯底里，這一天就可能急轉直下。這些

年來，我們在露天體育場演出一直很小心，也很幸運。有些秉性善良、態度嚴謹且非常忠於歌迷的音樂人就沒那麼幸運了。今天，全球各地都在安排體育場演唱會，但，基於如此龐大的人數，那永遠潛藏著危險。

頭痛與頭條

我們繼續前行。幾件事情讓巡迴變得複雜。自結婚那一刻起，我忽然成為小報的供稿來源。我們從北歐住處退房的隔天，報上就登了一張照片：我和茱莉安睡過的床。我們沒在床上，照片裡只有一張鋪好的床。這些新花招令人覺得芒刺在背。攝影記者無所不在。

到了瑞典哥特堡時，事情一發不可收拾。我們不是被困在飯店，就是被一群狗仔尾隨，走到哪跟到哪。這**不是**我簽約要做的事。我注重隱私，不喜歡私生活成為焦點。當沒有十萬隻眼睛看著我的時候，我希望每一個視線都**離開**我身上。二十世紀後半，在公眾領域，這不是你可以達成的協議。忘了這回事吧！你只能領走祝福，接受事實：這麻煩是你**得到你想要的一切**所需付出的代價！然而一九八四年，熾熱的聚光燈下，在我事業生涯最熾熱的時刻，我尚未領略這個能讓人不致精神失常的道理。

一把全新閃亮的 Takamine 牌木吉他呼嘯而過，離我信任的朋友強‧蘭多腦袋上日漸稀疏的頭髮不到幾寸。當它掠過他所剩無幾的髮，他怵然一驚，卻鎮定得令人咋舌。接著是無調性的砰然巨響，死寂午夜裡的爆裂聲，迴盪在後台的走廊——我的 Takamine 吉他砸上哥特堡更衣室的牆，炸成百萬個碎片。除非你是彼特‧湯森，我一般不會建議或寬恕你毀壞如此完美的樂器。我甚至會說損害 Gibson 先生、Fender 先生，或其他任何吉他工藝師的器具是褻瀆聖物。但當健康的精神失常，你會做你必須做的。騎著我跳上的旋轉木馬轉到這裡，我已經受夠了。何況，我無從得知這會不會變成我的生活，我**全部**的人生。日復一日，無論我去到哪裡，一個國家接一個國家，一

張床換一張床，天天都是遭受空虛愚蠢關注的**土撥鼠日**[49]。而這是我自己神聖的企圖心，與對人生和愛情的正常渴望交會所造成的。最後會有一千張重新鋪好、我和妻子睡過的床的照片嗎？不會。但在那一瞬間、那一天，誰知道呢？

蘭多先生，原本只是試著就我的處境提供一點看法，這會兒只能默默離開他的好友暨吉他殺手，到走廊跟其他人會合。那一刻，那些人無不慶幸自己不需要做他的工作。

在我的吉他末日後，我們上場，繼續名副其實地摧毀烏利維體育場。許多瘋狂瑞典人在我們唱〈又扭又叫〉的時候跳上跳下、扭來扭去，使體育場的混凝土地基應聲迸裂。他們會學到教訓。

---

49 借喻電影《今天暫時停止》（*Groundhog Day*）。片中主角原去採訪每年二月二日的土撥鼠日，隔天醒來卻發現仍在二月二日當天，而且一切過程和他經歷過的一模一樣。

49

踏上歸途

　　我們的歐洲巡迴毫無阻礙地疾馳而過，場場座無虛席，觀眾如癡如醉。對於遼闊的露天體育場成為工作場所，我們感到愈來愈自在。我們的聖歌生來就是為了滿足這種大小的場域、在此**交流**，所以從廷巴克圖[50]到紐澤西，一批又一批群眾來看我們在海外宛如發電廠的演出。有些城市特別投入。七月四日前後的三場演出，每晚吸引七萬名歌迷（史提夫也在裡面）進入倫敦的溫布利體育場。我們在我祖國義大利的首演，帶我們抵達八萬人的米蘭體育場。我們走下潮濕、幽暗、昔日鬥劍者步行的通道，耳邊傳來八萬名義大利人的刺耳聲響，愈來愈大，愈來愈大，直到我們奔上陽光普照的場地。歡呼四起，彷彿我們剛從十字軍東征凱旋歸來，敵人的首級高掛在我們的吉他上（或者，是我們等著要被餵給獅子）。

　　在歡聲雷動中走向通往舞台前的斜坡時，我發現有一整區的空位。我問身旁的宣傳：「我以為票賣光了。」他回答：「的確賣光了，那些座位是為非法闖入的人準備的！」了解。真的有人非法闖入。我們在體育場外架了超大型螢幕來滿足進不了場的人，但那只能維持一會兒。入口被襲擊，維安被突破，很快地所有「座位」都滿了。不只如此。我站在難以理解的歇斯底里前，看女人邊送飛吻邊吼叫，男人邊吼叫邊送飛吻，而且全都發誓此情不渝，用拳頭捶打心臟，有些人一副要昏厥的樣子，而我們甚至還沒開唱呢！

---

50 Timbuktu，西非馬利共和國的一個城市，位於撒哈拉沙漠南緣，曾是伊斯蘭文化中心之一。

後來我才知道這是義大利觀眾的正常反應。樂團猛然奏出〈生在美國〉，世界末日似乎近了。我們豁盡生命演出，體育場跟著震動搖晃起來。**聖母瑪利亞！**

　　回到美國，我們在匹茲堡三河體育場的演出獨一無二。六萬名美式足球鋼鐵人隊的球迷來看我們開唱〈生在美國〉，而東街樂團數位重要成員，羅伊和尼爾斯，還渾然不覺地在後台的乒乓桌廝殺！我充滿睪固酮的「一、二、三、四」和馬克斯震撼的小鼓沒有迎來羅伊的合成樂，而是丹尼·費德里奇叮咚的鐵琴聲！尼爾斯和羅伊這會兒才以破四百米紀錄的速度衝來，一路聽著這輩子最驚心動魄的一段話，迴盪在偌大的體育場：「你們死定了，我會燒掉那該死的乒乓桌！」還有他們主唱難以置信的「一、二、三、四」。我站在那裡，看著六萬張臉孔從驚嘆變成驚愕，不大高興，而包住腳踝的褲口彷彿愈縮愈緊、愈縮愈緊。乒乓桌被禁用好幾年。有人要倒大楣了。

　　在巨人球場，六場門票銷售一空的演出與三十萬紐澤西的忠實歌迷，把這次巡迴的規模和重要性帶回家。我的家鄉父老，絕非這一連串巡迴最熱情的觀眾（很難打敗那些歐洲人），但真好，他們都來了，他們是賦予我生命的親愛夥伴。

　　在德克薩斯，演出期間，一大群拇指大小的蝗蟲像二次世界大戰纏鬥的戰機一般在我們頭頂盤旋飛撲。涼爽的夜，牠們被舞台燈光的溫熱吸引過來，群聚在舞台每一寸可立足之地。怕蟲的尼爾斯飛奔到丹尼的風琴台上。一隻蝗蟲停在我的麥克風架上跟我大眼瞪小眼，然後跳上我的頭髮，在〈我的家鄉〉時慢慢爬下領子到我背部中央就定位。還有數千隻蝗蟲在舞台上亂飛，中場休息時才被長掃帚趕跑。太驚人了。

　　不久後，我們在科羅拉多丹佛哩高球場的演出獲得雪和零度的迎接。觀眾穿滑雪夾克，帶毯子來，做觀賞冬天美式足球賽的打扮。我們把手套指頭的部分剪掉，露出手指彈吉他，盡可能保持溫暖，但還是凍得要命。縷縷白煙從我們肩膀冒出——熱汗遇上冷空氣。三小時的演出大約過了四分之三

時，你會感覺寒冷彷彿為奪命而來，沁入骨髓。放下吉他的剎那，我的手指已經麻痺，無法復原；我唱的每一個音節都留下一團白霧，是從肺部呼出的清晰可見的氣息。幸好下一站是晴朗溫暖的洛杉磯！

一九八五年九月二十七日，洛杉磯紀念體育場，一九八四年奧運的主場館。我們的終曲是四個晚上的殺青派對。湛藍的天，宜人的氣候歡迎樂團和八萬洛杉磯人到來。演出在巡迴尾聲的歡慶氣氛中達到高峰，我們成為世上最大的搖滾吸引力之一（就算不是唯一），並未忘卻我們的本質。確實有些僥倖，而未來我必須加倍留意我運用及詮釋音樂的方式，但整體來說，經歷了這麼多，我們仍完好無缺、團結一致，也準備好加緊腳步、繼續前進。

從這裡要往哪裡去？

茱莉安和我回到我們洛杉磯的小屋，而我覺得好極了——整整兩天。第三天，我垮了。現在要做什麼？強來訪，說巡迴非常成功，**經濟上很成功**，成功到我必須見我的會計師。會計師？從沒見過他（或她），從來沒有！邁入專業藝人生涯十四年，我從沒見過那些幫我算錢和保管錢的人。沒多久我就跟傑拉德・布瑞斯勞爾（Gerald Breslauer）握手了，他將告訴我，我已經賺進在當時聽來非常駭人、最好連想都不要去想的數字。我不是不開心，我頭昏眼花，無法思考其脈絡與意義，所以就不去想。我當上搖滾偶像的第一大奢侈就是不去思考，完全忽視我的（其中一些）奢侈的奢侈。這對我有用！

《生在美國》巡迴後是一段奇妙的時期。某件事情的高峰。未來我不會再來到這裡，這麼高，主流流行音樂的高空。這也是某件事情的結束。無論從哪方面來看，我和東街樂團的合作（暫時）結束了。我們將再次合體為我的個人專輯《愛的隧道》（Tunnel of Love）巡迴，但我會刻意模糊樂團先前的特性。當時我不曉得，但不久之後，我們將中斷合作很長一段時間。這次巡迴也是某件事情的開始：最後一次試著決定我要過成人生活、家庭生活、逃離漂泊的誘惑和幽禁的衝動。我渴望在真正的家，跟真正心愛的人安頓下來。

我想要一肩扛起成熟的重擔和獎賞，試著表現優雅與謙遜。我已經結婚了，現在，我究竟有沒有維繫婚姻的本領和能耐呢？

50

再訪墨西哥

　　《生在美國》巡迴前，我在紐澤西共和黨的地盤拉姆森買了房子。那裡離曾為「衝浪與海」海灘俱樂部的沙灘，也就是我們這些「鎮民」曾被新鄰居的孩子吐口水的地方，只有幾分鐘路程。那棟房子位於柏衛大道和山脊路口，是格局凌亂的喬治王朝風格。我一如往常買了就後悔，但我堅持下去，答應自己要用我一直在尋覓的東西填滿這棟大而老的房子：家庭，和生活。一天早上，我接到父親打來的電話，史無前例。這個禁止我家使用電話十九年的男人，如果今天還活著，絕對不會隨意揮霍他的時間。我從沒接過我爸主動打來的電話，所以我很擔心，打去加州。

　　他的聲音帶著不尋常的快活：「嗨，布魯斯！」他想去墨西哥參加釣魚旅行。我爸，自從前一次我倆在馬納斯寬防波堤盡頭無精打采地閒蕩（釣魚，不是抓魚），已經二十五年沒碰過釣竿，現在卻想學海明威釣旗魚。我爸接近過的唯一一隻旗魚應該是吊在他最愛的那間酒吧吧台上方的那隻，但除了前一次前往提華納的墨西哥行，他從沒開口邀我去過任何地方。被他的熱忱逗樂，感到榮幸又好奇，我聽著他高談闊論。我內心深處仍徘徊著一股渴望，希望有第二次（以及第三、四、五次？）機會跟他出遊且萬事順利。我說：「當然好。」我問需不需要幫忙安排什麼，他驕傲地說他跟他的鄰居湯姆（我爸過去十五年唯一的朋友）會「張羅一切」。「這次算我的。」他瀟灑回應。我能說什麼？

　　幾週後，我飛到舊金山，開車到伯靈格姆。我爸媽新家之所在，毗鄰矽谷、遙望奧克蘭灣——他們一九六九年淘金夢的解答。他們急促地挑了那個

不大的地方，我媽在打到澤西的電話中詳盡地告訴我它的每一項建築細節。那晚，我在那裡過夜。然後湯姆、我爸跟我跳上墨西哥國際航空飛抵卡波聖盧卡斯。這班往南的班機非常熱鬧，坐滿釣客和度假者，對前往國境之南興高采烈。身軀龐大的父親，跟機上一些女孩建立交情（這點，考慮到他一成不變的個性，從來沒有失手過）。飛機一落地，我們一行人，包括那些女孩，全都擠進一台早就過了保固期的福特 Econoline 廂型車。我們經過赤貧的地區，屋頂架著電視天線的路邊棚屋，藍光從屋裡射出。司機一路閃避牲畜，常毫不在乎地開到馬路外面，直到我們在尖叫聲和一團塵霧中停在路邊的灌木叢裡。抵達度假村時，我必須承認，這兩個爸爸選得不錯，房裡沒有電視，沒有電話，但相當舒適。那時的卡波似乎處在往高檔發展和騎驢漫步之間的模糊地帶。一具放在當地郵局一張寂寞的凳子上、由一位橄欖膚色的美女管轄的電話，是我們和美國境內唯一的聯繫管道。

　　隔天一早，我們天未亮就起床，跳上計程車，拂曉時刻就在離飯店數公里的偏僻海灘下車。在那裡，藍色的晨曦中，有某樣東西感覺沒那麼棒。漫長的幾分鐘過去，父親一語不發，湯姆來回踱步，直到看見一陣陣白煙從眼前一塊露出的岩石後方升起，接著傳來「噗──噗──噗──」的聲響：老舊、過勞的柴油引擎聲。慢慢映入眼簾的是亮橘色的木造船身，駕船者一定是布魯托（大力水手的死對頭）本人。該死，我的懊惱來得快又急，我應該堅持由我安排行程。我很有錢！如果想要，我們甚至可以搭泰德‧透納[51]的勇氣號出海！現在我們卻要冒著生命危險搭這艘破船。

　　一艘小接駁船向我們划過來，划槳的是一個戴草帽、皮膚宛如羊皮紙的老人。英語不通，所以船一靠岸，雙方只能含糊地打招呼，他示意我們上船。我爸穿著他平常上街穿的服裝來跟莫比‧迪克[52]搏鬥，沉重且要綁鞋帶

51 Ted Turner，美國傳媒大亨，有線電視新聞網（CNN）創辦人，身價超過二十億美元。
52 Moby Dick，《白鯨記》中那頭白色抹香鯨的名字。

的褐色短皮靴、白色襪子、西裝褲、皺巴巴的正式襯衫、吊帶，而他日漸稀疏但仍烏黑的頭髮滑溜地往後梳。如果是去皇后區波蘭人的野餐，他看起來棒極了，但這並**不**適合在墨西哥出海。帕金森氏症、體腔積液、糖尿病、牛皮癬和其他族繁不及備載的病痛，加上一輩子每晚抽菸並喝「神聖六罐」，已使他的身體嚴重受損。我們扶著他蹣跚走向那艘船，踩過拍打沙灘的浪，一次一隻腳，帶他上船。

「喀咚！」木頭相碰的聲響，我們撞上「鐵達尼號」的側邊。沒有上船的階梯，我們三個沒有共通語言的人，必須合力把一百公斤重、穿 Sears 牌西褲的老人扛上一艘搖搖晃晃的拖船。天殺的。槓桿支撐力達到最高，重量轉移，然後，一聲響亮的撞擊，帶我來到世界的源頭滾進他幫我們租的危船裡。才早上六點半，我已經全身汗。面無表情的船長將他的「妻子」掉頭，默默出海去。離開岸邊的遮蔽水域，出小海灣沒多遠，海潮就洶湧起來。我們像是五歲小孩浴缸裡忽上忽下的橡膠小鴨。當我們在波谷裡下沉，下一道浪又衝到跟舵手室一般高。不到十五分鐘，湯姆就把他的吃到飽早餐吐到左舷外。我爸則處於封閉模式，緊抓著釣椅的扶手，還是平常那副干我屁事的平靜。

我試著用高中時學的西班牙語跟船長溝通，但「¿Cómo se llama?」（你叫什麼名字？）未獲回應。在船尾，我發現如果將視線鎖定地平線，就不會反胃。引擎位於船中央甲板上的木箱裡，不斷噴出柴油機的煙，連同其他邪惡因素一起攻擊我們不諳水性的消化系統。一小時過去，陽光普照，陸地遠去，世界只剩下一幅無邊無際的彩色全景畫，海天合一，讓我產生急劇的幽閉恐懼症，會死在海上的感覺如此強烈。第二個小時過後，我請湯姆去問**到底**還要開多久。船長豎起一根指頭，回頭繼續操作他的船舵。很好，再一里……不……不……結果是**再一小時**！大約半小時前，茫茫大海中，我們遇到一艘波士頓海釣船，裡面有兩個當地人。那艘船顯然在下沉，因為船身很低，水都淹到他們的小腿了。我示意船長前去搭救。然後，隨著我們靠得更

近，我看到魚，好多魚，在那艘船裡繞著船員的腳游，兜圈圈。他們徒手抓了一隻，笑著把牠舉起來，向我們示意。餌，他們在賣餌。

終於，地平線上，圍成一小圈的船出現，漁場到了。十分鐘後，釣線就緒，很快就有動靜。我把釣竿交到我爸手上，讓他盡力收繞，釣到了。那魚大概有我半隻手臂長，直接送進冰桶。然後，接下來的數個小時，什麼都沒有，沒有史詩般人與自然達爾文進化論的對決，沒有道格·史普林斯汀與他的宿敵——**世間萬物**——一決勝負。我們坐著，像無限小的軟木塞在浩瀚汪洋裡載浮載沉，然後，接近傍晚時，我們打道回府，**再三個小時**的回程。我攤坐在船尾一張木頭長椅上，大口吃著飯店提供的午餐，吸進柴油的煙，睡著了。我受夠了。反向再一次進行我們早上開啟的儀式後（我爸像一袋聯合國的穀物，被放下接駁船），我們，三個滿懷感激的生還者，被放回沙灘。我們把漁獲捐給船員，看著他們抽菸、鬼叫到日落（然後，無疑地，受夠了又一群無知的老美，拿著我們的船費去當地小酒館飲酒作樂一番）。海灘空空蕩蕩，寂靜無聲，只有小浪花拍打沙地的聲音。我爸，前幾個小時都在平行宇宙，當太陽沒入海中，忽然轉過來看著我——很認真地——說：「我也訂了明天的船！」

隔天我們沒有去搭船，此後沒再搭過。我改帶我爸去一間小型海灘酒吧，眺望白色沙灘和藍色太平洋。我買了幾罐啤酒，度過平民的午後：欣賞海灘上的女孩，聊我們的冒險聊到捧腹大笑。從小艇碼頭回車子的路上，一群釣魚的搖滾樂迷提出要讓我們搭乘閃閃發亮的最先進白色遊艇出海幾天（搖滾巨星的福利竟然跟隨我們到這麼南邊！）。但我們隔天早上就要回家，所以禮貌地婉拒了——「下次吧！」——然後回到飯店，睡一覺，隔天飛回家。

回程班機上，看著兩位失魂落魄的爸爸，我提醒自己，我爸既不「正常」，也不健康。過去他出狀況時，我在他身邊待得太久，已經習慣，也可能忽略了。我在澤西海岸地區長大，認識不少真正在公海捕魚的漁民，如果

他喜歡，我早就可以為他安排釣旗魚的行程，把魚做成標本，釘在他鍾愛的
廚房餐桌上，嘴裡叼一根 Marlboro 牌香菸。但這或許並非真正的重點，或許
他只是想送**我**什麼，回敬我獻給他和我媽、光耀門楣的禮物，包裝在他的航
海幻想之中。我收到了。

51

《愛的隧道》

《生在美國》之後,有一陣子我受夠了聲名高漲,反而期待低調一點的東西。在錄音師托比・史考特(Toby Scott)的協助下,我開始投資家裡的錄音設備。四軌擴充成八軌、十六軌到二十四軌,我也很快地在拉姆森的車庫公寓設立一間還不錯的錄音室。這陣子我開始寫新題材,第一次,我不再聚焦「路上」的人,而是著眼於「家裡」男人的問題和憂慮。《愛的隧道》呈現出這種矛盾,我的新生活帶來的愛和恐懼。這張唱片大約三個星期錄完,我自己彈木吉他錄節奏軌並剪輯,如同《內布拉斯加》,它也是一張「在家製作」的唱片,我一手包辦大部分的樂器。《生在美國》之後,我還沒準備好面對製作人、大型樂團,或任何樂團。這些音樂太私人,所以錄音室裡只有托比跟我兩個人。

我第一張全部探討男女愛情的唱片是相當難熬的經驗。內心混亂不堪,我靠寫歌來釐清自己的感覺。這種新音樂的源頭可溯至《河》的〈偷來的車〉,歌裡在夜晚流浪的主人翁,是第一個同時面對天使與惡魔的人:那些慫恿他趨近所愛,又阻止他接觸的人。就是這種聲音呈現出我自己的衝突。我不再是孩子,而現在,住在我新歌裡的人物也不是了。如果沒有找到立足之道,他們需要的事物——人生、愛情和一個家——將可能擦身而過,衝出車窗。公路已揭露它的祕密,雖然那令人信服,但我發現公路的自由與開闊卻可能跟我最陳腐的家庭生活觀念一樣,變成令人透不過氣的幽閉空間。經過多年,所有道路將在同一條死巷的盡頭交會。這我了解,我見過(在德州!)。

Born
to Run

　　我以〈出色的偽裝〉（Brilliant Disguise）打出一支左外野[53]安打，堪稱這張唱片的主軸。信任是脆弱的，它允許別人看見我們有勇氣揭露的自己，愈多愈好。但〈出色的偽裝〉認定，當你摘下一張面具，你會發現後面還有一張，一張接一張，最終你會開始懷疑自己對於「我是誰」的認知。愛與認同的孿生議題構成《愛的隧道》的核心。但**時間**是**隧道**的弦外之音。這一生（你只有一生），你會做你的選擇、表明你的立場、從「不朽」的青春魔咒和永恆的現在中覺醒。你會離開青春期的陰司地府，你會確定工作之外還有哪些事情能賦予人生脈絡與意義，然後時鐘開始動起來。現在，你不僅走在你的伴侶旁邊，也走在你**將死**之軀的身畔。你奮戰，為了抓住你剛找到的祝福，同時對抗你的虛無主義和想毀掉一切的衝動。這種奮鬥，想要了解我是誰、跟時間與死亡和平共處的掙扎，就是《愛的隧道》的主旨。

　　鮑勃·克萊爾蒙頓整頓了我的演奏，讓那聽起來彷彿我知道自己在幹什麼。我請尼爾斯、羅伊和派蒂為一兩軌增色，然後鮑勃做了混音，營造出這些音樂所需的鮮明心靈空間。《愛的隧道》在一九八七年十月九日發行，直衝《告示牌》專輯排行榜榜首。我本來不打算巡迴，但坐在家裡任一張收錄了幾首我自認個人最佳、最新創作的唱片乏人照顧，好像也不對。我邀請我的聽眾從公路的盡頭跟著我，下車，進去屋裡，經歷婚姻、承諾和內心之謎（這樣還算搖滾嗎？）。他們很多人現在天天都在經歷這些議題。他們會想聽嗎？聽了會開心嗎？我賭他們會，而我希望給我的音樂一次找到聽眾的機會。對我來說，這永遠意味著演出，所以，巡迴馬上計畫好了。

　　《愛的隧道》是一張獨唱專輯，我希望巡迴有別於《生在美國》的演出。我變更了舞台設計，將樂團成員移出他們長期占據的位置，藉此微妙的方式暗示觀眾可以期待不一樣的東西。我加進一支管樂隊，將派蒂帶到舞台前、中央偏左，並設計嘉年華風格的舞台來建構演出，表達最重要的愛的隱喻：

---

53 Left-field，比喻非主流。

那就像恐怖又驚險的遊樂設施。配合安妮‧萊柏維茲拍的封面照片，我們
「盛裝打扮」，藍色牛仔褲和頭巾不復存在——很長一段時間以來，我第一
次穿西裝——樂團把他們的休閒服留在家裡。我的好友兼助理泰瑞‧馬高文
戴長禮帽、穿西裝扮演「收票員」兼司儀的角色。這是場精彩的演出，派蒂
擔任性感的女性陪襯者跟我演對手戲，滑稽又嚴肅地凸顯這張專輯的主題。
我們也翻唱吉諾‧華盛頓（Gino Washington）的〈吉諾是懦夫〉（Gino Is a Coward）
和音速合唱團（The Sonics）的〈有愛的意願的旅行〉（Have Love Will Travel），並
表演我個人未發表的歌曲〈半人半猴子〉（Part Man, Part Monkey）來充實主題。
《生在美國》之後，這是刻意的左轉，而這支樂團或許多少因此迷失了方向，
我和派蒂日益增溫的關係也是。

　　派蒂是音樂人，跟我年紀差不多，一路見過我許許多多的偽裝並心領神
會。她知道我不是白衣騎士（頂多是深灰色騎士），我也從不覺得需要對她
假裝。茱莉也沒這樣要求我，但我還是假裝了。茱莉出門工作時，我會待在
紐澤西家裡，慢慢回到我的老樣子，那些酒吧，那些深夜——沒什麼大不
了，就是我習慣的漂泊——但那不是婚姻生活。就在其中一次這樣的空檔，
我假借練「二重唱」之名，跟派蒂見面。那是九月的一夜，月亮像纖細的指
甲掛在後院朦朧樹影上的西方天空。我們出去，坐在我的小酒吧裡聊天，很
快地，我感覺有事情正在發生。經過十七年的偶爾相遇、兩年有時打情罵俏
的並肩工作，這個時刻乍然來臨：我看著派蒂，看到不一樣的東西，新的
東西，我一再錯過、未曾體驗過的東西。我一直忙錄，如同派蒂後來說的：
「忙著看其他田地。」派蒂是聰明、堅韌、強勢的女性，但也有脆弱的靈魂，
就是這種組合裡的某樣東西，開啟了我心中新的可能性。在我的生命裡，派
蒂是獨一。於是，事情開始了。

　　一開始，我告訴自己這只是「插曲」。但它不是，它是主題。偷偷摸摸
的情況維持不久，一明白派蒂對我有多認真，我就向茱莉全盤托出。這沒有
體面或優雅的解決之道，一定會傷害我愛的人。就是這樣。我們馬上分居，

Born
to Run

我接著被拍到在羅馬一座陽台上穿三角褲跟派蒂在一起。和茱莉分居的事，我處理得很糟糕，我堅持那是私事，所以沒有發表公開聲明，導致在消息走漏時招來喧騰、痛苦和「醜聞」，造成令人難堪且不必要的心碎。我深深在乎茱莉和她的家人，而沒把這件事情處理好，讓我遺憾至今。

茱莉很年輕，事業剛起步，而三十五歲的我可能看似明白人情世故、歷練老成、能掌控全局，但實際上仍有情緒障礙、無法成熟處理關係。她是考慮周到、通情達理的女人，總是真誠地面對我並處理我們的問題，但最後，我們真的不知如何是好。我讓她處於一個對年輕女孩來說非常艱難的處境，成了辜負她的丈夫和伴侶。我們盡可能文明而仁慈地處理細節，離了婚，繼續各自的人生。

離婚成定局後，我抽出幾天時間拜訪爸媽，告訴他們這個消息，接受母親的怒罵：「布魯斯，三年，你的極限！搞什麼！」他們愛茱莉安，但我是他們的兒子。我只待一會兒，用家常菜和同情治療傷口，然後回去紐澤西。爸載我去機場。上路十分鐘後，他轉頭對我說：「布魯斯，或許你該回家住一陣子。」我很想說我是個快四十歲白手起家的百萬富翁，要搬回爸媽家三坪的小房間、再抱我的米老鼠玩偶，不是不可能，但不大可能。然而，當我轉頭看我爸時，看到他繫了吊帶的肚子擠在方向盤和駕駛座之間，我能說的只有：「謝了，爸，我會考慮。」我爸終於想要我待在他身邊了。

一九八八

史提夫和我首次穿過查理檢查哨的七年後，我帶著我的樂團回到東柏林。史提夫不在了，但超過十六萬東德民眾現身。圍牆仍屹立著，但它曾堅不可摧的牆面，肯定多了幾道裂縫。情況已**非**十年前的樣子。遼闊的廣場上，簇擁著我見過或獻藝過最大批的人潮，從中央舞台甚至看不到它的盡頭。自家縫製的美國國旗飄揚在東德的風中。門票上說我們的演出是由共產主義青年團（Young Communist League）主辦，獻給桑地諾民族解放陣線[54]的音樂

會。這可新鮮了！整場表演由國營電視台轉播（另一項驚奇！），除了我針對柏林圍牆的簡短演說以某種方式被巧妙地刪掉。**一夕**之間，我從可以不受干擾在東柏林街頭遊蕩的無名小卒，變成家喻戶曉的超級巨星。演出隔天，我頭一伸出飯店，就立刻被文藝青年到老奶奶的民眾團團包圍，爭著要我簽名。「我是柏林人！」[55]

我們在東德領事館開完派對，回到西柏林，為一萬七千人演出。雖然西德的歌迷很棒，但比起我們剛經歷過的，感覺缺了不少激情。（搖滾樂是高風險的音樂，被推得愈高，那一刻就愈深遠、愈刺激。一九八八年在東德，桌子中央擺了勝者全拿的賞金，而這將爆發為促成柏林圍牆倒塌的前奏曲。）

環遊世界四十二天

返抵國門，我們面臨抉擇：要繼續《愛的隧道》巡迴，還是為備受推崇的國際特赦組織效力。該人權機構正戮力召募全球各地的年輕人為民權奮鬥，而他們認為，沒有哪種方式比搖滾樂更能讓年輕人豎起耳朵。在彼得·蓋布瑞爾（Peter Gabriel）的引領下，我們獲得國際特赦執行董事傑克·希利（Jack Healey）的徵召，將《愛的隧道》巡迴直接變身為國際特赦組織的「現在就要人權！」巡迴。沒多久我們便和彼得上了七四七，在機上遇到轟動全球的塞內加爾歌手尤蘇·安多爾（Youssou N'Dour）、崔西·查普曼（Tracy Chapman）和國際搖滾巨星史汀（Sting）——在世界各地飛來飛去的他，從雲端下來一會兒，教你如何演出。我一直覺得搖滾樂既是個人，也是政治自由的音樂，這個觀念我們宣揚已久，而這次巡迴正是身體力行的機會。它確實是，只不

---

54 Frente Sandinista de Liberación Nacional，尼加拉瓜的左翼政黨。其領導人丹尼爾·奧蒂嘉（José Daniel Ortega Saavedra）贏得一九八四年首次民主總統選舉，一九九○年失利，二○○六年再度勝選，執政至今。

55 「Ich bin ein Berliner.」（德文）美國總統約翰·甘迺迪一九六三年六月二十六日在西柏林演講中的名言。

Born
to Run

過在過程中，我必須拚命**做功課**！沒有人告訴我要用功！我們要在**每一個**國家召開正式記者會，需要先徹底了解各國的人權議題。為了不要看起來一知半解，我努力學習，從聖羅撒教會學校泰瑞莎·瑪莉修女拿著戒尺監督我以來，從沒這麼用功過。

　　觀眾人山人海。演出持續八小時，由當地的表演開場。在辛巴威，偉大的奧力佛·瑪杜庫茲（Oliver Mtukudzi）用非洲靈魂樂拆掉會場。一年多後，納爾遜·曼德拉（Nelson Mandela）將獲釋出獄，種族隔離制度將慢慢瓦解，但在一九八八年，戰爭如火如荼。辛巴威三百里外的南非，黑人與白人共處就不容於法，因此，光是我們樂團聲勢浩大又黑白混雜的事實，就使我們的演出具有迫切性。

　　在象牙海岸這個前法國殖民地，自一九六六年馬塔萬基波溜冰場的三靈表演劇以來，我第一次，也是唯一一次受到全場，滿滿**整座體育場**的黑色臉孔歡迎！我終於明白克拉倫斯的感受了。我們是來自紐澤西的**一個**黑人和七個白人。這行得通嗎？澤西海岸地區四平八穩 4/4 節拍 [56] 的龐克搖滾，能與習慣非洲搖擺節奏的觀眾交流嗎？因為剛上過頭條，我們最後一個上場。我的黑色背心和襯衫底下，冷汗慢慢在皮膚表層凝結。我們採取核爆手段，直接開唱〈生在美國〉。時間不知不覺地靜止，然後，轟隆！全場陷入瘋狂，觀眾一齊舞動，彷彿早已被連接起來，而忽然決定這樣可行！這是我有生以來經歷過最愉快的慶典，慶祝我們發現了彼此。我們膚色不對、唱的語言不對、節奏不對，但群眾仍對我們綻放他們的寬宏、率真和好客。這是很長很長一段時間以來，東街樂團完全靠自己**贏來**的第一批觀眾。女性歌迷跳上舞台熱舞，觀眾心醉神迷地搖擺，樂團離開時倍感振奮且深受肯定。（這樣可行！一切都派得上用場！這樣可行！）我們原本擔心老手不易親近，但與這群出乎意料、古道熱腸的觀眾聯手，我們大獲成功。這再次印證音樂跨越分

---

56 指四分音符為一拍、一小節有四拍的節奏。

歧的神祕交流力量，我們知道自己剛經歷一場特別的境遇。

這次巡迴期間，我們也在美國演出數場，我們通常帶有政治色彩的記者會，還是不時穿插名人與空洞的問題，有時讓我替當地人感到尷尬。我們也停留日本、布達佩斯、匈牙利、加拿大、巴西和印度，最後在阿根廷圓滿結束——阿根廷令人歎為觀止的美景和漂亮性感的人民，讓我好想馬上學會西班牙語！南美洲的數個國家甫經歷獨裁政權的全面衝擊，簡單的人身自由天天遭到踐踏。阿根廷和皮諾契特（Augusto Pinochet）當政的智利殘暴政權統治期間，成千上萬個孩子和丈夫消失街頭。在這裡，國際特赦組織的工作急迫、關鍵且關乎個人。有些事情難以施壓，難以抗衡。由於皮諾契特仍大權在握，我們只能在阿根廷靠近智利邊界的門多薩演出。在那裡，我們驅車前往場館的途中，「失蹤人口的母親」——皮諾契特獨裁統治的那幾年，她們的摯愛在家裡或街上失去蹤影——站在路旁，捧著摯愛的海報相片。她們愁容滿面，顯示出我們在美國一無所知或無法了解的可怕遭遇，**更是人類的意志、決心，與迫切需要公平正義的明證**。

國際特赦組織的巡迴讓我感激自己生在美國，生在我家鄉渺小、被壓抑、紅脖子、反動、只有一個消防栓的垃圾堆裡。我愛我的家鄉，雖然在那裡也會面臨無知與不寬容的社會壓力，但能行動自如、暢所欲言，不必擔心生命或肢體的安全（通常啦！）。

上路六個星期後，我們已發表過談話、推崇國際特赦組織和它的國際議程、演出我們的搖滾樂，在歷史的十字路口站了一會兒，伸出拇指，搭政治文化的便車。

再度回家

派蒂和我向彼得、史汀、尤蘇、崔西和國際特赦組織強大的巡迴工作人員（巡迴期間，他們的人權屢遭侵犯，因為工作時間太長且環境欠佳）道別，回到紐約。我們在東區租了間公寓，而我給自己一次機會，嘗試當個城

Born
to Run

市男孩——僅此一次。完全沒辦法。紐約東區不適合我，它唯一的補償是我散步就能抵達邁爾斯醫師的辦公室，這很有幫助，因為我的狀況不是很好。回到家，我備受離婚騷亂的折磨，無法求助於馬路和輪子，城市的日子看不到盡頭。在紐約，我是迷宮裡的魔術鼠[57]，搆不著天空，見不到太陽，也沒辦法奔跑。是啊，這裡有博物館、餐廳、商店，但我還是屬於**小鎮**！所以派蒂（十九年的紐約市民，住雀兒喜區）投降了，我們收拾行李，回去澤西。她和我，和我的怯懦在那裡度過一個迷惘的夏季，而我故態復萌，出現輕率不為人著想的舉動。派蒂很有耐心，但耐心也有限度。

調整

回家後，派蒂跟我常爭吵，這是好事。過去跟別人交往時，我從來沒有吵得這麼凶，而這證明有弊無利，太多在表面下悶燒、不去解決的問題都是有毒的。一如面對父親，我是被動且抱持敵意的行動者。我的作法是否認與恫嚇，而非當面對質。父親只要靜靜坐在那裡——抽菸——就可以控制全家。他是消極憤怒型，平常悶不吭聲，直到爆炸發怒，然後又回到他的啤酒，恢復修道士般的沉默。他是個單人布雷區，讓全家瀰漫戰區的死寂，我們小心翼翼地走，等待，等待，等待我們知道一定會出現的爆炸聲。一定會出現，只是不知何時。

以上種種都滲入我的骨髓，大肆破壞。我不常「失控」，但有可能失控，默默地，恰好足以把我對神的恐懼投射到我愛的人身上——我在大師膝下學會這些。更糟的是，我染上他在方向盤後面的惡習，這讓我變得非常危險。我會用速度和魯莽跟自己的憤怒溝通，唯一的成效是讓乘客膽戰心驚。這是惡劣、霸凌、暴力和羞辱的行為，讓我滿心羞愧。我有一千句道歉要

---

57 Magic rat，引用自〈城鎮叢林〉一曲：「The magic rat drove his sleek machine over the Jersey state line.」（魔術鼠開著他光鮮亮麗的車子越過紐澤西州線）。

說，但當然，那太微不足道、太遲，而我已認清這點。這些事情只會發生在我在乎與我愛的人身上。這是重點。我想要毀掉所有愛我的人，因為我無法忍受被愛。被愛會激怒我：有人擅作主張來愛我——**沒有人敢這樣**，而我會讓你知道為什麼。這很醜陋，是毒藥正流過我的血液和基因的警訊。有一部分的我不自覺地以情緒暴力為傲，總是膽小卑怯，只針對我生命中的女人，有堅持、有作為，**沒有性無能**。我成長期間身邊男人的消極被動讓我既害怕又憤怒，而我自己的消極被動則令我窘迫，促使我去尋找「真理」。這就是我對自己的感覺，以及對你的感覺。在我陰暗心靈最深處，我真正常駐的地方，我的感覺，和你給我的感覺。

　　這些年來，我慢慢領悟，有一部分的我，重要、能夠毫不在乎且情緒殘暴的那一部分，在追求損害及羞恥的收穫，想要傷害愛我的人，**確定**讓愛我的人付出代價。這全都來自我爸的劇本。他讓我們相信他會因為我們愛他而鄙視並懲罰我們，而他真的這麼做了。愛他似乎會把他逼瘋，愛我也似乎會把我逼瘋。每當我親嘗這個滋味，都覺得害怕且噁心，但我仍將它保留下來，像一道邪惡的力量源泉，每當心靈受到威脅，有人試圖來到我無法容忍的地方、接近我的時候，就可以汲取。

52

前往加州

　　紐約無法治癒我，紐澤西也無法，我們只剩下我的金州，好萊塢山上的「小聖西蒙」。我們一到加州，情況就好轉了。那種光線、那種天氣、那片海、那座山脈、那個沙漠，全部串通一氣，帶給我清澈的心情。我們在特蘭卡斯租了一間海灘小屋，心情慢慢平靜下來。這花了一段時間，以及一次嚴重到差點終結一切的爭執：派蒂終於受夠了我的鬼扯，向我宣戰，攤牌。不留下，就滾蛋。我逼她走到這一步，而一腳踏出門後（某個地方的門，在我狀況最糟的時候，總會誤以為自己想待在那裡），我停住一會兒，軟弱但思路清晰的那一部分的我問：「你以為自己能去哪裡？馬路？酒吧？」我仍喜歡那些地方，但那不是人生。我去過那裡，不下數千次，見過那裡能提供的種種。那裡有什麼不一樣？我要回去那無限輪迴的倉鼠轉輪嗎？要欺騙自己永遠不會變老（明明已經變老），丟棄我所知最好的東西、最好的女人嗎？我留下來了。這是我一生最明智的決定。

　　為了減輕我的神經過敏，白天我會到聖塔莫尼卡和聖蓋博山兜風，那裡有西部最美的摩托車路線。在聖蓋博，從二千公尺高的沙漠闢路前進，莫哈韋沙漠在你的左下方一路綿延，消失在朦朧的無垠中，而你也抵達賴特伍德這個滑雪小鎮。在這裡，洛杉磯國家森林的高大松林和高地沙漠灌木叢中，我的煩惱慢慢消散。空氣乾燥、稀薄，不停刺著你，而當它在宛如黑色絲帶的天使之冠公路上向我湧來，我可以感覺它的清澈使我思考敏銳，情緒也穩定下來。大自然能讓你神清氣爽，而在這裡，置身加利福尼亞最高的房間，你能感受這個州的自然靈氣和上帝寬大的手撫慰了你。天使之冠公路，離洛

杉磯僅三十分鐘車程，但不要太期待，這裡可是荒郊野外，每年都有人在酷熱和大雪中迷路。比天使之城煙霧瀰漫的人間地獄高一點點、相距僅數十里的地方，有土狼、響尾蛇和美洲獅。在賴特伍德十五度的氣溫中，我騎車直直衝上聖蓋博山的山麓、接近四十度的莫哈韋高地沙漠，那邊，又長又直的公路充滿拖車區、家庭式快餐攤和藝品店等「沙漠文化」，輸電塔長長的黑線將一望無際的藍天分割成幾何拼圖，被愛德華空軍基地的噴射戰鬥機的白色尾流刺穿、劃破。

　　這五百公里的一日遊，恰好足以烘乾並暫時抑止我內心持續不斷的喧嚷。我會一路騎下梨花盛開公路，然後慢慢回到海灘，在薄暮中，和派蒂欣賞紅色夕陽滑進太平洋。我們會一起沉澱，放心地安靜下來，不會逼迫彼此或強調什麼。派蒂下廚，我負責吃。我們給予彼此很大的空間，然後事情發生了，甜蜜的投降，而我始終覺得派蒂和我就是在那裡，在我們於海邊度過的溫和的黑夜白天，「心理上」結婚了。我愛她，很幸運，她也愛我。剩下的就是文書作業了。

西南之旅，一九八九

　　那年秋天，我三十九歲。派蒂和我邀請一些東部的朋友、幾個密切的親戚和我的馬路夥伴德利亞兄弟來我們的海灘小屋開生日派對。我們在海邊和太陽下待了幾天，便著手準備穿越西南部的摩托車之旅，我們夢想已久的旅程。只去十天，但那是很棒的一次旅行，最棒的一次兜風，也帶動了一連串地動山搖的變革，就像我首度拿起吉他那天同樣深刻，同樣扭轉人生。

　　生日草草結束，我、麥特、湯尼和艾德啟程進行我們三千公里的西南摩托車長征。我們騎經加州、亞利桑那、內華達、猶他，穿越納瓦荷和霍皮印地安保留區，到四州交界區[58]和科羅拉多的紀念碑谷。下了州際公路，就是

---

58 Four Corners，包含科羅拉多州西南隅、猶他州東南隅、亞利桑那東北隅和新墨西哥西北隅。

Born
to Run

風光明媚但生活艱困的鄉村，印地安保留區更貧窮。皮膚黝黑的老婆婆蜷縮在東倒西歪的木造攤子底下，用披巾遮擋熾熱的沙漠陽光。沙漠的熱，是**名副其實**的熱，本身就是一種怪物。澤西海岸地區八月的潮濕悶熱會讓你想脫個精光、收起敞篷、衝向海洋，沙漠的熱和烈陽則會讓你想把全身上下包得密不透風。

我們在四十度的烈日下行經亞利桑那的低地沙漠時，公路變成微光閃爍的海市蜃樓，路上任一個單純的凹陷都在使溫度上升，因為熱氣會從被烘烤的柏油不斷飄送出來。為了防曬，我們一身牛仔襯衫、太陽眼鏡、靴子和牛仔褲，頭巾則浸過水，完全包覆頭和臉。這種狀況下一天騎車八到十小時，不用多久，你的皮膚就再也無法忍受陽光了。路邊有淋浴間，投幾枚硬幣就能洗去身上的塵土。你會從頭淋到腳，但由於沙漠的強風就像自然的投幣式烘衣機，不出十五分鐘，在超過四十度的熱天滾動的你，又徹底乾涸了。

我們待在州道上。美國西南部，州際公路之外，仍殘存著一九四〇及五〇年代的風情。加油站、汽車旅館、路邊名勝和企業連鎖店，洋溢著昔日的美國風（即使有網際網路，現在仍是老樣子）。在一段跨越納瓦荷保留區的無人公路上，我們看到一塊手工標語寫著：「恐龍足跡，前方一百碼」。我們轉進一條泥土路的巷子，一個十二、三歲的納瓦荷男孩從簡陋篷子的暗處跳出來，笑著歡迎我們，問我們是不是想看恐龍足跡。我問他：「多少錢？」他回答：「看那對你而言值多少。」好吧。我們跟著他走了幾百碼進入沙漠，雖然我不是古生物學者，但不得不說，足跡確實在那裡。在石頭裡變成化石的大腳印，後頭跟著較小的腳印，媽媽和寶寶的。接著他問我要不要讓他猜猜我們的體重和年齡。錢都付了，所以，好吧。他看了看我，說：「八十公斤。」（完全正確），然後看著我的臉，說：「二十、二十、二十，把太陽眼鏡拿下來！三十八！」（他很厲害，可以去澤西木棧道賣藝了。）

我們繼續前往霍皮印地安保留區。霍皮人住在三座高原的邊緣。這裡有北美最古老的長住型村落。我們騎下另一條泥土巷，沿著指示「**最古老村落**」

的標誌來到幾幢居高臨下的石屋，位於一座高原的最邊緣，俯瞰亞利桑那沙漠的乾燥海床。除了中央一家小商店，這個村子看起來被遺棄了。我們蹣跚走進店裡，一個霍皮族少年前來迎接。他反戴棒球帽、穿著猶太祭司樂團（Judas Priest）的 T 恤，開始閒聊。我們獲知這個村落目前陷入分裂，有些居民想搬到更靠近馬路的貨櫃屋以便取得電力，有些則想留在他們已經住了很久的原始石造建築。我們的解說員正在籌備一場他稱為「繞著地球跑」的霍皮儀式。他告訴我們，年輕人要在一場成年儀式中繞著台地跑一圈，為家族榮譽競賽。他也提到他在鳳凰城看過重金屬演唱會，以及台地上大部分的年輕人最後都會搬走，離開保留區。他不知道該怎麼辦。這孩子被兩個世界撕裂了。道別時，他想跟我們拍照，但村子裡禁止照相。站在店外，他環顧四周，低聲說：「他們正在監視我。」然而村子看起來空空蕩蕩，鴉雀無聲，沒有半個人影。接著他說：「管他們去死。」猛然拿出傻瓜相機拍了一張快照，我們就離開了。我們上摩托車發動引擎時，他大叫：「到鳳凰城記得找我。我會在前排，醉醺醺的！」

　　我們繼續前往紀念碑谷，我最愛的幾部約翰·福特（John Ford）電影的拍攝地點，當晚在猶他州墨西哥帽岩紮營過夜。隔天早上醒來，對抗時速六十的側風，往南去謝伊峽谷。沙漠平坦，沒有防風林，迫使我們不得不以大角度斜著騎車來抵抗狂風，塵暴的霧霾將沙子噴上所有露出的皮膚。好不容易抵達峽谷，當晚住在由臨時廂型拖車組成的汽車旅館，摩托車用重重的鎖鏈鎖在門前。然後我們踏上歸途，先到普雷斯科特，在一間小西部酒吧和一些當地人進行一場午後的即興演奏，接著轉往莎樂美（「她在那裡跳舞」）[59]，亞利桑那西部一個沙漠小鎮。午夜時分，曬了一整天的後燃效應把你悶得半死後，你坐在汽車旅館的小房間外面，低聲表演節奏口技、喝啤酒，讓疲累超

---

59 Salome，亞利桑那州拉帕茲縣的普查指定地區。《莎樂美》也是理察·史特勞斯（Richard Strauss）一九〇五年創作的歌劇，《莎樂美，她在那裡跳舞》（*Salome, Where She Danced*）則為一九四五年的美國西部電影。

出焦慮的能力範圍，終於，幸福地，活在當下。

　　十天後，我們回到洛杉磯，灼熱，疲憊，如槁木死灰。日落時，洗去鉛黃色的塵土後，我們舉杯，用龍舌蘭酒敬我們的旅行。一旁，派蒂一邊看著我們，一邊聽蓋瑞‧龐茲的〈奉獻〉（Dedication）。德利亞兄弟回去修他們乖戾的引擎，我和派蒂甜蜜地團圓，倒頭睡上三天，然後往北拜訪我爸媽。一回到家，走進臥室，晨光透過窗戶灑進來。派蒂直挺挺地坐在床上，神情溫柔，長髮披肩，看著我說：「我懷孕了。」我站起來，咀嚼剛聽到的話，然後重重坐在床緣。我轉頭不看派蒂，望著衣櫥門上的鏡子，感覺**不一樣**了。這就是我長久以來既擔心又渴望的事。我感覺我害怕的那部分正企圖毀掉這一刻，不可以，現在不行。然後一道升起的光進入我的身體，感覺如此美妙，我試圖隱藏。我背對她，不讓她看到我的臉，一切靜止。然後我的嘴角，細微地，幾乎無法察覺地，無法控制地，當看到鏡中揚起的紅髮靠近我肩膀，一抹微笑溜了出來。就在這時，這永恆的時刻，派蒂靠過來，秀髮散落我的臉頰，雙臂環抱我的胸膛，肚子緊靠我的背。我們坐著，我們三人，我們的家庭。派蒂輕聲說：「我看到你笑了。」

Chapter3
活見證
Living Proof

當歌迷看著台上那些臉孔，他們看到了他們自己、他們的人生、他們的朋友在回望他們。
在專注力只剩三秒的數位新世界......這無可取代。

53

活見證

　　是個男孩！一九九〇年七月二十五日晚上十一點三十分，洛杉磯錫安山醫學中心五樓，伊凡・詹姆斯・史普林斯汀（Evan James Springsteen）出生了。保護的簾幕一一滑落，防衛一一減弱，被攻破，所有情緒「狀況」暫時擱置，協商停止。這個房間充滿過去、現在和未來的生命之靈，你的伴侶充滿愛的事實在你面前爽朗地歌唱。你的愛，你那麼努力展現又隱藏的愛，已經從你身上扯下，而它的存在讓你覺得缺乏信仰也無妨，正在為你創造的美好傾注燦爛的光輝。你需要「防衛」來保持孤立的所有藉口，要保守「祕密」來隱藏自己的一切理由，一掃而空。這間小病房將是你痛改前非、一輩子快樂地贖罪的聖地。不過現在沒時間讓你胡說八道。你存在愛人的體內，在她粉色和紅色的血液中，在超越存在的乳白色裡。精神被製造成肉體。你不**安全**了，愛與危機無所不在，而你覺得在部落鏈中擁有的血肉連結，在上帝手裡擁有的塵土痕跡，已轉移到塵世。派蒂的臉就像教會學校裡的聖徒，疲倦而慈悲，碧綠的眼眸往上飄移，鎖定超脫於我的某樣事物。已成定局，我的女人，帶來生命的隆隆聲。

　　洛杉磯市民：伊凡・詹姆斯・史普林斯汀出生了。紐澤西之子，流亡時出生，在這個繁華與罪惡之都！

　　我那條洶湧而矛盾的河，從我出生至今時時低吟著不滿的背景雜音，沉寂了，被欣喜若狂消音了。醫生遞剪刀給我，喀擦，我的男孩獨立了。我把他放在他媽咪的肚子上，而這一刻，與妻兒同在的一刻，讓我昇華到更高境界。我們跟這三千五百克重的活見證緊緊相擁。我們只是黑夜白天的短瞬一

息，接著便歸於塵土和星球，但我們擁有全新的早晨。

　　創造生命會讓你充滿謙遜、膽量、傲慢、男子氣概、信心、恐懼、喜樂、擔憂、愛、平靜感和不顧後果的冒險。不是事事都有可能嗎？如果我們可以殖民這個世界，不能創造並形塑它嗎？然後現實：尿布、配方奶、無眠的夜、嬰兒座椅、黃芥末色的屎和乳脂般的嘔吐物陸續到來。但是，噢，這些是我的男孩受到祝福的需求和流體，而在這個令人頭痛且疲累的新世界過完一天，我們精疲力竭，卻為新身分興高采烈：媽和爸！

　　回到家，我輪夜班，在我們小臥室的地板上溜男孩溜了不知幾里路，讓他的眼睛從全開到降半旗最後睡著。我躺下，讓兒子趴在胸口，看著他因為我每一次呼吸而起伏。我一邊聽一方數他肺部的每一次吸吐，他的呼吸次數仍很少，我懷疑那是對神的祈禱。我吸入寶寶的香味，輕輕將他抱牢，讓我的呼吸配合他的速度，然後安詳地睡著。

　　因兒子出生而高亢的腦內啡會消退，但殘存的微量永遠留在那裡，它的指印是難以磨滅的證明：愛確實存在，天天雄偉壯麗。你已經祈禱過，立誓要為新世界效勞，為塵世的信仰扎下基礎。你已經選了你的劍與盾，以及你將倒下的地方。無論翌日發生什麼事，這些人事物，將永遠跟著你。選擇的力量，一個生命、一個愛人、一個立足點的力量，將在那裡等待召喚，為你複雜的歷史賦予嶄新的意義。更重要的是，當你動搖，當你迷失，它也在那裡，提供一只新羅盤，嵌進你心裡。

　　從現在開始，過去強烈的拉力將有個強悍的挑戰者：你當下的生活。派蒂和我聯手，讓 1 加 1 等於 3。這就是搖滾樂。

　　這種新人生揭露了我不只是一首歌、一個故事、一個夜晚、一個概念、一種姿勢、一個事實、一個影子、一個謊、一個時刻、一個問題、一個答案、我自己和其他人一個焦躁不安的幻想……工作是工作，人生是人生；而人生勝過藝術。永遠如此。

紅髮革命

　　她是一名獨立的紅髮奇女子：熾熱的美、我心中的女王、女服務生、街頭藝人、特權階級的孩子、艱困時期的澤西女孩、出色的歌詞創作者、十九年的紐約人、我聽過最動人的聲音、聰明、強硬又脆弱。看著她時，我也看到並感覺到最好的自己。薇薇安‧派翠西亞‧史凱法（Vivienne Patricia Scialfa）在紐澤西迪爾長大，是麥可和尚恩的姊妹，海防少校喬伊和當地美女派特‧史凱法之女。從童年的照片看來，她宛如真人版的紅髮娃娃，滿臉雀斑，笑容燦爛、率真且充滿期待。有些人能反映出我們最好的一面，她就是照耀我的那道光。就一對由獨行俠和樂手結合而成的夫妻而言，我們並肩走得相當遠。

　　她少女時代住在紐澤西黑幫老大安東尼‧「小貓」‧羅素隔壁。「小貓」先生想要跟西西里人當鄰居，於是把毗連的海濱別墅賣給派蒂的父親喬伊。喬伊跟他沒有血緣關係，但有純正的西西里血統。喬伊古怪、英俊，是男人中的男人、被三個姊姊寵壞的義大利男孩，白手起家，透過買賣房地產成為百萬富翁及史凱法電視店的經營者。他是具有天賦、狂躁、固執而殘酷的父親，也是不按牌理出牌的岳父。派蒂的母親派特則是勤勉的蘇格蘭愛爾蘭人，完美的六〇年代展示品，堅定、剛強，跟喬伊堪稱天造地設的一對。她和喬伊一起在電視店工作，日復一日，年復一年，而小派蒂會坐在 Motorola 和 Zenith 牌電視之間做家庭作業。從長堤，澤西義大利人的海濱天堂到史普林雷克的愛爾蘭里維耶拉，派蒂和我持續了似乎從上個世紀就橫掃中部海岸地區的慣例：愛爾蘭人和義大利人的結合。

我第一次跟派蒂說話時，她十七歲，我二十一歲。她回應我在《阿斯伯里帕克通訊報》為我的十人搖滾布魯斯‧史普林斯汀樂團徵合音歌者的廣告。我們在電話裡聊了一會兒。她很年輕，我告訴她我們是在各地巡迴演出的團體，而她應該待在學校裡。一九七四年我們第一次碰面。受到六〇年代女子團體的吸引，我懷抱著想為樂團找個女歌手的念頭。她回應《村聲》上的徵人啟事，赴麥克‧艾培爾在中城的辦公室試唱。腳翹在桌上、雙臂扣在腦後的麥克會這樣下令：「唱！」這位未來的東街團員大聲清唱水晶合唱團的〈嘟嘟嚷嚷〉（Da Doo Ron Ron）。如果你通過甄試，你會被送到紐澤西內普敦一個小產業園區，見到那支還沒推出《生來奔跑》的樂團，準備發行讓他們破繭而出的專輯。那時我二十五歲，她二十一歲，她跟著樂團唱了幾首蘿妮‧史佩特的歌，然後我們一起坐在鋼琴前，她彈了一首她的創作。她很可愛，很優秀，但最後我們仍維持原本的陣容，還沒準備好瓦解「迷路的男孩」。

　　十年後，一九八四年，我在「石頭小馬」瞎混的一晚，一個紅髮姑娘現身，加入週日晚間的駐場樂團，唱「刺激者」的〈告訴他〉。她很出色，擁有我之前在這一帶從沒見過的特質，而她的嗓音除了將六〇年代的特色駕馭自如，還保有自己獨特的風格。當時我是一個小池塘裡的大魚，不管走到哪裡都會激起漣漪。後來我們置身酒吧熙來攘往的人群裡，我向她自我介紹，剩下的就是漫長曲折的半求愛了。

　　派蒂告訴我，我一直在「其他田地」尋找伴侶。對於要跟誰談戀愛、談什麼、什麼時候在哪裡談、為什麼要談，我向來有許多想法，但長期而言那些都無關緊要。當我敞開心胸、停止在「其他田地」搜尋，派蒂就在眼前。她含情脈脈地望著我，等我做好準備，然後，我準備好了。這是一個不尋常的故事：兩個人環繞彼此移動，謹慎而迴避地接觸十八年，才連結起來。

　　《生在美國》巡迴期間，我們以樂團夥伴的身分同行。她有許多仰慕者，如果你想馴服她紐約人的獨立性，她會讓你知難而退。她一個人住，跟音樂

家一樣，跟我一樣。她**不**居家。她活著**不是**為了給你安全感。這些我都喜歡。我試過反其道而行，但沒有用。我知道我需要非常、非常不一樣，或者相當困難的東西，派蒂就是。我們緩慢並小心翼翼地適應家庭生活。她興高采烈，我深怕自己難以應付。剛開始跟派蒂約會時，她表現得很愉快、聰明又興奮，這讓我害怕。我百分之百信任她，但即使她表現出興趣，我仍不確定這是她真正的心意。有一部分的派蒂性感、會放電，她會勾引你，撩撥你的嫉妒。我們常在情緒上互鬥，偶有美容產品飛舞，爭執不休。我們頻頻測試彼此忍受不安全感的能力，嚴厲地測試。這很好。我們爭吵、吃驚、失望、舉起、放下、克制、投降、傷害、痊癒，再爭吵、相愛、重修舊好，然後從頭再來一次。我們都很容易破碎，但我們相信，透過努力，我們破碎的部分可以重新組合，進而創造出切實可行的美好成果。確實可以。我們創造了生命，和一種適合感情亡命之徒的愛。這些相似之處將我們緊緊繫在一起。

雖然從她的「公眾形象」可能看不出來，但我的妻子是極注重隱私的人，也跟我一樣不喜歡聚光燈。她的天分只想在作品中透露給世人。她優雅、高尚，而我們一起用那些碎片建立了許多。我們發現只要將那些碎片嵌入正確的位置，就能堅如磐石，一片一片相互擠壓、凝聚，如此過了二十五年（換成狗或音樂伴侶的壽命，相當於一百七十五年！）。兩個孤獨的人。我們不見得命中注定要得到金戒指，但我們偷走它，反鎖起來。

我在「石頭小馬」愛上派蒂嗓音的那一晚，她第一句唱的是「*我了解某件關於愛的事……*」。她確實瞭解。

55

改變

　　我花了一點錢。其實不只一點。我們在日落大道附近一條街買了房子。豪華又奢侈，但我已經準備好入住這種房子了。我有家庭，仍受到許多媒體關注，需要確保自己的安全和隱私。這個新住所外頭有兩條私人通道，可以提供安全和隱私。我也買了幾把好吉他。以前從沒想要蒐集，一直把樂器當成工具，像鐵鎚一樣：一把好的，或許再一兩把備用的就夠了；現在卻想要每個房間都有一把漂亮的吉他，我想要房裡充滿音樂。

　　很多事情改變了。八〇年代末到九〇年代初喧嘩騷動，使我的人生一團混亂。我在新的土地與新的摯愛努力創作新音樂。當時我沒有像雷鳴響徹腦海般非寫不可的主題或確信的創作概念，而在《生在美國》、《愛的隧道》和國際特赦組織的巡迴後，我有點精疲力竭，不確定接下來要帶領樂團往哪裡去。一九八九年時，基本上我已經將他們置於縫隙。時間一久，就跟所有人一樣，我發展出自己的一套不滿。有些人讓我惱火，有些人好像不知感恩，還有太常傾倒在我家門口的人生議題和精神包袱，太多認為我該精益求精的期望。以上種種，加上創作的不確定性和藝術家的好奇心，終於使我在街角轉彎。長久以來我們全住在東街上，那段時間養成了很多好習慣，能使我們長久在一起的習慣，但也有一些壞習慣落地生根。我覺得我不只是某些人的朋友和雇主，也是銀行家和爸爸。

　　一如往常，許多情況是我一手造成。我非但沒有劃定清楚的界線，還建立了一個情緒架構，為了換取樂團的永遠忠誠與排外，我給予未說出口也未立契約的承諾：不論他們出什麼狀況，都要幫他們收拾善後。少了具體的書

面說明，**每一個人**，都會依照自己的財務、情緒和心理需求及欲望來定義一段關係裡的條件，有些務實，有些不然。我跟某些受信任員工的訴訟變成漫長而棘手的離婚案件，讓我了解盡可能以無爭議的方式釐清你和樂團成員的權利義務的重要性，這意味著合約（以前我深惡痛絕的東西）。《愛的隧道》巡迴是我第一次堅持跟樂團簽書面合約。經過這麼久，我知道對某些人來說，合約暗示著不信任，但那些和未來的合約保障了**我們**的未來。那無可爭辯地闡明了彼此過去和現在的關係，必須先把話講清楚，才會有穩定、長久、尊重、理解和信心。每個人都知道其他人站在哪裡、可以得到什麼和被要求什麼。一經簽字，那些合約便賦予我們只負責**演出**、其他都不必擔心的自由。

　　我打電話向每個團員說明，在同一批人馬運作多年後，我想要試試其他樂手。我知道這很傷人，特別是對克拉倫斯，但每個人都給我同樣的回應，毫無例外。東街樂團很老派，團裡全是紳士，喧鬧、活潑、有時魯莽的紳士，但終究是紳士。大家都寬厚仁慈——沒錯，他們很失望，但願意聽我說。他們祝我順利，我也寄予同樣的祝福。

　　分開很痛苦，但我們確實需要喘息一下。十六年，該是重新思考的時候了。我離開，尋找自己的人生與新的創作方向。很多團員也這麼做，找到人生和事業的第二春，擔任樂手、唱片製作人、電視明星或演員。我們維繫友誼，保持聯絡。日後當我們再次聚首，我會見到一群更成熟、更沉穩、更強而有力的男人。我們離開彼此的時間讓我們學會尊重身邊的人。這使我們睜亮雙眼，看到我們擁有的、已經完成的，以及也許還能攜手完成的一切。

56

燃燒的洛杉磯

一九九二年，四名洛杉磯警官被控高速追捕並惡意毆打羅德尼·金（Rodney King），法院宣判警官無罪，引發洛杉磯暴動。縱火、搶劫和襲擊在洛杉磯盆地如火如荼地蔓延。一支家庭錄影帶的傳播歡迎洛杉磯警察局來到資訊時代，也讓洛杉磯著火。

那天我和我的新樂團正在東好萊塢錄音室排練，有人跑進來喊說街上有「麻煩」。他在離我們工作地點兩條街的地方驚險逃過攻擊。我們打開電視，發現我們非常靠近騷亂的中心，馬上決定今天的錄音到此為止。我跳進我的福特車，往西開。日落大道擁塞，因為「零年的恐慌」[1]正在駕車者的血液裡流竄，他們全都試圖逃離城鎮中心和東部。我必須經過班乃狄克峽谷區再轉往海岸，我們在那裡租了一間小屋，看似能安然遠離白天的事件。我開過很多條洛杉磯的僻徑，於是我真的往山裡開去，穿過曲折蜿蜒的穆赫蘭道。我在好萊塢盃露天劇場附近暫停一會兒，因為車子的擋風玻璃上映出全市的盛怒，彷彿從一部好萊塢災難大爛片擷取的燃燒、冒煙的全景。龐大悶燒的黑雲從洛杉磯各地的火場升起，和深邃的蔚藍天空混合，像滾滾墨汁渲染藍色的磁磚。我繼續開往班乃狄克峽谷區去接派蒂和小孩。

不同於一九六五年的華茲暴動[2]，這次的火勢看起來彷彿會蔓延到肇事的少數民族區之外。恐懼四起，深深的恐懼。就連加州衝浪天堂輕拍的浪，特

---

1 *Panic in Year Zero*，一九六二年的美國科幻電影。片中，洛杉磯遭到核子彈摧毀。

2 Watts riot，一九六五年八月，一個非裔美國少年在洛杉磯華茲區被白人巡警逮捕，引發種族暴動事件。

蘭卡斯、馬里布和布羅德海灘固若金湯的寧靜，也被在海上低空盤旋，國家警衛隊直升機「喀答、喀答、喀答」的螺旋槳聲劃破。海灘露天平台上的電視螢幕裡滿是絕望和抗議的火焰，就發生在防衛不那麼好的東方幾里外。

五十三個市民死亡，數千人受傷，生意完了，生命毀了。

這就是美國。我們握有許多矯正弊病的處方——日間托兒、工作、教育、醫療——卻需要馬歇爾計畫[3]那等規模的社會努力，才能鋸斷那條綿延好幾個世代、因社會政策導致制度崩壞的鎖鏈。如果我們可以花數兆美元協助伊拉克和阿富汗重建，可以拿數十億納稅人的錢幫華爾街紓困，為什麼這裡不行？現在不行？

---

3 The Marshall Plan，又名歐洲復興計畫。二次大戰後，美國對西歐各國進行經濟援助、協助重建的計畫。

57

婚禮

　　我跟派蒂在雀兒喜區談戀愛。她紐約的公寓附近，帝國餐車正對面那座小公園的邊緣，有一張可愛的小長椅。我們會在那裡碰面，邊喝裝在紙袋裡的罐裝啤酒邊聊天，度過春日。一天下午，在「帝國」吃完午餐、離開的途中，我從餐館旁的小灌木叢抓來一根細枝，把它做成替代的戒指，而她一來到長椅，我就單膝跪下，冷不防地問了那個問題。聽到派蒂說好，我好驕傲，然後我們就走上這條路了，下一步是找一枚適合的訂婚戒指。

　　我爸從不炫耀我媽。事實上，因疑心病使然，他幾乎把她藏了一輩子。這件事滲入我的骨髓，讓我對愛意感到難為情，羞於表達自己對人事物的需要、羞於開誠布公，有時連跟異性在一起都會尷尬。我爸傳達給我這個微妙的訊息：女人和家庭會使你軟弱，讓你毫無防備而易受攻擊，是無法一起生活的恐怖東西。派蒂改變了這個想法。透過她的智慧和愛，她為我證明家庭是力量的象徵，我們堅不可摧，可以承擔並享受世界更多、更多的苦樂。

　　有件事我十分確定：我將和她共度一生。是公開的時候了。該死，我們已經在一起三年，熬過爆炸性的緋聞，生了一個孩子，還有一個在肚子裡，但我討厭公開任何事情。或許是置身聚光燈下太久，也或許只是我固執的一面作祟，想把派蒂、我們的家庭和愛情隱藏起來，不讓別人看到。但這會兒我不信任這些感覺了，我知道它們不健康。

　　很多令人稱羨的伴侶並沒有結婚證書，但我們覺得那具有意義及重要性，是感情的聲明，我們心中不可或缺的東西。這就是為什麼要有宣誓、公開承諾、為婚姻祝福和慶祝活動。當你在朋友、家人、你的世界面前做這些

事，就等於向大家公開宣布，從現在開始，我們要正式結伴同行，兩個人攜手上路。

結婚這一天

一九九一年六月八日，派蒂和我結婚的日子，南加州從破曉就晴空萬里。整個早上，我努力讓我爸坐上停在他家院子裡的直升機，派蒂則在臥室裡努力擠進她的婚紗。她忘記告訴裁縫師她肚子裡有個三個月大的小潔西·史普林斯汀，婚紗必須修改。這個重要的日子，我會讓派蒂看見我從未對他人展現的自己，這讓我膽戰心驚。我相信絕大部分的我並不擅長與人相處，我極度自我中心、自戀、孤僻。幸好，派蒂也愛孤獨，她能感同身受，知道怎麼應付我。但如果她完全了解我，還會愛我嗎？她很堅強，承受得起我不那麼有建設性的行為。她對我們很有信心，而這賜予我信心，相信我們會好好的。派蒂前所未見地改變我的人生。她鼓舞我做個更好的男人，緩和我奔跑的速度，同時留給我移動的空間。她允許我若有需要，星期天去峽谷飆摩托車。她總是以我為榮。她照顧我，超過我應得的。

我們決定在自己的地方結婚，練團室後方一個漂亮的小石洞。你要穿過一片自然生長的尤加利樹林，來到灰色石板的庭院，前頭有一座灰色的石壁爐。我們要在那裡戴上花環，說出誓約。我們邀請了九十五位賓客，主要是朋友和近親。樂團帶來他們的原聲樂器——蘇西[4]帶小提琴，丹尼帶風琴，還有幾把吉他，我們現場練了一段我專門為這天創作的音樂。伊凡·詹姆斯穿著白色西裝，很帥氣，坐在前排，兩個祖母派特和艾黛兒之間，婚禮進行時一直喊「爹地、爹地」。

我的夥伴德利亞兄弟和最好的朋友強、史提夫，以及許多為我們效勞的重要人士都來了。我們仍是小報新聞關注的焦點，我們的保全就逮到一名試

---

4 Soozie Tyrell，美國小提琴家兼歌手，一九九二年加入東街樂團。

圖推餐車混進來的記者。負責我們居家安全的洛杉磯警察局已經答應，如果真的發生事情，他們會派出直升機，用一聲槍響將闖入者趕出我家領空，確保我們的隱私。這些是我們九〇年代的婚禮會遇到的情況。

那是很棒的一天。樂團、家人和賓客，這麼多熟悉的面孔，讓溫暖的午後緩慢而甜蜜地轉動。我有點緊張。當你搞砸過一次婚姻，你難免風聲鶴唳。但這一天，我們得到最親密朋友的鼓勵和支持，讓我和派蒂對我們的愛情更有把握。稍晚，洛杉磯警察局信守承諾，在晴朗的天空下，我們排成一列，讓樂器伴奏陪伴我們走到庭院，進行婚禮。院子裡，朋友介紹的神父稱職地主持儀式，我有機會告訴賓客我對派蒂的愛，然後轉移陣地，共享輕鬆的燭光晚餐和派對之夜。派蒂的父親喬伊，我那老是不按牌理出牌、堅持要在一箱橘子裡當蘋果的岳父，指著我們住宅的圍籬，問我會怎麼逃出去。我跟他說，我就住在這裡，而有了他女兒，我終於擁有我想待的地方。

度蜜月

我們在優勝美地國家公園的一間小木屋（林肯總統可能在此出生）度過五〇年代的蜜月。很好玩，但當我們以丈夫和妻子的身分望向彼此時，也同時遭受為期一週滑稽的焦慮攻擊。內心深處，我們仍是兩個孤獨的人在嘗試新事物。我們旅行，住在路邊的小汽車旅館，聽我們喜愛的音樂，我則一邊喝著威士忌。我們在旅館的草坪上玩撲克牌，看夕陽落在橫跨公路的沙漠上。我們很想念我們的伊凡，所以五天後就開車回洛杉磯。到家時，某位不知名的天空畫家[5]在我家上方單調的藍色天空上畫了一顆大大的愛心。多棒的時機啊！我們看到伊凡在院子草地的毯子上跟外婆派特玩。那個下午，我們就在那裡陪伴家人。某個時刻，伊凡在我們中間，我靠過去，吻了派蒂。從那時起，我再也不孤單。

---

5 指駕駛小飛機、利用排氣尾跡在天空畫下特定圖案供地面人們觀看的「畫家」。

小馬姑娘

　　一九九一年十二月三十日，潔西卡·芮·史普林斯汀（Jessica Rae Springsteen）出生。這個臉頰紅咚咚、髮如黑炭的小丫頭帶著緊蹙的額頭和煩躁的雙手蹦出來，看不出未來將成為漂亮的少女和自信的運動員。當時和現在都頑固到骨子裡的她，還在坐幼童高椅時，如果你要幫她解開她的小安全帶，她會尖叫、發脾氣。她還不會說話！但會坐在那裡，臉色變得像 Bazooka 泡泡糖一般粉紅，用粗短的小手指使勁地拉，跟安全帶釦奮戰，運用她小而強大的意志力，**自己來！**她通常什麼都自己來。這點永遠不變。

　　派蒂和我坐在拉姆森家中的客廳，正樓上是潔西卡的臥房。我們聽到砰的一聲。我上樓，看到她攀越嬰兒床的木頭圍欄，摔了出來。我把她放回去。五分鐘後，砰，我看著她東倒西歪地走到房間另一端的單人床，奮力爬上去。嬰兒床功成身退，永遠。這就是她進化的方式。

　　潔西四歲大時，派蒂和我為了找一塊土地，造訪米德爾頓納夫辛克河路上的一座農場。一匹馬正靜靜地在牠的小草地上吃草。潔西問：「我可以去看看嗎？」得到主人的默許，我們翻越圍籬，穿過小腿高的草地。一走到那匹馬旁邊，潔西就閉上眼睛，把嬌小的掌心平貼在牠的脅腹。她站在那裡沉思，是在虔誠地許願？祈禱？然後，「我可以坐上去嗎？」主人點頭，可以。我抱起她放在無鞍的馬背上。她靜靜地坐著，然後，經過七千三百個清晨五點三十分、數不清的馬房、數百隻蹄、刷過數百匹馬的鬃毛、走遍美國東北和歐洲數千里後，她成為傑出的終身女騎師，獲得國際肯定的馬術家，違抗地心引力，帶領重達七百公斤的動物騰空一公尺半高。天生好手。她沒有與騎馬無關的回憶。

　　潔西五歲大的一個週六早上，派蒂和我開車載她去密德蘭茲，東街樂團多次耀武揚威的地方，參與一場馬術競賽，她的第一場。我告訴她：「潔西，我們到那裡之後，如果你不想參加……」我們到了，她迅速穿上騎裝，

嬌小的身影走下通往競技場內部的混凝土斜坡，多年來，我們曾在數個勢如破竹的夜晚，在此卸下數噸重的搖滾樂裝備。在準備區，她被抱上她的小馬。場地燈光全亮。地板，通常是歌迷尖叫的地方，現在全部覆上一層二十公分厚的土。我走近說：「潔西，現在⋯⋯」我沒有獲得任何回應，第一次看到她比賽時的表情──到今天仍如出一轍。派蒂跟我進入看台，這時潔西卡·史普林斯汀的名字，迴盪在我們家鄉洞穴般的空間。派蒂跟我坐著，手挽著手，瞠目結舌。潔西在競賽一開始就上場，是當天的牽繩級 6。她拿到綠絲帶，排名第六。回家的路上，她一語不發，穿著騎裝坐在那裡，低聲悶哼，不知道在哼什麼。我們跟她說她很棒，我們以她為傲。她什麼也沒說。然後，從後座音樂般的靜默中傳來兩個問題：「獲勝的那個女孩叫什麼名字？」「她是怎麼贏的？」

新樂團，新日子

　　六個月前，我們在洛杉磯的甄選中，我從不同背景網羅優秀的樂手，集結一支出色的巡迴樂團。甄選過程非常有趣，我也藉此得到和這座城市頂尖人才合奏的機會。優秀的鼓手、貝斯手和歌者蜂擁而至，許多個充滿音樂的午後令人意猶未盡，我收穫豐碩，了解個別樂手可以做到什麼、不能做到什麼。鼓手方面我發現了一個迷人的鐵則：很多鼓手擁有令你難以置信的律動，拍子精準，但一旦要他們以搖滾精神自由發揮，像凱思·莫恩（或馬克斯·溫伯格）那樣，他們就會輕微地失誤。你也會遇到那種真正會搖滾、用生命打鼓的人，但他們的拍子通常有點問題。很奇妙。多數鼓手，最棒的鼓手，無法面面俱到，不過當時的唱片已經不再那麼著重鼓的間奏，電子節拍器也在錄音時普遍使用，所以大部分的鼓手很少被要求兼具艾爾·傑克森（Al Jackson）那樣不需輔助的節奏感，和哈爾·布萊因（Hal Blaine）那種雷霆萬

---

6 Leadline class，馬術競賽的分級，此級的參與者通常是七歲以下的小孩。

鈎的完美尾奏。最後，扎克・阿爾福德（Zach Alford），兼具硬式搖滾和放克經驗的年輕孩子雀屏中選，勝任愉快。

其他新團員包括吉他手尚恩・方坦（Shane Fontayne）、貝斯手湯米・席姆斯（Tommy Sims）、吉他手兼演唱及打擊樂器的克莉絲朵・塔利菲羅（Crystal Taliefero）和擔任合音的鮑比・金、卡羅・丹尼斯（Carol Dennis）、克麗歐佩特拉・甘迺迪（Cleopatra Kennedy）、吉雅・恰姆波堤（Gia Ciambotti）和安潔兒・羅傑斯（Angel Rogers）。他們都是很棒的團員、絕佳的樂手、優質的歌手。

我們在一九九二年六月十五日上路。我喜歡和他們一起巡迴，獲益於他們的音樂經驗。我們會坐在巴士上一直玩節奏口技，輪流播放自己喜歡的音樂。湯米・席姆斯熱愛「俄亥俄樂手」（Ohio Players）、「放克議會」（Parliament Funkadelic）等樂團和七〇年代的放克，這些都是我不熟悉的音樂。他也具備費城靈魂樂的深刻知識，那以芝萊特合唱團（The Chi-Lites）、岱馮尼斯合唱團（Delfonics）和哈洛・梅爾文藍調樂團（Harold Melvin and the Blue Notes）為典範，這些都是摩城金曲的繼承人。湯米賦予我嶄新的眼光來鑑賞這些唱片。

克麗歐佩特拉・甘迺迪和卡羅・丹尼斯帶來成熟的福音。巴比・金則是純粹的硬式靈魂樂。他是健壯結實、受過福音訓練的舉重愛好者，我們在各地既小又髒的健身房中共度許多時光。他也是我遇過數一數二搞笑的人，能言善道，擁有許多人生經歷做後盾的街頭哲學家。我們變成很好的朋友，至今仍常通電話，我也多次說服他回來跟我一起巡迴演唱。在《真實碰觸》（Human Touch）專輯巡迴後，他退出世俗音樂的行列，把自己交給他的主、他的街頭使命和家庭。現今他在建築工地工作，仍住在路易斯安那，常探訪監獄、帶福音音樂和上帝箴言給需要的人。巴比，願神祝福你。

我們共同經歷許多精彩的演出、愉快的陪伴和美好時光。我感覺暫時拋下了與東街好友們累積的包袱。然後有一天，在德國為六萬名觀眾演出時，我流連到舞台通道的遠端。我新樂團的樂音從數噸重的舞台音響設備發出來，飄到遠方，沒入向晚的午後，夕陽將一切事物和每一名觀眾變得金黃。

一座翠綠小丘上，圓形露天劇場邊緣的高處，孤單地佇立著一個歌迷，高舉一塊只寫了兩個字的牌子：「東街」。他是鐵粉，超級忠實。我對他揮揮手，笑了笑。會的，在其他時間，其他地方。

地震山姆

　　一九九四年一月五日，山姆‧萊恩‧史普林斯汀（Sam Ryan Springsteen）出生時，我們在洛杉磯的生活已經調適成舒服的節奏。經過漫長的等待，我終於看到他滑入醫師手中，臍帶纏繞脖子，拖著一條血肉的拴繩。

　　山姆出生時容貌有些嚴肅，臉像滿月一樣圓，十足的愛爾蘭寶寶。隨著年歲漸長，頭髮從前額往後梳，他看起來像喬伊斯筆下都柏林街頭的頑童。山姆以三千六百公克誕生十二天後，芮氏規模 6.7 的北嶺地震撼動南加州。北嶺跟我們加州的家只隔一座丘陵。我在凌晨四點三十一分被震醒，以為是我們的兩隻狗在床下打成一團，夜晚被牠們的「警報」咆哮劃破，床墊晃得厲害，彷彿底下有兩隻比特犬在幹一隻豪豬。我把頭伸到床側，往下看，什麼也沒有，地上是空的。緊接著，幾秒鐘後，貨運列車隆隆作響，我生平最大的一場地動山搖襲來。

　　我遇過很多次地震：日本的摩天飯店裡、洛杉磯的錄音室裡、好萊塢山的家中、拍完洛伊‧奧比森《黑白之夜》（*Black and White Night*）的一大早。《黑白之夜》那一回，就在拂曉時刻，房子開始搖晃，情緒激動的麥特‧德利亞衝到我的床邊，一絲不掛，只用一顆枕頭遮住私處，另一顆遮住屁股。他想衝去街上，但就在麥特筋肉凸隆的身體有機會傷害我洛杉磯鄰居的心靈之前，地震停止了。雖然經歷過這些，北嶺地震仍不一樣。它持續很久，久到讓我決定走進孩子的房間，三歲的伊凡站在地板中央，伸出雙臂，像在衝浪般保持平衡。他沒有顯出害怕的樣子，只是覺得納悶、困惑。我一把抓起他，接著攬住已經驚醒、正站在嬰兒床裡哭泣的潔西，派蒂則抱住山姆，他

Living
Proof

到目前為止還勉強睡著經歷這一切。然後我們處置失當：跑下震動的樓梯，在地震平息前離開屋子，進入院子。整個上午我們在院子紮營，餘震一波接一波，差不多每隔二十分鐘就讓我們緊張一次。接下來幾天，有數百起大大小小的餘震，我們把山姆擺進籃子，放在廚房靠近院子一張堅固的橡木桌子底下。

朋友來探視我們，有些人驚魂未定。我們從海灘認識的朋友那裡聽到可怕的消息：他們家底下的沙土液化成糊狀，大型家具變成致命的拋射體，在房裡滾的滾、飛的飛。我們的煙囪爆裂，房子中央連帶受損，花了好幾個月才修好。餘震夜以繼日地持續。頭幾天我們沒有電視，也幾乎斷了資訊，必須打電話給東岸的朋友才能得知我們所在的地方情況如何。最後，搖搖晃晃、嘎嘎作響三天後，剛從孕期復原、出院僅兩週的派蒂，一個新生兒和兩個還在包尿布的孩子的媽，看著我說：「我們離開這裡。」我說：「噢，親愛的，我們可以撐過去。」她說：「要撐你自己撐，我有三個小孩要考量。」

城市的氣氛惶惶不安。有報導指出，北嶺地震可能只是開端，後面還有更大的！這個想法令人心神不寧。我不希望我的新家庭最終成為新亞特蘭提斯的第一批公民。我拉了緊急剎車，打電話給當時 Sony 唱片的總裁湯米‧莫托拉（Tommy Mottola），三個小時後，一架 Sony 噴射機停在柏本克，接應一個值錢的搖滾明星和他的妻小。派蒂和我，幸運且負責的父母，回到花園州。別了，金州。紐澤西也許有黑手黨、街頭幫派、荒唐的房地產稅、噴煙的工業區和一大堆瘋狂且不正派的政客，但這種種精神錯亂底下的土地相對穩定，足以彌補林林總總的缺點。因此，剛被取新綽號的「地震山姆」乘著噴射氣流，像嬰兒的摩西在籃子裡隨尼羅河漂流，我們飛回既是他的血緣，也是慰藉的土地。

之前，我安然度過無數次地震都沒有顯著的後續效應，但這次，我們一在拉姆森的家重新安頓好，我就感到一股奇怪的餘波蕩漾。一旦夜裡派蒂的腳在床上動了一下，或者地下室的暖爐啟動時發出低沉但震動屋子的隆隆

聲，我就會心跳加速，倏然清醒，血液裡充滿腎上腺素，被最輕微的風吹草動促發戰逃反應。不久後我明白，我得了非常輕微的創傷後壓力症候群，花了近六個月的時間才完全平復。

山姆長成一名臉像獅子狗的小拳擊手。一旦對他哥哥有條不紊的折磨感到不耐，就算哥哥令人生畏，他也能積蓄足夠的力氣一拳重重打向他哥的腹部。伊凡，始終是老練的虐待狂，會完美地扮演受害的紳士。他不會狠狠揍他越級挑戰的小弟的腦袋，而會滑稽地告狀：「爸，山姆打我。」訴諸公權力。伊凡的情緒有時如狂風暴雨，但就生理而言，他不會為難弟弟。山姆善良、聰明，而他小時候就給我上了寶貴的一課。一開始，山姆是唯一我無法要求聽話的小孩。每當該給父親「尊重」時，他總是抗拒。這讓我心中老派的部分大為光火且備受挫折。孩子該尊敬爸媽！而他看起來對我毫無敬意。他忽視我、違抗我，把我當成跋扈、煩人、且對他發展中的年少靈魂沒什麼影響力的陌生人。派蒂幫他說情。我被山姆**拋在後頭**了，這就是他要告訴我的事。他在教我，當他的父親需要什麼條件。我沒有展現對他的尊重，所以他「禮尚往來」。對孩子而言，尊重是透過愛和關心他們生命中最微小的事物來展現，這樣他們才會覺得被尊重。我不尊重我的兒子，所以他也不尊敬我，這點讓我深感憂慮。

很久以前，我答應自己絕對不要像父親失去我那樣失去我的孩子。那會是毀滅性的個人失敗，沒有任何藉口，也無法原諒自己。我到年紀很大時才有孩子——我四十歲、派蒂三十六——這是明智的決定。那時我已經有足夠的自知之明，了解在稍早的人生階段，我不夠成熟也不夠穩定來為人父母。孩子一報到，我跟派蒂就知道孩子將是我們的第一順位，所有巡迴都必須避開學期期間、孩子的大事、生日。歸功於派蒂的堅持、計畫與奉獻，我們運作順利。我努力不要當個缺席的父親，但從事這一行，我時常力有未逮，因此派蒂必須母兼父職。她也在我沒有達到標準時引導我。長久以來，我一直照著樂手的作息生活，午夜的漫步者，很少在清晨四點前上床，然後一睡就

睡到中午過後。早期，孩子半夜不睡覺時，我很容易盡到照顧他們的責任。天亮之後，就換派蒂當班。但隨著孩子逐漸長大，夜班不再必要，重擔不公平地移往早上的幾個小時。

最後，一天中午，派蒂在我還在睡覺時來找我，言簡意賅：「你會遺憾的。」

我問：「遺憾什麼？」

她說：「孩子啊，早上是最美好的時間，他們最需要你的時間。他們在早上和一天其他時間不一樣，如果不起床看看，你會遺憾的。」

隔天早上儘管連聲抱怨、滿腹牢騷、臉色難看，我仍在早上七點滾下床，找到下樓的路。「我要做什麼？」

她看著我說：「做煎餅。」

做煎餅？我這輩子從沒做過音樂以外的事。我、我、我不知道該怎麼做！

「學。」

那晚，我問了當時幫我們做菜的先生鬆餅的食譜，貼在冰箱側面。一開始幾次弄得像水泥之後，我愈來愈屬害，接著繼續擴充我的菜單。現在我可以很驕傲地說，萬一音樂事業江河日下，我可以在美國任何餐館勝任早上五點到十一點的工作。餵飽你的小孩是極親密的舉動，而我獲得了報償：叉子在盤裡噹啷噹啷的聲音，吐司跳出烤麵包機的聲音，以及對晨間儀式沉默的認可。如果我沒起床，一定會遺憾。

規則：巡迴的路上，你是王；在家，你**不是**。這需要一些調整，否則你的「高貴感」會毀掉一切。我離開愈久，回到家就愈像流浪漢，愈難融入家庭生活。我向來習慣先「掩蓋」（意即搞砸），再拚命帶玫瑰、送飛吻、後空翻，試著靠魅力跳出自己挖的洞。這在孩子身上行不通（妻子也不行）。派蒂曾建議我「每天持續和山姆做同一件事」。我知道他有半夜醒來、想喝奶而來我們床上的習慣，所以我開始夜間突擊。我們會下樓去廚房，泡牛奶

喝，然後回到**他的**臥室，我說故事給他聽，他平靜地墜回夢鄉。這件事大約費時四十五分鐘，不到一星期，他開始有回應，會在深夜找我、依賴我。我的投入就是他在找的。身為爸媽幸運的是，孩子的恢復力驚人，也會寬厚地原諒你。這是我的妻子引導我、兒子教會我的事。

我跟大兒子的關係也有複雜的問題。長久以來，我微妙地發出我現在沒空、以及內心不希望自己的時間被家人侵擾的信號。伊凡從小就敏銳地接收，為了「赦免」我，他學會說：「爸，謝謝你，但我現在很忙，晚一點，或是明天再說。」我常覺得鬆一口氣，跑回自己孤獨的堡壘，一如既往，我在那裡感到自在、安全，直到像一頭需要血肉的熊從冬眠醒來，穿過屋子，找尋人類的愛與陪伴──我總覺得必須像關水龍頭一樣，把這些通通關起來。這一切派蒂都看在眼裡，她要我面對問題。很長一段時間我覺得家人可能犯的最大罪過，就是在我寫歌時打斷我。音樂稍縱即逝，一旦從指間溜走，就一去不復返。經由派蒂，我明白他們的需求第一，也學會如何暫時放下手邊的事，聽他們說話。我逐漸了解，音樂、歌曲，永遠在那裡等我，但你的孩子只有現在在這裡，以後就不在了。

雖然我可能永遠無法取得「年度模範父親」的頭銜，但我努力陪伴那些需要我在身邊教養並引導的人。派蒂也設法確保我跟孩子們有良好具穩固的關係，脫離我小時候經歷的混亂。

很酷的搖滾爹地

我一直很擔心，音樂是家庭事業的這件事可能會讓孩子避開音樂。所以有一天，當我探頭進去伊凡房間，看到他陶醉地在電腦前，耳朵鎖定某種聽起來很墮落的龐克音樂時，我高興極了。他邀請我進房，播放反對我樂團（Against Me）的歌給我聽！個樂團的搖滾聽來很硬、很靈魂。他說他們不久後會來附近一間俱樂部，星國舞廳，問我想不想跟他一起去看他們表演。我立

刻答應。那天晚上到來，我們開車上國道 9 號到塞爾維爾，到「星國」。我們將聽他的偶像演出。

我們把車停在空地後進入，看到舞台前的地板擠滿青少年。伊凡和一個朋友進入人潮中，我則到旁邊的吧台跟零星的父母待在一起。

兩個不錯的樂團，「假問題」（Fake Problems）和「河船賭徒」（Riverboat Gamblers）幫「反對我」開場。休息時間，站在我左邊、頂著黃色雞冠頭的年輕人說：「『反對我』的貝斯手是你的超級歌迷。」我說：「真的嗎？」不一會兒，我認識了安德魯・西華德（Andrew Seward），一位身體結實、留鬍鬚、頭髮赤褐色的年輕人。他熱情歡迎我，並邀請我們在演出結束後到後台跟樂團碰面。全壘打！

「反對我」上台，演出一連串驚人的曲目，讓群眾使勁搖擺、汗水淋漓。每首歌的每一句歌詞都被觀眾卯足全力回吼給樂團。一個小時，屋頂確實被掀開後，伊凡和朋友渾身濕透、精疲力竭地從搖滾區回來。他們想和樂團碰面嗎？

「想！」

我們走上樓梯，進入我投入許多青春歲月的那種狹窄的俱樂部更衣室，跟四位可以擰出水來的年輕樂手打招呼，閒聊一下，拍拍照。正當我們準備離開，貝斯手走上前，捲起袖子，給伊凡看他前臂的刺青：〈惡土〉的一段歌詞。他指著刺青說：「瞧，這是你爸的傑作。」伊凡看得目不轉睛。孩子還小的時候，我們從來沒有在家裡推銷我們的音樂，除了偶爾彈彈吉他和鋼琴，家裡沒有金唱片、葛萊美獎或其他音樂紀念品。我的孩子壓根兒不知道〈惡土〉。他們年紀還小時，每當我在街上遇到有人要求簽名，我都向他們解釋我的工作是伴演給大人看的邦尼（當時相當知名的一隻紫色恐龍）。

那晚，我們離開前，貝斯手又捲起另一隻袖子，給我們看一塊從肩膀延伸到手肘的刺青：我本人。那短暫的一瞬，看到我的影響力傳遞下去，我不禁默默感到自豪，也覺得我是全場最酷的爹地。

　　我爽快地答應送給在場眾人東街樂團的終生門票之後，我們說了再見，動身離開。回家的路上，伊凡說：「爸，那個人把你刺在他的胳臂上欸！」

　　我說：「是啊，你覺得如何？」

　　「很好笑。」

　　那個星期結束前，我在伊凡的臥室逗留，又試探了一下：「那天晚上你玩得開心嗎？」他的視線沒離開電腦，甚至沒轉頭看我，只回說：「這輩子最棒的一晚。」

　　至於山姆，則熱愛經典搖滾：狄倫、巴布・馬利和清水合唱團，後者他是偶然從電玩「戰地風雲：越南」認識的。一天晚上他晃進我們房間，看到電視上在新港市演出的狄倫。「那人是誰？」他感興趣，於是我買給他幾張狄倫早期的民謠專輯。後來，山姆上中學，可能只有十歲或十一歲時，有天我走進他的臥房，聽到狄倫《巴布・狄倫的另一面》（*Another Side of Bob Dylan*）專輯的〈自由的鐘聲〉（Chimes of Freedom）在光線昏暗的遙遠角落用黑膠唱片機播放，他則躺在床上。此情此景讓我想起那許許多多個夜晚，我也是這樣躺在黑暗中，床邊播放著史佩特、奧比森和狄倫的音樂。我坐在他的床緣，問他對年輕的巴布有什麼看法。黑暗中，他的聲音仍帶有孩子那種上揚的甜美：「史詩。」

　　潔西通曉所有和 Top 40 有關的事物，會以最大音量播放嘻哈和流行音樂，帶我去看泰勒絲（Taylor Swift）和賈斯汀（Justin Timberlake），更在車裡和她的朋友放聲高唱。對於**現下在電台發生的事**，她是我的嚮導和譯者。許多假日夜晚我都在 Z100 電台舉辦的叮噹演唱會中度過，見到夏奇拉（Shakira）、蕾哈娜（Rihanna）、打倒男孩樂團（Fall Out Boy）、帕拉摩爾樂團（Paramore）及其他許多金曲創造者。在麥迪遜花園廣場，我心平氣和，坐在尖叫不絕的青少年和堅毅頑強的父母之間。有次旁邊一位美麗的女士比了比潔西，問我：「那是你女兒嗎？」我說：「是啊！」然後她指向舞台，上面是穿著白色芭蕾舞短裙、正要成名的女神卡卡（Lady Gaga），說：「那是我女兒。」

我的孩子第一次來看我們表演時，年紀還很小，在最初的震驚和敬畏過後，他們通常會睡著，或飄回他們的電玩，很高興地放任爸媽做他們的工作，然後回家。到頭來，身為爸媽，你是**孩子**的聽眾，但他們不一定要當你的聽眾。我始終覺得，年輕孩子不介意看到五萬人噓你的爸媽，但什麼樣的孩子想看五萬人為爸媽喝采呢？沒有。

　　隨著孩子年歲漸長，事情多少有些變化，對爸媽事業生涯的了解慢慢滲入我們家庭。我喜歡聽孩子批評我的唱片，喜歡看到他們在我們的演出中玩得開心。但知道這點我很高興：他們已經經由自己的偶像、透過自己的方式、在自己的時間，於搖滾和流行音樂的聖河中受洗了。

59

費城街道

　　一九九四年，我接到導演強納生‧德米（Jonathan Demme）來電，問我能否考慮為他正在執導的電影《費城》（Philadelphia）寫一首歌。這部片描述一名男同性戀和愛滋病奮戰，努力保住他在費城一家聲譽卓著的法律事務所的職務。我在拉姆森的家裡設好錄音室，接下來幾個午後，開始著手寫下一部分歌詞，內容在悼念一名摯友的死。強納生想要一首搖滾歌曲當電影主題曲，我花了一兩天嘗試，但我寫的歌詞似乎抗拒被置入搖滾樂。我開始亂玩合成器，用我在鼓機設計的一種輕嘻哈節奏播放音樂。當我一把節奏慢下來，配上幾個基本的小和弦，歌詞就落進適合的位置，我一直在找的那種聲音也自然湧現。幾個小時後我完成這首歌，把帶子寄給強納生，覺得自己有辱使命。數天後他打電話給我說他很喜歡，並將它配上費城的影像，放在片頭。

　　〈費城街道〉（Streets of Philadelphia）打進排行榜前十名，應該歸功於電影，但也因為它訴說了這個國家當時正在設法解決的問題。我們該如何對待努力對抗愛滋的兒女呢？強納生的電影在重要的時機出現，起了作用。我很榮幸能成為其中一小部分。噢，那還讓我贏得一座奧斯卡。當我從洛杉磯北行，準備把獎座拿給爸媽看時，它顯示在機場的 X 光螢幕上，我不得不把它從包包裡拿出來。一抵達聖馬刁，我走進廚房，爸仍坐在那裡，像一尊藍領的佛陀一樣抽著菸。我啪地一聲把它放在他面前的桌上，他看了看，然後望向我，說：「我再也不會要求誰去做什麼了。」

　　〈費城街道〉發行後，我在洛杉磯度過大半年，試著構思一張相同風格

的專輯,一張以男人和女人為中心,陰暗的專輯。我已經連做三張這樣的唱片,只是語氣不同。前兩張獲得的反應雖不算冷淡,但也相去無幾。我開始覺得跟聽眾無法契合。

一晚,羅伊和我開車兜風,他認為或許是抒情詩般的內容疏遠了一些歌迷。任何絕無僅有的東西都可能僥倖成功——《愛的隧道》和《內布拉斯加》就是絕佳的例子——但那必須精雕細琢,完整呈現。我的歌主要描寫民眾生活,特別是工人生活的各個層面,雖然當時我訓斥羅伊他不知道自己在講什麼,但我其實覺得他說的不無道理。我不僅僅為觀眾想聽什麼而寫,此時此刻,我們正在進行一場終身對話,所以我必須考慮他們的聲音。你必須勇於冒險,傾聽心底的聲音,它說什麼,你就寫什麼,但你的創作本能並非萬無一失。向外尋找方向、建議和指引,都是健康且有收穫的。這原本將是我連續第四張探討人際關係的唱片。如果我感覺到它的完滿,就會毫不猶豫地推出。但一張圍繞同樣主題卻未完整呈現的唱片,感覺多餘。我必須跟現實妥協:在我努力創作、錄音、混音了一年後,作品是要上架的,那裡才是它的歸屬。

《精選輯》(*Greatest Hits*)

我又茫然了。我要去哪裡?我現在是誰?我要做些什麼獻給聽眾?如果我的腦袋裡有這些問題,聽眾的腦袋裡也有。所以,即使心存疑慮……後退!當時是一九九五年,距離前一次東街樂團一起演出已經七年。那是搖滾樂的世代,我們還沒做出一張偉大的暢銷唱片,而我們決定,是稍微提醒大家我們曾做過什麼的時候了。

前一次樂團並肩站在錄音室裡是十年前的事了,但我還是拿起電話,一一打給大家,解釋我想做的事,並說明僅此一次。一九九五年一月十二日,我們在「金曲工廠」的 A 錄音室集合——錄《生在美國》時,我們多次在此碰頭。我們互相擁抱、熱情寒暄,然後開始工作。錄了一兩個時程,我接到

史提夫的電話，他說聽說我們正在錄音。我有點畏縮。十五年了。但幾個晚上後，史提夫就坐在錄音室的高腳椅上，綻放格魯喬‧馬克思（Groucho Marx）一般，大眼睛、溫柔親切的笑靨，我好喜歡、好懷念的笑靨，為〈艱困之地〉（This Hard Land）撥曼陀林。

後來我們拍了一段樂團在 Sony 錄音室演出的宣傳短片。一天晚上，我在洛杉磯的家裡放影片給吉米‧艾歐文看，來到〈雷霆路〉時，他說：「你應該打鐵趁熱。時機難得，感覺對極了。」我明白，但我還沒準備走到那一步。《精選輯》成績斐然，給了我九〇年代中期的漂泊一些重心和刺激，然後我們再次各奔前程。

這次的計畫還剩下一首歌未完成，一首我為樂團而寫、但無法完成的搖滾樂。〈費城街道〉和強納生‧德米讓我再次考慮書寫社會議題，這是過去十年我盡量避開的主題。隨著成就累積，某種「有錢人穿窮人衣服」[7]的顧忌讓我對這一類的創作感到不安。但過去，透過我年輕時的經歷和見聞，這些事情我寫得很不錯，而這些年來，我已經淬鍊出一種與眾不同、探討這些主題的聲音。那是一個故事，我必須訴說的一段親身經歷。你有權提出你的故事、你的榮譽、你辛苦的工作和最好的天賦、你受到的啟發，而基於蒙恩和感謝，你努力把它說得精彩。你選擇書寫的內容一定會模稜兩可、矛盾而複雜，就跟你的人生一樣。你學會與它們共存。你信任你的需要並跟你認為重要的事物對話。創作二十五年後，這首歌幫助我將這些牽動我後半工作生涯的議題凝聚成形：〈湯姆‧喬德之魂〉（The Ghost of Tom Joad）。

---

7 作者〈更好的日子〉（Better Days）的歌詞：「A rich man in a poor man's shirt.」

《湯姆‧喬德之魂》

　　現在我們往返東西兩岸，七月到十二月在紐澤西，一月到六月在加州。我在逗留加州的期間開始思考這張新唱片。再次在我的「家庭旅館」用「家庭設備」工作，錄下近期創作的許多非電子樂和鄉村搖滾歌曲。《湯姆‧喬德之魂》是《生在美國》成功後，我跟自己在心底辯論十年的成果。辯論的焦點是一個簡單的問題：有錢人屬於哪裡？如果「駱駝穿過針眼」真的比「富人進入天國」容易[8]，那我短期內進不了天國之門。但無妨，塵世還有很多工作要做，這就是《湯姆‧喬德之魂》的前提。在塵世的短暫時光，我們該完成哪些工作？

　　一開始陪我錄這首歌的只有我自己、我的木吉他和我之前嘗試為樂團寫的〈湯姆‧喬德之魂〉的殘餘物。一把這首歌錄成專輯裡的版本，對於我想做的唱片，我突然有想法了。我將接續在《內布拉斯加》停下的地方，將故事場景改設在九〇年代中期，我目前居住的土地：加利福尼亞。音樂極簡單，旋律不複雜，樸素的節奏和編曲界定這些人是誰，以及他們如何表達自己。他們輕裝旅行，身材精瘦，表情直接，但他們想說的話，多半留在話語之間的沉默中。他們是過客，過著辛苦又複雜的人生，而其中一半的人生被遺留在另一個世界，另一個國度。

　　這類歌曲的敘事能否拿捏精準至關重要。正確的細節能充分說明你的主

---

8 出自《馬可福音》。耶穌對門徒說：「我告訴你們：富人難進天國。我再告訴你們：駱駝穿過針眼，比富人進天國還容易。」

角是誰，錯誤的資訊則可能摧毀故事的可信度。音樂對了，歌詞對了，你的
聲音就會化為你選擇描寫的那些代言人。基本上，藉由這些歌，我找到那些
人物，聽他們說話，這總會帶來一連串與他們有關的問題：他們會做什麼？
絕不會做什麼？你需要找出他們說話的節奏和表達的本質，而如果這首歌缺
乏中心情感，全世界的鮮明細節都將失去意義。這時你必須抽離，從你與你
描寫對象共有的特質中跳脫出來。盡可能將這些元素集合起來，便能闡明他
們的人生，榮耀他們的經驗。

　　造訪爸媽的路上，我曾多次穿越加州中央谷地。我常花時間駐足遠離州
際公路的小農鎮。想要正確掌握這個區域的細節，需要大量的研究調查。我
緩慢而謹慎地追溯故事的源頭，用心思考這些人是誰，以及他們擁有的選
擇。在加州，有一種新國家在舊國家的邊緣建構的感覺。你感覺得出來，下
個世紀的美國會先在那裡的沙漠、田野、小鎮和城市成形。這個預感已經成
真，而現在你只需要找個夏夜到五千公里外，我東北的家鄉菲力荷，看看西
班牙的生活如何湧入、國家的面貌一如過去一再改變那般改變，以及帶來那
些改變的人在初次來到時所面臨的嚴酷迎接。

　　種族和排外的老故事持續上演。我試著在為《湯姆‧喬德之魂》創作的
歌曲中呈現一小部分。〈錫那羅亞的牛仔〉（Sinaloa Cowboys）、〈邊境線〉（The
Line）、〈巴爾波公園〉（Balboa Park）和〈越界〉（Across the Border）等歌曲為我早
期的人物追本溯源，一路追到墨西哥移民在新西部的早期經驗。這些歌曲完
成了一個循環，將我帶回一九七八年，從約翰‧福特執導的史坦貝克《憤怒
的葡萄》（The Grapes of Wrath）改編電影中汲取靈感。他們的膚色比較黑，語言
也不同，但被困在同樣殘酷的處境中[9]。

　　〈揚斯鎮〉（Youngstown）和〈新的計時器〉（The New Timers）這兩首歌則受到

9「他們」指墨西哥移民，膚色和語言是跟《憤怒的葡萄》裡的奧克拉移民相比較。作者這
　張專輯名稱中的「湯姆‧喬德」即是《憤怒的葡萄》的主人翁。

《未知旅程》(*Journey To Nowhere*)一書的啟發,作者是我朋友達爾・馬哈瑞吉(Dale Maharidge)及麥可・威廉森(Michael Williamson)。兩首歌都記錄了後工業化在美國產生的效應,以及失業、勞務外包和製造業基地的消失如何影響當初辛勤工作建立美國的人們。我曾親眼見證:菲力荷的卡拉古森地毯工廠,不願與工人解決勞資爭議,索性直接關廠,往南尋找更便宜、尚未組織工會的勞力。工作就這樣沒了。小時候,我爸曾在那裡的生產線工作,我的音樂生涯和卡斯提亞就誕生在離它不斷噴氣的煙囪和發出鏗鏘聲響的織布機不到五十公尺的地方。(工廠營運了六十年後,於一九六四年關廠。)

　　《湯姆・喬德之魂》的尾聲,我描述了許多啟發這些歌曲的人遭逢的死亡和變故。我努力闡釋〈加爾維斯敦灣〉(Galveston Bay),它原本有較激烈的結尾,但愈聽愈不適切。如果我要找到一扇有光的小窗,我必須讓這首歌裡的這個人找到。我已經寫了〈越界〉,那像是你在展開一場危險旅程的前夕所做的祈禱或夢。這個歌手在找一個家,能讓他的愛得到回報、信仰得以重建、可能存在一絲平靜與一線希望的地方。在〈加爾維斯敦灣〉中,我必須讓這些概念感覺可以實現。這首歌提出這個問題:最政治的行動是個別行動嗎?——黑暗裡、寂靜中,某人所做的那個足以影響當前世界的決定。我需要一個受到驅使而做出錯誤行動、但尚未去做的人物,他出於本能拒絕再為周遭的世界增添暴力。雖然非常艱辛且違背心意,他仍超越了處境,找到力量與慈悲來拯救自己和所接觸到的一部分世界。

　　《湯姆・喬德之魂》記錄八、九〇年代日益嚴重的經濟分歧所造成的影響:許多胼手胝足犧牲奉獻創建美國、付出我們日常所需勞務的人,面臨艱困的後果。我們是由移民建立的國家,沒有人知道今天有誰會越過邊界而來,他們的故事或許會為美國故事增添重要的一頁。此時此刻,二十一世紀之初,新舊世紀之交,我們再次遭遇「新美國人」的問題。就跟前一次一樣,人們會到來,蒙受苦難和偏見,與最反動的勢力和最硬心腸的寄養家庭奮戰,而後證明他們韌性堅強,反敗為勝。

　　我知道《湯姆・喬德之魂》不會吸引廣大的聽眾，但我相信專輯裡的歌曲會再次肯定我最強的本領。這是一張新唱片，也是一個參考點，說明我試著代表的事物，以及身為詞曲創作者仍想探討的主題。

　　一九九五年十一月二十一日，我踏上紐澤西新伯倫瑞克的州立劇院，舉辦自七〇年代初期在「馬克斯的堪薩斯城」以來的第一場個人演唱會。我必須吸引全場觀眾兩個半小時，沒有樂團作伴。

　　單獨演出宛如赤身裸體或走鋼索一般，令人出乎意料的緊張。只有一個人，一把吉他，「你」，和觀眾。被喚出的是歌曲裡的情緒核心，被揭露的是你們彼此，以及你和音樂赤裸裸的關係。如果你的歌寫得不錯，就算只剩骨骸也能屹立不倒。〈生在美國〉迸發成三角洲的滑弦藍調[10]，〈城市邊緣的暗處〉徘徊於它的孤寂之中。劇院裡，我的音響工程師約翰・凱恩斯（John Kerns）運用音響系統的力量，讓我的木吉他一會兒是打擊管弦樂隊，一會兒是幾乎聽不見的環境刮擦聲，陪伴我的歌聲。我在我的嗓音裡發現新的微妙之處，開發出假音，也學會用吉他代替一切——從鼓到回音尖銳的背景聲。第一晚結束時，我找到了不像與東街樂團演出時那麼激烈，但同樣強而有力的東西，一種全新的語言來跟聽眾說話。

　　我發明一套新的吉他定音和發音技能，學習新的彈奏技巧，並徹底運用我聲音全音域的力量。這讓一連兩小時只有一個人和一把吉他的各種音樂曲目不致讓人幽閉恐懼症發作。歌迷必須帶著安靜來，而他們帶來了。我許多歌曲中的人物都是孤獨的男人，你必須感受他們周遭和內心的空間與空虛有多沉重，你必須**聽到**他們的思想，才能領會他們的處境有多嚴峻。這種音樂的魔力在於它變化的彈性，從吉他的漸強到呢喃的沉靜。

---

10 Delta Blues，源自美國南方密西西比河三角洲一帶的音樂。盡訴農耕勞工、貧苦社區生活的艱苦與悲情。

Living
Proof

　　這幾場演唱會讓我重振精神，鼓勵我更深入地挖掘我詞曲創作的核心，讓我每晚回到飯店後，隔天一早都要拿著歌譜好幾個小時，開採我發現的新礦脈。

　　這次巡迴結束後，我重新投入我的「主題式」創作，我前幾張唱片拋棄的東西。我終於再次對這樣的自己感到自在了。我還有新歌要寫呢！

西部的男人

在加州，我爸非常努力工作，一直擔任巴士司機，每天都去上班、減重、打網球、當潘美運動隊伍的教練，享受不富裕但充滿愛的新生活。我去拜訪時，他更隨和、更圓融，身體也更健康了。看來一些壓力已經解除。但持續不久。當他的病去而復返，他變本加厲。

我在巡迴期間拜訪爸媽時，如果帶著任何男性朋友同行，就會引發我爸嚴重的疑心病。他會半夜衝出房間，無端地大吼大叫，幻想我們要找我媽上床。我必須事先警告朋友，或者乾脆不帶他們回家。我們開始為父親尋求協助。他被診斷出妄想型思覺失調症。終於，事情開始有頭緒了，他需要專業的協助，雖然百般不願，他還是開始接受治療。

狀況好轉一陣子，然後他垮掉了。年紀老大後，他展現非常狂躁的一面。我爸體重一直很重，有著美式足球員的體格，而且體重很容易增加。一年後拜訪爸媽時，我很訝異地發現他比我還瘦了。他愛上走路，不停、不停地走，走到骨瘦如柴，像個陌生人。而最糟的是我看得出來他的心理並未正常運作，他的臉緊繃得不自然，五官僵硬到無法控制，就連最世俗的問題都回答得晦澀難解。

「嘿，老爸，今天天氣看起來不錯。」

他會吐兩口煙，說：「噢，是啊，那是你自以為。」

他漂流在真實與妄想之間，無法停止不動。然後，他厭煩了，不動了，體重增加，陷入憂鬱，好幾個月不離開餐桌半步。他曾從加州直駛到紐澤西，一路完全沒休息，到我家門口留下紙條，寫著：「抱歉，我很想你。」

再開車去我媽的親戚那邊（在爸心中，那裡向來是叛亂的溫床），把他們罵得狗血淋頭。然後再回頭，一路直駛回西岸。他像瘋子一樣繞行整個國家，或許是在享受退休，但坐副駕駛座的我媽知道事情並不單純。那時他已經被診斷出病情且接受治療，但他常拒絕服藥。他們開啊開，開啊開，再這樣下去，他會害死自己、我媽或其他人。

有一次爸失蹤三天，媽打給我，我飛去加州，得知他在洛杉磯郊外的沙漠某處被捕。違反交通規則。根據他的說法，他站在法官面前，拒絕繳納小額罰款，所以被關進牢裡。幾天後，他被送往洛杉磯另一座監獄，然後獲釋。最後，一通電話打來，我得知他清晨六點在中國城街上一間「老人」小酒館裡，一個好心腸的酒保照料他。回家途中，我們停在麥當勞吃早餐，我爸差點讓我們跟隔壁桌的人起激烈衝突：爸沒來由地開始亂飆髒話，隔壁桌的人以為爸是在罵他。我道歉，盡可能解釋，然後趕緊帶著我們的滿福堡離開。很悲哀。我爸聽到的是自己腦海裡的聲音，而給予回應。

回到聖馬刁的家，他還是管不住自己。他**不會**停止，也**不會**服藥。他告訴我他害怕一切都會消失：活力、決心（即使他漫無目標）、自我中心的力量、躁狂狀態下的興奮——除了漫長且連綿不絕的憂鬱，其他都會消失。我理解，我也經歷過，雖然沒有他那麼極端。躁鬱症，是我們家族點心盒裡的獎品。我告訴他我理解，但這樣下去他一定會傷害人，傷害我媽或他自己，而少了他們我不能活。沒有**他**，我不能活。我們全家都愛他、需要他，我也愛他、需要他。他是我們力量的泉源、我們的重心、我們的心臟，所以能不能請他允許我幫助他照顧他自己？這場推銷並不容易，有吼叫，有哭泣，最後他跟著我們走出家門，去醫院。

他在醫院待了三天。留院觀察，檢查，服用若干能讓他回到地球、回到我們身邊的藥物。從此刻起，並非一帆風順，但現代藥物多給了我父親十年的人生和他從未有過的平靜。他和我媽得以慶祝五十年結婚紀念。他得以認識他的孫子，我們也變得比從前親近。他比過去更容易相處、熟悉，懂得

愛。我常聽人家形容年輕時的父親「有惡魔般的精力」、「瀟灑浪蕩」、「有趣得不得了」，也熱愛跳舞，但從沒見過那樣的他。我只見過那個孤單沉思的男人，總是不安、失望，從不自在，從不安寧。但他在人生最後幾年，溫柔再次湧現。

他的狀況時好時壞。有時在車上，他會滔滔不絕地吐出令人害怕的意識流，彷彿那些是昨天才在車道上發生的事。我童年時總共說不到一千句話的父親，在廚房的黑暗中與幻夢和惡魔對決了四十年，而在疾病的控制下，他已經將那座神殿的門打開一條縫。隨意開上日落大道兜風，我會聽到他玄異而無辜地訴說他幻想的道路冒險。我會聽到，所有事情都有哲理！人生的意義（好）、愛情（非常重要）、金錢（沒那麼重要）。金錢沒那麼重要？這話從我爸的嘴裡說出來？他以前可是說過，他會為了一塊錢把人勒死！這一切都是他媽的神經突觸擦槍走火的妄想。世界的狀態和各種之前禁止談論的主題，現在對道格·史普林斯汀來說多多益善。斯芬克斯[11]開口說話了！我爸展現了自己，或者某部分的自己，雖然是在脆弱的狀況下。所以，他這些聲明沒有揭露任何真相，反而帶來更多謎團，讓人更想了解到底是什麼如此深不可測。話雖如此，在他人生的最後十年，大部分的時間，他看起來比以往平靜且穩定，狂躁的那一面受到抑制。你就是必須和其他部分和平共處。逝者已矣。過去的管路系統不會再有更好的功效或實用技術了，未來掌握在明天的手中，現在必須保持它的魅力。我們最後得到的是一個安靜、時而令人洩氣的不成熟男人，能讓他回應的刺激只存在我的搖滾靈魂裡。這是我的父親。

最後，時間走完。這些年來，他不僅跟自己的心理奮戰，也狠狠打擊了自己的身體。他做過心臟冠狀動脈三重繞道手術、中風、電擊起死回生，仍

---

11 Sphinx，源於古埃及神話，長著翅膀的怪物，通常為雄性。希臘神話中，斯芬克斯坐在城堡附近的懸崖上，攔住過往的路人，向他們提問，猜不中者就會被牠吃掉。

堅持活著。那時醫學能做的只有這麼多。他的心臟耗盡了，而讓一件事情變好的藥物同時讓另一件事情變差，報酬遞減法則完全展現。四月最後幾天，我陪他坐在安寧病房裡，院方帶著能讓他再活久一點的機器進房。他看了看機器，問：「布魯斯，我辦得到嗎？」我回答：「你通常可以。」但這一次他沒辦到。父親以他的風格離開，年華老去、不可改變的存在，身體蒼白陰冷。他最後在想什麼，只有母親知道。

父親過世前，我站在他身邊，細看他的身體，他那一代的身體。沒有發亮，穿不下盔甲，只是凡人之軀。看著躺在床上、即將走完此生的父親，我看到每次照鏡子時，鏡子回給我的日漸稀疏的黑色捲髮和高額頭。父親遍布斑點的臉、公牛般的脖子、肌肉發達的肩膀和臂膀、胸部到啤酒肚之間的沼澤，一半蓋著皺巴巴的白被單，從被單下方伸出的是大象般的小腿和棍棒般的腳。腳紅中帶黃，充滿牛皮癬留下的疤痕。化為石頭的它們，已經沒有路要走了。它們是我的仇敵的腳，也是我的英雄的腳，已經從底部開始崩解。我往上看，看到歪七扭八的四角褲，最後回到那兩道腫脹的狹縫，微露出一雙發紅的褐色眼睛。我佇立良久，彎腰，用雙掌扶起一隻沉重、膚似鱗片的手。當我的唇親吻砂紙般的臉頰，我感覺到溫暖的氣息，然後我輕聲說了再見。

一九九八年四月二十六日傍晚，在母親的懷抱中，父親靜靜吐完最後一口氣，於睡夢中去世。

上天多賜予我們的那幾年裡，我有幸見到我的孩子愛我的父親，有幸見到父親耐心並和藹地對待他們，也有幸見到他們哀悼父親的死。我爸愛海，常待在海岸凝望海水，欣賞船隻。爸媽住舊金山時，他有一艘小船，總是繞著海灣划。守靈那夜，我的孩子走近他的棺材，將他的「船長帽」放在他手上。那是船長和坦妮爾合唱團（Captain and Tennille）那位男士會戴的帽子，是孩子的戲服，是代表未實現的人生和未達成願望的圖騰；是一面盾牌，掩護我爸漂亮、岩石狀、快禿光的頭；也是一個象徵，凸顯他想像中威風凜凜的男

子氣概——他始終覺得失之交臂且受困的雄性特質。

　　我了解那種渴望。對我來說，我要的不是船長帽！而是「老大」！隆起的肌肉，柔道，每天舉總重量數千數萬磅無意義的物體，直到終於達成父親期待的那種體格。

　　幾個月後，在暮色中和孩子從錄影帶店回家的路上，我無來由地提起父親的死。車裡一片靜默。我凝視後照鏡，看到年幼的兒子和女兒張大嘴巴在哭，但沒有發出聲音。然後，如閃電過後延誤的雷聲：「什麼，這是為了那個戴船長帽的人嗎？」看到我的孩子為我爸哭泣，感覺真好。我把車停在家門外，他們衝進屋裡，還在放聲痛哭。派蒂看到我帶著微笑尾隨而入，「發生什麼事了？」「是老爸，他們在為老爸哭泣。」

　　他被送回菲力荷，他說他痛恨的城鎮，而另一部長禮車，帶來淚水的禮車，載著孩子。我們載他直駛斯羅克莫頓街到聖羅撒墓園，跟他的母親、父親、姊姊和所有先來到的不安靈魂躺在一起。咻、咻，菲力荷殯儀館的機器——我從年輕時幫愛爾蘭和義大利人守靈時就熟識的一群人——將他的棺木降下二公尺。然後，我、妹婿、姪兒和最親近的朋友德利亞兄弟，親手將他掩埋。我們鏟的土在沉悶的聲響中落在他的棺木上，然後我們輕拍泥土，靜靜地站在那裡，唯有車聲從遠在山腳的公路呼嘯而過。

　　父親不是現代人。他總是以真面目示人。或許是疾病使然，但年歲漸長，他不再掩飾他的臉，那張臉蒼老、疲倦、時而困惑；原始、過時、強勁、對自己的命運一無所知、因承受的掙扎和虛無而顯得高貴。父親的葬禮上，我洗心革面已久的「油膏」妹婿米基·薛夫發表了動人又搞笑的悼詞。他說到有天我們讓父親坐在輪胎沒氣的輪椅，將他推到加州海岸頂端的一座峭壁，看他的孩子和孫子在底下風大的沙灘和冬天的浪花中嬉戲。他描述父親笑著坐在那裡，一臉平靜安詳，「凝視底下他創造的一切」，他的「藝術品」，他的愛，他的家人。

我即將成為父親的幾天前，我爸一早出現在我洛杉磯家的台階上。他從聖馬刁開車過來，「只是想打個招呼。」我請他進來。十一點整，沐浴著陽光的小用餐區，我們坐在餐桌啜飲啤酒。處於正常狀態的父親沒有閒聊的天分，所以我盡己所能。

他突然冒出一句：「布魯斯啊，你一直對我們很好。」沒錯。停頓。他的眼神飄向外面，望著洛杉磯的薄霧，繼續說：「而我對你不怎麼好。」一陣短暫的沉默。

「你盡力了。」我說。

就是這樣。我需要的只有這樣，這就夠了。那天我很幸運，父親給予我以為這輩子不會得到、簡短的真心話。這就是那天早上他開車八百公里過來的原因。他要在我將為人父之前告訴我，他愛我，並提醒我要小心、要做得更好，不要犯跟他一樣惱人的錯誤。我努力做到。

他去世後沒多久，我就感覺到窒息般的幽閉恐懼。雨扎扎實實下了兩個禮拜。那時我睡在室外，陽台上，冷雨中。我到現在還不明白為什麼要那樣做，可能是「死亡正在逼近下一個排隊的人」之類的。我就是無法回去屋裡。那段期間我造訪所有父親常去的地方：藍月酒館、貝爾瑪碼頭、馬納斯寬渠道——父親會獨自把車停在馬納斯寬渠道好幾個小時，菸夾在左手，懸在駕駛座的車窗外，看著漁船離開，又從海上歸來。最後，一天晚上，在派蒂的幫助下，我進了屋裡，淚如雨下。

我們藉由發揚爸媽最好的一面、擱下其他部分來榮耀他們。藉由對抗並馴服於之前使他們衰弱、現在住在我們體內的惡魔。這是我們僅能做的。這樣就很幸運了。我很幸運，有我愛的妻子，一個漂亮女兒和兩個帥氣兒子。我們很親近，沒有蒙受我在我家經歷過的疏離和困惑。儘管如此，父親不安的種子仍深埋在我們的血液裡，我們必須留意。

我從父親身上學到許多艱難的課題。僵硬死板，以及藍領對一九五〇年代「男子漢」風格的自我陶醉。內心渴望獨立，渴望完全照著你的意思走，

或完全不照著你的意思走的世界。深深受到沉默、祕密和隱匿所吸引。總是保留什麼，不願拿下面具。扭曲的觀念：你奮力贏取、創造的美好事物，以及愛，會使你變質、著魔，奪走你想像的、奮鬥已久的自由。始終心懷不滿，導致難熬的憂鬱。酒吧的儀式。害怕生命中所有危險、漂亮、堅強的女性而產生的厭女情結，結合潛在的身體威脅與心理霸凌——用來嚇唬、告誡他人：我的黑暗面一觸即發。你會用這些去恫嚇你愛的人。當然還有故意失蹤：你在那裡，又不在那裡，心不在焉；難以親近，難以親近的樂趣和不滿。這些最終會讓你對人生的挫敗產生黑色撩人的幻想，讓惱人的瘡疤被割開，讓你漫無止境地墜入這個在某些時刻遠遠聞起來很芬芳的深淵。當然，如果不要說得這麼浪漫，你很可能只是街上另一個製造混亂的笨蛋，為了自己的「議題」犧牲你珍愛的家人的信任。全美各地的郊區多的是你這種人。然而，我不能全賴到父親頭上，也因為我自己的軟弱無能，遲至今日仍無法拋開這一切。我仍指望我最愛的鳥身女妖回來這裡盤旋，慢慢啃蝕我華麗的世界。透過努力和派蒂偉大的愛，我克服了其中一大部分，但不是全部。有些日子我心中的界線搖晃不定，黑暗和憂鬱彷彿在召喚，而我盡可能尋求藥物幫助。但在狀況最好的日子，我可以自由自在地享受時光緩慢流逝，享受生命中的溫柔；我可以感受圍繞並流經我的愛；我離家很近，正和我愛的人，過去及現在所愛的人，手牽著手站在陽光下，在某個東西的外圍，這個感覺很像自由。

　　有些人的愛我們想要卻得不到，只好模仿。這很危險，但能讓我們感覺更親近，給予我們親密的幻想——永遠得不到的親密；讓我們將理應屬於我們，卻被拒絕給予的東西歸為己有。二十幾歲時，隨著我的歌曲和故事逐漸成形，我尋找能與之交融的歌聲來加以敘述。那個時刻，透過創意和意志力，你可以重新編造、重新擁有童年時互相衝突的聲音，賦予新生，將它們轉變成生氣勃勃、強而有力、追尋光明的東西。我成了維修工人。這是我職責的一部分。所以我，一輩子沒做過一星期體力勞動的我（喝采，為搖滾樂

Living
Proof

喝采！），穿上工廠工人的制服，我父親的衣服，上工去。

　　一天晚上我作了個夢。我在疾速飛翔的舞台上，夜在燃燒，而父親，去世已久的父親，靜靜坐在觀眾席靠走道的座位。然後，我來到他身邊，在走道上跪下，好一會兒，我們一起看著舞台上燃燒的男人。我碰觸父親的前臂，對著這些年身患憂鬱、一直癱瘓般坐著的他說：「爸，你看，舞台上的那個人。那是你，我心中的你。」

62

東部的女人

　　自母親搬去加州，一直到三十年後，父親過世才回到紐澤西。流水一去不復返。對大妹維吉妮亞跟我來說，我媽總是以我爸為主，這是個苦澀的事實。他總是第一順位，永遠如此。我媽對子女懷抱偉大而深刻的愛，但她至今仍會告訴你，那是她的選擇，她知道自己該那麼做。

　　我媽二十三歲時嫁給我爸。依她那一代的標準，那是人們該成家、上戰場、離家靠自己生活的年齡。她離開時，我妹和我分別是十八、十九歲，在頗嚴酷的環境下生活。我們有自己該過的人生，自立自強。我媽已經嫁給我爸，或許她認為我爸比我們更需要她。沒有她，爸的病可能會要了他的命，或讓他流落街頭，或者，更可能讓他回家且永不離開。我爸即使生病，仍狡猾得很。他把我們扣為人質很多年——在我媽的例子中，是至死方休，而她從不曾為此責怪他。

　　我媽並未積極追求看似更適合她的天性、也可能擁有的人生：吃飯、跳舞、歡笑、成熟的夥伴關係、公平分攤重擔的人生。我們不見得想要看似最適合我們的東西，我們想要我們「需要」的東西。你做你的選擇，承擔後果。她選了，也承擔了。我們都是如此。

　　我媽支持我最狂野的夢想，全盤接受真正的我，扶植我內心深處看似不可能成真的劇本：我將創作音樂，而在某個地方，會有某個人想聽。在我四周黯淡無光的時候，她用她的光照亮我。

　　當我一夕成名，我媽相信聖者已經到來，明白我們歷經艱辛而祈神保佑。我相信。

我媽教會我很多事，包括危險但適時的一課：有一種愛看似超越了愛，超越我們的掌控，而我們將終其一生給予祝福與詛咒。這會讓你著火、讓你迷惘、驅使你綻放熱情並走向極端，也或許會狠狠打擊你講理且深情的部分。愛與謙遜息息相關。在我爸媽的愛情裡，仁慈、超越人類的同情、憤怒、強迫性的忠貞、寬厚、無條件付出，在愛的路上燒灼一切。這是排他的。這並不卑微。這是他們的愛。

　　我媽至今依舊神奇。人們一見到她就喜歡她，理應如此。現年九十一歲、正與阿茲海默症搏鬥的她給予世界溫暖和熱情，即使世界不配獲得。她充滿不屈不撓的樂觀、令人心碎的堅韌、笑聲，與豐沛的幽默感（某年耶誕她送我全套第三季《神探可倫坡》〔Columbo〕──「你知道嘛，就那個穿雨衣的！」），一點憤世嫉俗也沒有。直到今天，每次上當地餐館花一個鐘頭吃一頓平凡無奇的午餐，她仍讓我感受到她對人生真摯、深切的希望。我媽非常、非常搞笑，有她在總是笑聲不斷。她是天生的表演者、舞者，就連最不正式的外出服也搭配得時髦完美。她愛好民主、主張平等，但不知道這些字眼與她何干。她是情感的動物。回到紐澤西後，她已經學會（這並不容易）如何在我的家人間自處。我們經歷過小小的攤牌，甚至咆哮一整個下午（這在姓史普林斯汀的人家裡非常罕見）。然後我看著她努力調適、自我節制、用智慧和愛為我們犧牲奉獻。我爸媽骨子裡都有藐視法律的性格，即使我媽個性溫和，這些事情對不法之徒來說仍不容易。她的韌性、善良的靈魂和想把事情做對的渴望引領著她。她以母親兼祖母的身分在紐澤西安頓下來。如果你見到她，你會馬上了解她是怎樣的人，然後愛上她。跟我一樣。她是質樸、粗糙的奇蹟。

　　我爸過世後不久，我才第一次和「女王」（我媽小時候的綽號）碰面。這是享受回報的時刻，而我媽跟任何人一樣喜歡美好生活。她偶爾會跟我們一起環遊世界。她以她子女和孫子女的成就為傲──我的小妹成為母親，發展攝影事業；維吉妮亞兼顧母親、祖母和工作的生活；而女王彈吉他的兒子成

續也不壞。我們共同擁有菲力荷歲月的歡笑、回憶和苦楚，並以我們的愛屹立至今為傲。

　　小妹潘美還住在加州，母親常回去看她。維吉妮亞和我則常在週日晚上的家庭聚餐上看到母親，在那之前，她會去聖羅撒墓園看看我爸。

63

紐澤西之王（好萊塢的日子）

　　有人輕拍我的肩膀。我回頭，迷失在一片湛藍的海。一個帶澤西腔的聲音說：「孩子，是時候了。」法蘭克‧辛納屈搖了搖酒杯裡的冰塊，看著旋轉的深褐色液體，輕聲說：「很美對不對？」這是我第一次拜見「董事長」。接下來半小時，我們都在聊澤西、霍伯肯市、在哈德遜河游泳和海岸地區。然後我們在一張桌子就坐，跟勞勃‧狄尼洛、安姬‧狄金遜（Angie Dickinson）和法蘭克的妻子芭芭拉共進晚餐。以上全發生在派蒂和我獲邀參加蒂塔‧卡恩（Tita Cahn）主辦的好萊塢幾內亞派對上。派蒂幾個星期前在美甲店遇到蒂娜，薩米‧卡恩（Sammy Cahn）的妻子——薩米以創作〈竭盡所能〉（All The Way）、〈今晚教導我〉（Teach Me Tonight）和〈唯有寂寞〉（Only the Lonely）等歌曲聞名。一天下午她打電話來，告訴我們她要舉辦一場私人聚會，非常私密，沒辦法透露誰會到場，但保證我們一定會非常自在。於是我們動身進入洛杉磯的夜。

　　那一晚，我們和辛納屈夫婦成為朋友，也悄悄獲邀進入最後一批好萊塢老牌明星的圈子。之後幾年我們參加了幾場非常私密的聚會，聽法蘭克和其他大老口若懸河。除了我們，在場唯一的音樂人常是昆西‧瓊斯（Quincy Jones），而放眼望去很少見到搖滾歌手。辛納屈夫婦是親切的主辦者，而在法蘭克八十大壽的壽宴上，我們對彼此有了更深入的了解。那是在辛納屈洛杉磯家裡辦的一場安靜的盛會。用餐完，我們跟史提夫‧勞倫斯（Steve Lawrence）和艾蒂‧高曼（Eydie Gorme）夫婦以及巴布‧狄倫圍繞著客廳的鋼琴。史提夫彈琴，他和太太艾蒂聯手確實能唱出絕佳的經典歌曲。派蒂在傑瑞‧庫

克（Jerry Coker）那裡受過完整的爵士訓練，他是邁阿密大學佛洛斯特音樂學院（Frost School of Music）最優秀的爵士教師之一。跟派蒂一起上課的有布魯斯・宏斯比（Bruce Homsby）、傑可・帕斯透瑞斯（Jaco Pastorius）和派特・曼席尼（Pat Metheny），而她該學的都學了。在法蘭克家，隨著音樂流動，她輕輕唱起〈一生唯一摯愛〉（My One and Only Love）。派蒂是祕密武器。她唱感傷的情歌就像佩姬・李（Peggy Lee）和茱莉・倫敦（Julie London）的合體（我不是在開玩笑）。艾蒂聽到派蒂的歌聲便止住音樂，說：「法蘭克，過來，我們發掘一個歌手了！」法蘭克走到鋼琴邊，接著我看到我的妻子優美地對著法蘭克・辛納屈和巴布・狄倫唱情歌，唱完獲得如雷的掌聲。隔天我們為 ABC 電視台表演，慶祝法蘭克八十大壽，我很榮幸和東尼・班奈特（Tony Bennett）一起護送他上台。那是個美好的夜晚，也是配得上這位史上最偉大流行歌手的慶典。

　　兩年後，法蘭克逝世，我們受邀參加他的葬禮。那天天一亮，就是典型的洛杉磯艷陽天，然而快抵達教堂時，外面的情景卻像從納撒尼爾・韋斯特（Nathanael West）的電影《蝗蟲之日》（The Day of the Locust）搬出來一樣。到處都是電視轉播車和攝影機，記者駐紮在附近住家的屋頂。一大群抗議人士被攔阻在街道另一頭，手上的標語細數法蘭克一切罪狀，從不敬神到不肯綁褐色鞋帶。但教堂裡靜謐肅穆，在法蘭克歌聲的陪伴下，我們和寇克・道格拉斯（Kirk Douglas）、唐・里克斯（Don Rickles）、法蘭克二世及最後一批好萊塢老牌明星向他訣別。儀式結束後，我和傑克・尼克遜在教堂前的階梯佇立好一會兒，他轉頭對我說：「紐澤西之王。」

64

一切從頭

　　兩個催化劑讓我開始思考東街樂團復團的事。一個夏天深夜，當我走出菲力荷的費德里奇披薩店，兩個孩子向我走來，自我介紹，說他們是東街樂團的超級歌迷，可惜太年輕，無緣參與我們現場演出。他們大概二十出頭。也就是說，上一次東街樂團表演時，他們可能才十歲。我這才明白，有一票年輕人從未見過我做過最棒的事：**現場演出**，跟東街樂團一起。然後，去舊金山探訪我媽時，我翻開報紙，看到巴布‧狄倫、范‧莫里森和瓊妮‧蜜雪兒（Joni Mitchell）正在聖荷西體育館演出，就在我爸媽家南方、一小時車程的地方。太吸引人了。我問母親有沒有興趣，然後我們驅車南下，於場館燈光暗下時，在舞台右側就座。

　　瓊妮上台，表演精彩曲目，接著是范‧莫里森，搖撼、振奮全場。范‧莫里森一直是我最崇拜的偶像之一，也是我所做一切的巨大靈感泉源。他將白人靈魂樂注入我們早期的東街唱片。沒有他，就不會有〈紐約小夜曲〉和〈凱蒂回來了〉的爵士靈魂樂。最後，狄倫神采奕奕地出場，與他合作一段表演時間的樂團攜手演出，將他的音樂緊繃成旅館詩歌。他們在如此大的場館裡表演感覺好自在，就像在遠方某間路邊小酒吧。這支樂團極具韻律感地演奏快活的藍調，連他們的主唱都舞動起來了！這種音樂、狄倫的快樂、這些音樂家，讓站在母親旁邊的我好高興，我們也在座位跳起來。觀察群眾是件好笑且會讓人迷失的事。我感覺自己已經沉睡，回到那個深夜在漆黑的臥室裡任《重回 61 號公路》無盡播放的十六歲男孩，五十年後，猛然在搖滾樂的大夢中醒來。我們都老了！觀眾席坐的全是年過中年、滿臉皺紋、身材發

福、頭髮漸禿、兩鬢灰白，直接從披頭四〈當我六十四歲時〉(When I'm Sixty-Four) 走出來的搖滾歌迷。我們全都看起來有點滑稽！但其他事情正在發生，文藝青年和青少年散布各處，還有小小孩——爸媽帶他們來看、來聽這位偉大的歌手。有些孩子覺得無聊，有些在睡覺，但更多跟著爸媽一起跳。人們熱情洋溢，歡欣鼓舞。我想到我灰白的頭髮和臉上的皺紋，於是看向我媽，她七十二歲的臉龐是一張深情的地圖，刻畫著我們所有痛苦和韌性。此時她眉開眼笑，挽著我的手臂。觀眾席充滿笑容和搖擺的身體，我一邊看，一邊想：「這我做得到。我可以帶來這些，這樣的歡樂與笑容。」一回到家，我就打電話給東街樂團。

65

重生

　　一開始，當然，我煩惱、發愁、質疑、討論、爭辯、駁斥，再思考、再考慮、再想一想。我希望我的論點聽起來合理，我要的不是重啟懷舊團體來進行又一輪新的老歌巡迴。（雖然我確實受到若干老歌節目相當大的壓力，那些表演者都投入了真情。如果你的心在裡面，就不老。）話雖如此，我個人巡迴的成果令人滿意，而且感覺非常**當下**。我已經十年沒和東街樂團一起演出，仍懷有輕微的嫌隙，並擔心這件事行不通。

　　總歸來說：我研究過、琢磨過、付出心力和汗水習得一套技能，一旦付諸實行，就能成為世上的佼佼者。這些技能會在一支樂團賣力演出時達到頂峰，而我已經了解，不是任何樂團都可以，而是時間、歷史、回憶、共同經驗造就這一切。九〇年代初期跟我的樂團合作後，我明白，雖然我喜歡跟新的樂手演出，也覺得我們很不賴，但這一生，除了東街樂團，我不會再跟其他樂手一起踏上舞台揮灑二十多年的血、淚和汗。只有這八位先生女士。長久以來，他們的風格和演繹能力與我搭配得天衣無縫。更重要的是，當歌迷看著台上那些臉孔，他們看到了他們自己、他們的人生、他們的朋友在回望他們。在專注力只剩三秒的數位新世界，冰冷、僵硬的無常和編了號碼的匿名支配一切的世界，這無可取代。這是真實的，因為我們以打造實物的方式打造它，時時刻刻，日日夜夜，歲歲年年。我得出結論：如果我決定**不要**在還很年輕的四十八歲和這群現在無所事事的樂手一起發揮我的長才，我需要很好的理由。我沒有。雖然每個人都找到了自己的路，但沒有人找到——他們不會去找，現在不會，永遠不會——另一支東街樂團。

　　樂團裡還殘留一些緊張的氣氛，但殘留的愛更多。何況，十年過去了，我不再那麼常在廣播電台聽到我的聲音，我們的成就已翩然遠去，退回搖滾樂輝煌但已封存的過往中。我不喜歡這樣。我們是令人聞風喪膽的部隊，豈能如此溫柔地道晚安。我依舊充滿野心、自負、飢渴、欲望和一種音樂力量的正義感，要讓一生的成就名留搖滾的青史。一如對死亡、稅和新英雄的渴望，那天終究會到來，但不——是——現——在！不是我跟它還有關係的時候，不是我還強勁、魁梧、瘋狂地吶喊搖滾靈魂樂的時候。還沒到那時候。

上工！

　　搖滾樂團要能**長長久久**，必須有一種基本的覺悟，那就是：站在你旁邊的那個人比你想像中重要，而站在你旁邊的那個男人或女人，對於站在他身邊的男人或女人，對於**你**，也要有同樣的認知。或者，大家都破產了，入不敷出，急需要錢。或者兩者皆是。

　　在前搖滾巨星的冷板凳枯坐十年的經歷，磨練了心志，也軟化了大家對過去各種彼此輕微虐待的看法。這是好事。我們全都必須在一天早上，或不同天早上醒來時這麼想：「你知道的，那件事，我經歷過的那件事，是我一生中最美好的事。那對我的人生有益，在我的人生中很美好，如果機會再次出現……」這時它出現了，為我們所有人出現了，而我們將善加利用，不論各自的動機為何。

　　最後一代的東街樂團裡，沒有史提夫‧范‧贊特。我必須仔細思考這件事，如果我們真的要再次上路，我希望大家一起。首先，我禮貌性地知會尼爾斯。這些年來，尼爾斯的貢獻不僅是入團頂替我的老友史提夫而已，他成為非常負責的少尉，百分百投入他的職務，付出所有。此外，尼爾斯也非常好相處，讓人信賴、平靜且鼓舞人心，更是世界頂尖吉他手。在團裡，他沒有太強烈的自我意識，就算整晚沒有吉他獨奏也無所謂。他極具團隊觀念，也總比其他人早到表演會場幾小時做足準備。無論我從魔術帽裡抽出什麼

歌，他都會帶著詳盡的資料，用功準備，同時指導隊友和弦結構及編曲，以便盡善盡美地詮釋那晚的曲目。多虧了尼爾斯和馬克斯——另一個好學不倦的團員。如果**我**創作時出現任何問題，總是有對象可以請益。我打電話給尼爾斯，告訴他我想做的事，同時請他放心，我感激且了解他為樂團所做的卓越貢獻與奉獻，也說明他的職位不會改變，徵求他的同意。尼爾斯——仍舊是那位紳士暨忠誠的士兵——告訴我，如果我覺得那樣最好，他會支持我。於是我打電話給史提夫。

儘管我們的友誼堅定——或許正因如此，史提夫可能非常強勢，也由於他活力充沛，他也可能非蓄意地破壞穩定。史提夫的言論常對我起決定性的作用。他爆笑的觀點能化解僵局，讓我腳踏實地，只要他在場，我便覺得一切都會順利。對於搖滾樂、搖滾的意義和搖滾可以做什麼，他嚴肅思考。史提夫與我意見相左及摩擦之處，往往是他對我最彌足珍貴的地方。但以往，他偶爾會無意中越界，介入樂團政治而不時讓我的工作變得棘手。我們需要聊聊這些。我們聊了，一個下午，在我家裡。我們進行友善且嚴屬的對話。我吐露殘餘的不滿，聽史提夫怎麼說，然後盡釋前嫌。我們重新開始，擁有彼此工作生涯和友誼最好的十八年。

我打電話給克拉倫斯時，他告訴我他已經等了十年，並問我這些日子去了哪裡。如同前面說過的，很多人已經找到事業第二春，做得非常成功。然而，與你這輩子相處最久的朋友一起上台，面對七萬五千名尖叫的歌迷、演繹深植心底的音樂，有著某種難以取代性。如果你經歷過那樣的夜晚——一晚就夠了——你絕對忘不了。終其一生、夜復一夜那樣演出，是一種難以想像、無法計量的愉快和殊榮。分開十年後，**這點**我們全都領悟了，也願以全新的態度珍惜。我們是地球上少數擁有這項殊榮的其中九人。現在，終於，步入中年後，我們堅定地了解它的意義。但如果我們要再次做這件事，如果**我**要再次做這件事，我希望「從容不迫」，充滿樂趣。這不容易。過去已經過去，所有嫌隙、金錢糾紛、輕忽怠慢——真有其事也好，純屬想像也

罷——都必須徹底拋開。

一個例子：有天，一個樂手來找我，說如果要他繼續工作，他要更多錢。我告訴他，如果他能在世上找到相同職務且待遇比他更高的樂手，我很樂意提高他的酬勞。我也告訴他，我可以給他時間調查。他只需要走進浴室、關上門、到鏡子前面看一下就行了，在那裡，他會找到就他的職位而言，世上待遇最高的樂手。我告訴他：「現實世界是這樣運作。」這時他直直看著我，不帶一絲反諷地問：「我們跟現實世界有什麼關係？」那一刻我才明白，我或許太保護某些同事了。

現在，我只想盡情和我最好的朋友，做我們在一起做得最好的事。如果我們辦不到，乾脆放棄。我們還年輕，但也已經太老，禁不起那些不見得會為每個人帶來報酬和樂趣的冒險，那讓我們的人生更加複雜。

除了（必要時的）極度自信，懷疑和它的多種表現形式也出現在我的舵手室裡。你做得對，是福氣；做錯，就陷於癱瘓。懷疑可以是更深刻的批判性思考的起點，阻止你小看自己或低估觀眾，如有必要，也能逼你回到現實。在我們闊別十年的阿斯伯里帕克首演之夜前，我將飽嘗箇中滋味。

搖滾名人堂

我參加過搖滾名人堂（Rock and Roll Hall of Fame）幾次早期的典禮，它成立的第二年，我就擔任洛伊‧奧比森的引薦人，之後也有榮幸引薦巴布‧狄倫。這兩位都是對我影響深遠的歌者，擔任他們的引薦人對我意義重大。典禮後，在每位與會者都要上台表演的巨星雲集演唱會上，我站在米克‧傑格和喬治‧哈里森（George Harrison）之間，用一支麥克風合唱〈我看到她佇立在那兒〉（I Saw Her Standing There）。我心想：「這畫面哪裡不對勁？」這天晚上，一個來自紐澤西的孩子最後怎麼會夾在這兩個男人之間——這兩個作品深深驅動他的靈魂、使他非得走上他們在他面前展現的路，讓他付出所有、不顧一切追隨的男人？

Living
Proof

　　不妨這麼看：一九六四年，數千萬個孩子看到「滾石」和披頭四，認為：「那看起來好好玩。」**一些**孩子出門買了樂器。其中**一些**稍微學會如何彈奏。**一些**技術好的或許加入了當地某支樂團，**一些**也許獲得幸運之神眷顧簽了唱片合約。其中**少數**也許賣了一些唱片，做過一些巡迴。再其中**少數**或許有一首歌小小走紅，發展短暫的音樂生涯，勉強維持還過得去的生活。其中**極少數**可能設法當樂手維生，**極極少數**可能有一些持續性的成就，為他們帶來名氣、財富和深切的滿足。而今晚，其中**一個**最後站在米克·傑格和喬治·哈里森之間：「滾石」的一員和披頭四的一員之間。我並未欺騙自己，回到一九六四年時，那**一人**是這個來自紐澤西菲力荷、滿臉青春痘、拿著一把廉價 Kent 牌吉他的十五歲孩子的機率有多低。我爸媽說得**對**！我的機會是**百萬**分之一，**好幾百萬**分之一！話雖如此，我站在這裡了。我知道我的天分，也知道我很努力，但他們，**他們是神啊**！而我，呢，是一個努力工作的吉他手？不管是好是壞，我流著學徒的血，平凡的血，而且將永遠如此。

　　那些日子，名人堂的典禮沒有電視實況轉播。人們上台，光榮、怨恨、歡鬧、惡毒、支離破碎、精神錯亂，卻也常感人肺腑。如果你還陷在團體的嫌隙和鬥爭中，名人堂的講台是你最後一次狠狠捅那個人或那群人的機會。名人堂的入會──本質上是個反省的時刻──帶出人類最好與最壞的一面，且從不失荒誕的娛樂性。那些日子，真正的搖滾巨人仍相繼入會。那個夜裡，你發現自己站在台上，不只在米克和喬治之間，還跟基思·理查茲並排，巴布·狄倫在你左邊，比·比·金在你右邊，史摩基·羅賓遜（Smokey Robinson）在他左邊，傑夫·貝克揹著 Les Paul 吉他在側台，活脫是蓋依·皮拉爾特（Guy Peellaert）早期所描繪的《搖滾夢》（Rock Dreams），搖滾奧林帕斯山眾神雲集的的壯麗場面。就音樂來說，眾神雲集的結果往往慘不忍睹，但到場仍深具意義。在你的夢想、你的神、你的偶像之間，你像個在人生旅程中走錯地方的逃票乘客，那是達文西〈最後的晚餐〉（Last Supper）的搖滾版，而史提夫和我常覺得自己生在最對的時刻。我們在六〇年代是青少年，躬逢

搖滾和電台的全盛時期，最好的流行音樂盛行，一種新語言正在形成，對著世界各地的年輕人說話——那對多數父母而言仍是外星話，卻定義了一群深陷在時代的狂喜和迷惘中，被當地 DJ 使徒般的聲音連結成拜把兄弟的靈魂。

我們是搖滾的第三代。出生時及時趕上重新創造後最棒的搖滾，結合藍調、流行和靈魂的搖滾，英倫浪潮，而且夠年輕所以能體驗原創的搖滾：穆迪・瓦特斯、咆哮之狼、查克・貝里、「胖子」多明諾（Fats Domino）、洛伊・奧比森、傑瑞・李・路易斯、貓王……都還活躍在六〇年代浪潮的頂峰。那是搖滾最有活力也最騷亂的年代。我在阿斯伯里帕克會議廳看過門戶樂團（The Doors）、珍妮絲・賈普林和「誰」合唱團表演。「誰」為樂團「赫爾曼的隱士們」（Herman's Hermits）開場！而在「誰」出場前，還有來自紐約的藍調馬古樂團（The Blues Magoos），他們穿著在黑暗中發光的電子裝。珍妮絲的樂團裡有我最崇拜的吉他手之一，來自犀牛樂團（Rhinoceros）的丹尼・魏斯，只要「犀牛」來到澤西地區，我和史提夫就會奴隸般地亦步亦趨。我像個祈求者，讓這些人的手撫摸我顫抖的額頭，被他們的力量震昏。隨著電台和國家爆炸性的發展，已有足夠的燃料維持一個窮小子一輩子。確實如此。

此後，動聽且鼓舞人心的音樂層出不窮，特別是七〇年代晚期的龐克運動和八〇年代的嘻哈，但整體來說，我們福星高照。我們樂團能夠獨一無二，部分歸功於這點：五〇年代藍領世界和六〇年代社會的糾葛緊張，在我們的音樂裡碰撞、融合。我們是前嬉皮及後嬉皮六〇年代靈魂樂的倖存者。我們成功後，這種混合便不復存在。世界和社會改變得太快也太大。今天，樂手的誕生條件已然不同——同樣站得住腳，但不同。一如催生摩城音樂、史塔克斯唱片[12]、藍調和鄉村搖滾的社會條件突然消失，構成過去所有創作基礎的元素：電台黃金年代、工業時代、前網路時代的本土主義，也將轉變

---

12 Stax Records，一九五七年創立於田納西州孟斐斯，原名為衛星唱片（Satellite Records），一九六一年更名為史塔克斯，主要發行南方靈魂樂和孟斐斯靈魂樂的作品。

Living
Proof

成截然不同的推動力,去創造下一個世代的搖滾英雄。這情況已經發生很多次,在我們說話的同時也正在發生。搖滾萬歲!(不管那呈現何種面貌。)

入選

一九九八年到來,我接獲消息,我入選搖滾名人堂。《來自阿斯伯里帕克的問候》發行至此已二十五年,這是入選的標準。我們的老矛盾再次浮現。很久很久以前,我是以獨唱藝人的身分簽約,並以「布魯斯·史普林斯汀」的名字發片二十五年。名人堂的入會規定是要以錄第一張唱片的名字入會,但我們從一九七五年開始就以「布魯斯·史普林斯汀和東街樂團」之名巡迴演出,我的成就與我和朋友的合作密不可分。正式入會的幾週前,史提夫來我拉姆森的家找我,提出他的看法:我應該要求名人堂讓我們以「史普林斯汀和東街樂團」的身分入會,因為,套用他的話:「那是傳奇。」

他說得有道理,但我們上一次一起演出至今已十年。我舉棋不定,而我們為接下來十年重新點燃的親密尚未穩固。以及,我對一九七二年那天我獨自走進約翰·漢蒙辦公室之事仍滿懷驕傲。七○年代初期我把樂團拋在一邊,決心成為獨唱藝人。我也是為了這個目標才組成世界最棒的樂團,結果我們創造出有點非驢非馬的東西。我的偶像大多是獨唱藝人——法蘭克、貓王、狄倫,他們也獨自闖入歌壇,決心鍛鍊獨唱的歌聲。我的典範是個別的旅人、邊遠居民、荒野生存者、攔路搶匪、探索存在意義的美國冒險家,他們與社會有連結但不具有義務:電影《搜索者》(*The Searchers*)裡的約翰·韋恩(John Wayne)、電影《養子不教誰之過》(Rebel Without a Cause)裡的詹姆斯·狄恩(James Dean)、《重回 61 號公路》的巴布·狄倫,後來又加入了伍迪·蓋瑟瑞、詹姆斯·凱因、金·湯普森(Jim Thompson)、芙蘭納莉·歐康納——這些個人在社會的邊緣努力改變印象、創造世界、想像各種逐漸被吸收成為整體一部分的可能性。我需要極佳的工具,以及一種心靈投入感賦予我空間和時間來創作內心感受到的音樂。那就是東街樂團。

名人堂沒有一個組織能夠思考我的作品及我與樂團的合作所落入的灰色地帶，也沒有明確的架構來考量我們這種音樂型態的重要之處。史提夫也許是對的，我可以主動請求名人堂為我的入會方式破例。雖然從來沒有其他團體或個人如此，但我相信這個案例能成。但要這麼做，我必須清清楚楚地感覺，這是我想做的。一九七〇年，還是二十歲孩子的我走出「煉鋼廠」，決定那將是我最後一次參與小部隊的民主和「樂團」的剎那，我就選擇了一條不一樣的路。

一九九九年三月十五日，我正式進入搖滾名人堂，團員站在我身邊。有些人感覺受傷，有些人單純替我開心，但最終都熬過去了。我們即將展開長達十年的巡迴，那將是我們最具生產力的年代，也為我們帶來新世代的東街樂迷。

排練

一九九九年三月十一日，我們回到我們的根，在阿斯伯里帕克會議廳排練。那時，阿斯伯里經歷了數十年的忽視和貪腐，頹圮敗壞，奮力掙扎。但在庫克曼大道邊緣有些活動：一小群從紐約流浪過來的藝術家、邊緣人和同性戀者發現這個城鎮的低廉房租和自由放任的社會態度極具吸引力，於是阿斯伯里帕克成了邊境，一張被貧窮和遺棄漂成的白紙，提供創造新事物的空間。在這城市漫長漆黑的隧道盡頭，有一道微弱的光。就在這裡，我們著手探尋我們**現在**究竟是誰。

第一天，我一讓樂團奏起〈徹夜證明〉就感覺一切都回來了。我很驚訝地發現自己遺忘了一些事。我的耳朵失去靈敏度，不知道我們的聲音有多大，連同耳聾，這些很快都會回來。樂團的隆隆聲，它所承載的重量，很快都會回來，感覺既窩心又令人不安。如果要再次釋放這台大機器，我最好知道自己想拿它做什麼。〈徹夜證明〉奏到一半，感覺彷彿我們兩週前才演奏過似的。十年化為模糊的記憶。那是愉快的一晚，但回到家時，我仍沒有把

握。我跟強深談過我的矛盾。矛盾，本來就是我的特質之一，我無法誠摯地指望自己朝著我們的目標前進，而不跟自己的雜音來場激烈角力。所以，算了。我們的曲目很多來自《軌跡》專輯，那收錄了六十六首遺珠，將和我們的巡迴同時發行。我抗拒採用經典，擔心太仰賴過去。

一天晚上，我和強坐在第九大道地獄廚房街區的劇院咖啡館，我寫出心中的曲目。他看了看，說：「少了一些睽違十年，人們可能想聽的歌。」「真的嗎？」我抗議，我沒辦法、我不行……然後我跟他透露，我不確定這行得通，我能否讓它「成真」。強平靜地回答：「如果你跟你的團上場，演奏你們最好的音樂，人們會喜歡的。」好吧。

隔天下午在會議廳，我經歷一場壓力沉重的排練，練習了幾首我們早就知道對我來說喪失活力與生命力的音樂。我內心的焦慮波濤洶湧，但不想擾亂或破壞樂團的信心。過去一兩個星期，每天都有大約五十名歌迷在會議廳外面晃來晃去，而這天下午，剩幾首歌還沒練時，我請工作人員讓他們進來。當我喊完數字、開啟〈應許之地〉時，一張張閃亮、興奮的臉龐衝到台前，忽然間，我們一飛沖天。樂團感覺輕如羽毛，也深似海。我望著那些臉孔，找回我丟失的東西，那全都在我心裡。我頓覺如釋重負，一切都有意義了。隨著我們與世隔絕地在會議廳裡勤勉踏實地排練幾星期，試著將生命注入我們大肆吹噓的歌集，現在只缺一樣東西：你。

看著台前這些臉孔，我不僅感覺到我們共有的歷史，也感覺到正在努力的**當下**。一切都會順利。首演前一天，我加進一首歌，〈希望與夢想之境〉（Land of Hope and Dreams），希望有新東西來開啟樂團新階段的生命。〈希望與夢想之境〉總結了我對我們樂團的期許，並更新我們對觀眾的承諾，指出前進的方向，再次成為聽者生命裡充滿朝氣的存在。那晚我們就以這首歌做結束，然後上路。

一九九九年四月九日，我們從巴塞隆納開始——我們在歐洲走紅的震央之一——受到澎湃激昂的歡迎。那股狂熱，將在未來十年繼續把我們帶回

這個美麗的城市。那不算重聚，而是再生，樂團賣力、精彩演出一百三十三場，最後來到紐約的終點站，那將以我們意想不到的方式確立我們的復出。

〈美國皮膚〉

睽違十年的第一次巡迴接近尾聲，我想為我們在紐約麥迪遜花園廣場的演出寫點新東西，做為前進的路標。非洲移民阿瑪多‧蒂阿羅（Amadou Diallo）在伸手拿皮夾時遭便衣警官槍殺一案，似乎凸顯了這個事實：在二十世紀末的美國，黑皮膚的人在城市街道漫遊，仍舊危險，仍舊會引發致命的騷亂。我盡可能深思熟慮，兼顧蒂阿羅家人和警方的立場。我先在紐約的前一站亞特蘭大試演了這首歌，原本只把它當成延續我探討時事的長久生涯中的一首歌，因此，麥迪遜公演前夕，當史提夫衝進我們在蒙茅斯堡的排練，嚷著：「你看了嗎？」我有點驚訝。備受敬重的《紐約郵報》（New York Post）封面，紐約州警察兄弟會會長說我是「dirtbag」、「floating fag」。我知道 dirtbag 是「髒東西」的意思，但 floating fag，在還沒有維基百科的時代，我必須查韋氏大辭典。上面沒有。我收到很多封信，其中一封是警察局長要我**不要**表演那首歌！什麼？那是首**歌**欸！而且除了亞特蘭大的觀眾，根本沒有人聽過！但風暴在 CNN 電視台及報紙的社論持續蔓延。

那晚的開場因憂慮而顯得僵硬，我們幾個和觀眾都是。你感覺得出來，那將不是個平凡的夜晚。我從來沒有像那樣站在台上，覺得大家都在等，等啊等，只等**一首歌**。最後，唱完六首歌，我指示羅伊和馬克斯進入暗處，引出一小段獨奏和鐘擺似的節拍：〈美國皮膚〉（American skin）的前奏。有些觀眾開始不協調地拍手，我請他們安靜下來，然後每一個團員，從克拉倫斯開始，反覆唱出歌詞的第一句：「四十一槍。」就在那時，我聽到噓聲四起（不論他們在吼什麼，聽起來就是跟「布魯──斯」不一樣！）。喔，這是意料中的事。然後，幾個憤怒的年輕人衝到台前，其中一個亮出警證、用紐澤西的州鳥向我致意。他們停留好一會兒，對著我的腳咆哮，咆哮什麼我聽不

出來，總之不是歡迎或問候。他們很快地就被廣場的警衛請走。我們在支持的掌聲和噓聲交錯中繼續演出，而蒂阿羅一家人坐在座位上。就這樣。〈美國皮膚〉後，我唱了〈應許之地〉，這兩首歌都在探討我們有多需要、卻又拒絕給予別人認可，以及這樣的拒絕需要付出的代價。

雖然〈美國皮膚〉具批判性，卻不是一些人所想的那樣反對警察。前奏後的頭幾句歌詞就是從那位警察的觀點出發：「在門前跪在他身邊，為他的生命祈禱。」第二段主歌，一位母親試著灌輸年輕兒子不要在街坊做無謂動作的重要性，因為連最單純的舉動（伸手拿皮夾，或伸手到別人看不見的地方）也會被誤解而招致悲劇。

中間段落，「它是否在你心裡，是否在你眼中」要歌手及聽眾自省，自己是否也是類似事情的共犯。第三段主歌，「我們在這些水和彼此的血液中受洗……那不是祕密，不是祕密，我的朋友，你有可能只因包著美國皮膚而遇害」則訴說著在這個「友懼之邦」[13] 的人生。

開槍的次數，四十一次，似乎訂定了我們彼此背叛的規格。「四十一槍……四十一槍」，這是我想在歌裡反覆吟唱的真言，卻使得我們每天對彼此大大小小的錯誤雪上加霜。我努力尋求平衡的聲音。我知道謾罵無益，只是想協助人們理解彼此。我的想法是：這是系統性的種族不公、恐懼和妄想，對我們的孩子、我們所愛的人和我們自己造成傷害。這是流血的代價。

到了〈美國皮膚〉尾聲，你會感覺廣場裡的觀眾鬆了一口氣。世界末日還沒降臨。許多剛才噓了我們的人，也在後面的節目為我們歡呼。但這首歌撕開的傷痕，相較於我寫過的其他歌曲，在我們身上駐留很久。一次我騎摩托車到紐約西部兜風，停在路邊一間小酒館，遇到一些當地警察，他們剛喝了一些酒，對我發表的社論極度不滿。我識趣地離開。幾年後，當我在謝亞球場，《躍升》（The Rising）專輯巡迴的閉幕夜演唱這首歌時，警備隊拒絕護送

---

13 Land of brotherly fear，改自費城的暱稱「友愛之邦」（Land of brotherly love）。

我們離開會場（好可憐），我們必須自己穿過擁擠的街道。沒關係，但我很難過，一些嚴守分際的好人，對這首歌的誤解仍然這麼深。不過，我也遇過不少人對我出示警證，表示謝意，說他們理解我要表達什麼。

對於這一次的慘敗，我最甜蜜的回憶是一天下午在雷德班克的蒙茅斯大道漫步時，一個黑人老婆婆走來跟我說：「他們只是不想聽真話。」那一年，我獲得當地美國全國有色人種協進會頒發一小塊匾牌，我一直很高興這首歌讓我更貼近黑人族群，希望對他們有更多貢獻。

我寫過的其他歌曲，包括〈生在美國〉，都沒有引發像〈美國皮膚〉這般混亂且受爭議的迴響。它真的激怒人了。它是第一首我直接踏進種族分歧的歌，而在美國，直到今天，種族議題仍刻著深深的傷痕。

第一次的東街復興到此結束。我恢復對樂團的信心，而藉由〈希望與夢想之境〉和〈美國皮膚〉，我發現我能寫出與我們過去的歌曲並駕齊驅的作品。現在我們需要製作一張出類拔萃的現代唱片。

66

《躍升》

一九九九年巡迴後，我帶樂團進錄音室進行初步的錄音。我們前往紐約的老聚會所：金曲工廠錄音室。我有〈希望與夢想之境〉、〈美國皮膚〉和幾首我和匹茲堡藍領搖滾歌手喬·格魯舍基（Joe Grushecky）合寫的歌曲。我召集老製作班底，包括查克·普拉金，花了好幾天錄製手邊的歌。我原本已經幫新歌錄了相當不錯的試聽帶給樂團做藍本，而這會兒我們帶著八首左右已基本錄製完成的作品回家。

幾週後第二次聽，覺得不大對勁。樂團表現精湛，錄音也沒問題，但沒有新鮮感，沒有火花，沒有重心，不像**唱片**。音樂單調地躺在帶子上，好像什麼事也沒發生。所有偉大的搖滾唱片都能讓你相信一個基本事實：**出事了**！你必須聽聽是什麼事！許多值得一聽的了不起的唱片能吸引你注意，因為它們不枯燥，它們用能抓住耳朵的方式撰寫、編曲並製作。或許算不上藝術，卻是值得讚揚的工藝品。當我回頭聽我們錄好的東西，我最終判定：**我們好無聊**！我知道我寫的歌並不無聊——可以掀起一陣爛風暴——但我們把這些歌做得無聊透頂。

成功了四分之一個世紀後，我和強必須承認我們已經不知道該怎麼做唱片了。製作的技藝今非昔比，我們的構想和技術已不再流行、順耳、令人興奮或滿意。我們現在是好的歌手、詞曲創作者、表演者和經理人，但不是好的唱片製作人。接受吧！再來怎麼辦？我們仍渴望做出優質唱片。現在我們必須開放我們非常封閉的小宇宙，找出因應之道。

幾年前，當時哥倫比亞唱片的總裁唐·英納（Don Ienner）告訴我，珍珠果

醬樂團（Pearl Jam）和討伐體制樂團（Rage Against the Machine）的製作人布倫登·歐布萊恩（Brendan O'Brien）有意與我合作。現在他和其他幾位製作人的大名再次浮現。強和我邀請布倫登到我紐澤西的自家錄音室會面。我們會聊一聊，我會彈唱一些手邊的歌給他聽，看看能怎麼處理。那天到來，我見了歐布萊恩先生，三十幾歲的他外表很年輕，頭腦清楚，平易近人也很健談，不做作且充滿自信。我拿我的東西請他批評指教，包括近期的錄音、舊的和新的試聽帶。他著眼於一些歌曲，說他過來只是想確定「我還是那個我」，而他認為我還是，於是我們敲定了下次去他亞特蘭大總部碰面並錄音的日期。我們將在那裡為彼此進行完整的面試，但在那天來臨前，一個陽光普照的秋日將在三州地區 [14] 炸開。

🎸 🎸 🎸

　　二〇〇一年九月十一日，我下床走進廚房，在我家工作的一位女士告訴我，一架飛機衝撞世界貿易中心。印象中曾有小飛機在濃霧中撞上帝國大廈，於是我的第一個念頭是：「可憐的傢伙。」我以為是某個缺乏經驗、飛錯航道的飛行員讓他的小飛機偏離目標，只是個倒楣的意外。我坐在陽光遍灑的早餐桌前，外面的天空晴朗得不能再晴朗，不可能是能見度出問題。心生好奇，我進客廳打開電視，巨浪般的煙從其中一棟世貿中心滾滾而出，就在我眼前，另一架飛機衝撞第二棟樓。不是小飛機，而是一架大客機。我得知第一架也是。不久後報導指出，還有一架衝進五角大廈。我們遭到攻擊了。我坐著，一如全國其他民眾，呆若木雞地望著電視螢幕，看著意想不到的事情正在發生，覺得接下來好像什麼事情、任何事情，都有可能發生。我們像是被解開繩子，飛快掠過致命且完全不可預期的海域，接著我看著那幾

---

14 Tristate area，一般指紐約大都會區。涵蓋紐約、紐澤西及康乃狄克三州的部分地區。

棟大廈接連倒塌——如此不可思議，令人不知所措，連現場的新聞記者都不敢相信自己親眼目睹了什麼，並未即時報導正在發生的事。

當天快傍晚時，我開車到拉姆森錫布萊特大橋。晴朗的日子從橋頂望去，雙子星大廈會在地平線上畫出兩條細小的垂直線。今天，洶湧的煙霧從曼哈頓島的盡頭，搭船僅二十五公里處竄入天空。我把車停在附近的海灘，走到海水邊緣，往北方看：一條煙、土和灰構成的灰色細線，往東方延伸，越過海岸線。就像秋天的大西洋鋪了一條硬質的藍色床單，床緣摺出煙燻過的痕跡。

我獨自坐了一會兒，靜得詭異的天空下，九月的海灘空空蕩蕩。我們住在一條忙碌的空中走廊旁，不斷有飛機從東部沿岸飛向甘迺迪和紐華克機場。一如輕輕碎裂的浪，飛機引擎的嗡嗡低鳴也是澤西海岸地區的背景音樂，但今天沒有，空中交通全部停擺，如科幻小說《海灘上》（*On the Beach*）般的死寂籠罩沙灘。

片刻後，我準備回家，載派蒂一起去學校接小孩。經過海灘俱樂部停車場的石子路時，我猶豫了一下，還是駛進海洋大道的車流中。就在這時，一部搖搖晃晃駛出拉姆森錫布萊特大橋的汽車飛馳而過，車窗開著，駕駛認出我，大叫：「布魯斯，我們需要你。」我大概懂他的意思，可是……

回家的路上，我仍無法消化早上那個事件。我能回想的只有高中時，我穿著運動服在足球場上，有人從學校自助餐廳穿過停車場跑來，邊跑邊叫。我記得我的臉貼著鐵絲網，聽到：「總統被暗殺了，甘迺迪中槍了。」我把車停在拉姆森縣立托兒所前面，一群神情緊張而沉默的家長正在接小孩。我看到伊凡、潔西和山姆，帶他們回家。

蒙茅斯縣失去了一百五十位丈夫、兄弟、兒子、妻子和女兒。一連好幾個星期，不時有黑色長轎車停在教堂門口，燭光守夜在鄰近的公園舉行。拉姆森這個住了許多華爾街通勤上班族的城鎮，幾乎每個人都有認識的人失去親友。一場義演在貝西伯爵劇院舉行，當地音樂人齊聚一堂，為眾多倖存的

家庭募款。我在這裡結識「澤西女孩」[15]，她們即將迫使政府公開表示對那一天的事件負責，她們的努力將促成九一一委員會設立。國家欠她們恩情。

《躍升》專輯起源於我們在九一一後一週獲邀上的馬拉松式全國聯播節目。我為節目寫了〈衝入火裡〉（Into the Fire）（結果沒寫完，我只好表演一年前為阿斯伯里帕克寫的〈我的廢墟城市〉〔My City of Ruins〕）。那一天眾多悲劇性的畫面中，我無法忘懷的一幕是在其他人衝下樓逃生的同時，消防人員卻得爬上樓梯。那股責任感和勇氣，昇華成什麼？宗教的升天意象，從這個世界，這個血緣、工作、家庭、你的子女、你肺裡的呼吸、你腳下的土地的世界，所謂人世，越過那條線進入下一個世界的意象淹沒了我的想像。如果你熱愛生命，或生命的任何部分，他們奉獻的深度令人難以想像、無法理解，但拋下的東西卻十分明確。死亡，連同所有憤怒、痛苦和失去，為生存的可能打開一扇窗，掀開「平凡」輕輕垂掛在我們眼前的帷幕，失而復得的景色，英雄送給被拋下者最後的禮物，愛的禮物。

對於獲得保護而倖免於難的人而言，馬拉松式的電視節目似乎是一種渺小的致謝方式。感謝那些人和他們的家人，把沉重的責任視為日常生活的一部分，承擔著。

我沒有閒坐在那裡猶豫該不該為那一天寫點東西。我提筆就寫了。我帶著〈衝入火裡〉和〈你不在了〉（You're Missing）去亞特蘭大。

布倫登為這支樂團的聲音和演出帶來嶄新的力量與焦點。他並未對題材發表意見，只說：「這些很好。回家再多寫一些吧！」我一開始就知道，如果要繼續主題式的創作，我的歌不能單純綁在那起事件上。它們需要獨立的

---

15 Jersey Girls，又名「澤西寡婦」（Jersey Widows），四個丈夫喪命於九一一事件的紐澤西婦女，協助遊說美國政府對此恐怖攻擊行動展開調查。

生命，就算沒有九一一，其內蘊的連貫性也能被徹底了解。所以我寫搖滾樂、情歌、分手歌、聖歌、藍調、流行金曲，允許我的主題和那天的事件自由呼吸，在我創造的架構中找到自己的位置。我回家，在本子裡找尚未完成的歌曲，繼續創作。

〈在晴天等候〉（Waitin' on a Sunny Day）我已經寫好一年多，而它在新的題材裡找到自己的定位。我們重錄了〈無足輕重的人〉（Nothing Man）——一九九四年的歌，曾和〈祕密花園〉（Secret Garden）一起收錄在〈費城街道〉同張唱片。它呈現倖存的尷尬和孤立，「我不記得我有何感受……我從不認為我會活下來……」。〈空蕩的天空〉（Empty Sky）是我寫的最後一首。我的藝術總監寄來一張雲朵在空蕩天空上的照片，幾天後，坐在亞特蘭大飯店的床緣，我把歌寫好了。而〈不同的世界〉（Worlds Apart），我想要其他國家的聲音和情境，不只美國的。九一一是國際性悲劇。我想要東方的聲音，阿拉的存在，我想要找到不同世界碰撞、交會的地方。老友查克·普拉金協助我獲得巴基斯坦卡瓦力[16]歌手阿席夫·阿里·汗（Asif Ali Khan）和其所屬團體的聲音，錄進〈不同的世界〉。〈交個朋友〉（Let's Be Friends）是海灘音樂！〈再進一步〉（Further On），樂團會掀掉屋頂。〈保險絲〉（The Fuse）是尾隨九一一而至的戰爭時代，家庭生活的畫面。

唱片的氣氛隨著〈瑪麗家〉（Mary's Place）的家庭派對高漲，這是一首藏了藍調的派對音樂。我想要一些《狂野、純真與東街舞曲》和家鄉的溫暖與熟悉感，當面臨危機，音樂和友誼可以帶來慰藉。〈躍升〉是專輯中比較晚寫好的一首歌，和〈衝入火裡〉相呼應。世俗的苦路、出於責任不能折返的階梯、將生命與愛情拋在腦後的艱難，然後是開闊的天空。同樣在後期創作的〈天堂〉（Paradise）探討了對於來世的不同觀念。第一段主歌中，一個年輕

---

16 Qawwali。伊斯蘭教一般不允許音樂，但蘇菲教派的卡瓦力屬一特例，流行於巴基斯坦和印度等地，主要運用在婚禮、嬰兒誕生和兒童習經時。

的巴勒斯坦炸彈自殺客思忖他在塵世的最後時刻；第二段，一個海軍的妻子思念她在五角大廈罹難的亡夫，沒有肉體，沒有氣味，渴望恢復完整；最後一段，我的人物在不同世界之間的深海裡游泳，遇到逝去的愛，而後者的眼神「如天堂般空洞」。死者有自己要做的事，生者也是。最後，我們走了一圈，回到〈我的廢墟城市〉，我最愛的六〇年代唱片的靈魂福音，描述的不只阿斯伯里帕克，也包括其他地方、其他國家。這就是我的唱片。

許多年來，我們樂團陪伴大家度過艱難的時期。當人們想要對話，想要聊聊國內外事件，我們發展出一種適合那些時刻的語言。我們在那裡。我希望那是可以娛樂、鼓舞、安慰人心、揭露事實的語言。專業技術、表演技巧和努力工作固然非常重要，但我始終相信，正是這樣的對話、這樣的語言，維繫了我們和觀眾的默契。《躍升》重啟那樣的交談，更新鍛造我們樂團的概念。

次年，東街樂團在全美各地奔走，試著將不可脈絡化的事情脈絡化。或許是身體和心靈的恐懼凌駕了音樂藝術的交流、解釋、療傷、甚或評論的能力。我不曉得。為了向那些來自嚴重受創的地方，在原爆點值勤的消防員和駕駛渡輪穿梭桑迪胡克灣載運生還者、甲板積灰一寸的船長致意，我想用身為樂手學到的語言整理腦海中的思緒，於是寫了這些歌。首先，你只為自己而寫，一直都是，以便理解事情的經過與對周遭世界的意義。這是我維持神志正常運作的方式。我們的故事、我們的書、我們的電影，都是當我們遭遇生命中隨機發生、造成創傷的混亂時，用以抗衡的方式。當那個男人大喊「布魯斯，我們需要你」時，那近乎苛求，但我明白他的意思。我也需要某樣東西，某個人，當我在孤寂的日子開車回家，再次見到我的孩子、妻子，我的親人，還有你，我訴諸我會的唯一一種語言來擊退夜裡的恐懼，結合真實與想像、一再出現的恐懼。這是我唯一能做的。

67

狂野的東部

與重出江湖的東街樂團巡迴兩次之後,我想要回到我在《湯姆·喬德之魂》巡迴期間寫的音樂。我回去了,選了裡面最好的,寫了一首新歌〈魔鬼與塵土〉(Devils and Dust),之後布倫登·歐布萊恩協助我完成這張我從《湯姆·喬德之魂》結束時就在農舍裡著手進行的唱片。布倫登想把這些歌從頭錄過,但我對我在家裡錄的版本愛不釋手,決定保持原狀。我們加了一些潤飾,畫龍點睛的弦樂和管樂,布倫登負責混音,大功告成。發片後我跑了一趟個人巡迴,然後回家。

我一直想在家鄉附近買塊地。這時有一塊我從三十幾歲騎車就常經過的土地要賣。以前我會沿著它漂亮的車道望過去,想著,總有一天要買下它。那塊地的所有者是一位女藝術家,在那裡住到過世。派蒂和我注意了很久,最後把它買下來。

自從我們在一起,派蒂常說她喜歡馬。我上一次騎馬的時候還穿著幼童軍制服,但這塊地上必須有東西漫步。成交幾週後,一台拖車開進我們新買下的家園,載來出自薩拉托加賽馬場的馬。賣方親切的男士告訴我們,這些馬血統優良,連喝醉的黑猩猩都能騎。好的。毫無騎乘經驗的我爬坐上去。我見過百萬個西部人騎馬,那會有多難?

然後我先後被「秘書長」的兩個兒子拉著滿場飛奔,最後才找到一匹「有點」願意聽我拙劣命令的馬。接下來幾個月,我們集合了一棚子的動物,從非常溫馴好騎到只適合自殺傾向者的都有。

教訓一：千萬不要坐上名叫「閃電」、「迅雷」、「奪命女」、「送葬者」、「幻覺」、「颶風」或「驟死」的馬。

教訓二：要上一些課。

我們聘請教練來加強我馭馬的功力，成效不彰。我的背痛得要命，完全不知道底下那半公噸重的東西接下來要往哪裡去。然後奇蹟發生了。派蒂找到一匹淺灰色的巴洛米諾老馬。我一跨坐上去，就覺得很自在。牠步伐輕盈優雅，像凱迪拉克般平穩，而且非常安靜、老而自信，就算駕馭牠的是笨拙的生手也不會動搖。我封他為「凱迪拉克·傑克」。

這匹馬教會我怎麼騎，後來我能騎著牠全速飛奔，像牠們在蒙茅斯公園馬場那般風馳電掣。在樹林裡，鹿和小型動物不會驚擾牠，風不會讓牠緊張，黑暗也不會使牠加快回家的步伐。有一次，一陣暴雨過後，我坐在馬鞍上，牠的臀部以下全陷在一條淺溪的泥濘中。我繼續跨騎，仍坐在馬鞍上，但兩隻腳牢牢踩在地上。我平靜地抬腿踏步，牠慢慢努力走出來，我們繼續前進。

農場前幾年的日子裡，我從馬背上摔下來很多次。我會刷一刷身體，又跳回去，慶幸這些事發生在我四十多歲，耐力仍處高峰的時期。我會從各個方向摔下，再高興地和我的駿馬重聚——如果幸運，馬還在我身邊，如果不幸，咱們就回馬房見。我的許多馬科夥伴都博得自己的名聲。一匹美如黑神駒[17]、閹割過的雄馬，不幸以「怕小東西的那匹」著稱。如果有兔子、花栗鼠、狐狸或松鼠衝到牠的路徑中，牠就「嗨唷，阿銀，衝吧！」[18]，讓我摔

---

17 *Black Beauty*，英國作家安娜·史威爾（Anna Sewell）一八七七年的小說。牠是一匹品種優良、性情溫和且受到妥善照顧的良馬。

18 「Hi Yo Silver, Away!」西部電影《獨行俠》（*The Lone Ranger*）中約翰·雷德（John Reid）的經典台詞，每次騎上白馬「阿銀」、準備行俠仗義時都會說這句。

個四腳朝天，吃進一堆土和草。快四十歲時，我曾短暫待過當地一間柔道館，在那裡學會如何被摔。那兩年，我花了很長的時間體驗無重量和被舉過肩——太空漫步，再重重摔在墊子上。噢，那為我當牛仔的日子奠下深厚的基礎。我們還有一匹訓練有素的閱兵馬兼表演動物，名叫「卡爾」，別名「不喜歡有東西在臉旁邊的那匹」。牠是我養過最棒的馬，也是我的摯愛，但牠有個罩門。牠還是小馬時，一定有人拿東西重擊過牠的側臉，因為現在只要有物體接近牠的眼睛，牠就會想躲起來。經過幾次疏忽，我學會尊重牠的感受。

一天下午，一場大約有一百個親朋好友參加的秋季節慶上，我們聘請一支來自紐約的二十人墨西哥街頭樂隊。樂隊的歌手想坐在「一匹熱情的駿馬」上拍照，所以我們帶來卡爾，我最好的一匹馬。歌手爬上馬，但把他的墨西哥帽留在地上了。他請團員拿給他，我見狀，正要出言警告，已經來不及，他一從卡爾的臉邊接過帽子，我的最愛便往帽子的反方向轉。這使得歌手不得不像風車般瘋狂擺動來保持平衡，一次又一次讓帽子逼近卡爾的眼簾。這必然讓牠繼續一直轉、一直轉。卡爾，在後蹄保持穩定的狀況下，做了一系列困難的三百六十度原地迴旋，而我的墨西哥朋友再也招架不住，終於像NASA的衛星一樣，被射進土裡。他在同伴的腳邊落地，揚起一陣塵土，同伴無不捧腹大笑。他默默站起來，拍拍身體，走向餐桌，這時樂隊倏然奏起〈瓜達拉哈拉！瓜達拉哈拉！〉(Guadalajara! Guadalajara!)，接著是大家都要一起跳的〈瑪卡蓮娜〉(Macarena)。

我們時常舉辦小型牛仔競技，包含職業野馬騎士、繞桶賽和團隊趕牛入欄。趕牛入欄必不可少。圍欄旁邊擺著一排裝了龍舌蘭酒的小玻璃杯。牛隻編了號碼。你先抽號，然後和夥伴一起把那頭牛趕出畜群，逼進一個小圍欄裡。最快完成任務的團隊獲勝，其他人要把酒喝光。不用多久，全場便陷入狂歡。

墨西哥牛仔

我們的牛仔競技比賽大多由胡安・馬魯福・桑契茲（Juan Marrufo Sanchez）主持。他來自墨西哥，曾在一九九四年榮獲「全能墨西哥牛仔」的頭銜。後來他娶了一個去墨西哥度假的澤西女孩為妻，現在突兀地住在紐澤西布里克的公寓裡。濃重的口音讓他居於劣勢，這位新墨西哥移民最後在當地的農場工作，施廄肥、照顧馬匹——高竿的騎術未被發掘。一天，我請助理泰瑞・馬高文為我〈雷諾〉（Reno）一曲寫到的墨西哥地區做些研究。泰瑞回覆：「嘿，布里克就有個墨西哥牛仔住在一間公寓二樓。也許你可以跟他聊聊。」幾週後，胡安現身我們農場，從此待了下來。他給了我好幾本主題有趣的書，我們聊了一會兒，但第一天下午大部分的時間都花在一場墨西哥風格的馬術表演上。胡安也是套索專家，經過他的指導，我和表弟瑞奇很會玩一些基本的繩索特技。

一天傍晚，我們把牛群趕回貨櫃屋時，一頭牛脫隊了。我騎牛的妹婿米基抓住那頭牛的角，但事實很快證明：這沒有聽起來那麼容易。小牛很強壯，頭一甩就可以輕易頂得你雙腳懸空。牛掙脫掌控，快速衝向我們土地的西緣和州道 34 號。那是個夏天的週末，34 號公路擠滿媽媽、爸爸、小比利、莎莉、蘇和奶奶，坐在他們從海灘回家的休旅車上。這時胡安跑進馬房不見人影，然後坐著他的特技馬「騎警」飛奔而出，手裡拿著套索。

出發。我跳上一部 ATV 越野車，和胡安的父親及馬克斯・溫伯格八歲大的兒子傑伊一起追趕落跑的牛，胡安則直接前進樹林。這是分隔我們的土地和外界的最後一道屏障——外面就是開闊的田野和週末壅塞的兩線車道，而路上的駕駛不知道大事不妙。我想像會發生一場全面性的災難，報紙頭條會寫：「班尼的野馬被老大的公牛撞爛！[19]」在距離樹界十五公尺的地方，我看著胡安和騎警開始行動：胡安右手高舉套索，騎警突然變換速度，一條細繩

19「班尼」指澤西海岸的觀光客；「野馬」指福特野馬車系，泛指休旅車；「老大」指作者。

在空中畫出一條拋物線，砰！正中目標。繩索超乎想像、不偏不倚地套在牛角上，然後胡安將繩索另一端纏在鞍頭，我們的獵物當場停下。胡安的父親悄悄從我們 ATV 的後面下車，輕巧地再拋一條繩索套住牛角，我也如法砲製，形成三足鼎立。於是我們三人，在太陽下揮汗如雨，把這頭強壯的小牛拖回貨櫃屋。傑伊‧溫伯格看著胡安做了總結：「哇，真正的牛仔。」

席格錄音紀錄

　　一九九七年我為《花兒都去哪裡了：彼特‧席格的歌》（*Where Have All the Flowers Gone: The Songs of Pete Seeger*）合輯錄了〈我們終會得勝〉（We Shall Overcome）。身為聽搖滾樂長大的小孩，我對彼特的音樂了解不多，也不知道他的影響有多深遠。但一開始聽，我就為歌曲的豐富性和力量神魂顛倒。他改變了我自認對「民謠音樂」的了解。透過蘇西‧泰瑞爾，我認識了一群紐約市外的樂手，他們偶爾會來我們農場演出。手風琴、小提琴、班卓琴、低音提琴、洗衣板——這些就是我想像這次的彼特‧席格計畫該有的聲音。我們在農舍的客廳排排站，奏起〈傑西‧詹姆斯〉（Jesse James）的開場和弦，開始錄音。

　　我們錄了六首歌。我忽略這些歌將近十年，但一再被吸引回去。跟我以前錄的東西不大像，它們的新鮮感一再擄獲我的耳朵。我在二〇〇五和〇六年分別又錄了一天。這張唱片裡的歌，全都在二次為期一天的錄音（九七、〇五和〇六年）完成，大多一兩次就搞定，全是現場演奏，而且都是跟一支在成員來我農場的穀倉舞會之前，我一個音符也沒合奏過的樂團一起演奏。錄音室樂團就此誕生。

　　我在美國有一場演出特別突出，不單是我歌唱生涯最精湛的演出之一，也是最有意義的演出之一。

　　我獲邀在卡崔娜颶風 [20] 後的第一場紐奧良爵士與傳承音樂節領銜演出。

20　Katrina，於二〇〇五年八月嚴重摧殘路易斯安那州的紐奧良。

我終於擁有一支我覺得適合爵士音樂節的脈絡、或許也足堪大任的樂團。

我了解那年那場音樂節對紐奧良有極大的象徵意義，希望我們能勝任愉快。那裡的人們經歷人間煉獄，失去半數人口，城市滿目瘡痍。他們會因為深切的理由與會，而這需要納入考量。

動身前往路易斯安那前不久，我想到該城市非正式的主題曲：〈聖靈往前行〉（When the Saints Go Marching In）。我深感好奇而去找出**所有**歌詞，發現大部分我都沒聽過，而且比這些年來眾人熟知的音樂深刻得多。我放慢歌曲的速度，沉思紐奧良人民的韌性、劫後餘生，以及對夢想的投入如何支撐他們熬過風暴、摧殘和毀滅。這是首安靜平和的讚歌——我們這樣表現——也是我們對於這個孕育藍調、爵士、搖滾和美國文化精髓的城市，由衷的感謝和祈禱。

為了現場校音，我們必須在音樂節演出當天早上八點三十分就上台。這對樂手來說殘酷至極，但我們**必須**校音。這是一支新樂團首次在觀眾面前公演，我要確定我的樂手舒服自在，在離開舞台時知道我們表現得不賴。U2 的吉他手「邊緣」（The Edge）——大衛・伊凡斯（David Howell Evans）——從破曉就跟我們一起調音。我是 U2 團員的長期戰友，從一九八一年在倫敦那間俱樂部時就開始了。我覺得和 U2 緣分甚深。主唱「波諾」（Bono）——保羅・大衛・休森（Paul David Hewson）——主持我進入搖滾名人堂的入會儀式，而他們不僅是最後一批永遠願意全力以赴的搖滾樂團，也是我在樂壇遇到最貼心善良的人。多年後，他們仍繼續支持我，經常光臨我們的演出，所以那天一早，我很高興看到「邊緣」的山羊鬍子在舞台邊微笑。

整個早上大雨滂沱，場地泡水，看起來彷彿有一千座湖泊。天氣冷冽刺骨而潮濕。我們從布林德・艾佛烈・瑞德（Blind Alfred Reed）的〈窮人怎熬得過去〉（How Can a Poor Man Stand Such Times and Live）開始排練，而我隨即注意到舞台欠缺回聲，幾乎沒有環境音效。這會讓樂團的歌聲及樂音聽起來平淡乏

味，甚至太安靜。劇場音響距離太遠，無法添增額外的嘈雜和充實感，讓你知道你聽到的是觀眾回應的聲音。室外場地常發生這種狀況。對觀眾來說，可以聽到清楚的聲音且不會被舞台的回聲影響；但對樂團來說，你會感覺與觀眾隔絕，這對我來說相當不妥。但你必須適應，你要全神貫注，用意志力搭起你和觀眾之間的橋樑，接著就交給表演的腎上腺素了。

　　校音完畢，我們微笑著走下舞台。沒問題。我在舞台邊迎接樂團，告訴他們，我們會有一個很棒的下午。

紐奧良的演出

　　紐奧良的心靈教父艾倫・圖森（Allen Toussaint）（二〇一五年十一月過世）在我們之前上台。那是個棒透了的開場，讓緊接著上台的人很頭大。艾倫表演完，下台和樂團碰面。他是紐奧良親切優雅的大家長，歡迎我們來到他的城市。現在換「孩子」表演了。我們在美妙的掌聲中——不到熱烈，但表示歡迎——上台，唱起〈瑪麗，別哭〉（Mary Don't You Weep）。我馬上感覺到，這些觀眾沒那麼隨和易處。他們即將看到連特地到場支持我們的歌迷都沒見過的東西，而許多觀眾來只是為了觀賞當天其他精彩活動。所以我們上工了。有時候兩塊東西必須繞著走一會兒，扭動一番，找到一些迴旋的空間，才能嵌入定位。我感覺這件事正在發生，而我知道當它發生，你只要埋頭苦幹、繼續演繹你的音樂就對了。你必須對將你帶上這座舞台的想法和排練有信心。話雖如此，還是讓人緊張。

　　那是個美麗的傍晚。我們置身日落前的最後一小時，天氣好得不得了。慢慢地，事情動了起來，放鬆了，人們開始舞動、搖擺、吸收我們製造的噪音、與之為伍。我們擁有在迪克西蘭[21]吹奏「澤西迪克西蘭」的膽量！觀眾

---

21 Dixieland，早期爵士樂的一派，一九一七到二三年源於紐奧良，由一些白人爵士音樂人改編紐奧良爵士而成。

Living
Proof

正在評價，相當寬厚。然後我們演出〈窮人怎熬得過去〉，我盡可能清楚地詮釋每一句歌詞，以便讓人理解。一小時又十五分鐘後，我將節奏轉趨搖滾，仍讓樂團搖擺。慢慢地，我可以感受兩塊東西逐漸合而為一。然後是〈我的廢墟城市〉，這是臨門一腳，痛苦和艱困時代的共同認知。

我們恰好在日落時結束這首歌。我走到舞台前端，左邊，場地的邊緣，那顆火球坐落地平線上。我任金黃餘暉以聚光燈辦不到的方式灑遍全身，感覺樂團和觀眾投入彼此的懷抱。我們以〈聖靈往前行〉禱告般的編曲結束——這正是我們為這一刻所準備。我在最後幾道日光中看到白手帕在一千隻手中飄動。涼爽的夜晚升起，觀眾各自回到新月之城的街上，台上與台下都熱淚盈眶。

我做過很多、很多、很多場演出，但像這樣的很少。我必須非常努力，還要用一種連自己都沒把握的信念率領樂團。但或許這正是那天傍晚的精神：試著擺脫白天的不確定，找到立足之地。你無法預約、製造或設計那樣的場景。那事關時機、地點、需要，和一股渴望——想為白天的事貢獻自己微薄的力量。在那裡，在紐奧良，有**名副其實**的工作要做。那天從歡眾身上傾瀉而出，離開舞台、流入紐奧良街道的音符，悅耳動聽但稍縱即逝的音符，只是杯水車薪。話雖如此，像音樂這樣看似無足輕重的東西，仍能把某些事情做得非常好。有一種凝聚，一種振作，一種鞏固，發生在人們**及時**集結行動的時候。這是很美好的事。

這場演出在我心目中名列前茅。我不知道**我們**表演得好不好，但那是個美好的夜晚。表演得好不好有時牽連甚廣，只要結局美好就好。

一九七〇年代，我曾在一所社區大學看過死之華樂團演出。我看著觀眾搖擺，跳催眠般的舞蹈，而我站在非常外面。對我——正經八百、不迷信、只算半個嬉皮的我——來說，他們不算才華洋溢的酒吧樂團。我有點困惑地回到家。我不知道「死之華」好不好，但我知道他們**做**了件美好的事。幾年後，當我開始欣賞他們微妙的音樂性、傑瑞‧賈西亞（Jerry Garcia）抒情的吉

他彈奏，和嗓音純粹的民謠風，我知道我錯了。他們擁有獨一無二聚集人群的本事，而有時候，重要的不是你做得如何，而是你做那件事產生的影響。那一年在紐奧良，我們原本是異端，但適應良好，在重要的位置表現稱職，盡人事，其餘聽紐奧良之命。

東街樂團做的事情，很多是承襲前人的套路，但我們透過意志、力量以及和觀眾的熱切溝通，將之轉化為超脫世俗的體驗。有時那正是你需要的一切。我讀過一篇評論，作者這麼描述一支厲害的金曲團體：「他們把所有不重要的事情做得非常好。」我完全懂他的意思。到頭來，搖滾樂就是宗教和神祕力量的源頭。你的演奏可能很爛，你的演唱只是勉強能聽，但如果你和你的夥伴一起聚在**你的**觀眾面前，製造**噪音**，發自你的內心、你的神性、你的低級創意、宇宙無限小的起源點的聲音……你就是搖滾，就是符合一切定義的搖滾**明星**。龐克憑直覺知道這點，以此發動第三次革命，這也是每一個偉大的音樂團體和搖滾樂團的必備條件，無論他們的表演有多務實。

69

《魔術》

《躍升》巡迴步入尾聲時，我多了幾首在路上寫的歌。布倫登・歐布萊恩再次來訪，我彈唱寫好的歌給他聽，我們從那裡著手。我記得曾在拉姆森家裡的工作台上努力譜寫專輯《魔術》（*Magic*）為數不少的歌曲，但這時我傾向在任何地方寫歌，無處不寫。我不再像早期那樣區隔巡迴和創作了。我常在演出前於更衣室裡，或演出後在飯店房間寫，這成為我在一個喧鬧的夜晚前後沉思的方式。寂靜無聲，迷失在自己的思緒裡，前往從未到過的地方，透過未曾謀面的人的眼睛看事情，作著難民和異鄉人的夢。那些夢，不知為何也是我的夢。我感受到他們的恐懼、他們的希望、他們的渴望，而我會離開飯店房間，發現自己重回形而上的公路探索人生和搖滾。《魔術》是我的國情咨文：對伊拉克戰爭和布希執政那幾年抱持的異議。

儘管如此，我仍致力在《魔術》中融合政治與個人。你可以聽完整張專輯完全沒想到當前的政治，也可能聽到政治在音樂的千絲萬縷中滴答、滴答地響。

一如先前很多張專輯，《魔術》巡迴從阿斯伯里帕克會議廳起跑。和許多年輕的有志音樂人一樣，我曾在那裡見過門戶樂團和吉姆・莫里森（Jim Morrison），他們的現場演出和舞台掌控力會將你徹底吞噬。一九六六年滾石合唱團也曾來過此地，但我錯過了。我還見過誰合唱團在一團煙霧中搗毀他們的裝備，唬得少女瞠目結舌，當時她們的爸媽也在——等著看「赫爾曼的隱士們」的主秀。「誰」的演出讓我興奮地蒐集警示燈和煙幕彈，為了隔年

跟卡斯提亞在 CYO 的公演使用。在 CYO，最後一首歌結束時，就在星期六晚上聖羅撒教堂的地下室，我打開警示燈，燃放煙幕彈，爬上一張椅子，把我從一年級教室偷來的花瓶砸在地上。這完全比不上彼得・湯森拿吉他痛擊冒煙的 Vox 音箱，瞬間爆成碎片的那種虛無主義的勁道，但資金有限、吉他太好，你只能這樣。

會議廳是我搖滾樂夢想的第一棟豪宅。它的屋頂下，一個更寬廣的世界等待著，真正的樂手現身，什麼事情都有可能發生。侏儒摔角、船展（遊艇跟你家後院一樣大）、改裝車展、競速滑輪和搖滾樂的洗禮，全都在這座音樂廳的血管裡流動。場地規模不大，在我看來卻猶如麥迪遜花園廣場一般雄偉，前門直接開在海濱步道上，步道兩邊聚集賣棉花糖、廉價 T 恤、貝殼、彈珠台和琳瑯滿目海岸小玩意兒的攤位，陪你一路走到大廳，象徵荒謬與卓越的黃銅門。荒謬與卓越，其實大同小異。

對現在的我來說，那是一個家，我的家，阿斯伯里帕克木棧道的家，我帶領樂團和我們的發祥地重新接合、繫得更牢、為我們最新冒險的戰鬥做足準備的地方。如今，在木棧道上，城市和它令人興奮的新發展從我身邊經過，我則扮演過去耶誕鬼靈的角色。鎮上某處甚至有一尊我可笑的半身像，適合讓海鷗拉屎。不過，每一個夏天晚上，披著我的忍者隱形斗篷、頭戴棒球帽漫步木棧道，我仍感覺十分愜意。一路上幾乎無人認出我，就像一九六九年時一樣，但我仍覺得被友誼和鄉情包圍。這裡仍是我的地盤，我仍汲取它的養分，深愛著它。所以在一個清爽的九月早晨，我們收拾好裝備，離開阿斯伯里帕克前往康乃狄克哈特福。出發。

這是第一次有團員因病缺席的巡迴。丹尼・費德里奇罹患皮膚癌，需要接受專業醫療。丹尼先前被誤診，現在癌細胞蔓延全身。他已默默接受治療一段期間，但再也瞞不了，於是展開一場漫長而艱辛的療程。錄音室樂團的查理・喬丹諾（Charlie Giordano）接受丹尼的指導，默默地在丹尼接受治療時頂

替風琴手的職務。

　　丹尼有時候會短暫回來樂團，其中一晚，他在演出前踏入我的更衣室，坐在我面前的椅子上。他基本上在解釋，事情沒有那麼順利。他一度詞窮，默默比著手勢，將一隻掌心蓋住另一隻，試著告訴我我已經知道的事。他眼眶泛淚，最後我們只能坐著對望。三十五年了。我盡可能給他鼓勵，試著讓他放鬆心情。我們站起來，擁抱良久，然後出去表演。不久後，二〇〇八年三月二十日在印地安那波利斯的康賽科球場，丹尼最後一次跟我們登台。樂團成員全都心裡有數，我們不會再看到丹尼上台了。

　　丹尼相信這個世界原來的樣子。我寫了數百首歌，我們卻從沒討論過歌裡任一句歌詞或概念。說來神奇，他的指尖和心靈就是知道該如何完美詮釋那些歌。每一個丹尼見我情緒低落的夜晚，就是我們最親密的時刻。他從不妄加評判，只會旁觀，然後嘆一口氣。我總覺得那不是填補我倆間隙的好方法，但當我試著改變，讓丹尼負起一些責任，我就覺得自己像是他的工頭或老爸拿棍子在後面監督，我打從心底不想做這種事。

　　身為領導者，搖滾樂團的老大也一樣，你的職責永遠帶有一點「主人」的成分，那是條細微的線。而如果我對哪個團員充分扮演這個角色，他的日子通常不好過。

　　但丹尼很努力。他戰勝酒精，忠於戒酒無名會（Alcoholics Anonymous，AA），努力讓生活步入正軌。然而最後，對丹尼・費德里奇來說，一切還是太過艱辛。

　　春天一個午後，我們幾個人聚集在曼哈頓一間醫院，丹尼的床邊。我們手牽手圍著床，各自禱告，道別。

　　丹尼在二〇〇八年四月十七日過世，留下兒子傑森、女兒哈莉和麥蒂森，與妻子瑪雅。四月二十一日，一場洋溢光輝的告別式，在雷德班克的聯合衛理公會教堂舉行。面對洶湧的人潮，音樂奏了，往事訴了，再見，說了。

　　我看著丹尼對抗並克服了一些頑固的癮，看著他努力整頓人生，以及最後十年，東街樂團復合後，努力坐在那台大 B3[22] 後面的椅子上。我看著他毫無怨言、勇氣十足地對抗癌症。他是陽光面的宿命論者，從不放棄，總是堅持到最後。

　　印地安那的最後一夜，出發前我問他想彈什麼，他說〈七月四日阿斯伯里帕克（珊蒂）〉。他想要揹起手風琴，重回我們年輕時在夏夜漫步的木棧道，那時，我們想走多遠就走多遠。

　　他想要再彈一次的那首歌，描述的當然是美妙事物的結束，與未知、嶄新事物的開始。

　　彼得・湯森曾說：「搖滾樂團是瘋狂的玩意兒。你在小時候認識某些人，而不同於世上任何職業，你一輩子都離不開他們。不論他們是誰，或幹了什麼瘋狂的勾當。」

　　如果我們沒有一起玩團，東街樂團的成員或許互不相識。我們不會齊聚一個房間。但我們齊聚了。我們一起玩團，每晚八點，我們一起上台，而朋友啊，舞台是奇蹟發生的地方，舊的奇蹟，新的奇蹟。與你一起親眼目睹奇蹟的人，你永遠不會忘記。生不會拆散你們，死也不會。跟你一起創造奇蹟的人──就像丹尼每天每晚上為我做的那樣──你會很榮幸與他們同在。

　　當然，我們都會長大，都會知道「那只是搖滾樂」，但其實不然。看著一個男人夜夜為你展現奇蹟看了一輩了，這感覺，很像、很像愛。

---

22 指 Hammond B3 電風琴。

70

超級盃的星期天

　　六架空軍雷鳥戰機從空中呼嘯而過，感覺離我們後台只有幾寸，彷彿在幫我和整支東街樂團理平頭。還有二十分鐘，我坐在拖車裡，還沒決定要穿那雙靴子。我有一雙很不賴的牛仔靴，穿起來挺帥的，但我擔心它的穩定性。超級盃的場地沒搭頂蓬，而兩天前我們才在滂沱大雨中排練，全身濕透，舞台像結冰的池塘一樣滑溜。滑溜到我做膝蓋滑步時撞上攝影師麥克·柯盧奇（Mike Colucci），要不是他的攝影機擋住，我就飛往濕軟的草皮去了。然後在〈光輝歲月〉時「裁判」跑出來，剎不住車而做出我見過最完美又最痛的「踩到香蕉皮滑倒」。這讓我、史提夫和整支樂團哄堂大笑，生平因壓力造成最大的笑，笑到回拖車還停不下來。

　　我看我還是穿一直隨身攜帶的那雙戰鬥靴好了。它的圓頭能給我優於尖頭牛仔靴的剎車力。我為靴子加上兩片鞋墊，讓它盡可能合腳，拉上緊貼腳踝的拉鍊，在拖車裡稍微踩踩幾圈，感覺很踏實。還有十五分鐘，我很緊張，不是一般演出前的不安或之前有過的「蝴蝶」[23]，而是「還有五分鐘就要搶灘登陸」，**萬事俱備**，「主啊，別讓我在一億人面前搞砸」之類的半恐慌。只維持一分鐘。我檢查一下頭髮，噴上能讓它凝固的東西，出發。

　　我看到派蒂在微笑。這個星期她一直是我的支柱。我摟著她，一起前往會場。高爾夫球車載我們來到球場旁的地道，問題在於那裡有上千人：電視攝影機、各種媒體和常見的混亂。忽然，數百人朝我們湧來，排成一列

---

23 英文俗諺「肚子裡有蝴蝶」（get butterflies in one's stomach），即緊張之意。

大喊、歡呼，那是我們的歌迷！今晚也負責搭建我們的舞台。他們是「志工」。兩週來，他們自己出錢天天來到這裡，把舞台組了又拆、拆了又組，理論上已經達到軍事等級的精確度。現在是實戰了。我希望他們已經完成，因為當我們被護送進場時，場館燈光全亮，七萬名美式足球迷如女妖號啕般的尖叫聲不絕於耳，場上卻什麼也沒有。什麼也沒有：沒有聲音，沒有燈光，沒有器械，沒有舞台，只有燈光燦爛、不吸引人的綠色草皮。忽然，一大群螞蟻雄兵從四面八方不知哪裡湧出來，每一隻都滾著我們一部分的救生索，我們的地球進場。騎兵隊駕到。平常演唱會要花八小時完成的事情，五分鐘就搞定。不可思議。我們世界裡的每一樣東西都在這裡了。希望如此。我們在離舞台幾尺的地方集合，手拉手圍成一個圓圈，我說了一些話，被觀眾的聲音蓋過，而大家回以微笑。我曾經跟這些人一同置身過許多像這樣高風險的場面——**不完全**一樣就是了。壓力沉重，但我們生來就是做這種事的。準備開始囉，快樂的戰士，上台吧！

　　國家美式足球聯盟（NFL）的舞台經理對我打了還剩三分鐘的手勢……兩分鐘……一分鐘……有位男士在舞台區跳上跳下，要觀眾平均坐在草地上……三十秒……白噪音開始從我們的螢幕發出，他們還在測試擴音器和設備，千鈞一髮！體育場的燈光暗下來，觀眾爆發了，馬克斯的鼓聲開啟〈第十大道酷事〉。我感覺到白光下的黑色剪影，克拉倫斯和我共享這一刻。我聽到羅伊的鋼琴聲。我拍一下克拉倫斯的手。我動起來，把吉他以高弧線拋給吉他技師凱文，然後，「各位女士先生，接下來十二分鐘我們將把東街樂團正直且強大的力量帶進你美麗的家中。希望你暫時放開鱷梨沙拉醬，把拿雞肉的手指放下！將電視轉大聲，**愈大聲愈好**！」因為，當然，我只需要知道一件事：「**那裡有人活著嗎！**」我覺得彷彿剛打了一劑腎上腺素，直衝心臟。然後我跳上鋼琴（這雙老靴子真不賴），又跳下來。一、二、三，膝蓋落在麥克風前，身子後仰，幾乎平躺在舞台上。我閉上眼睛一會兒，睜開時，只看到湛藍的夜空，沒有樂團，沒有觀眾，沒有體育場。我聽得到、感

Living
Proof

覺得到警報器般的喧囂環繞著我,但由於我的背幾乎貼在舞台上,我只看見美麗的夜空,還有一千顆體育場的太陽在邊緣圍成的光環。

我深吸幾口氣,一股平靜湧上心頭。自樂團成立,為每一個人演出就是我們追求的目標。我們已經贏得不少成就,但尚未實現那個目標。我們的聽眾仍出不了部落,換句話說,主要是白人。偶爾——歐巴馬的就職音樂會,一九八八年非洲巡迴,一場競選活動,特別是和歐巴馬總統在克里夫蘭時——我會往外看,對著我意欲針對的聽眾唱〈應許之地〉:年輕人、老年人、黑人、白人、棕色人種,越過宗教和階級的界線,這就是今天我要獻唱的對象。今天,我們要為每一個人演出。免費!我站起來,站得直挺挺,拿起麥克風架,回到現實世界:這個世界、我的世界、大家都在裡面的世界;而這座體育場、觀眾、我的樂團、我最好的朋友、我的妻子,紛紛闖入視線,於是,「淚珠掉在城市……」

〈第十大道酷事〉讓我訴說我樂團的故事——以及其他事情——「改變從上城開始」,我衝了,用膝蓋滑行。太多腎上腺素,太晚跪下去,速度太快,麥克,我來了!砰!我撞到他的攝影機,鏡頭陷入我的胯部,一隻腳滑出舞台。我用他的攝影機把自己頂起來,然後說啊、說啊、說啊、說啊,**轟!**〈**生來奔跑**〉,我的故事,既亮又熱的東西在身後爆炸。事後我才聽說那是煙火。我沒有目睹,只有在我腦海裡爆炸的。我快要不能呼吸。我試著慢下來。辦不到。我已經聽到觀眾唱著〈生來奔跑〉的最後八小節,噢、噢、噢、噢……然後直接殺進〈築夢〉(Working on a Dream),你的故事,也是我的夢想。史提夫在我右邊,派蒂在左邊。我看到微笑,聽到完美的合唱——在華盛頓就職音樂會上支援我的喬伊斯·蓋瑞歌手們(Joyce Garrett Singers)在我們身後。我轉頭看到她們的臉龐,聆聽她們的歌聲,〈築夢〉,搞定。片刻後,我們猛力進入〈光輝歲月〉,故事的尾聲。最後一場派對瀰漫歡樂的宿命論和老朋友史提夫的笑語。今晚裁判大人沒有摔個狗吃屎,只有把犯規的黃旗扔進來,告訴我們已經超時珍貴的四十五秒。最後衝刺。這

會兒大家都站到台前，構成那條美妙的線。我從眼角看到喇叭手高舉樂器，吉他在我的脖子轉啊轉，到第七拍，我就要「去迪士尼樂園」[24] 了。我已經去了更遠更遠、比那更好玩的地方。我環顧四周：我們還活著。表演結束，我們手拉手，下台一鞠躬，然後舞台在我們腳下解體。回去拖車的路上，又是一陣混亂。

　　相對論是對的。在舞台上，你的興奮程度與你需要用舞動填補的空虛成正比。一場我向來不敢正視且有點畏懼的表演，結果竟然為我和樂團帶來驚人的情感力量和回響。那是個高點，某種里程碑，並列我工作生涯最盛大的演出。NFL 每年都為我們舉辦一場像這樣我們未曾為自己辦過的派對，有煙火，什麼都有！在足球賽的中場，他們讓我們絞盡腦汁，述說我們的故事。我喜歡長時間賣力演出，但那是把三十五年濃縮在十二分鐘裡。訣竅就在這裡。你在這裡開始，那裡結束，就是如此。那是你必須為它付出的所有時間，十二分鐘，加減幾秒。

　　超級盃讓我多賣了一些新唱片，或許也讓巡迴的座位多一些人坐。但真正的重點是：我覺得我的樂團仍是這片土地上最強悍的樂團之一，而我希望你知道這點。我們要證明給你看，因為我們可以。

　　凌晨三點，我回到家，屋裡每個人都已熟睡。我坐在院子的爐火前，看著星火點燃、飛舞、消失在漆黑的夜空，耳畔強烈迴盪著：「噢耶，沒關係。」[25]

24「I'm going to Disneyland.」一九八七年超級盃，迪士尼找了個球員做廣告，在賽後說了這句話。此後成為人們贏得重要賽事的口號。

25〈第十大道酷事〉現場版的最後一句歌詞：「Oh yeah. It's all right.」

71

向前走

　　二○○九年其餘的時光都被《築夢》專輯的發行和巡迴占據。馬克斯的兒子傑伊頂替他老爹的位置——馬克斯跟康納・歐布萊恩 [26] 做生意去了，於是十八歲的傑伊成為三十五年來第二個坐在東街鼓凳上的人。幾次起步不順後，傑伊顯然擁有力量、精確、耳力、紀律、如同父親的工作倫理和學習意願，還帶來獨一無二的年輕龐克能量，能剔除我們劇本裡的屎。但感覺仍不大對勁。傑伊一開始跟我們搭配，我就覺得哪裡怪怪的。然後，我明白了，兼具技巧和力量的他，是在樂團「上面」敲奏，凌駕於我們的編曲。中場暫停。我走去他那邊，輕聲解釋鼓不是編曲的外皮，鼓是靈魂的引擎，要埋到樂團下面，在裡面呼吸。你不是在樂團上面敲，而是要浸於其中，你的力量是由內而外的。我說：「吸口氣，收一點，挖深一點。只要敲對地方、節奏正確，你會自然而然掉進樂團裡面。」

　　這對任何人來說都是很複雜、不易琢磨的概念，何況是一個先前大多在地方俱樂部對大約三十人演奏的十八歲男孩，但虎父無犬子。

　　那天下午，傑伊・溫伯格拿出鏟子，為自己在節奏樂器裡挖了好深的洞，問題頓時煙消雲散。傑伊為樂團帶來熱情、年輕、強烈且獨樹一格的表演才能。當我們在五萬歌迷的尖叫聲中上台，他讓全場陷入瘋狂。

　　同一年，我們為搖滾名人堂二十五周年慶演出。那是一場支持達琳・洛芙（Darlene Love）、山姆・摩爾（Sam Moore）和比利・喬（Billy Joel）的狂歡會。

---

26 Conan O'Brien，美國脫口秀主持人及喜劇演員。

我和 U2 合唱〈我仍未找到我追尋的〉（I Still Haven't Found What I'm Looking For），也和我第二喜愛的澤西女郎派蒂・史密斯合唱〈因為夜〉。

　　我們還有三個星期的巡迴。我最擔心的是克拉倫斯的身體狀況。長久以來，我看著他每下愈況。首先是膝蓋，再來是臀部、背部，愈趨惡化。克拉倫斯帶著一名教練和一個監控他病情的幫手一起旅行，但整趟《築夢》巡迴，他大部分的時間都必須坐在椅子上。協助他上、下舞台成了小規模工程。我們造了升降機。我們和他一起走，支援他。但他的內在力量、勇氣和對演奏的投入從未動搖。走過歲月，他變得柔和許多，常感覺像頭半睡不醒的獅子。他已非昔日那位危險人物，但你仍不會想驚擾他。

　　克拉倫斯的存在依然重要，而他的意志如盔甲，這就是他還在這裡的原因。他想要這樣，而如果他可以決定，他寧可死在舞台上。這始終讓我擔心。我們每一次巡迴前都會請醫師幫他做完整檢查，而他總是有辦法做好演出的準備。我告訴他：「我需要確切了解你可以做什麼和不能做什麼。」但如果我干涉太多醫療的事，他會大發雷霆。《築夢》巡迴時間，他帶了一個年輕的混血男子當助理。幾個月下來我還是不知道他是誰，只能猜想他是克拉倫斯的親人，經常現身，帶給他一些幫助和安慰。原來那是傑克・克萊門斯（Jake Clemons），克拉倫斯的姪子，本身也是薩克斯風手，但除了一晚和克拉倫斯合奏〈第十大道酷事〉，從沒演出過。

　　克拉倫斯永遠是最後一個離開舞台的團員。當我夜復一夜攙扶那龐大的身軀，慢慢走下階梯，他常低聲說：「謝謝你讓我來這裡。」我才要謝謝他在這裡。就算身體大不如前，克拉倫斯的存在仍宛如巨石，對我不可或缺。我們飛到紐約水牛城，首次從頭到尾演出《來自阿斯伯里帕克的問候》專輯。那是巡迴的最後一場，夜晚洋溢著殷切的期望、同志情誼和完成冒險的興奮。場館陷入騷亂，派對開始。很多老朋友在場。麥克・艾培爾陪我們到會場，演出前，被我們手牽手圍在中間，熱烈歡迎。我們還活著，而且在這條路上走得更遠了。此刻，這地方迴盪著麥克熟悉的咯咯笑聲和遊藝團般的

Living
Proof

活力。音樂奏了，人們醉了。回程班機上，接近紐華克時，克拉倫斯在他的座位舉起杯子，說：「我有話要說，這可能是某件大事的開始哨！」大家都笑了。

　　但感覺確實如此。這支樂團演出精湛，我們正優雅且幹勁十足地航行於我們工作生涯的這個階段。我們有半數曲目選自過去十年的新歌，而與彼此相處仍令人振奮不已。我們仍深愛音樂，深愛我們樂團和我們的觀眾。當東部海岸線的光在底下閃耀、護送我們回家，我們知道我們很努力，也很幸運。

《破壞球》

　　一天下午，在當地酒吧開完會回家時，我在方向盤後面哼了起來：「你穿你的外套，我戴我的帽，你趕你的狗，我趕我的貓……」〈輕鬆賺〉（Easy Money）。叮，燈亮了，靈光在路邊乍現。〈輕鬆賺〉是我非做不可的一張專輯的關鍵。

　　二〇〇八年金融海嘯後，我對華爾街那一票貿易公司的所作所為感到憤怒。專輯《破壞球》（Wrecking Ball）是針對不公不義的怒意：那不但持續不斷，還隨著撤銷管制、管理機構失能和資本主義失控而變本加厲，而被犧牲的總是辛勤工作的美國人。中產階級？被踩在地上。進入新鍍金時代 [27]，所得不均日趨嚴重。這些就是我想寫的事情。

　　三十五年來，我一直在追蹤並書寫美國後工業化的創傷，以及對製造業與勞工階級的殺戮。所以我再次上工。我的筆記本裡有些音樂在等著。〈萬事通〉（Jack of All Trades）是在暴怒中寫成，還有〈我們照顧自己〉（We Take Care of Our Own）和〈破壞球〉，然後是〈輕鬆賺〉、〈故鄉之死〉（Death to My Hometown）和〈大蕭條〉（This Depression）。我之前進行的一項福音影片計畫有〈束縛與汲取〉（Shackled and Drawn）和〈崎嶇之地〉（Rocky Ground），它們非常適合放進專輯。最後，我知道我需要下個結論。我有〈希望與夢想之境〉，這首歌我們一直難以擊敗現場版本，直到鮑勃・克里爾蒙頓帶來卓越的混音。

---

27 Gilded Age，出自馬克・吐溫，形容美國一八七〇至九〇年代工業化的繁榮時期，也諷刺貪婪和政治腐敗的美國政府。

不過,我仍需要一首歌來描述新移民的聲音、民權運動,和所有為了公平正義引頸冒險、卻因此被擊倒或殺害的人。他們在哪裡?我認為他們此刻都在這裡,對著願意聽他們說話的人說話。他們的精神不死,陰魂不散,煽動民眾。他們不會默不作聲,過去不會,未來也絕對不會。死亡賜予他們永恆的聲音,我們要做的就是傾聽。這些就是我的最後一首歌,〈我們還活著〉(We Are Alive)的訊息。聆聽曾來過這裡的靈魂說話,向他們請益。

我知道這是我現在該做的音樂,我的工作。我覺得這個國家已經來到關鍵時刻。如果無須負責的市井小民可以受到這麼大的傷害,那遊戲結束,民主薄薄的偽裝被掀開,暴露出真實的內在,然後變本加厲,直到永遠的財閥統治。

《破壞球》獲得的迴響比我想像中少得多。我確定我辦到了,至今仍這麼認為。也許是我自己的成就讓我的意見打了折扣,但現在我不這麼想,我長期耕耘這些主題,對它們非常熟悉。我知道《破壞球》是我自《生在美國》以來最好、最當代也最平易近人的專輯。我不是陰謀論者,我明白以這樣的方式表現這些概念,對一群不算小但仍是特定的族群有強大的吸引力,但十分有限,特別在美國。接下來幾年,我們穿梭全球各地巡迴演出,獲得瘋狂的歡迎,而歐洲,一如既往,是截然不同的故事。歐洲對美國故事和唱美國故事的人擁有深刻而持久的興趣。他們專訪的問題都關乎政治,切中我創作唱片時就知道自己在闡述的理念。我和這個事實妥協了:在美國,用搖滾樂宣揚這些理念的力量已經式微,新一類的流行音樂、嘻哈和其他種種令人興奮的類型成為今天的焦點,更適合當前的時代精神。別誤會,我沒有抱怨的意思。《破壞球》拿到排行榜冠軍,在美國創下佳績,到處都有觀眾欣賞我們、理解我們。我只是覺得這是我數一數二強大的唱片,對它期望甚深罷了。

失去雨水

　　某兩次巡迴之間，下雨、風大的一天，我在農場的錄音室接到克拉倫斯打來的電話。我一直試著找他來為即將發行的《破壞球》專輯錄製新版〈希望與夢想之境〉的薩克斯風。他從洛杉磯打來，剛在那裡和女神卡卡在節目《美國偶像》演出。他為她的單曲〈光輝時刻〉（The Edge of Glory）吹了一段精彩的獨奏，也在音樂錄影帶中現身。我問他狀況如何，他說手有點麻，妨礙吹奏薩克斯風，讓他非常緊張。我問他打算怎麼辦，團史上第一次，他推辭錄音，問我他能否回佛羅里達老家看神經科醫師，徹底檢查他的手。我要他放心，錄音可以延後，並告訴他我一週後再打電話給他，看看他的情況如何。

　　派蒂和我的結婚紀念日到來，我們出國去巴黎五天。大約三天後，我們的保全吉爾・甘柏雅下午來敲飯店房間的門。一開門，就看到他眼眶泛淚。他哽咽地說，克拉倫斯嚴重中風，人在醫院。我立刻前往佛羅里達。

　　克拉倫斯中風的範圍很大，影響半邊的腦。那發生在他從床上摔到地板的時候。我來到西棕櫚灘的聖瑪麗醫學中心，克拉倫斯的兄弟比爾、姪子傑克和妻子維多莉亞前來迎接，帶我去看大個子。燈光朦朧的病房，他躺在床上用力呼吸，管線從手術衣底下露出來。克拉倫斯那對總像軟鋼門睏倦地半開半閣的眼簾，此刻沉重地閉著。維多莉亞跟他說我來了，我牽起他的手，輕聲跟他說話，感覺手指周圍被輕輕握了一下。某一部分的他正在回應。克拉倫斯的手總像沉重的石頭，但當他按著你的肩膀，最撫慰、安心的感覺會流遍你的身體和心臟，非常、非常強壯，又極度溫柔——克拉倫斯跟我在一起時總是這樣。

「聖瑪麗」的人員非常親切，提供我們一個小房間，讓克拉倫斯的兄弟、姪子、孩子和朋友能聚在一起彈奏音樂，聊聊大個子。那離其他病房夠遠，不會打擾別人。這段期間，我們等著看克拉倫斯如何回應醫師的日日夜夜，有薩克斯風、吉他和歌聲陪伴。他動了幾次手術，家人遵照醫師建議所做的決定。但一天下午，克拉倫斯的主治醫師把我拉到一旁，告訴我克拉倫斯恐怕需要奇蹟才能恢復意識。如果真的恢復意識，幾乎確定要坐輪椅，半身不遂。他的語言、臉和手都會有功能障礙，無法再吹奏薩克斯風了。我不知道克拉倫斯會怎麼看待這件事。他是堅強的男人，擁有無比強悍的生命力，但不能吹奏、不能和樂團一起演出，一定會讓他傷心欲絕。克拉倫斯天生無法節制，活得很辛苦，從未好好照顧自己，也從不回頭看。

一個星期過去，大個子的狀況持續惡化，而所有能做的都做了。

早晨的太陽為「聖瑪麗」的停車場蒙上粉色面紗，我們穿過後門，在克拉倫斯的病床邊集合。他的妻子、兒子、弟弟、姪子、我、馬克斯和蓋瑞，準備和他說再見。我漫不經心地撥弄吉他弦，輕彈〈希望與夢想之境〉，然後，難以理解的事情發生了。某件卓越、永恆、美麗、困惑的事物就此消失。離開了，一去不回。

只有在這個忽然失蹤的時刻，才有靈魂存在的證據。虛無進來，補上之前某樣東西所在的位置。沒有星光的夜晚降臨，不一會兒就掩蓋房裡一切。克拉倫斯龐大的身軀安靜了。有人喚他的名。淚潸然而下。我們花了一點時間，各自說了禱詞，身兼大個子護理師的修女和善地帶我們離開房間。克拉倫斯的弟弟比爾情緒激動起來。寧靜被劃破。我們在走廊上互相安慰，聊了一會兒，親吻、擁抱，然後各自回家。

回到現實世界，那已是豔陽高照的佛州白晝，大個子喜歡去釣魚的那種天氣。我回到飯店，潛入深海，直到岸邊的喧囂遠離耳朵。我試著想像沒有克拉倫斯，我的世界會是什麼樣子。然後，翻過身，感覺陽光灑在臉上，我游回陸地，進房，沉沉睡去，任床濕透。

　　當我們走進鳳凰木禮拜堂，佛羅里達混濁的空氣讓我的肺充滿棉花的氣息。東街樂團所有團員、傑克森・布朗和克拉倫斯的妻小，以及幫我和克拉倫斯拍攝《生來奔跑》那張經典封面照的艾瑞克・米歐拉，都來了。維多莉亞深情地訴說克拉倫斯的生平，讀了他最後的願望，大致是希望他的骨灰能當著妻子和他生命中其他所有「特別」女子的面，撒在夏威夷。不論生死，全天下恐怕只有克拉倫斯能達成這種心願。

　　我第一次在阿斯伯里帕克一間沒什麼客人的酒吧，看到克拉倫斯龐大的身軀跨出陰影時，心想：「我兄弟來了。」體格結實的他其實非常脆弱，所以我們以某種滑稽的方式成為彼此的保護者，也許我保護了他免於面對一個對體型大、皮膚黑的人不友善的世界。種族分歧從未銷聲匿跡，我們共度的那些年，仍偶爾親眼目睹。克拉倫斯的名氣和體型未必能使他免疫。同樣地，他也在這個對沒有安全感、怪異且瘦弱的白人男孩而言，不那麼好過的世界裡保護我。任何夜晚，只要我們站在一起，就天不怕地不怕。我們是地球上最無法無天的渾蛋，即將到你的城鎮搖撼你，叫你起床。

　　我們一起，訴說了超越我在歌曲和音樂裡所寫的故事。那是關於友誼可能性的故事，克拉倫斯放在心裡的故事。我們都放在心裡。小綿羊和大個子把城市轟成兩半的故事。我們大顯神威、改造城市的故事。我們將城市重塑成我們的友誼不會被視為異端的地方。我知道我會懷念每晚和克拉倫斯比肩而立、再續前誓的時刻。這就是我們一起做的事。

　　克拉倫斯是我遇過最真實可靠的人，完全不會胡說八道。除了我爸——查理・布考斯基（Charles Bukowski）筆下的人物走進流連酒吧的現實人生——我沒有遇過其他像克拉倫斯・克萊門斯那麼真的人。他的人生亂七八糟，喋喋不休說著你聽過最空洞的大話且信以為真，那是他心靈深處的吶喊，喊著：人生**正在運作**，而他是儀式的主持人！他非常快樂也極度悲慘，他侮辱我、庇佑我，常令人笑破肚皮，也始終踩在痛苦的邊緣。他身邊圍繞著一些

你親眼目睹才會相信的人物。他在性方面詭異而貪婪,但待人極度和善,他是我朋友。我們沒有一塊兒出去玩,不行,那會毀掉我的人生,因為我們一定會玩過火,但跟他相處的時光總是充滿興奮和笑聲。我們對彼此的身體感到自在,常摟摟抱抱。克拉倫斯的身體本身就是遼闊的世界,是暴風雨中如山一般雄偉、寬容的人肉移動堡壘。

我想念我的朋友。我仍擁有他給我的故事,他在我耳邊呢喃、我們一起訴說的故事,也就是我們在你耳邊呢喃、即將傳承下去的故事。假如我信前世,克拉倫斯和我的友誼會讓我相信,我們一定曾在過去某個時刻,在其他河邊、別座城市、另一片原野,做著我們謙遜版的神的工作。

克拉倫斯是我生命的組成要素,失去他就像失去雨水。在他最後的歲月,他只能慢慢走向舞台,但一到那裡,他就是全場矚目的大人物了。

回到紐澤西後,我重返錄音室。製作人羅恩·阿涅洛(Ron Aniello)在那裡努力處理《破壞球》專輯。他向我表示慰問,說他聽聞克拉倫斯的死訊後不知道該怎麼辦。所以當他還在洛杉磯時,已經謹慎地從一次現場演出拼湊出克拉倫斯的獨奏,嵌入我們新版的〈希望與夢想之境〉。於是我坐在那裡,聽大個子的薩克斯風聲充塞整個房間。

74

《破壞球》巡迴

克拉倫斯曾在一次談判中跟我提起，他不只該得到演出的酬勞，也該領取身為克拉倫斯的報酬。我說不行，別鬧了，但他有他的道理：世上有第二個克拉倫斯嗎？沒有，只有一位。但事實上他已經支領身為克拉倫斯的報酬，因為他是東街樂團成立以來，待遇最高的團員。少了他我們該怎麼辦？隨著巡迴的腳步逼近，這個問題始終縈繞我心頭。

長期和「阿斯伯里朱克斯」（Asbury Jukes）、「東街」、「席格」等藝人或團體搭配的薩克斯風手艾德·曼尼昂（Ed Manion）是頂尖樂手和各方面的好人，一定能做好這份工作。但「這份工作」相當微妙，與其說是「工作」，不如說是一個信仰的位置，有些玄妙的必要條件。有個菲力荷人曾與我完美演出，能表現大個子的音色，舞台演出精湛，可是……

我收到一批影音光碟，裡面都是造詣深厚的高手，但我們不需要約翰·柯川[28]。我們需要的是搖滾到骨子裡的薩克斯風手。一天早上，我坐在床上逐一細聽，派蒂坐在我旁邊，說著：「不行，不行，不行。」出於好奇，我上網查了那些頂尖的「致敬」翻唱樂團，看他們表現得如何。不行。

傑克

雖然他在《魔術》與《築夢》巡迴期間大多跟著樂團一起行動，但我始終沒有真正聽到傑克吹奏——直到克拉倫斯的葬禮。傑克在會場吹奏了悅耳

---

28 John Coltrane，美國早期爵士薩克斯風表演家和作曲家。

動聽的〈奇異恩典〉（Amazing Grace）。他的身形跟克拉倫斯一樣碩大。他跟他的兄弟，在不知情者眼中，看起來可能很像是來錯地方的毛利族勇士。傑克也戴眼鏡，體貼溫柔。他成長的過程中，有個媽媽對他很好，讓他隨時綻放無限陽光——克拉倫斯唯有在順遂的日子才有的專長。傑克有天分，是優秀的詞曲創作者和歌者。他熱愛音樂、年輕且求知若渴，我可以從他的內心感覺到，一顆明日之星正在生成。

自克拉倫斯去世，好幾個月過去了。傑克和我保持密切聯繫，雖然我們都知道彼此在想什麼，卻恰當地隻字未提。走在街上，我常碰到朋友和歌迷提起同樣的問題：「你要怎麼辦？」總是這樣衝口而出。這個想法、這句話，這個意義重大、定義人生、事關存在的「我現在就必須知道，如果這個我鍾愛的事物不復存在，我會瘋掉！」的問題。「你要怎麼辦？」我的答覆總是：「我們還有很多事情必須考量。」

史提夫這樣說傑克：「他是黑人，吹薩克斯風，姓克萊門斯。他就是我們要的人！非他莫屬！」史提夫不考慮我心中其他——白人——候選人。

我明白他的意思。他是說，從早期阿斯伯里帕克種族分裂的日子，克拉倫斯象徵的那種「精神」、那個世界、那種可能性，與他黑得徹底的膚色密不可分。確實如此。而且那種「精神」正是東街樂團的人生哲學至關重要的一部分。

我同意史提夫的觀點，但就定義而言，只有一個真正的大個子，他的本領、體型、夜一般的黑能否複製，也許並不重要。我知道當克拉倫斯呼出最後一口氣的剎那，東街樂團已然改變。過去那個東街樂團，永遠个存在了！沒有人能接替克拉倫斯·克萊門斯。所以真正的問題是：「下一個是誰？」該決定了。

傑克的出身給了他初次嘗試的機會。而且，我已經跟其他考慮人選合奏過，只剩傑克是真正的問號。我必須找出他是誰。所以，我們坐在「聖瑪麗」的小病房裡傳遞吉他好幾個月後，我打了那通他一定很期待的電話。我解釋

情況，這是一場面試，就他跟我。我們將碰面了解是否有繼續合作的機會。

　　先前巡迴時，有人對傑克是否夠成熟持保留意見。就我跟他相處的經驗，我感受到一點傲氣，但在克拉倫斯住院期間跟他深談後，我感覺他有更多內涵。是該了解的時候了。

　　第一場跟我召開的專業會議上，傑克就不吉利地遲到一個鐘頭。我火冒三丈。他走進來時，我問：「你有更重要的事情要做嗎？」他說沒有。沒有，但他迷路了。「上工吧。」

　　之前那通電話裡，我給了四、五首歌請傑克熟悉：〈應許之地〉、〈惡土〉和其他幾首類似的。我想聽他的音色和表達，並了解他的學習能力。面試時，他對它們「有幾分」認識。第一課：在東街樂團，沒有「有幾分」這回事，**任何事情都一樣**。詹姆斯‧布朗是我在樂團領導方面的父親、神和偶像，山姆‧摩爾也是一大靈感。全盛時期時，他們的人生並不允許他們糊弄那些能夠提升他們的事物。在舞台上，跟樂團一起時，他們**絕不寬貸**！

　　總是有人問我，東街樂團為何能一晚接著一晚演出，一路走來始終如一，**從不停滯**，始終全力以赴。有兩個答案：一是他們熱愛並尊重他們的工作、彼此、他們的團長和觀眾；二是，因為我**要**他們這麼做！別低估第二個答案。我需要傑克深刻了解這兩點，於是我說：「我就單刀直入了。你是來面試『人個子』克拉倫斯‧克萊門斯在東街樂團的遺缺，這不是一份工作，而是他媽的神聖位置，而你要為布魯斯‧史普林斯汀吹奏克拉倫斯最知名的獨奏，那可是站在他身邊四十年、與他一同創造那些獨奏的人，而你只『有幾分』認識？你——以為——自己——在哪裡？如果你不曉得，讓我告訴你，你在**搖滾樂的堡壘**裡。你竟敢沒把你的屎**練熟**就來這裡為布魯斯‧史普林斯汀演奏！你害自己出糗，也浪費我寶貴的時間。」

　　我不常這樣說話。我是為了他和我的雙方利益誇大其辭，但也沒那麼誇大。我必須知道傑克**是**什麼樣的人。因為，就算他可以在東街演奏，你**是**

Living
Proof

誰、你的內在力量如何、你在情感上對我們演出的利害關係有多大程度的理解，都**他媽的**重要！這與智力無關。丹尼‧費德里奇全靠直覺過活，但他了解兄弟情誼。傑克懂嗎？

又聊了一會兒，我請他回去飯店房間，沒把那些獨奏練熟不要回來。我說在我帶他進樂團之前，他必須先和我一起完美地詮釋這些樂曲，然後儘快搭配樂團現場演出的帶子演奏並錄音。直到那時，唯有那時，我才會把他帶到樂團面前。一兩天後，他打電話給我說他準備好了。而這一次他過來，真的準備好了。

接下來幾天，我發現傑克是熱情、勤勉的年輕薩克斯風手，我打從心底喜歡他。我幫他加油，也幫我們加油。克拉倫斯在房裡，一定在。他拉近我們的距離，他是傑克的叔叔，曾在身體不好時跟我提到傑克，而看到傑克在這裡，他一定會微笑。這感覺就像是有了他的祝福。但如果傑克沒有那個本事，一切就沒有意義。世上有一大票薩克斯風手擁有克拉倫斯的樣貌、演奏能力和名聲，但如果他們與我們**為什麼**在這裡的原因沒有深刻連結，就等同廢物。傑克流著東街的血，骨髓裡有東街的靈魂。他是魁偉、好看、深具天分的孩子。那很酷。你想要明星，而傑克擁有那種自信。在最後一刻來臨前，他會需要那種自信。我知道傑克已經準備好為我的樂團和我們的理念付出他的才華、身體和靈魂，而我們，會投桃報李，改變他的人生。

有些和傑克演奏過的樂團成員覺得他欠缺紀律，抱持質疑的態度。傑克和我必須準備好一舉洗刷污名。我們開車到廢棄的蒙茅斯堡軍事基地，樂團在那裡租了一間劇院排練。傑克和我走進去跟樂團打招呼，我發號施令，傑克一一讓眾人心服口服。對史提夫和其他幾名團員來說，這已成定局。一兩個人想聽聽其他選項。強‧蘭多起初對傑克和克拉倫斯相似的外貌感到焦慮。「他太像年輕的克拉倫斯。」他說，五官錯愕地皺在一起。我仔細看了看，但看到的不是那樣。我看到的是在天上的某個人喜歡我，送給我們這個可愛的孩子，而他擁有一切必要條件來承擔可能是我們這個家庭最嚴重的傷

害，幫助我們熬過去，繼續上路。這不是槍手或傭兵可以勝任的工作，無論他們的本意有多良善——至少這次巡迴或這個時刻不是。

🎸 🎸 🎸

　　阿波羅劇院，靈魂樂的聖殿，搖滾靈魂樂世界最神聖的舞台。這就是新一代的東街樂團即將首次亮相的地方，非常合適，也令人心驚肉跳。當我們抵達進行校音，舞台工作人員迎接我們，感謝我們來，也帶我們去看坐落在舞台右側的樹墩，每一個即將踏上阿波羅舞台的表演者都會在緊要關頭前摸一摸它，祈求好運。我建議傑克去摸一下。詹姆斯‧布朗在此「上橋」[29]，史摩基‧羅賓遜讓場中每一張椅子都濕了，喬‧泰克斯（Joe Tex）在此欣賞女性的「纖瘦美腿」，隨後又睿智地勸追隨者「把握你已擁有的」[30]。今晚，跑了四十年巡迴，我們跟其他人一樣渴望登台。你只希望能無愧於那個地方，配得上你在偉大音樂聖殿舞台上的短暫片刻。

　　在這個舞台上，「山姆和大衛」教育觀眾成為「靈魂歌者」。靈魂歌者，靈魂歌者，靈魂歌者，就是這個詞。身為節奏藍調歌手，我永遠只能「相當接近」，但「靈魂歌者」的意義廣泛得多，那涵蓋你的人生、你的工作和你處理兩者的方式。喬‧史楚莫、尼爾‧楊、巴布‧狄倫、米克‧傑格和基思‧理查茲、喬伊‧拉蒙內（Joey Ramone）、約翰和保羅——這些白人男孩都可以帶著這個封號安息，如果我的墓碑上只刻這四個字，我會開心得不得了。

　　校音時我走向傑克在管樂隊中的位置。我不想做太明顯的舉動顯示傑克

29「我們上橋吧！」（Let's take it to the bridge.）是詹姆斯‧布朗在一次演出時的名言，「bridge」指連接主歌和副歌的樂句。

30〈纖瘦美腿〉（Skinny Legs and All）和〈把握你已擁有的〉（Hold on to What You've Got）都是喬‧泰克斯的名曲。

取代了克拉倫斯。克拉倫斯的空位不會由其他薩克斯風手填補,大個子永遠是我們團裡的要角,而觀眾必須習慣那個位置沒有人。這就是為什麼傑克要待在管樂隊裡,在他自己的位置演奏的原因。那是他的,也是等著被爭取的無主之地。但他將表演那些獨奏。我吩咐過傑克,那些獨奏是克拉倫斯與我的共同創作,已經深植樂迷心底。你不必做什麼花俏的事,吹奏就對了。回頭找你最好的聲音,像克拉倫斯那樣呼吸,曲子怎麼寫、怎麼錄,就怎麼演奏。傑克的工作是由內而外的。看懂音符很容易,任何有點水準的薩克斯風手都會吹奏那些音符,但理解它們——知道它們的**意義**,以及在歌曲裡的力量——才能打動人心。

時光荏苒,隨著我們的音樂鑽入歌迷的靈魂,克拉倫斯在我們經典歌曲的登場總能贏得如雷掌聲。為什麼?他吹的不是多困難的東西,但他在做一件困難且獨一的事。他很**認真**,如薩克斯風演奏家布藍佛·馬沙利斯(Branford Marsalis)在悼念克拉倫斯的優美散文中所說,克拉倫斯天生擁有「音樂的意念」。

那些獨奏本身就很美,簡單而優雅,但除非你了解在光天化日下、有範圍的架構中創造略帶新意的東西有多困難,它們無法為我們贏得伯克利音樂學院的藍絲帶。克拉倫斯再創並復甦了七〇及八〇年代的搖滾薩克斯風。沒錯,當時有金·柯提斯、小沃克、李·艾倫(Lee Allen)和其他許多克拉倫斯的啟蒙恩師,但對我來說,克拉倫斯就在頂尖之列(如果我也占有一席之地,克拉倫斯就是重要的推手)。

傑克的工作,他要效勞的,是理解那些音符,吹奏出它們的意義,然後成為這項合作的一部分。你無法假造,要麼做,要麼不做。

就技術而言,傑克是優秀的薩克斯風手,工作時,他重現了那些獨奏燦爛的光輝。由於身體大不如前,克拉倫斯晚年已經很難演繹那些段落,傑克讓它們再一次充滿年輕的力量。很好聽。

我在校音的尾聲走向傑克,站到他身邊。我無法不這麼做。微笑著,我

向前六步，來到一個小平台，這裡將是傑克表演獨奏的地方。我看著他說：「兩個小時後，這幾步將改變你的人生，不管是好是壞。」然後拍拍他的肩膀。他回給我帶有一千瓦光亮的微笑——傑克最強大的武器之一——點了點頭。

開演了。傑克在我們上台前幾分鐘於後台現身，沒戴眼鏡。我問：「你的眼鏡呢？」他說：「我戴隱形眼鏡。」我說：「戴回你的眼鏡，你是學生。」〈我們照顧自己〉，沒有獨奏。〈惡土〉，全場屏息以待，等了一拍，然後，二十多個音符的獨奏從傑克的薩克斯風流瀉而出，迴盪在阿波羅神殿內。一眨眼，觀眾席爆出如雷掌聲和暴雨般的尖叫，我們心醉神怡。他再也沒有遲到過。

阿波羅演唱會之前，我跟傑克解釋，上了舞台，我們就在跟觀眾跳一場美妙的舞。他們會告訴我們，跟他們搭配，我們可以做什麼、不能做什麼。我們只需仔細觀察和聆聽。一開始我不會將傑克置於克拉倫斯和我為人熟知的舞台位置，也就是說，不會分據舞台兩側、不會肩並肩、不會有克拉倫斯和我隨興做出的各種代表性的動作。我們小心翼翼，恭恭敬敬地往前走，但傑克從一開始就證明自己如魚得水。他完成這項困難的任務：留住克拉倫斯的精神，卻未放棄自己的獨特性。慢慢地，規則一一瓦解，我們開始——在徵得觀眾的同意下——做所有感覺對的事。這次巡迴不只是向樂團的新版本說哈囉，更是在世界各地向大個子道別，為他進行悲喜交織的守夜。每一站都是如此。克拉倫斯的靈魂與我們同在，不會阻止我們朝新方向邁進。這就是克拉倫斯送給我們的臨別禮物。

75

零到六十，咻的一聲

　　憂鬱不會突然撲向你，而是躡手躡腳地走近。一過六十歲，我便陷入三十年前德州灰濁的那一夜後，未曾遭遇過的憂鬱。那持續了一年半，大肆摧殘我。當情緒襲來，通常沒什麼人察覺——蘭多先生沒察覺、錄音室裡的合作夥伴沒察覺、樂團沒察覺、觀眾從未察覺，但願孩子也沒有——但派蒂會看到一列載滿硝化甘油的貨車疾駛而過，然後出軌。那些時刻我可能非常殘酷：我狂奔、我掩飾、我閃躲、我迂迴、我消失、我回頭、我很少道歉，而派蒂始終堅守我試圖焚毀的堡壘。她阻止我，帶我去看醫生，說：「這個人需要吃藥。」我吃了。過去十二到十五年來我一直服用抗憂鬱藥物，一如它們對我父親的幫助，程度輕些，抗憂鬱藥物給了我沒有它們絕對無法維繫的人生。它們有效，讓我回到現實、家中、我家人身邊。我最糟的毀滅性行為減少了，人性去而復返。我在六十到六十二歲之間垮掉，好了一年，六十三到六十四歲又垮掉。紀錄不算好。

　　這段期間我失去不少朋友和家人：克拉倫斯、丹尼、兩個阿姨艾達和朵拉，朋友兼十年的健身教練東尼・史卓洛，死於憂鬱症，以及泰瑞・馬高文。泰瑞擔任我的助理二十三年——他就是四十年前在「上尉勳章」開除我和史提夫，斷絕我們最後一次酒吧演出機會的那位先生。有些人死去時，會把整個世界一起帶走，泰瑞・馬高文就是如此。六、七〇年代，酒吧音樂在澤西海岸地區盛極一時，海豹部隊退伍的泰瑞堪稱這個場景最後一個鮮明的象徵。酒吧經理、令人聞風喪膽的保鑣、救生員、父親、祖父、忠實的朋友和工作夥伴——泰瑞集於一身。我為他寫了〈泰瑞的歌〉（Terry's Song），收錄

在《魔術》專輯。

　　一開始我以為是身邊太多人過世，導致我的憂鬱。但即使我深愛他們，死亡，我可以承受。原因出在其他**事情**。六十五年來，我耗費許多時間探究並抗衡的事。它會在黑暗中，也會在光天化日下來襲，每次都戴著略微不同的面具，略微到像我這樣與之搏鬥多次、確認多次的人，也會把它當成老朋友迎接，讓它再一次深居我的內心和靈魂，直到釀成傷害並被擊退為止。

　　抗憂鬱藥物喜怒無常。五十九到六十歲間，我發現一直在吃的藥似乎失去效用。這並不稀奇，時間一久，藥物會以不同方式與你身體的化學機制交互作用，通常需要改動。治療我二十五年的邁爾斯醫師去世後，我改看另一名醫師，成效卓著。我們一起決定停用我吃了五年的藥，看看會發生什麼事，**好想死**！我像以前大西洋城鋼鐵碼頭的跳水馬一般俯衝而下，跌進一池不斷翻攪的悲傷和淚水——前所未有的經歷。然而，就算發生這種事，因為不想顯得太柔弱，我仍相當善於對身邊多數人遮掩我的狀況有多糟，連醫師也被蒙在鼓裡。好一陣子我掩飾得很成功，唯獨一樣奇怪的東西例外：**淚**！一桶一桶的淚，汪洋般的淚，無時無刻不像沖刷尼加拉瀑布的潮水，沿著臉頰滂沱而下。這是怎麼一回事？彷彿有人打開水閘門，然後帶著鑰匙跑了，沒辦法關上。《小鹿斑比》的淚、《老黃狗》的淚、《油炸綠番茄》的淚[31]……雨天，流淚；晴天，流淚。我找不到鑰匙。淚。每一件平凡的日常，情感路上的每一塊隆起，都成為它洩洪的理由。說起來可笑，但一點也不好笑。

　　每一件了無意義的事情都成為搖撼世界的存在危機，為我注入滿滿的不祥預感和悲傷。我迷失了，所有，一切，未來變得猙獰。唯一能讓我卸下重擔的是騎重機飆破時速一百，或其他令人苦惱的事情。我變得任性妄為。極

---

31 《小鹿斑比》（*Bambi*）、《老黃狗》（*Old Yeller*）和《油炸綠番茄》（*Fried Green Tomatoes*）都是賺人熱淚的電影。

端的體能活動成了例行公事，也是少數對我有助益的事。我重訓做得比之前更多、立槳衝了整座大西洋的浪，都是為了緩解的片刻。只要邱吉爾的黑狗別再咬我的屁股，要我做什麼都可以[32]。

　　這段期間，我沒有巡迴。我花了去年一整年，幾乎是我小兒子高中生涯的一半，待在家人身邊。這很有幫助，我們變得比以往更親密。但這也意味我最可靠的自療形式，巡迴，尚不可得。我記得九月某天，我在波濤洶湧的大西洋從錫布萊特衝到長堤，又從長堤衝回錫布萊特。我打電話給強，說：「蘭多先生，幫我排場表演，拜託你。」說完，我當場淚如雨下，嘩啦啦啦。我很訝異身在曼哈頓下城的他沒聽出來。一個親切的老婆婆在那個美麗的秋日沿著海灘溜狗，看到我的憂傷，走過來問能否幫得上忙。嘩啦啦啦。多親切啊。我送她演唱會的票。我曾在父親中風後看過這種症狀。他常淚眼矓矓。父親一生總像勞勃·米契（Robert Mitchum）那般冷靜，所以我喜歡也歡迎他哭。他會在我到來時哭、在我離開時哭、在我提到家裡的老狗時哭。我想：「現在換我了。」

　　我告訴醫生我不能這樣過日子，我靠演出、受訪和被人密切關注維生，但一旦有人說「克拉倫斯」，我就控制不住自己。所以，醫師明智地把我送去精神藥理學家那邊。派蒂和我走進去，見到一位六十來歲、生龍活虎、頭髮蒼白、熱情但專業的男士。我坐下來，一樣，痛哭流涕。我揮手向他示意：就是這樣，這就是我來此的原因。我停不下來！他看著我說：「我們可以改善這個。」三天、一顆藥後，淚水止住了。不可思議。我回到原來的我，不再需要划槳、打水、玩命或挑戰命運，也**不需要**巡迴。我覺得自己正常了。

---

32 前英國首相邱吉爾一生也備受憂鬱症困擾，他曾說：「心裡的憂鬱就像隻黑狗，一有機會就咬住我不放。」

車庫的國度

電話鈴響，米克‧傑格在線上。好多年前，十幾歲的我曾夢想接到這通電話，但，錯了，「滾石」不需要一個曾經滿臉面皰的主唱來代隔天晚上的班，而是第二好的事情！他們要來紐澤西紐華克演出，而且已經決定：多一名紐澤西出身的吉他手，多一個紐澤西的歌聲來詮釋〈擲骰子〉（Tumbling Dice），或許能讓一些當地歌迷搖擺起來。

五十歲時，我已經見過許多偶像（辛納屈、狄倫、摩里森、麥卡尼、奧比森），我很開心，不過仍與他們保持距離。他們對我的意義太過重大，我無法拋開崇拜明星的感覺。我也喜歡這樣。但隔天晚上，我發現自己走進紐約一間排練室燈光燦爛、忙碌的接待區，櫃台後面的女孩向我點點頭，指向一道門。我打開門，是一間不算大的房間，有支樂團在一面牆前擺出緊密的車庫陣式，兩把吉他、一把貝斯和鼓組，還有一台 B3 電風琴在角落。主唱走向前，給我一個至今仍照亮整個房間的微笑。米克歡迎我參加排練，基思、羅尼和查理（從他的鼓後面）熱情地和我打招呼。

他們自備小型 Fender 音箱，並排放著，正是六〇年代任何無人的週六夜晚任一支在蒙茅斯堡青少年俱樂部表演的樂團會放的位置。沒有絢麗的踏板，沒有如山的擴音器，只有製造搖滾樂最基本的裝備，純粹，沒有變化。沒什麼人幫忙搬運，沒有工作人員，我突然被拉回每天跟卡斯提亞排練的那家小餐廳，除了，眼前這幾位是**發明**我工作的男人！自從〈永不消退〉（Not Fade Away）的重和弦摧毀我在我家鄉首座帶狀購物中心裡的布里特百貨公司買的小型 45 轉唱機，他們就狠狠踩著我的心。

客套幾句之後，樂團前方，兩支麥克風架並排而立。米克——還是那個有棱有角又務實的米克——走到左邊的麥克風。我在他報數時走向右邊的麥克風，而基思——他的錄音教會我第一段吉他獨奏——滑進〈擲骰子〉的前奏。我在人生路上遇過許多充滿靈氣的人，但沒有一個像基思這般鬼魅又優雅。幾年前派蒂曾幫「滾石」和聲，也出現在基思的第一張個人專輯裡。一天晚上我們去錄音室探班，他拉起派蒂的手，看著我的眼睛，充滿對她的敬意，說：「噢，噢，就是這一位啊！」

我左手邊，那個已讓數百萬件內褲濕掉的聲音唱著：「女人認為我很可口，卻總是想白白糟蹋我……」我假裝是他的同伴，但並不容易。我的腦袋轉啊轉，這時米克打手勢要我接第二段主歌。感覺很好。那就在我聲音的組織裡，如果我無法讓〈擲骰子〉搖擺起來，就必須回家拿掃帚照鏡子了。

出色的團體絕對有出色的化學作用。近距離看，「滾石」團員的化學作用獨一無二。基思的吉他融入查理的鼓，創造出回復搖滾初衷的擺動。這是地表最後一支搖滾樂團。化學作用，加上搖滾史上最被低估的歌本，「滾石」永遠遙遙領先競爭對手，現在依然如此。

我玩得好開心，但不能展現出來！「你要搖我……你要搖我……」米克和我在結尾來回輪唱，像白人版的「山姆和大衛」，然後結束。米克說：「真棒。」

我們只排練這麼一次，不多不少。

我回家。回家的路上，我一直想：「我要打電話給史提夫！他絕對能完完全全、百分之百、徹徹底底地了解。搖滾的瘋狂啊！」確實如此。

我們做的下一件事就是在紐華克兩萬名驚愕的紐澤西人面前演出。那很刺激，但已經沒有前一晚神祕的快感——我進入那個小房間，跟那四個人，**世上最棒的車庫樂團**合作，那就是我小小的搖滾天堂。

77

《遠大的夢》

巡迴的時候，我常隨身帶著一系列未完成的創作，在演出過後的凌晨趕緊放來聽。我會留心傾聽，有沒有什麼東西在耳畔呢喃。我手邊還有一些和布倫登一起製作的歌曲，它們每天晚上都會呼喚我，尋找它們的歸宿。碰巧這時湯姆・莫瑞洛（Tom Morello）加入樂團，建議我們撢去〈遠大的夢〉（High Hopes）的灰塵——洛杉磯團體「哈瓦莉娜」（The Havalinas）的歌，我們曾在九〇年代翻唱過。「這首我可以即興演出。」他說。當我們在澳洲集合，進行《破壞球》巡迴的首度排練，我有一個或許行得通的想法。這將是湯姆第一次頂替正忙著演戲的史提夫，我希望他在演出時給觀眾留下深刻印象。他辦到了，讓現場著火了，而我們決定在雪梨一間錄音室灌錄那首歌，以及我個人相當喜愛、澳洲樂團「聖徒」（The Saints）的〈就如火一般〉（Just Like Fire Would）。有了這兩首歌，加上〈美國皮膚〉和〈湯姆・喬德之魂〉的錄音室版本，一張活生生的專輯開始成形。接著我請湯姆錄一些布倫登・歐布萊恩製作的音軌，事情開始冒出火花。湯姆證實是出色又迷人的史提夫接班人，無縫融入樂團，大幅提升我們的音色。

但在重啟巡迴之前，我有些事情要處理。過去五年來，我注意到每跑一次巡迴，我左手的指頭就虛弱幾分。彈較長的獨奏時，我的手和手指會疲勞到幾乎衰竭。我找到許多方式避開這種情況，不讓觀眾發現，我的演出也不致受危害，但從《破壞球》巡迴開始，這逐漸成為我無法忽視的問題。

大概從我四十幾歲開始，每一次巡迴都會引發某種生理問題。這一次是膝蓋，下一次是背，再下一次是激烈彈奏造成手肘肌腱炎。我工作生涯的後

半，這些病痛會頻繁地出現又消失，甚少造成重大影響，我也找到駕馭它們的方式，繼續上路。然而，彈吉他的那隻手麻痺是另外一回事。隨之而來的是左手臂的麻木和刺痛，而我也在重訓時發現，我左半身的力量明顯變弱了。

我找過好幾位醫師，做了核磁共振，發現頸部左側有頸椎椎間盤的問題，那會軋痛、麻痺控制左半身肩膀以下的神經。我在紐約特種外科醫院找到一名優秀的外科醫師，敲定時間。手術流程大概是這樣：他們把你迷昏；在喉嚨鑿個切口；把聲帶綁到一邊；用扳手、螺絲起子和一些鈦金屬伸進去；從你的屁股取一塊骨頭，幫你建造一些新的椎間盤。有效！由於這些全都在聲帶周圍施作，你的聲音會消失讓你緊張兮兮的兩個月，也必須戴頸部護具兩個月。但果然，正如醫師的時間表，三個月後，我可以回去工作崗位了。帶著新的椎間盤和失而復得的聲音，我們前往南太平洋，只有一個醫囑：不可以做人體衝浪！但老傻瓜無可救藥，第一天晚上我還是跳下去了。一切安好。

關於我的歌喉：首先，我沒有天籟之音。我有酒吧歌手的勁道、音域和耐力，但沒有優美的音色或技巧。一個晚上五組歌曲，沒問題；三個半小時火力全開，辦得到。幾乎不必暖身，我的聲音搞得定。但這是學徒的工具，光靠這些，不足以將你提升到更高的境界。我必須讓所有技能深入人心，深刻地交流。要把東西賣給你，我必須盡最大的能力創作、編曲、演奏、演出，以及，沒錯，歌唱。我是我所有零件的總和。我很早就了解這不是該煩惱的事，每一名表演者都有他薄弱的環節。成功的部分關鍵是知道該拿你擁有的東西去做什麼，以及拿你沒有的東西怎麼辦。誠如克林・伊斯威特（Clint Eastwood）所言：「男人要明白自己的限制。」然後不再多想，繼續往前。

在卡斯提亞，我總是被取笑不適合當主唱。很長一段時間我覺得無所謂。喬治・西斯是優秀的歌手，而我滿足於鑽研吉他技巧，反正我一直把自己視為主吉他手。

接下來我成長到可以負責一段旋律，聽起來也還算可以。在卡斯提亞的某個時間點，喬治和我開始分攤較多主唱的職責。樂團解散後，我轉往下一個樂團，「地球」，成為羽翼已豐的主唱兼吉他手。我繼續擔任這附近少數能半吊子模仿克萊普頓和罕醉克斯的吉他手來賺錢，同時也什麼歌都唱。然後開始寫非電子樂，沒工作的夜晚也在當地咖啡館獨唱，用我的十二弦Ovanton吉他伴奏。我寫很多歌，已經習慣仰賴我的聲音、我的歌曲和伴奏的特性來支撐演出。我以為我很不錯。然後我短命的紐約製作人喬治邀我去他的公寓，他有一台兩軌的錄音機。一天下午他說：「我們來錄幾首你的歌吧。」錄音的時候，我心想：「幹，我真棒！」然後我回頭聽。彷彿尾巴著火的貓在叫。那不成調、不專業、既蠢又無知。從帶子播放出來的聲音毀了我對自己和我的聲音的一丁點信心。真令人洩氣。

但我能怎麼辦？我只有這種聲音。而在卡斯提亞之後我已經決定，再也不要倚賴其他主唱了。那對我來說不夠獨立。於是我明白，如之前所說，你腦袋裡的聲音跟你真正發出來的聲音沒有關係，就像你以為自己長得比實際好看，直到你的珍妮阿姨拿iPhone幫你拍的照片狠狠潑你一桶冷水。錄音帶就是你的珍妮阿姨，精確無比的狗屎探測器。聽到帶子上的聲音，就再也騙不了自己。那，我的朋友，**就是**你在別人耳裡的聲音。你只能與之共存。

如果我沒有好歌喉，就需要學會寫歌、演出、把我擁有的聲音發揮到淋漓盡致。我必須學會所有訣竅，用胸腔唱、用腹腔唱、用喉嚨唱，運用口氣、時機和動能。我發現許多歌手天賦非常有限，卻唱得令人五體投地。我研究每一個我深愛且聲音聽起來真實不虛、令我興奮、觸動心弦的歌手。靈魂樂、藍調、摩城音樂、搖滾、民謠，我聽，我學習。我學到，最重要的事情是你聽起來有多少說服力，你可以住在歌裡多深。如果那出自真心，就會有一些難以形容的因子讓你的技巧退居次要。世上很多人擁有美妙甚至絕頂的歌喉，卻無法唱得讓人相信或感動。他們遍布電視選秀節目和全美假日飯店的酒吧。他們調子準、音色無懈可擊、飆得到所有高音，卻捕捉不到一首

歌完整的情感內涵,無法唱得深刻。

　　如果你夠幸運,天生擁有工具和知道如何運用的本能,那真是好福氣。就算我已功成名就,我仍嫉妒洛史都華、巴布‧席格(Bob Seger)、山姆‧摩爾和其他許多歌喉極佳,也知道如何善用的偉大歌手。不完美的嗓音讓我加倍努力耕耘我的創作、領導樂團、表演和歌唱。如果我擁有更完美的工具,或許就不可能將這些技藝學到精通。我能四十年如一日加足馬力演出三個多小時(展現我永遠不缺的躁狂與不安全感),擁有一流的耐久力,因為我知道我必須做到這些,才能帶你去我想要一起去的地方。你的祝福和咒罵常連袂出現。想想搖滾樂壇那些做出名留青史的唱片、現在還在歌唱的古怪聲音,然後鍛鍊能幫助你的技能,因為你永遠不知道什麼會從你的心冒出來,並且找到途徑,脫口而出。

　　隨著重組後的東街樂團再攀高峰,我們決定前往一些沒有巡迴過的地方。我們在南美洲連跑十天──國際特赦組織的巡迴後就沒去過了,接著是從沒公演過的南非。我們以重返澳洲之旅做終結,繼續擴大前一年在南太平洋的成就。這一次我們有史提夫和湯姆同行,每一晚都以澳洲歌迷最愛的〈地獄公路〉(Highway to Hell)、〈我心裡的星期五〉(Friday on My Mind)和〈活下去〉(Stayin' Alive)開場,搭配全由女性組成的弦樂隊。最後,在紐西蘭停留最後一站,我們便回美國展開一段短暫的旅程,然後動手拆帳篷,結束這次巡迴,東街樂團做過最成功、最多人參與、最受歡迎的一次巡迴。

愛的力量

　　巡迴結束，我沒有馬上回家，而是和派蒂及女兒潔西卡在歐洲會合。潔西卡要以職業騎師的身分展開國際巡迴比賽。我三個孩子都已經離開學校、自力更生、表現不俗且多半不住在家裡了。二十年的養育結束，現在我們改以顧問身分為他們服務。

　　伊凡從波士頓學院畢業，進入樂壇，住在西村，離我的老地方「什麼？」酒館僅幾條街。他在電台擔任節目導播和節慶製作人。他也憑自己的力量成為相當優秀的歌手和詞曲創作者。獨立、有創造力、聰明機靈，又有強烈的道德感，他驕傲地走出自己的路。山姆原就讀巴德學院，修習寫作，但一年後離開，想要做些對人的生命有更直接影響的事。他成為消防員，重返我非常熟悉的藍領世界。他在我家鄉菲力荷附近的消防學院，我所有老朋友、老鄰居的簇擁中畢業，令人熱淚盈眶，也讓爸媽非常驕傲。他也開創一項計畫，帶歸國退伍軍人蒞臨我們每一晚的演出。他營造了友善的環境，讓退伍軍人能欣賞表演，盡情享受城裡的夜晚。潔西卡畢業於杜克大學，已靠自己闖出一片天，成為世界級運動員，二〇一四年在紐約老薩蘭贏得美國金盃賽（American Gold Cup），也代表美國國家隊出征愛爾蘭都柏林，在我和東街樂團踩平過的 RDS 競技場贏得國家盃。派蒂打理我們的生活、為樂團演出、創作音樂，將一切凝聚在一起。我的孩子能有這般成就，要歸功於她的堅忍不拔、豐沛愛心，以及對孩子們真實自我的深切關注。

　　輕微的巡迴後憂鬱通常可以預期。六月某時，我發現自己感覺不大好。

演出時激動到瘋狂，那些熱情、巡迴的夥伴，所有與你有關的事情，在你離開馬路時戛然而止。你回去當父親、丈夫，但現在開車的是孩子，你成了失業的司機。難免會有顛簸，但我這次感受到的衝擊是另一回事，難以解釋，我從沒遇過這樣的壓力症狀——我遭受俗稱躁動型憂鬱症（Agitated Depression）的攻擊。這段期間，我對身上這副皮囊深感不自在，想要**脫離**。這很危險，會帶來許多無謂的念頭。做什麼都不自在，站著、走路、坐下，任何舉動都會帶來一波又一波激動的焦慮，醒著的每一刻都必須努力驅散它。死亡和不祥的預感等著，睡眠是唯一的緩解。醒著的時候，我整天不斷尋找一個能讓我在接下來幾分鐘覺得安適的位置。我不亢奮，事實上，我太消沉而無法專注於任何事情。

我會在房裡踱來踱去，尋找那塊一平方公尺、或許能給我慰藉的小毯子。如果能去健身，或許可以帶來短暫的慰藉，但我真正想要的是床。床，和失去知覺。我大半時間都把被子蓋到鼻子上，等待一切停止。閱讀，甚至看電視都超出我的能力範圍。所有我喜愛的事物——聽音樂、看黑色電影——都會引發無法忍受的焦慮，因為我沒辦法做。一旦和喜愛的事物、那些告訴我我是誰的事物失去連結，就會覺得自己正在危險地流逝。我成了借住在不相容的軀殼和心靈裡的陌生人。

這維持了六星期之久。我們一直在海外。憂鬱影響我的生理、性、情緒、精神，族繁不及備載。它跟著我出門，我不確定能否在這種狀況下演出。心中的火好像已經熄滅，我感到漆黑又空洞，壞念頭達到巔峰。如果不能工作，如何供養家人？我會臥病不起嗎？我到底是怎樣的渾蛋？自我認同的面紗愈來愈薄，伴隨而來的恐慌似乎就埋伏在角落。

我不能這樣過日子，不能永遠這樣下去。生平第一次，我發現自己了解是什麼驅使人步向深淵。我理解這點、**感覺得到**這點的事實，掏空了我的心，把我留在冰冷的驚恐之中。那裡沒有生命，只有無盡惱人的生存焦慮，嵌在骨髓裡。那是要求苛刻、而我沒有的答案。無法緩解。只要醒著，就會

不斷發生，所以我能睡就睡，十二小時不夠、十四小時不夠。我討厭灰色的晨曦，那意味白天要來了。白天，人們醒來，上班、吃飯、喝酒、歡笑、做愛。白天，是你該起來發光發熱、充滿使命感和生命力的時候。但我下不了床，幹，連勃起都無法。彷彿我所有惡名昭彰的活力，大半輩子歸我掌握的活力，已被殘酷地偷走。我成了行屍走肉。

派蒂哄我下床，試著讓我動起來。她使我平靜，給我信心，讓我覺得一定會沒事，一定會過去。沒有她的力量和冷靜，我不知道自己會做出什麼事情。

一天晚上在愛爾蘭，派蒂和我外出跟一群人用餐。我盡可能假裝自己是神志正常的公民。在那樣的情境，這並不容易，我必須不時離開餐桌解開心裡的枷鎖（或者讓它繼續繫著）。最後，在街上，我打電話給我的藥理學家，跟他解釋，紅燈亮了。

他問：「有什麼東西能讓你感覺好一點？」

「氯硝西泮[33]。」我說。

「那就吃一顆。」他說。

我吃了，狀況停止。謝天謝地，上帝慈悲，是的，世間有神，狀況停止了。服用氯硝西泮一小段時間後，我停止服藥，躁動不再出現。但這是一扇可怕的窗，窗裡是精神耗弱，而我不覺得自己可以無止境這樣下去。這種種一切喚回了父親精神疾病和家族病史的幽靈，用這個可能性奚落我：就算我做了那麼多，完成那麼多，也可能步入他們的後塵。這段期間唯一讓我保持正常的是派蒂。她的愛、同情和保證我不會有事的安慰，在許許多多黑暗的時刻，是我唯一能仰賴的力量。

就心理而言，正當我以為自己可以慢慢遨遊這一階段的人生，我的六十多歲是一段艱困的時期。回到美國後沒好轉多少，仍日復一日與自己纏鬥。

---

33 Klonopin，一種鎮定劑，常用於治療及預防癲癇發作和恐慌症。

Living
Proof

但隨著時間過去，情況變得正常一些，下床不再那麼困難，工作的幹勁也回來了。這種感覺真好。兩年溜走，這件事彷彿未曾真正發生。我已經記不得細節，頂多只能這樣想：「那是什麼東西？那不是我。」但那在我身體裡，化學也好，基因也好，你說什麼就是什麼，而如同我說過的，我必須持續觀察，唯一能抵禦它的堡壘，是愛。

　　　　　　　　　　🎸　🎸　🎸

　　寫自己的人生是件好笑的事。但說穿了這只是另一個故事，你從人生諸多事件中挑選出來的故事。我並未告訴你「全部」，因為除了我自己的想法，也要顧及他人的感受。然而，在這樣的書寫計畫裡，作者許下一個承諾：讓讀者看見他的心。我試著在這些篇章中做到。

漫長歲月的等待

父親的屋子輝煌燦爛
像座燈塔在夜裡呼喚
喚著、喚著，冰冷而孤獨
就在漆黑的公路對面
我們的罪孽無從彌補……
——〈父親的屋子〉

若我能在這個上帝遺棄的世界許一個願，孩子
願你的錯誤歸你自己
你的罪惡歸你自己……
——〈漫長歲月的等待〉（Long Time Coming）

〈父親的屋子〉或許是我寫過關於父親最好的歌，但它的結論對我尚嫌不足。在〈漫長歲月的等待〉裡，我闡述了給孩子的祝願。我們尊敬父母，不把我們關係中最折磨人的部分視為最後的等式。我決定讓父親和我之間，煩憂的總和不會等於我們加起來的壽命。歸根結柢，你要努力將那些縈繞心頭的幽靈轉化成陪伴你的先祖。需要辛勤的努力和許多的愛，才能減輕孩子必須肩負的責任。堅持累積我們自己的經驗，累積我們的愛、煩憂、艱辛，和——如果夠幸運——一點點超越存在的積分。這是身為子女、也是獨立個體的我們，在自己的一片天地爭取自己人生的方式。不見得有選擇的

餘地，總有無法挽回的性命和不可救贖的罪，但超脫的機會是我為我們許下的心願。

我努力光耀門楣，希望我的總結能由兒女在家人的幫助下撰寫，也由他們的子女在他們的引導下撰寫。現在看來，我爸在我將為人父前夕來到洛杉磯的那個上午，是我們的關鍵時刻。他來向我請願，希望我們人生的一切黑暗及迷惘能結算出新的總和。他或多或少相信能得償所願，所以來尋找奇蹟，他覺得奇蹟的餘燼仍在心裡翻騰，也相信那仍在他兒子的心中燃燒，或埋藏在某個角落。

他來請我為我們的故事譜寫新的結局，我努力去做，但這一類的故事是沒有結局的。那在你自己的血脈裡訴說，然後傳遞下去，也在你愛的人、你的承繼者的血脈裡訴說。一如所有流傳的故事，那個故事一經訴說就會改變，為時間、意志、感知、信仰、愛和努力改變，被希望、欺騙、想像、恐懼、歷史和其他林林總總影響我們敘事的東西改變。那會一直訴說下去，因為，連同自我犧牲的種子，故事也會帶來復活與新生的種子，為聽者帶來新的命運，不同於父親和我苦苦掙扎的命運。慢慢地，新的故事會從舊的故事裡冒出來，以不同的方式實現人生的新篇章，立基於前人的披荊斬棘，踏過過往戰火摧殘的屍體。情況好的時候，這就是我們活著的方式，這就是愛，這就是人生。在新的季節找到根、安全和滋養的可能。

那棵樹發芽，開枝散葉，開花結果。閃電、雷擊、疾病、人為和上帝的手，紛紛在它身上留下傷痕。縱使多災多難，它仍回頭向著光生長，一面朝天堂愈拔愈高，一面用力往土裡推擠，愈擠愈深，愈益穩固。它的歷史和回憶留住了，它的存在被感受了。

十一月的一晚，寫這本書的時候，我再次開車回到故鄉，我的鄰里。街上寂靜。街角的教堂悄然無聲，沒什麼變化。今晚那裡沒有婚禮，也沒有葬禮。我慢慢沿著我家那條街再開五十公尺，發現那棵高聳的銅紅山毛櫸已不

見蹤影，被夷平為街道。我的心一陣失落，然後平靜下來，再看一次，它消失了，但還在那裡。那上頭的空氣和空間仍充塞我老朋友的形體、靈魂和昇華的存在，它枝葉的輪廓現在由星星和夜空勾勒，被它們射穿，剩下一片廣場，有霉味的土，刻進人行道邊緣的柏油路停車場。那裡仍留著小蛇一般的根，稍稍被塵土掩蓋，而我的樹，我的生命的弧形，依然清晰可見。我的大樹的生命不可能結束或抹煞，政府的權威不能，刀刃也不能。它的歷史，它的**魔法**，太老、太強大，就像我的父親、祖母、維吉妮亞姑姑、兩位祖父、岳父喬伊、朵拉和艾達阿姨、雷和華特·齊雄、巴特·海恩斯、泰瑞、丹尼、克拉倫斯和東尼，以及我離開這裡的家人（那些房子如今都住著陌生人）。我們依然存在，我們依然存在於空氣中，存在於空蕩的空間、灰塵覆蓋的根和深土裡，存在於回音與故事、我們居住時空的歌曲裡。我的氏族，我的血脈，我的地方，我的親人。

　　又一次，在教堂尖頂的影子裡，當我佇立著感受我的樹、我的鎮的老靈魂重重壓在心頭，那些話語和一段祈禱文浮現腦海。我曾穿著聖羅撒所有不情願的門徒都會穿的綠色夾克、象牙白襯衫、打綠色領帶，無抑揚頓挫也不假思索地吟誦著。今晚它們湧向我，以不同的方式流動。我們的天父，願祢的名受顯揚，願祢的國度來臨，願祢的旨意奉行在人間，如同在天上。求祢今天賞給我們日用的食糧，寬恕我們的罪過，如同我們寬恕冒犯我們的人，不要讓我們陷於誘惑，拯救我們脫離邪惡，我們所有人，永遠，永遠，阿門。

　　我一輩子都在奮鬥、學習、玩樂、工作，因為我想聽、想知道完整的故事，我的故事，我們的故事，並且盡可能理解，為了讓自己脫離故事最有害的影響和它惡毒的勢力，去頌揚並榮耀它的力與美，並且能向我的朋友、家人和你娓娓訴說。我不知道自己是否做到了，惡魔始終僅離我一天之遙，但我知道這是我年輕時對自己和對你的承諾。這，我視為服事來追求。這，我

Living
Proof

當成冗長而喧鬧的禱詞、我的魔術戲法來呈現。願它能搖撼你的靈魂，然後，承襲它的精神，傳遞下去，讓你和你的血脈閱讀、聽見、吟唱和修改。願它能增強你的故事，助你理解你的故事。傳頌它吧！

後記

　　感恩節前幾週的晚秋，一個晴天突然降臨澤西中部。十五度的氣溫讓我走進車庫發動摩托車引擎，抓住這一季最後美好的騎車天。我往南騎向馬納斯寬渠道。為時兩天的強勁東北風剛平息，但已吹透，讓海水撲上木棧道邊緣沙丘的卓地，沖走一大塊我舊日的海灘，將之帶進白浪滔滔、依舊洶湧的海裡。我和妹妹小時候會在夏末黑夜踮著腳小心翼翼踏上的防波堤，黑色岩石的表面覆蓋了整整三、四寸厚的濕砂，穿著工程師靴在它變幻莫測的表面行走成了小小的冒險。

　　這裡的十一月，太陽會在渠道的西南側——波因特普萊森市——落下，拔出並拋射一把閃亮亮的劍，向北跨越渠道的灰色海水到馬納斯寬那一側。我會去那裡，坐在陽光灑下如劍尖的防坡堤上。當浪拍打我鞋跟旁的岩石，劍的尖端碎裂成金黃色的光片，灑向底下的海水，破碎成好多個迷你太陽，彷彿神將生命帶到我們星球的源頭。這裡，我的身邊有許多認識和不認識的朋友，他們都跟我打招呼。這是這裡的常態。一群心地善良、行為如脫韁野馬的學童；帶著金屬探測器的老人、狗、衝浪客、漁人；總是來馬納斯寬排憂解悶的菲力荷人；卡森街角店櫃台後面的孩子；在大排長龍的車子裡等待、面向渠道的陌生人。那些駕駛座的車窗後面，可能坐著我爸歡愉而迷惘的幽靈，夢想著某處某地、遠離所有他努力創造的良善與美麗珍寶的另一段人生。現在這裡是我的地方了——另一個渺小且苦樂參半的遺產。

　　當夕陽落入一排灰藍色的雲朵，我重新發動摩托車引擎、繫緊安全帽、把圍巾圍在臉上、揮手道別，駛出馬納斯寬小鎮，進入34號公路五點鐘的

車流裡。這會兒太陽已經沉沒，沁涼的夜降臨。在紅綠燈前，我把皮夾克的拉鍊拉到脖子，看著鞋跟擱在 V-twin 機車火燙、包覆起來的排氣管上，留下一塊橡膠，一陣薄薄的青煙盤旋而升，竄進秋天清爽的空氣中。綠燈亮起，底下的馬路騷動、轟隆起來，我奔馳過幾小段在酷暑中拓寬的公路，那在冷卻後於不同時間鋪的柏油交界處留下不規則的路脊。斷斷續續的減速丘，轟隆、轟隆、轟隆……砰……轟隆、轟隆、轟隆……砰，每一個「砰」都讓我從座墊彈起。我開始轉啊轉，顛簸著來到聖羅撒女修道院外面的藍色石板路，等待，想要再次聽到祖母的聲音在黃昏呼喚我。我傾聽著，但今晚，往事褪去，只有現場火花的聲音，活塞的點火聲，甜美冰冷的機械聲。

我駛進川流不息的車頭燈中，載著一日遊旅客的通勤車從我左手邊幾寸之外呼嘯而過。我往北沿著公路騎，直到車輛變得稀少，只剩我的車頭燈照亮空曠的道路和一條條白線。白線，白線，白線，摩托車的高手把將我的雙臂推到與肩同高，讓我迎向全力撲來的風──粗暴的擁抱，使我戴著手套的手不由得在新的夜空下握得更緊。頭頂的微光中，宇宙開始閃爍成形。我的摩托車沒有整流罩，時速六十的強風不斷搥打我的胸口，把我往座椅後面推，威脅著要把我吹出兩百五十公斤重高速行駛的鋼鐵，提醒我下一刻毫無保障，提醒我這一天、這一生的事物有多美好，我一直以來有多幸運，此刻有多幸運。我轉彎離開公路，進入一片漆黑的鄉間小路。我打了遠光燈，照射平坦的田野，搜尋鹿的蹤影。警報解除，我轉動油門，家，奔入懷中。

謝詞

這本書歷時七年寫成。我先在筆記本裡打草稿,然後不時收起來,特別是巡迴或錄音期間,有時一擱就是一年多。我不急著寫,沒有時間壓力。這讓我能以嶄新的眼光回到書裡,評判已經寫好的東西。我的故事緩緩開展成長篇,邁向終點。接下來,在下列諸位的幫助下,大功告成。

我要將所有的愛與感激獻給派蒂,謝謝她給我空間與理解,讓我訴說這個我必須訴說的故事。

感謝強·蘭多,我最早的讀者之一,謝謝他的熱情、指點與鼓勵。

非常感謝在《亡命之徒皮特》(Outlaw Pete)一書首度與我們合作的強納森·卡普(Jonathan Karp)給我們一個家。他的眼光和忠告引導我寫出更好的作品,也讓這本書開花結果。

特別感謝瑪莉·馬克(Mary Mac)陪我度過無盡的改寫時光,和我一起把我的隨筆謄入家用電腦。

感謝蜜雪兒·霍姆斯(Michelle Holme)規畫本書相片的部分,謝謝法蘭克·斯蒂凡科拍攝封面照片。

謝謝我的朋友和老團員喬治·西斯喚起我對我們一些卡斯提亞冒險的回憶。

我要感謝蘭多、艾倫·葛魯曼(Allen Grubman)、強納森·厄里奇(Jonathan Ehrlich)和唐·傅利曼(Don Friedman)同西蒙與舒斯曼公司(Simon & Schuster)做了務實的安排,也特別感謝萊斯·蒙福斯(Les Moonves)在這方面的協助。

感謝芭芭拉·卡爾竭盡心力且以最高效率進行整個計畫。

感謝為我處理公關事宜三十七年的瑪麗蓮·拉佛提(Marilyn Laverty),以

及負責我們國際事務三十年的翠西‧納爾斯（Tracy Nurse）。

感謝西蒙與舒斯曼公司所有為這本書貢獻心力的同仁，特別是瑪麗‧佛羅里歐（Marie Florio）、凱利‧高德斯坦（Cary Goldstein）、理查‧羅勒（Richard Rhorer）、史蒂芬‧貝德福（Stephen Bedford）、強納森‧伊凡斯（Jonathan Evans）、約翰‧瓊斯（John Paul Jones）、亞哈‧波拉克（Aja Pollock）、艾瑞卡‧費古森（Erica Ferguson）、麗莎‧厄文（Lisa Erwin）、露絲‧李穆（Ruth Lee-Mui）、梅麗爾‧普瑞波西（Meryll Preposi）、邁亞‧桑德斯（Miah Saunders）、莎曼珊‧柯翰（Samantha Cohen）、克莉絲汀‧雷邁爾（Kristen Lemire）、艾利森‧哈茲維（Allison Harzvi）、梅根‧霍根（Megan Hogan）、傑奇‧席歐（Jackie Seow）、艾里莎‧里弗林（Elisa Rivlin）、克里斯‧林區（Chris Lynch）、蜜雪兒‧塞雷克（Michael Selleck）、蓋瑞‧烏爾達（Gary Urda）、寶拉‧艾曼朵拉拉（Paula Amendolara）、柯林‧薛爾茲（Colin Shields）、桑雅‧歐賈克立（Sumya Ojakli）、丹尼斯‧奧勞（Dennis Eulau）、克雷格‧曼德維爾（Craig Mandeville）、傑夫‧威爾森（Jeff Wilson）、約翰‧費利斯（John Felice）、麗茲‧培爾（Liz Perl）、溫蒂‧席安寧（Wendy Sheanin）、蘇‧弗萊明（Sue Fleming）、喬飛‧法拉利—艾德勒（Jofie Ferrari-Adler）、亞當‧盧斯伯格（Adam Rothberg）、艾琳‧克拉迪（Irene Kheradi）、戴夫‧薛弗勒（Dave Schaeffer）、伊恩‧查普曼（Ian Chapman）、凱文‧韓森（Kevin Hanson）、伊恩‧麥克葛瑞格（Iain MacGregor）、羅爾‧斯利法斯特法（Rahul Srivastava）、丹‧魯菲諾（Dan Ruffino）和卡洛琳‧萊迪（Carolyn Reidy）。

感謝Sony音樂的葛瑞格‧林恩（Greg Linn）和貝特希‧惠特尼（Betsy Whitney）的努力不懈。最後，要感謝管理部的諸位伸出援手：詹‧史塔伯爾（Jan Stabile）、艾利森‧奧斯卡（Alison Oscar）和蘿拉‧克勞斯（Laura Kraus）。

"The Boss"
Bruce Springsteen Life Album

布魯斯・史普林斯汀
全 紀 錄

Bruce 9/23/49

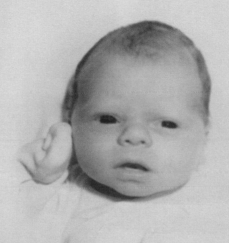

Born In The U.S.A.

my Grandfather's Electrical shop

my parents' wedding day

Easter Sunday, Atlantic Highlands, N.J.

Outlaw pete

Summer In Manasquan

Me and my sis Virginia

Mom and Pop at the diner

glory days, Freehold, N.J.

THE CASTILES

(Left to Right) George Theiss, Bruce Springsteen Curt Fluhr, Paul Popkin, Vince Manniello.

playing at the Surf 'n Sea beach club

George theiss and myself (show opener perched on a lifeguard stand)

steel mill

me and my hair playing at
Tinker's surfboard factory

my little sis Pam California bound 1969

At my mom and dad's apartment
in San Mateo, California

Checking out my record for the first time

early E Street

breakin' out at the Bottom Line

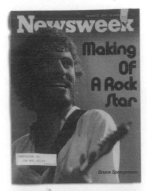

Double whammy!

me and the Big Man at the Eric Meola photo shoot for Born to Run

Frank Stefanko photos from Darkness On the Edge of Town

Taking flight?!

AT the Record Plant

N.y.C. the River

Mr. Landau and the Artist

NebraskA

my muscles got muscles...

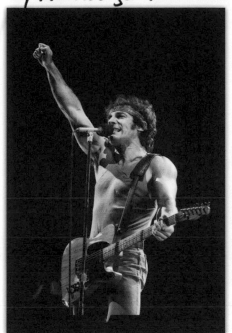

me and my redhead

the Big big Time

driving cross country in '82

the Delia brothers

In Las Vegas

At Sun Studios

in The Arizona Sun

Ms. Patti and Cody

On Route 66

in Monument Valley

Honeymoon log cabin

Euan, playing football with Dad

Sam, the mayor of Sea Bright Beach

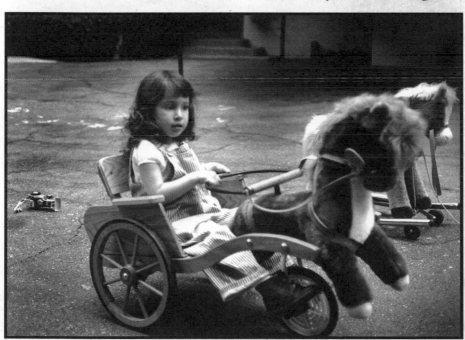

Jessie's first pony

Farm fiesta and rodeo

照片文字

Photo Descriptions

[01] 生在美國　[02上] 祖父的電器行　[02下] 爸媽的婚禮　[03左上] 小時候，星期天在紐澤西大西洋城海蘭茲　[03右上] 亡命之徒，皮特　[03左中] 馬納斯寬的夏天　[03右中] 我和大妹維吉妮亞　[03左下] 爸媽在餐館　[03右下] 光榮的日子，在紐澤西菲力荷　[04上] 在「衝浪與海」海灘俱樂部演出　[04下] 喬治・西斯和我（在救生員的高椅上開場）　[05上] 煉鋼廠樂團　[05左下] 我和我的頭髮在修補王的衝浪板工廠彈唱　[05右中] 小妹潘美將前往加州，1969年　[05右下] 爸媽位於加州聖馬刁的家　[06上] 第一次拿到自己的唱片　[06下] 早期的東街樂團　[07] 在底線夜總會開唱　[08上] 禍不單行！　[08下] 我和大個子在艾瑞克・米歐拉的攝影棚拍攝《生來奔跑》的照片　[09上] 法蘭克・斯蒂凡科為《城市邊緣的暗處》拍攝的照片　[09中] 起飛！　[09下] 唱片工廠錄音室　[10上] 在紐約錄製《河》　[10中] 蘭多先生和他的藝人　[10下] 《內布拉斯加》　[11上] 我的肌肉長肌肉了……　[11中] 我和我的紅髮女孩　[11下] 登峰造極的時刻　[12上] 1982年開車橫渡美國　[12左中] 德利亞兄弟　[12右中] 拉斯維加斯　[12左下] 太陽錄音室　[12右下] 亞利桑那的豔陽下　[13上] 派蒂和柯弟　[13中] 66號公路　[13下] 紀念碑谷　[14] 蜜月小屋　[15上] 伊凡和爹地玩美式足球　[15中] 山姆，錫布萊特海灘的鎮長　[15下] 潔西的第一匹小馬　[16] 農場節慶和牛仔競技會

版
權

Photo
Credits